재난시대 생존법

재난시대 생존법
ⓒ 우승엽 2014

초판 1쇄	2014년 7월 17일
초판 14쇄	2025년 4월 28일

지은이	우승엽

출판책임	박성규	펴낸이	이정원
편집주간	선우미정	펴낸곳	도서출판 들녘
기획이사	이지윤	등록일자	1987년 12월 12일
편집	이동하·이수연·김혜민	등록번호	10-156
디자인	조예진	주소	경기도 파주시 회동길 198
마케팅	전병우	전화	031-955-7374 (대표)
경영지원	나수정		031-955-7389 (편집)
제작관리	구법모	팩스	031-955-7393
물류관리	엄철용	이메일	dulnyouk@dulnyouk.co.kr

ISBN	978-89-7527-631-6 (13690)

값은 뒤표지에 있습니다. 잘못된 책은 구입하신 곳에서 바꿔드립니다.

도심형 재난에서
내 가족 지켜내기

재난시대 생존법

우승엽 지음

들녘

프롤로그_

우리가 사는 도시에서의
재난과 생존에 관한 이야기

헌법 제34조 6항 '국가는 재해를 예방하고 그 위험으로부터 국민을 보호해야 한다'

'가만히 있으라!'

세월호가 침몰할 때 선장과 선원들이 배를 버리고 먼저 도망가면서 승객들에게 한 지시였다.

2014년 4월 '세월호 침몰' 참사는 국민 모두를 충격에 빠트렸다. 우리는 우리나라가 GDP 세계 15위(2013년 기준)의 경제대국답게 경제뿐 아니라 재난과 사고에서도 안전 시스템이 갖춰져 있을 것이라 생각했다. 선진국 같은 첨단 안전시스템과 관련 전문가들이 안전하게 보호해주고 있을 거라 생각했다.

하지만 아니었다. 해운사와 점검업체는 돈을 위해 안전을 버렸고, 비정규직 선장과 선원은 승객을 버렸으며, 해경과 정부는 국민의 신뢰를 저버렸다. 그리고 최후의 순간, 우리가 그토록 믿었던 전문가라는 사람들은 무책임하고 무능했다. 심지어 소명의식조차 없었다. 오직 무엇인가 이상한 기운을 느껴 가만 있으라는 지시를 무시하고 객실을 빠져나온 소수의 사람만이 살아날 수 있었다.

이 사건을 통해 우리 사회의 안전수준이 적나라하게 드러났다. 어느 곳 가릴 것 없이 안전불감증이 만연했다. 열악한 처우에 담당자가 수시로 바뀌는 비정규직이 중요 시설을 운영하고 유지했다. 다들 사는 데 바빠 안전은 뒷전으로 밀어놓거나 남이 알아서 해주겠거니 맡겨놓았다. 그것은 환상이었다. 우리가 사는 세상은 사실 상당히 아슬아슬하고 불안정했다. 혹시 지금도 당신은 우리 사회가 완벽히 관리되고 있으며 당신과 당신의 가족에게 무슨 일이 생기면 정부와 공무원, 각 분야의 전문가가 재빨리 달려와 문제를 해결해줄 거라고 생각하는가? 혹은 당신이 사는 동안 별일이 있겠느냐 하는 생각을 하고 있는가?

최근 우리나라에도 100년에 있을까 말까 하는 각종 자연재난(홍수, 가뭄, 태풍, 추위, 더위, 폭설)이 급증했다. 지진까지 잦아졌다. 북한의 정세 불안과 침공 위협은 수시로 극한 상황까지 치닫는다. 그 외에도 각종 대규모 산업재해(불산 누출, 화재)와 원자력발전소 이상, 대정전(블랙아웃) 위험 등이 연이어 뉴스에 보도됐다. 밖에서 중국과 일본의 대립은 충돌 직전이다.

중동에선 내전이 가라앉기는커녕 점점 더 이웃나라로 번지고 있다. 우리처럼 스마트폰을 쓰고, 한류드라마를 즐기던 사람들의 삶이 어느 날 아침, 뒤집혔다. 하루 아침에 난민이 되어 집을 떠나 거리를 떠도는 고통을 겪는 것이다. 그것도 수십만 명이나.

그동안 참혹한 대재난과 전쟁은 우리와 무관한 다른 세상 일로 생각했다. 우리나라에서 그리고 나와 내 가족에겐 그런 끔찍한 일들은 전혀 있을 수 없고, 생각도 해선 안 되는 일이었다. 하지만 저들이 겪었던 삶이 뒤집히는 재난은 당신이 사는 곳에서도 언제든 일어날 수 있다. 이미 오래전부터 그래 왔다. 6·25전쟁이나 세월호처럼 하루아침에 터질 수 있는 것이다. 우리 민족은 단군 이래 수천 번 커다란 자연재난과 전쟁, 난리를 겪었다고 한다. 통계적으로도 우리 조상들은 평균 한 세대에 한두 번 이상의 난리를 겪은 셈이다. 6·25전쟁 이후 한 세대가 지났다. 지금 당장 큰일이 터져도 전혀 이상하지 않은 때이기도 한 것이다.

정부와 기관은 여객선 침몰이라는 국소적 사건도 제대로 대처하지 못하고 허둥댔다. 연평도 포격사건 때도 피난민을 구호하는 과정 또한 마찬가지였다. 만약 수십, 수백만이 사는 대도시에서 대규모 재난이 발생하면 역시 제대로 대처하지 못할 것이다. 당신과 당신의 가족 그리고 사랑하는 이가 곤경에 처했을 때 위기를 어떻게 벗어나 살아남아야 하는지가 당신에게 달린 것이다. 당신의 안전을 남이 대신해줄 거라 믿거나 의지하려 하지 말라. 막연한 낙관론으로 외면하지 말라. 스스로 미리 준비하고 강해지는 것이 불확실한 상황 속에서 가장 확실한 생존방법이다. 물론 생존에 대한 지식과 약간의 준비가 필요하다.

이 책은 당신의 삶을 위해 만들어졌다. 하지만 지친 몸과 마음을 위한 달콤한 위로나 힐링을 주지 않는다. 우리가 사는 도시가 최악의 위기상황에 처했을 때 당신이 어떻게 해야 살아남고 삶을 이어갈 수 있을지 알려준다. 그 상황이란 각종 대형사고, 자연재난, 전염병 창궐, 폭동, 전쟁을 의미한다. 단순히 상황에 대한 임기응변이 아니라 대혼란과 중장기적인 피해를 가정해서 대처하는 방법을 살펴본다. 그동안 거의 생각해본 적 없고, 말해주는 이 없던 내용이다. 바로 당신이 사는 도시에서의 재난과 생존, 안전에 관한 이야기이다.

그렇다고 공포를 조성하거나 당신을 불안하게 하지 않는다. 또한 재난과 위험 상황에 경도되어 삶의 방식을 바꾸라고 하지도 않는다. 이 책을 쓴 나를 믿고 따르라고 하지도 않는다. 이것들은 내가 좋아하지 않는 방식이다. 단지 나는 당신이 일상에서 쉽게 할 수 있는 일을 제안할 것이다.

생존의 방법은 생각하기에 따라 복잡할 수도, 단순할 수도 있다. 많은 사람들이 저마다 다른 우선순위를 말한다. 하지만 진리는 복잡하지 않다. 어떤 상황에서든 사람은 먹고 마셔야 살 수 있다. 비상식량을 준비하고, 물을 찾고 정수하는 법을 알아두면 중요한 생존법을 익힌 것이다. 그 외 비상장비를 조금 더하고, 생존의 기술을 배워두면 좋다. 바로 이 책에서 다룰 내용들이다.

당신은 평소와 다름없이 일상적인 생활을 하면서 이와 관련해 조금만 스스로 준비하고 알아두면 된다. 언젠가 큰 재난이 당신이 사는 도시에서 갑작스럽게 벌어진다 해도 당신은 대처할 수 있다. 안전과 생존의 기회를 얻는 것이다. 생존기술과 마인드를 갖추고 있다면 당신은 당신 가족뿐 아니라 어려움에 처한 주위 사람들까지 안전하게 보호할 수 있다.

재난에서 가장 먼저 고통을 받고 피해 입는 이들은 가진 것 없는 서민과 힘없는 여자, 아이들, 노인들 같은 약자이다. 이들에게 도움이 됐으면 좋겠다.

1장 생존의 시대가 온다

프롤로그_ 우리가 사는 도시에서의 재난과 생존에 관한 이야기 4

생존의 시대 14
비상식량을 준비하라 19
내일도 오늘 같을 거라는 믿음 23
⚡ 재난 체험 영화1_ 미스트(The Mist) 28

2장 일상에서의 생존

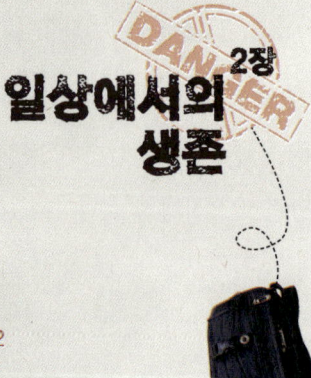

우리의 내일을 위협하는 4대 위험 32
휴대용 생존팩 EDC 준비하기 36
차량용 72시간 생존팩(Car EDC) 41
일터용 72시간 생존팩(Office EDC) 48
가정용 비상식량 캐리어(COLOR BOX) 53
당신은 낙관론자인가, 현실주의자인가? 56
생존 능력 체크리스트 59
⚡ 재난 체험 영화2_ 퍼펙트 센스(Perfect Sense) 62

3장 비상식량

식량 위기 시대 66
비상식량을 준비하기 전 알아두어야 할 것들 71
10대 필수 비상식량 78
통조림, 양념류, 기호품 94
그 밖의 비상식량 105
쌀을 오랫동안 보관하는 법 108
페트병을 이용한 국수 장기보관 119
잘못된 비상식량 보관 사례 123
비상식량 저장법 133
유통기한이 한참 지난 것을 먹어야 한다면 137
비상식량 구입·보관 요령 142
비상식량 손실에 대비하라 145
1일1식(一日一食)을 연습하라 148
물과 불을 최소화한 재난요리법 150
야생에서 살아남기 168
유충과 곤충은 최후의 비상식량이다 175
평소 해보는 재난대비 먹는 훈련 178
⚡ 재난체험 영화3_ 얼라이브(Alive) 184

4장 물 보관 및 정수

- 단수(斷水)에 대비하라 188
- 비상시 가정용 물 확보·관리 방법 194
- 지역 내 비상 급수시설 파악 202
- 물을 정수하는 방법들 207
- 비상시 물 정수제 '아쿠아탭스' 211
- 이동식 무(無)전원 정수기 214
- 비상시 간이 정수기 만들기 217
- 휴대용 빨대 정수기 만들기 223
- 자동차를 이용한 정수도구 만들기 226
- 락스를 이용한 정수법 229
- 락스를 이용한 정수 세트 만들기 237
- 겨울철 눈으로 식수 만들기 242
- 햇볕을 이용한 정수법(SODIS) 246
- 비상시 바닷물이나 오줌을 먹어도 될까? 251
- ⚡ 재난체험 영화4_ 일구사이(一九四二, Back to 1942) 254

5장 비상장비

- 비상장비 준비 전 알아두어야 할 것 258
- 플래시 262
- 건전지 선택법 274
- 촛불 및 비상조명 279
- 라이터 및 점화도구 285
- 긴급구호용 은박 비상담요 289
- 호루라기 294
- 라디오 및 TV 수신법 296
- 부탄가스 버너 299
- 가정용 비상연료 및 취사기구 301
- 태양열 조리기 306
- 나이프 309
- 신발 및 의류 312
- 손목시계 317
- 4인 가족용 필수 피난장비 320
- 창문 보호 326
- 여름철 열기 차단 334
- 겨울철 난방이 끊겼을 때 336
- 그 외 난방방법들 340

폐품을 이용한 긴급 구호용품 345
비상시 이동·운반 수단, 자전거와 카트 350
⚡ 재난체험 영화5_ 감기 358

6장 자동차 생존법 및 연료

재난대비? 어떤 차로…… 362
비상용 자동차 연료 보관 374
오래된 비상용 휘발유 사용 381
대체연료 390
자동차 긴급 수리법 396
차량 휴대용 호신용품 405
차량 비상용품 410
자동차를 이용한 생존장비 414
최종 생존장비: 서바이벌 자동차 426
⚡ 재난체험 영화6_ 투모로우(The Day After Tomorrow) 428

7장 비상 통신

재난상황에서의 휴대폰 432
비상시 휴대폰 이용법 436
블랙아웃 발발 시 휴대폰 통화 439
재난상황에서 스마트폰 441
스마트폰 생존 관련 추천 앱들 444
최악의 상황에서 통신법 448
비상시 휴대폰 충전법 452
둠스데이 통신 보안법 457
위성전화 460
⚡ 재난체험 영화7_ 마지막 한 걸음까지(So weit die Füβe tragen) 462

8장 비상시 호신 무기와 대처

실전 호신술 및 싸움 466
호신무기 471
새총 및 쇠구슬들 476
가난한 자의 무기: 돌팔매끈 479
급조 칼 및 창 484
원거리 공격무기와 활 488
화살 대량 준비 493
군대와 총기 경험 498
⚡ 재난체험 영화8_ 웨이 백(The Way Back) 502

9장 위생 및 응급처치

물과 인간성의 관계 506
화장실과 위생처리 508
저체온증 생존 513
설사병 응급조치 515
휴대용 ORS 백 만들기 519
구급 의약품 준비 522
재난 시 응급처치 531
생존자 트라우마 심리치료 536

⚡ 재난체험 영화9_ 더 로드(The Road) 540

10장 도시 생존법

각종 재난에서의 도시 생존법 544
재난의 종류별 개인의 대처 방법 546
우리 집 재난 대비 551
재난 시 돈의 가치 558
물물교환 및 서비스팔기 564
우리에겐 휴지가 얼마나 필요할까 571
재난대비 자료 보관법 576
직접 동물을 잡아먹어야 할 경우 581
아파트 방어 및 대피 587
은신처 준비 592
정부와 구호단체의 역할 596
재난 시 여자와 어린아이들 601
피리부는 사나이를 조심하라 604
생존 그룹: 누구를 따를 것인가? 607
대규모 이재민을 이끌어야 할 때 613

⚡ 재난체험 영화10_ 세상의 끝까지 21일(Seeking a Friend for the End of the World) 622

에필로그_ 삶은 계속된다 **624**

SURVIVE

생존의 시대가 온다

제1장

생존의 시대

프리퍼(Prepper)와 Survivalism

'재난대비자'라고 불리는 프리퍼는 외국 영화나 드라마에도 자주 등장한다. 미국이나 유럽 등지에서는 많은 이들이 재난이나 사고를 대비하여 평소 집 여러 곳(지하실, 창고 등)에 식품 저장창고나 대피처(패닉룸)를 만들어 비상식량과 생존물품을 저장한다. 미국은 홍수와 폭설, 강풍과 토네이도, 태풍과 물난리 같은 기상이변으로 인한 자연재해가 잦은 나라다. 테러의 위협도 빈번하다. 게다가 국토가 크고 사람이 없는 오지가 많다. 모험을 좋아하는 국민 특성상 사고의 위험도 크다. 이 때문에 국민 대부분이 각종 재난 상황에 매우 민감하게 반응한다. 우리가 짐작하는 것 이상으로 그렇다. 평소에도 재난대비의 필요성을 절실히 느끼고 실천하고 있을 뿐만 아니라 우리보다 훨씬 더 조직적이고 체계화된 국가적인 재난대비 시스템을 갖추고 있다.

몰몬교(Mormons)처럼 교리 차원에서 재난대비를 하기도 하지만, 미국에서는 평범한 일반 초등학교에서도 아이들에게 재난대비 비상용품을 준비하도록 학부모에게 요청한다고 하니 놀랄 만하다. 어린아이들이 책가방 외에 재난대비 용품이 든 작은 가방을 휴대하거나 학교 사물함에 각자 보관하고 있다니!

일반인들도 마찬가지다. 연방정부와 주정부에서는 사람들이 상황에 따라 재난대비를 할 수 있도록 인터넷 사이트를 통해 공식적으로 매뉴얼화한 알기 쉽고 자세한 대처법을 배포하고 있다. 물론, 다양한 인종이 모여 사는 만큼 매뉴얼을 해당 언어로 번역하여 서비스한다(http://www.ready.gov/ko). 이에 비해 우리나라는 형식적인 재난대처 매뉴얼(3,200개)로만 존재하거나 그것마저 무시한다. 정말 대비된다.

미국인 가운데는 좀 더 전문적으로 적극성을 띠고 재난대비 준비를 하는 사람들이 많다. 창고 가득 쌀과 물을 비롯한 다양한 먹을거리를 준비하고, 권총과 자동소총, 엽총 등 다양한 호신용 총기와 탄약도 모아놓는다(총기 구입이 용이한 덕분이다). 평소에는 여러 재난 환경에서의 생존법을 연구하고, 삼삼오오 모여서 토론하거나 자신의 경험을 블로그와 유튜브에 올리고 매뉴얼화한다. 우리나라의 인터넷 동호회나 로터리클럽처럼 이들도 지역 클럽을 만들어 서로 정보를 공유하고 생존물품을 값싸게 공동구매하기도 한다. 심지어 도시를 떠나 한적한 시골에 벙커 같은 대피처를 만들고 살아가는 적극파도 많다.

전기와 가스 등 외부 에너지의 보급 없이도 살 수 있도록 스스로 집을 설계해 짓고, 태양열과 태양광을 이용해 난방과 전기를 해결한다. 그 뿐인가? 밭에는 다양한 작물을 재배하고 크게 손이 가지 않는 가축들을 키우면서 식량 자급까지 꿈꾼다. 대재난이나 전염병, 전쟁이 벌어져 사회가 혼란스러워져도 이들은 스스로 만든 안전한 집을 대피처 삼아 재난이 지나가고 다시 평온한 일상이 올 때까지 잠시 버틸 수 있는 안식처를 준비하는 것이다. 덕분에 이를 다룬 영화나 드라마도 많이 나오고 있다. 심지어 전문잡지도 발행되고 있다. 미국 사람들은 꼭 프리퍼가 아니더라도 자신의 상황에 맞게 약간씩은 재난대비를 하며 큰 도움을 받고 있다.

코난과 생존주의(生存主義)

미국의 프리퍼와 Survivalism처럼 "스스로의 안전은 스스로 지키자"라는 모토는 우리에게 낯선 개념이다. 6·25전쟁 이후 60년간 우리나라에 별다른 전쟁이나 큰 재난이 없었던 것이 가장 큰 이유이다. 두 번째 이유는 국가와 개인이 모든 힘과 역량을 일하고 돈 버는 데 집중했다는 점이다. 그동안 우리는 안전 대신 속도와 효율을 중시하는 사회 분위기 속에 살아왔다. 그러다 보니 각종 대형 안전사고가 빈번하게 발생했고, 결국 2014년 세월호 참사라는 인재를 맞게 되었다.

"여러 재난과 전쟁, 대형사고, 위기상황에 미리 대처해 살아남고 나와 가족을 지키자"라는 생각이 바로 생존주의(生存主義)다. 이제 우리나라도 분위기가 바뀌고 있다. 스스로의 안전은 스스로 지켜야 한다고 생각하는 생존주의자들이 나타나고 있다. 정부와 구조대, 그리고 소위 전문가(선장)라고 하는 사람들의 지시를 따라서는 살 수 없다는 것을 확실히 경험한 탓이다.

생존주의자를 미국에서는 프리퍼라고 부르지만 우리나라에서는 '코난'이라고 하자. 80년대 인기 애니메이션이었던 〈미래소년 코난〉의 주인공처럼 대재난에서도 생존하고 어울려 살아남자는 의미에서 붙인 이름이다.

코난(코난족)은 위기 상황에서의 생존 여부를 외부의 도움에 의존하기보다는 스스로의 힘으로 대비하고자 하는 모험가들이다. 따라서 이들은 평소 미리미리 식구들이 비상시 먹을 식량과 물, 그리고 각종 비상장비 등을 준비한다. 집과 자동차를 대피소와 전진기지로 이용하는 법을 배우고, 집에서 버티며 생존하는 법과 반대의 상황이 닥쳤을 때 집을 버리고 탈출하는 법을 배운다. 특정한 종교적 믿음과 상관이 없으며, 특히 세상이 뒤집히거나 끝날 거라고 믿는 종말론자들과는 근본적으로 다르다.

우리가 매년 보험을 드는 것처럼 이들도 조금씩 비상식량을 준비하고 여러 생존기술을 익혀두면 비상시 큰 힘이 될 것이라고 믿는다. 코난이 믿는 것은 자기 자신과 희망이다. 언젠가 혹은 조만간 세상에 일시적으로 어떤 재난이나 큰 사고, 전쟁, 재앙이 닥칠 수 있다. 그때 우리에게 어렵고 힘든 시기가 올 것으로 보지만 절대로 도시 문명이 끝나거나 멸망하지 않는다고 믿는다. 세상이 혼란에 빠지면 식량과 물, 에너지를 구하기 힘들고 법과 공권력이 잠시 무너질 수 있다. 그러면 잠시 폭력적인 세상이 잠시 도래할 수도 있겠지만 얼마간의 혼란만 잘 견디면 다시 회복될 것이라고 생각한다. 세상에서 이야기하는 종말론자나 음모론자와 전혀 다른 모습이다.

코난은 매일 일터에 출근하고 아침이면 아이를 학교에 바래다주는 사람들, 즉 평범한 일상생활을 하는 시민들이다. 하지만 이들은 "언젠가 우리에게도 3·11 일본 대지진 같은 자연재해나 전국적 대정전(블랙아웃) 같은 대재난과 사고가 갑자기 닥칠 수 있지 않을까, 만약 나와 가족이 그런 사고와 재난의 소용돌이 속에 빠진다면 어떤 방법으로 생존할 수 있을까?"에 대해 꾸준히 생각하고 연구한다. 이런 문제를 개인이 고민하는 이유는 분명하다. 이러한 국가적인 대재난이나 사고가 우리가 사는 곳에서 발생할 경우 정부나 소방 방재청 같은 기관의 도움을 완벽히 기대하기 어렵다는 것을 잘 알기 때문이다.

한국은 결코 안전한 나라가 아니다. 대형 안전사고 외에도 전쟁의 위기가 존재한다. 우리는 이 사실을 결코 잊으면 안 된다. 우리나라는 여전히 북한과 휴전상태이다. 2010년에는 연평도 포격처럼 국지전적인 상황이 벌어지기도 했다. 북한을 비롯한 정체 모를 곳에서 인터넷 공격을 받아 큰 피해를 입고 인터넷으로 하는 모든 업무가 마비된 적도 있다. 그 외에도 원전사고가 속출하고 있으며, 여름 겨울 할 것 없이 블랙아웃(대정전) 경고가 나오고 있는 실정이다.

상상해보자. 수해나 태풍, 지진 등 자연재해나 전염병으로 고립되어 집에 갇혀 있어야 하는 상황이 되었다. 식구들은 집 주변에 차오르는 물이나 강력한 태풍에 집이 붕괴되지 않을까 공포에 떨면서 가장인 나만 바라보고 있다. 집에는 가스와 수도가 끊기고 먹을 거라곤 거의 없다. 언제 올지 모를 정부의 구조대를 기다릴 것인가, 아니면 스스로의 힘으로 위기를 극복하고 탈출할 것인가? 우리 집에 구조대가 제일 먼저 올 것 같은가? 연평도 포격 당시 섬을 떠나 긴급 피난 온 이주민들이 찜질방에서 한 달 이상 머물렀던 일을 떠올려라. 세월호 참사에서 정부와 재난대책본부, 해경, 선장 같은 관련 전문가들이 보여준 무능력함과 무책임한 행태를 기억하라. 이 모든 게 바로 당신이 '코난이 되어야 하는' 이유이다.

비상식량을 준비하라

> 필리핀 현지 교민들은 치안 문제로 교회나 집 등에 흩어져, 미리 확보해둔 물과 음식으로 버티다가 군용기가 뜬다는 소문이 돌면 공항으로 몰려나온다. 빌라돌리드 씨는 "어른들은 굶고 아이들한테만 남은 식량을 쪼개 먹이고 있다"고 말했다. _〈한겨레〉, 2013. 11. 12(필리핀 초대형태풍 재난현장을 다룬 기사)

라면이 비상식량?

북한이 연평도를 포격하고 전면전 위협을 하며 개성공단을 폐쇄했다. 불안감에 휩싸인 일부 사람들은 대형마트로 차를 끌고 가 트렁크 가득 생수와 라면, 부탄가스, 인스턴트 밥을 사가지고 온다. TV 등 언론에서는 북한의 위협적인 도발에도 시민들은 별다른 동요가 없고, 대형마트에서의 사재기도 없다고 말하지만 이는 진실이 아닐 수 있다. 몇 달 뒤에 단신으로 조그맣게 보도된 바에 따르면 이때 대형마트에서는 라면과 생수, 부탄가스의 매출이 큰 폭으로 상승했다고 한다. 혹시 당신도 그때 마트에 가서 라면과 생수를 좀 더 살 생각을 하지 않았던가?

　우리는 보통 이 같은 위기의 순간에 가장 먼저 라면을 떠올린다. 하지만 실상 라면은 비상식량이 아니다. 보존기간 1년 이하의 먹을거리는 비상식량으로서 오래 저장하고 체계적으로 관리·보관하기엔 여러 모로 부족하다. 기름에 튀긴 라면은 기껏해야 얇은 비닐 한 장으로 포장되어 있게 마련이다. 공식 유통기한은 5~6개월이고, 실제로 거기서 두 달만 더 지나도 냄새가 나기 시작한다. 또한 라면만 먹고서는 견디기가 힘들다. 영양가도 부족하지만 2~3일만 먹어도 신물이 날 것이다.

　라면은 별식으로는 좋지만 비상식량으로는 적합하지 않다. 차라리 건조국수가 낫다. 유통기한이 2~3년에 달하고 가격도 라면보다 싸다. 인스턴트 밥의 유통기한도 6개월에 불과하다. 산소흡수제를 넣은 제품은 1년까지도 보관할 수 있지만 그 종류가 많지 않고, 일부는 날로 못 먹고 꼭 데워야만 먹을 수 있다.

라면은 별식으로는 좋지만 비상식량으로는 적합하지 않다.

비상식량이란 무엇일까?

'비상식량'이란 오래 보관할 수 있고 비상시에 조리 없이 바로 먹을 수 있는 식품을 말한다. '조리가 없다'는 말은 정식 요리 절차가 없다는 뜻이다. 물과 불을 아예 사용하지 않는다기보다 아주 최소한도(10분 이내 데우는 용도)로 쓰고 먹을 준비를 마치는 것을 의미한다. 비상식량은 단기간용과 장기간용, 야외에서의 이동용과 집에서 먹는 실내용으로 나뉜다. 재난과 비상상황을 생각하고 준비한다면 이 두 부분에 대해서 모두 준비할 수 있어야 한다.

야외에서 긴급히 대피하거나 이동 중인데 배고프고 식사 때가 되었다고 멈출 수 있을까? 더구나 평소 집에서처럼 한가하게 솥과 버너를 꺼내 쌀을 씻어 안치고 찌개를 끓일 수 있을까? 안전한 아지트나 대피처에 도착했다면 모르지만 길거리에서 황급히 이동 중일 때라면 시간이 오래 걸리고 준비가 많이 필요한 정식 요리법은 언감생심이다. 10분 내에 모든 준비가 가능한 비상식량으로 끼니를 때워야 할 테니까. 필요하다면 하루 한 끼만 먹거나 이를 위해서 아침 혹은 저녁에 하루치를 모두 요리해서 나눠 먹을 수도 있다.

전지분유, 각종 통조림, 쇠고기스프, 시리얼, 레토르트 즉석 요리팩, 국수 등 주변에서 쉽게 구할 수 있는 것들로 다양한 비상식량을 준비하자. 탄수화물·단백질·지방같이 필수 영양소를 함유한 식품 외에 야외에서 추위를 견디고 장기간 이동 시에 필요한 고열량 식품까지 라면을 대체할 수 있는 것들은 많다. 위에 언급한 비상식량들은 끓는 물만 준비해서 간단히 먹을 수 있는 것들이다.

비상식량 준비 요령

1단계로 가족의 1개월 먹을거리, 즉 비상식량을 준비하는 것부터 시작하자. 한 집마다 1개월분의 비상식량을 준비하는 것은 정부에서도 권장하는 사항이다. 주변 마트에서 손쉽게 구할 수 있고 저렴한 것들로 처음엔 1개월분만 준비하자. 다음 달에 또 1개월분을 추가하고, 그다음 달에 다시 1개월분을 추가하자. 이런 식으로 계획과 일정을 세워 순차적으로 구입하면 경제적으로도 큰 부담이 되지 않는다. 직접 정리하고 준비하면서 관련 노하우도 여러 가지 익힐 수 있다. 이렇게 하면 몇 년 후, 그동안 준비해둔 비상식량들의 유효기간이 한 번에 찾아와서 급히 처리해야 하는 부담도 덜 수 있다.

하지만 1년 이상 분은 힘들다. 양이 어마어마해지기 때문이다. 한국 사람들은 대부분 아파트 아니면 공동주택에 살고 있다. 비상식량을 쌓아둘 공간이라고 해야 앞뒤 베란다 정도일 것이다. 그런 터이니 잔뜩 쌓아둔 비상식량은 화장실에 갈 때마다 혹은 베란다에 나갈 때마다 걸림돌이 될 게 뻔하다. 또한 방문하는 손님마다 쌓아놓은 박스를 보며 궁금해할 것이다. 어쩌면 당신은 궁색한 변명을 준비해야 할지도 모른다.

그런데 문제는 단순히 이웃이 궁금해하는 걸로 끝나지 않는다는 점이다. 주위에 소문이 퍼지면 당신과 가족을 이상한 사람으로 인식할지도 모른다. 심지어 재난이 일어난 뒤에는 (당신을) 비웃던 그들이 먹을 걸 달라고 달려올 수도 있다. 물론 처음 몇 번은 도와줄 수 있겠지만 그 뒤로 얼마나 많은 이들을 더 달고 올지는 모르는 일이다. 당신은 그들을 돌려보내기도, 식량을 나눠주기도 힘든 난처한 상황에 빠질 것이다.

어쨌든 지금 당신이 얼마간의 비상식량을 준비하고 있다면 앞으로 어떤 일이 생기든, 어떤 재난이 닥쳐오든 최소한의 안전이 보장되는 집에서 가족과 버틸 수 있을 것이다. 하지만 전혀 준비가 안 되어 있다면 당장 다음날부터 위험을 감수하고 먹을 것과 물을 찾으러 집 밖으로 나가야 할 것이다. 어른들은 어떻게든 견딜 수 있겠지만 아이들은 그렇지 못하기 때문이다.

내일도 오늘 같을 거라는 믿음

"세상은 지금까지 그랬던 것처럼 항상 평화롭고 안정적이며 내일도 오늘 같아야만 해……."

혹시 당신도 이와 같이 생각하지는 않는가? 매일 매일이 항상 평화롭고 안정적이다. 배달 온 아침신문의 TV 시간표대로 TV 프로그램이 어김없이 방송되고, 점심 메뉴만 선택하면 되는 삶. 매일 같은 시각에 출퇴근 버스를 타고, 오늘밤 10시에 어떤 드라마를 볼 것인지만 선택하면 되는 나날들……. 『블랙스완』이라는 책에서 언급되어 유명해진 내용이다.

축사의 소·돼지 등 가축들은 태어나서 1년 동안은 주인의 극진한 보살핌을 받으며 배부르게 먹는다. 아무 걱정 없이 살아간다. 물론 디룩디룩 살이 찌면서. 가축들은 태어나서 살아가는 동안(나름 평생 동안) 축사 안에서 편하고 배부른, 축복받은 나날들을 보내게 된다. 그러면서 생각은 이렇게 굳어져간다. "세상은 늘 아름답고 따뜻하며 평화로운 곳이야. 주인님은 그동안 내게 해준 것처럼 내일도 따뜻한 축사로 먹을 것을 가져다줄 거야." 하지만 주인이 커다란 식칼을 들고 축사로 찾아갈 날은 이미 정해져 있다.

  미국이나 일본은 태풍·지진·허리케인 같은 자연재해가 일상화된 바람에 평소 개인들도 재난대비의 필요성을 절감하고 준비하면서 산다. 이에 비해 한국 사람들은 평온하다 못해 안전 불감증에 걸린 것 같다. '내가 사는 동안은 절대로 어떤 일도 없을 거야……'라고 철석같이 믿는다. 만일 나중에 똑같은 재난을 당한다면 어느 쪽이 더 큰 충격을 받게 될까? 재난이 닥쳤을 때 외국과 우리나라 사람들이 어떻게 반응하는지 한 번 비교해보자.
  재난을 당한 서양 사람들과 우리나라 사람들의 모습에서는 뭔가 차이가 느껴진다. 미국이나 유럽에서는 태풍에 집이 부서지고 수몰되는 큰 사고를 당해도 대체적으로 사람들이 크게 분노하거나 슬퍼하지 않는다. 기자들이 인터뷰를 할 때도 그저 담담하거나 난처한 모습으로 '처삼촌 얘기하듯' 한다. 한국인의 시각에서는 '자기 집이 부서졌는데 어쩌면 저렇게 침착하지?' 하고 이상해할 정도다. 반면 우리나라 사람들은 비슷한 재난에 처했을 때 매우 비통한 모습으로 절규한다. 무엇 때문에 이런 차이가 나는 것일까? 물론 재난 정도의 차이도 있을 것이고, 개인적인 성향의 차이도 있을 것이다. 하지만 내 생각은 조금 다르다. 그 차이를 표로 정리하면 다음과 같다.

	미국·유럽	한국
재해 종류	자연재해, 테러(현재) 1/2차 세계대전, 경제대공황(과거)	자연재해, 사고(현재) 6·25전쟁(과거)
인식	나에게도 언제든 재난이 닥칠 수 있다	세상은 언제나 평온하게 돌아갈 것이다 나에게는 재난이 닥치지 않을 것이다
개인의 대처 방식	비상식량, 재난대비 용품 비축	안전 불감증, 속도와 효율우선
교육	아이들에게 서바이벌 캠프 등을 통해 생존능력을 기르게 한다	없음, 아람단, 보이스카우트도 대부분 폐지 및 축소
재난 후 반응	대체로 순응하는 편	분노, 좌절, 우왕좌왕

재난 전·후 서양인의 자세

미국이나 유럽 사람들은 일상적으로 각종 자연재해와 테러의 위험을 안고 살아간다. 1·2차 세계대전과 몇 차례의 경제대공황을 겪은 그들은 인생이 생각처럼 항상 순조로운 게 아니라는 사실, 예상하지 못했던 재난과 사고가 자신에게도 언제든 닥칠 수 있다는 사실을 인지하고 살아간다. 교육도 게을리하지 않는다.

그래서 많은 이들이 자기 집 지하실에 비상식량과 용품 등을 비축하고, 아이들을 서바이벌 캠프에 보내 어떤 상황에서도 살아남을 수 있는 생존능력을 기르게 한다. 이처럼 일상에서 언제든 재난이나 사고가 올 수 있다고 생각하고 대비하기에 실제로 큰 재난을 당한다고 해도 크게 놀라거나 당황하지 않는다. 재난을 당해 집이 부서지거나 큰 사고를 당해도 '나름대로 준비한다고 했는데 부족했다'고 생각하거나 '내가 힘을 쓸 수 있는 상황을 넘어섰다'고 판단하여 대체로 순응하는 편이다.

재난 전·후 한국인의 자세

한국 사람들은 6·25전쟁 이후 삶을 뒤흔들 만한 이렇다 할 큰 재난을 겪지 않았다. 특히 전쟁 이후에 태어난 세대들에겐 그 기억마저 희미하다. 평생 안정적인 삶만 생각하고 살아왔고, 이제는 그 생각이 굳어진 터라 '세상은 절대로 평온해야 한다'고 굳게 믿는다. 또한 돈과 성공만 바라보고 달려왔기에 대부분의 사람들이 "돈으로 무엇이든 살 수 있다. 안전(安全)도 살 수 있다"고 생각한다.

그래서일까? 한국 사람들은 오히려 '세상은 혼란스럽다. 내게도 어떤 사고나 재난이 올 수 있다'는 말에 본능적으로 거부감을 나타낸다. 예전부터 "밤에 휘파람 불면 뱀이 나온다"거나 "말이 씨가 된다"고 하면서 부정적인 말을 입에 올리는 것조차 꺼린다. 하물며 "비상식량을 준비하자"거나 "재난대비 훈련을 하자"고 하면 잠자던 고대의 용을 깨우는 주문을 듣는 것처럼 놀라거나 칠판을 손톱으로 긁는 것처럼 자동적으로 거부 반응을 보인다. 그러니 수해나 태풍 등 자연재해로 큰 피해를 입을 때 당황하고 분노하거나 '남들은 다 괜찮은데 나만 재수 없게 걸려들었다'고 하면서 억울해할 수밖에 없는 것이다. "세상은 지금까지 그랬던 것처럼 항상 평화롭고 안정적이며 내일도 오늘 같아야 한다"는 한국인의 절대적이고 종교적인 믿음은 각종 대형사고 때마다 안전 불감증이란 이름으로 거론된다.

2014년 4월 16일 세월호 참사로 300명에 가까운 승객이 사망했다. 사망자 대다수는 수학여행을 떠났던 고등학생들이었다. 배가 뒤집혀 침몰하는 순간에 선장과 선원들은 승객들을 버리고 제일 먼저 탈출했다. 선실 안의 학생들은 "무조건 가만히 있으라"는 안내방송을 듣고 대피하지 않았다. 그렇게 꽃다운 아이들이 너무도 허망하게 차디 찬 바닷물에 잠겨 희생되었다. 그 이후, 생존자 구조와 실종자 수색 과정은 전 국민을 분노케 했다. 비상시 국민을 보호하고 안전을 책임져야 할 정부와 관계 기관의 무책임과 무능력함이 만천하에 드러났다. 해안관제센터(VTS)와 해경, 사고종합대책본부의 전문가라는 사람들 역시 우왕좌왕하기는 마찬가지였다. 어느 누구도 전문가다운 모습을 보여주지 않았다. 모두 멘탈 붕괴를 경험해야 했다. 수익을 앞세워 안전을 고려하지 않은 회사, 그것을 눈감아주는 행정기관, 소명 의식이라곤 눈곱만큼도 없는 비정규직 선장과 직원들, 전문가다운 면모라곤 도무지 찾아볼 수 없었던 자칭 전문가들, 그리고 당황해서 눈치만 보는 관료들……. 이들의 모습이 바로 "나의 안전과 내 가족의 안전을 책임져주겠지"라고 믿었던 사람들의 본 모습이었다.

"나에게도 언제든 재난과 사고가 닥칠 수 있다"는 말을 일종의 불길한 주문으로 생각할 일이 아니다. 미리 겁을 낼 것도 아니다. 지금 우리에게는 "내가 만반의 준비를 하고 있다면 어떤 재난과 사고가 온다 해도 이겨내고 물리칠 수 있다"는 자신감이 필요하다. 이 책이 당신과 당신의 가족, 그리고 대한민국의 코난들에게 필요한 이유이다.

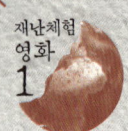

재난체험
영화
1

미스트
(The mist)

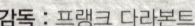

감독 : 프랭크 다라본트
출연 : 토마스 제인(데이빗 드레이턴 역), 로리 홀든(아만다 던프리 역), 마샤 게이 하든(카모디 부인 역)
줄거리 : 미국의 어느 시골 마을. 어느 날 갑자기 짙은 안개가 몰려와 마을을 뒤덮는다. 대형마트에 갇힌 동네 사람들은 그 안개 속에 사람을 공격하는 무언가가 있다는 걸 깨닫고 두려움에 떨게 된다. 이들이 본 것은 다른 차원의 기괴한 생명체들. 과연 마을 사람들은 무사히 탈출할 수 있을까?

재난대비자나 방재를 연구하는 사람들에게 각종 재난영화는 훌륭한, 아니 최고의 교과서이다. 만약 우리에게 어떠한 재난이 닥쳐왔을 때 그 다음 상황이 어떻게 진행될지 대략이라도 예상하고 있다면 생존의 가능성은 훨씬 더 높아진다. 아무런 정보나 지식도 없다면 총탄이 빗발치는 전장에 갑자기 내몰린 신병처럼 겁먹고 우왕좌왕할 뿐이지만 지식과 경험이 있다면 노련한 고참병처럼 위험의 정도를 판단하고 최소화할 수 있을 것이다. 재난영화는 가장 쉽고 편하게 재난상황을 간접 체험할 수 있게 해준다.

수많은 관련 전문가와 스텝들이 각종 자료와 고증, 자문을 통해 심혈을 기울여 만든 재난영화를 주의 깊게 보라. 실감 나는 영상을 보는 재미 외에도 재난 상황에서 주위의 평범한 인간들이 어떻게 반응하는지, 어떤 식으로 패닉에 빠지는지, (평소 같으면) 말도 안 되는 행동을 얼마나 서슴없이 하는지 모두 보여준다. 고대에는 긴 가뭄이나 홍수 같은 큰 재난이 닥쳤을 때 백성은 물론 왕까지 무당을 찾아가 점을 치고 신탁을 의뢰했다. 산 제물을 바치는 것도 마다하지 않으면서 신을 달래고자 했다. 그 시절이야 미개해서 그랬을 거라고 생각하겠지만 실은 지금도 마찬가지다. 컴퓨터와 스마트폰을 쓰는 21세기에도 사람들의 성향은 결코 바뀌지 않는다는 뜻이다. 이해할 수 없는 무시무시하고 거대한 힘과 공포 앞에서 인간의 이성과 지성은 폭풍우 속의 우산처럼 금방 꺾여 날아가버린다. 오래전 조상들이 그랬던 것처럼 행동하게 될 가능성이 더 크다.

작은 공간에 갇힌 사람들의 광기, 창문 밖 미지의 공포와 위험 속에서 생명의 위협과 극단적인 상황에 몰린 사람들이 어떻게 변할까? 평소에는 이성적이던 사람, 거리에서 마주치면 웃으며 친절하게 인사를 건네던 평범한 이웃도 그러한 상황에서는 180도 바뀔 수 있다. 알 수 없는 대상과 극한의 공포에 질리면 인간이 얼마나 비이성적이고 원초적으로 돌변할 수 있는지, 차마 말로 하기 어려운 광기를 지니게 되는지 관객들은 영화를 보는 내내 깨닫게 된다. 그러면서 동시에 불편함을 느끼게 된다. 하지만 우리는 이런 영화적 경험을 바탕으로 현실에서 재난이 닥쳤을 때 어떻게 할 수 있는지, 어떻게 대처해야 하는지 미리 예측해볼 수 있을 것이다.

「미스트」는 결말 처리에 많은 논란이 있었고, 우리나라에서는 흥행에 성공하지 못했던 영화다. 하지만 공포에 질린 군중의 심리 묘사만큼은 매우 탁월했다. 미지의 공포와 위협에 처했을 때 진짜 무서운 것은 그 이름 모를 대상이 아니라 내 주위의 인간 군중이라는 사실, 희망을 잃은 인간이 얼마나 나약해질 수 있는가를 제대로 표현했던 영화이다.

우리의 내일을 위협하는 4대 위험

한국 사람들은 너나 할 것 없이 "전쟁위협, 자연재해, 경제(에너지)위기, 피로화된 시스템의 붕괴"라는 '4대 위험'에 직면해 있다. 결코 안전하지 않은, 그러나 눈에 보이지 않아 체감하지 못하는 위협과 위험의 그물망 속에서 살아가고 있는 것이다. 우리를 위협하는 4대 위험은 다음과 같다.

전쟁(폭력) 상황

- 북한의 제한적 도발(연평도 포격, 천안함 폭침), 국지전 혹은 전면전
- 중·일·동남아 국가 등 주변국의 전쟁과 무력 충돌 가능성
- 내전 및 폭동(광주항쟁, LA폭동)
- 아랍과 이스라엘 등 중동발 전쟁 위기
- 미국과 중국의 세계 패권 다툼과 대결(선택하라 먼 미국이냐, 가까운 중국이냐)

자연재해

- 지진 영향(환태평양 지진대는 물론 우리나라에서도 최근 지진이 급증하고 있다)

- 쓰나미 피해 (일본에서 큰 지진이 발생하면 우리나라 해안에 쓰나미가 몰려올 수 있다)
- 방사능 우려(일본 후쿠시마 원전 사고는 점점 더 많은 방사능을 확산시킨다)
- 백두산 분화 (근래에 다시 분화 조짐이 감지되기 시작했다)
- 기상이변 (최근 100년 만의 한파·폭설·폭우·가뭄·늦더위 소식이 자주 보도된다)
- 온난화 영향으로 인한 기온상승과 식수부족
- 소빙하기로의 진입(온난화는 반대로 심한 겨울 추위나 소빙하기를 불러온다고 한다)
- 기상이변이 일으킨 전 세계적인 식량부족 사태
- 조류독감·신종플루·사스·메르스 같은 신종 전염병의 창궐
- 태양폭풍 및 혜성

경제위기

- 석유고갈과 산유국 수출 중단으로 인한 에너지 위기
- 유럽발 세계경제 붕괴 우려(제2의 경제대공황)
- 하이퍼인플레이션 혹은 거대 디플레이션의 습격
- 1,000조를 넘어선 가계 부채
- 막대한 국가와 지방도시 그리고 공공기관 부채
- 거대 해외자본의 한국경제 진입(ISD 소송)
- 주요 기간시설의 민영화 및 의료 민영화

피로화된 시스템의 붕괴

- 노후한 원전, 지하철, 공장 등 각종 산업·기간 시설들의 사고
- 세월호 참사에서 보듯 낡은 운송수단과 형식적인 점검 시스템
- 전국적인 대정전 사태(블랙아웃)
- 급격한 노령화와 저출산(베이비붐 세대의 은퇴로 인한 경제활력 저하)

- 식량의 자급자족 포기 및 자급률 급락
- 대상을 가리지 않는 '묻지 마' 범죄와 테러(빈부격차가 커질수록 더 심해질 것)
- 사이버 테러와 인터넷망의 붕괴(우리가 하는 모든 일이 컴퓨터와 인터넷망으로 연결, 이게 갑자기 끊긴다면 무엇을 할 수 있을까)
- 70억을 돌파한 인구 그 자체(좁은 공간에 갇힌 동물은 이상 행동을 반복하고 공격을 하거나 자해를 하기도 한다. 인간도 동물임을 잊지 말자. 인구의 급격한 증가는 그 자체로만으로도 어떤 이해할 수 없는 재난을 초래할지도 모른다)
- 숨어 있던 갈등의 표출(정치·이념·지역색·종교·학벌·비정규직·빈부간·외국노동자와의 갈등)

위와 같은 문제들은 언제든지 우리를 찾아올 수 있다. 내일 아침 당신이 깨어나 TV를 켰을 때 아침 뉴스에서 예쁜 기상 캐스터가 오늘의 날씨를 알려주는 대신 흥분한 아나운서가 긴급 속보를 전하는 모습을 보게 될지도 모른다. 어쩌면 더 심각한 상황을 맞게 될지도 모른다. TV 방송을 수신할 수 없거나 인터넷조차 먹통인 상황에서 저 멀리 들려오는 사이렌 소리에 가슴이 덜컹 내려앉을 수도 있다. 우리가 평소 수신하는 TV 방송은 대부분 지역 유선 케이블 방송이나 IPTV 같은 지역 인터넷망을 통해서 공급된다. 따라서 전기가 살아 있다 해도 중간 연결망이나 기지국에 문제가 생겨 네트워크망이 무너진다면 TV도, 인터넷도, 스마트폰도 쓸 수 없게 된다. 우리는 이미 2012년 초에 공중파 방송사와 지역 케이블 방송사 간의 싸움으로 TV 송출이 중단되었던 경험을 한 적이 있지 않은가?

세월호 참사를 기억하라. 그동안 전혀 생각하지 못했던 대형사고나 재난이 우리 집과 가족에게 찾아올지도 모른다. 언젠가 그런 비상상황이 닥칠지도 모른다는 사실을 인지해두는 것만으로도 재난이나 사고를 당했을 때 남보다 빨리 정신을 차릴 수 있다. 권투선수가 머리에 쓰는 헤드기어가 상대방의 펀치 충격을 다 흡수하지는 못하지만 큰 상처와 결정적 부상을 방지하고 빨리 정신을 차리게 해주는 것처럼 당신도 미리 재난을 생각하고 대비해야만 갑작스러운 한 방 펀치에 어이없이 쓰러지지 않을 것이다. 쓰러지지만 않으면 언제고 반격의 기회를 잡을 수 있는 법이다. 회심의 한 방, 반전의 결정타는 오직 준비한 자만이 만들어낼 수 있는 것이다. 당신은 최후의 방어막, 회심의 카드, 비장의 무기를 갖추고 있는가?

휴대용 생존백 EDC(Every Day Carry) 준비하기

나의 삶을 바꾸는 재난과 사고는 예고 없이, 뜻하지 않게 찾아오게 마련이다. 직장에서 일할 때나 버스·전철로 출퇴근할 때, 혹은 퇴근 후 쇼핑하러 잠시 들른 백화점에서도 사고가 생길 수 있다. 성수대교 붕괴(1994년), 삼풍백화점 붕괴(1995년), 대구지하철 공사장 붕괴(1995년), 대구지하철 방화 참사(2003년) 등이 그랬다. 가볍게는 2011년 9월의 갑작스런 블랙아웃 당시처럼 고층건물 엘리베이터 안에 갇혀 몇 시간 동안 구조대를 기다려야 할 수도 있고, 늦은 밤 술에 취해 홀로 길을 걷다가 뚜껑을 닫지 않은 맨홀이나 씽크홀 속으로 갑자기 떨어질 수도 있다. 주말에 친구를 만나러 간 지하철 역사나 지하쇼핑몰에서 화재가 일어나는 바람에 암흑과 유독 연기 안에 갇힐 수도 있다. 일상에서 이 같은 비상상황에 부딪힐 확률은 낮지만, 위에 열거한 사건들은 모두 최근에 실제로 일어난 사례들이다. 그 당사자가 내가 아니었을 뿐이다. 하지만 언젠가는 내가 사건의 주인공이 될 수도 있다. 행운은 좀처럼 따르지 않지만 나쁜 일은 종종 벌어진다는 '머피의 법칙'도 있지 않은가?

지금까지 별일 없었다고? 하지만 안심은 금물이다. 당신 역시 일상을 살면서 몇 번쯤은 이런 위기의 순간을 겪을 수도 있다. 그럴 때 호주머니나 가방 안에 한두 가지 도구가 준비되어 있다면 분명 큰 도움을 받을 수 있을 것이다. 그리고 난관을 헤쳐 나가기도 훨씬 쉬울 것이다. 맥가이버도 위기에서 탈출할 때 항상 주머니칼을 사용했다. 맥가이버칼이 없었다면 그 미니시리즈는 2편 이상 연재되지 않았을지도 모른다.

나만의 EDC(Every Day Carry) 준비

재난을 예측할 수는 없어도 대비는 할 수 있다. 가장 손쉬운 대비법으로 '생존도구 챙기기'를 들 수 있다. 외출할 때 여자들은 핸드백을, 남자들은 크로스백이나 작은 손가방 혹은 배낭을 들고 다니는데 그 안에 몇 가지 물품을 넣어두면 된다. 시작은 작은 주머니칼이나 멀티툴, 플래시, 호루라기, 미니 방독면, 사탕 정도면 충분하다. 나중에 관심이 생긴다면 좀 더 다양한

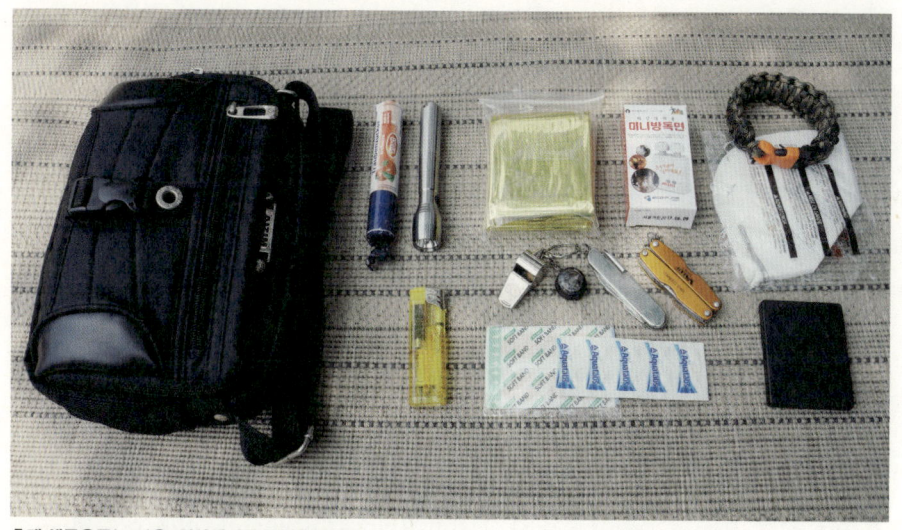

휴대 생존용품(EDC)은 일상에서의 구명조끼이다.

2장 일상에서의 생존 37

생존도구들을 넣고 다닐 수도 있다. 외국과 달리 총기 소지가 허락되지 않는 것이 어쩌면 더 나을 수도 있다.

이렇듯 "평소 가지고 다니는 가방이나 작은 백(bag) 안에 여러 가지 생존물품을 넣고 다니는 것"을 'EDC(Every Day Carry)'라고 한다. 생존카페나 외국의 인터넷 자료를 검색하면 많은 사진들이 나오는데 그것을 보면 혀를 내두를 수밖에 없다. 품목이 엄청나기 때문이다. 하지만 앞의 사진처럼 주위에서 쉽게 구할 수 있는 몇몇 소형용품만으로도 EDC 준비는 충분하다. 품목이 너무 많고 무거우면 휴대하기도 불편하고 힘들다. 또 기능이 서로 중첩되는 것이 많아져 자칫 비효율적으로 된다.

필수 품목

멀티툴 혹은 소형 주머니칼, 미니 LED 플래시, 호루라기, 나침반, 우비나 은박 보온담요, 예비 휴대폰 배터리, 펜과 종이, 라이터, 사탕이나 포도당캔디, 소형구급약(반창고, 연고, 진통제 등), 미니 방독면이나 마스크, 현금(비상시엔 현금만 통용된다)······.

추가 품목(가능할 경우)

나일론줄이나 낙하산줄, 라디오, 정수알약, 호신용품(가스총, 3단봉, 전기충격기, 고음경보기), 선글래스, 장갑, 바느질세트, 초콜릿바 같은 고열량음식, 팩음료, 청테이프······.

항상 들고 다니는 가방 안에 많은 생존물품을 넣을 수는 없지만 그래도 몇 가지 중요한 것들은 꼭 챙기자. 살아가는 동안 한두 번 겪을지 모를 위급한 상황에서 반드시 도움이 될 것이다. 일상에서의 구명조끼인 셈이다. 위에 언급한 필수

품목들은 그리 무겁거나 크지 않아 여성용 핸드백 안에도 충분히 넣을 수 있다. 추가품목은 조금 부피가 크거나 활용도가 떨어지는 것들이므로 여유 공간이 있을 경우 추가하면 좋을 것이다. 이것들은 대개 주변의 생활용품점에서도 얼마든지 구할 수 있다. 3만 원짜리 스위스아미제 맥가이버칼도 좋지만 '다이소'에서 파는 3,000원짜리 멀티툴도 괜찮다. EDC는 남에게 자랑하기 위한 게 아니고 스스로를 지키기 위한 것이므로 추후 고급 장비에 대한 필요성을 느끼거나 안목이 생기면 그때 가서 좋은 것으로 구입하면 된다. 그렇다고 해도 큰 중복투자는 아닌 셈이니 일단 작게 시작하자!

남성이라면 작은 크로스백에 EDC를 넣고 다니면 된다. 가방을 들고 다니지 않는 사람이라면 호주머니에 라이터와 함께 미니 멀티툴이라도 넣고 다니자. 그렇지만 날이 긴 폴딩나이프를 소지하는 것은 곤란하다. 거리나 술집에서 시비 끝에 싸우다 예기치 않게 상대에게 상처를 줄 수도 있거니와 경찰의 불심검문에 걸리면 골치 아픈 일이 벌어질지도 모르니까.

EDC, 이렇게 활용한다

붕괴된 건물이나 갑자기 멈춘 엘리베이터에 장시간 갇히게 되면 사탕이나 포도당캔디를 꺼내먹어라. 기운을 내고, 구조대를 기다리는 데 도움이 될 것이다. 나침반과 플래시는 어두운 곳에서 방향을 찾아 나아갈 수 있게 해주고, 호루라기는 힘껏 불어서 멀리 구조 신호를 보낼 수 있다.

구조를 기다리는 동안 비닐우비나 은박보온담요를 몸에 두르면 비와 바람, 추위에서 견딜 수 있다. 퇴근길 지하철이나 건물에서 갑자기 화재가 난다면 가방에서 일회용 마스크나 미니 방독면을 꺼내 착용하고, 플래시로 불을 비춰서 탈출로를 찾으라.

멀티툴과 소형 서바이벌 칼은 쓸모가 많다. 여자들은 담배를 피우지 않는다 해도 작은 일회용 라이타 등을 지참하자. 어둠 속에 갇혔을 때 빛을 밝힌다든가 불을 필 때, 혹은 구조용으로 요긴하게 사용할 수 있다. 또한 갑자기 싸움이 벌어져 주먹을 날려야 한다면 일회용 라이터를 꼭 쥐고 펀치를 날려보라. 파괴력은 훨씬 세지고, 손도 덜 아프며, 덜 다치게 될 것이다.

차량용 72시간 생존팩(Car EDC)

휴대용 생존팩 EDC 구성을 해보았다면 2단계로 차량용 72시간 생존팩(Car EDC)도 준비해보자. 이것 역시 주위에서 손쉽게 구할 수 있는 것들로 간단하게 만들 수 있다. 물론 큰돈도 필요 없다. 스페어타이어를 가지고 다니듯 트렁크에 생존팩을 준비해두면 혹시 모를 비상사태 때 큰 도움이 될 것이다. 경우에 따라 당신의 생명을 구할 수도 있다. 우리가 승용차 안에서 보내는 시간은 의외로 많다. 출퇴근뿐 아니라 장단기 여행길에도 대개 승용차를 이용한다. 차 안에서 보내는 시간이 많다는 것은 그만큼 각종 사고와 예상치 못한 위험에 노출되는 시간이 많다는 의미이기도 하다. 그만큼 위험에 대한 준비가 필요하다는 뜻도 된다.

사례1_ 강원도 폭설 대란

2011년 겨울, 강원도에 100년 만의 대폭설이 내렸다. 순식간에 도로 여기저기 눈이 쌓여 길이 막혔다. 꼬리를 물고 늘어선 수많은 차들이 외진 도로에서 오도 가도 못한 채 며칠 동안이나 갇혀 있어야만 했다. 폭설과 강추위에 차 안의 사람들은 추위에 떨면서 배고픔과 목마름, 언제 구조될지 모른다는 불안감에 시달리며 날이 새기만 기다렸다. 얼마 후 기름마저 바닥나면서 시동이 꺼졌다. 상황은 최악으로 치달았다. 몇몇 남성들은 가족을 차에 남겨두고 휴게소로 향했다. 발이 푹푹 빠지는 눈밭을 한참 동안 걸어가 간신히 도착한 휴게소에서 그들은 가족이 먹을 것을 살 수 있었다. 하지만 불안한 마음에 차마 가족을 놔두고 떠나지 못했던 사람들도 많았다. 구조의 손길은 날이 밝은 뒤에야 도착했다. 인근 군부대의 군인들이 빵과 물을 가지고 온 것이다. 눈에 갇힌 사람들은 겨우 허기를 면할 수 있었지만 눈길 고립 상황은 3일간이나 지속되었다.

사례2_ 계곡 조난

한여름, 차를 몰고 강원 국도를 여행 중이던 김** 씨가 낭떠러지로 굴러떨어졌다. 환상적인 경치에 잠시 한눈을 팔다 사고가 난 것이다. 수십 미터 아래 계곡으로 추락한 차에서 그는 겨우 살아남았지만 상처를 크게 입었다. 몸을 움직일 수도 없었다. 설상가상 깊은 계곡 아래라 스마트폰마저 불통이었다. 통행이 뜸한 외진 도로라 소리를 질러 도움을 요청할 수도 없었다. 결국 그는 차 안에 갇힌 채 먹다 남긴 과자로 연명하며 3일을 버텼다. 그리고 가족들의 신고로 수색이 시작되어 가까스로 구조될 수 있었다.

72시간을 대비하라

차 안에 약간의 물과 음식을 준비해두면 갑자기 고립되어도 며칠간은 버틸 수 있다. 위의 사례처럼 겨울철 폭설로 인한 고립이든 여름철의 계곡 조난이든 구조가 시작되어 발견되기까지 며칠 동안 큰 탈 없이 이겨낼 수 있다는 뜻이다. 보통 사고가 나서 구조되기까지는 최대 3일이 필요한데,

작은 배낭을 이용해 차량용 72시간 생존팩을 준비해둔다.

이 시간이 지나면 조난자는 대개 탈진해서 죽거나 반대로 구조대가 구조 자체를 포기하게 된다. 따라서 차에서의 3일, 즉 72시간을 버티게 해주는 생존팩 준비는 필수적이다. 지금부터라도 혹시 발생할지 모르는 위험에 대비하자. 약간의 비상 장비와 식량만 있어도 비상시에 큰 도움을 받을 수 있다. 자동차에는 트렁크와 사물함 등 각종 여유 공간이 많이 있으니 휴대하기도 어렵지 않다. 일단 작은 배낭을 채우는 것부터 시작하자. 잘 쓰지 않는 세차용품이나 볼링공 세트 등을 빼내면 배낭 하나 들어갈 자리는 충분히 확보할 수 있다.

    필자의 차는 소형이다. 그래서 트렁크도 작은 편이다. 하지만 차량용 72시간 생존팩(Car EDC)을 넣고 다니는 데에는 불편함이 없다. 만약 당신의 차가 소나타나 산타페, 카니발 등의 중형이라면 생존팩을 좀 더 크게 만들 수 있을 것이다.

차량용 72시간 생존팩 품목

차량용 72시간 생존팩은 차를 타고 이동하다가 비상상황(조난, 고립, 긴급대피)에 부딪혔을 때를 대비한 것이다. 물과 먹을거리, 그리고 최소한의 장비들을 모아 놓은 팩으로 당신이 구조되거나 위험 지역을 빠져나갈 때까지 최소 2~3일간 버틸 수 있게 해준다. 생존팩을 꾸리는 데 필요한 배낭이나 내용물은 특별한 것이 아니다. 값이 비싼 것도 아니다. 누구나 주위에서 쉽게 구할 수 있는 것들로서 본인의 생각과 필요에 따라 장비나 목록을 추가하거나 뺄 수 있다. 다음 사항을 참고하여 나만의 생존팩을 꾸려보자.

배낭은 어떤 것이 좋을까?

비상 배낭이라고 하면 선뜻 디지털무늬에 주머니가 많이 달린 멋진 군용 전술배낭을 떠올릴 것이다. 하지만 잠깐! 생존팩용 배낭을 굳이 디자인이 좋은 새 것으로 장만할 필요는 없다. 잘 사용하지 않는 등산용 배낭 한두 개 정도는 누구나 가지고 있을 터이니, 그것을 이용하자. 해외여행을 갈 때 여행사에서 받은 것도 좋다. 용량이 25L 이상 되는 배낭이면 충분하다. 요즘 유행하는 군용 전술배낭 스타일은 비상시에 오히려 주의를 끌거나 표적이 되기 쉽다. 50L 등산 배낭처럼 지나치게 큰 것도 좋지 않다.

내용물을 점검하자

기능성 등산 재킷, 모자(두건), 수건, 속옷, 양말, 장갑, 반바지, 우비, 생수병, 캔 음료, 고열량 비스킷, 초콜릿(영양갱) 및 에너지바, 사탕 및 포도당캔디, 건빵 및 건조식량, 플라스틱 수저 및 나무젓가락, 비닐봉지, 고체연료, 나일론줄(낙하산줄), 마스크(미니 방독면), LED플래시, 예비 AA건전지, 멀티툴(접는 칼), 선글래스(보안경), 핫팩(손난로), 가스라이터(파이어스타터), 나침반, 호루라기,

지도, 정수알약, 은박보온담요, 구급약, 작은비누 및 칫솔 등·······.

품목별 활용법

기능성(방풍·투습·발수) 재킷

추위와 비바람으로부터 1차적으로 내 몸을 보호하는 중요한 장비다. 한여름이라 할지라도 야외에서 맞는 새벽녘은 꽤 춥다. 비가 오지 않더라도 이슬에 젖거나 바람이 불면 저체온증으로 죽을 수도 있다. 기능성 재킷은 잘 말아서 배낭 안 가장 아래쪽에 놓자. 재킷도 굳이 새로 살 필요가 없다. 안 입는 것을 사용하면 된다. 낡았다거나 유행이 지났다거나, 아니면 어디 한 군데가 헤졌다거나 디자인이 별로라고 생각해 입지 않고 둔 것을 활용하면 된다. 소재가 고어텍스가 아니더라도 상관없다. 방풍·투습·발수 등 기능성을 갖춘 재킷 종류면 된다. 여기에 발수 스프레이를 살짝 뿌려준 후 배낭에 넣어둔다.

모자와 두건

추울 때는 인체 내부의 열 상당수가 머리를 통해서 빠져나가므로 잘 보호할 필요가 있다. 또 여름에는 머리를 비와 강한 햇볕으로부터 보호해야 한다. 추운 겨울이라면 두터운 비니나 스키용 전면 두건도 활용하자. 모자로 보호하지 못하는 얼굴을 포함한 머리 전체를 따뜻하게 감싸줄 것이다. 핫팩이나 손난로는 추위를 견디는 데 가장 요긴하게 쓰인다. 부피도 작고 저렴하며, 가슴에 품고 있으면 아주 따뜻하다. 노숙할 때 가장 생각나는 물품이 될 것이다.

수건·속옷·양말·장갑

야외에서는 땀이나 비에 젖기 쉽다. 물에 빠져서 온몸이 흠뻑 젖는 경우도 있을 것이다. 그런데 몸이 젖은 채로 오래 있으면 감기에 걸리거나 오한이 나서 에너지 소모가 심해진다. 심지어 발이 썩는 '참호족'에 걸릴 수도 있다. 물에 젖었을 때 신속히 물을 닦고, 갈아입을 수 있는 수건·속옷·양말·장갑 등을 준비해둔다.

물(정수알약)과 각종 음료수

주로 혼자 차를 타고 다닌다면 물을 1~2L 정도 준비한다. 하지만 사람이 두 명 이상 자주 탄다거나 차에 공간적인 여유가 있다면 그 이상을 준비해두는 게 안전하다. 정수알약이 있다면 더 좋다. 정수알약은 물통 표면에 투명 테이프로 단단히 붙여두라. 찾기도 쉬울 뿐더러 잃어버릴 염려도 없다. 캔커피나 이온음료를 한두 병 더 넣어두는 것도 좋다. 준비해둔 물은 여름철에 차가 갑자기 오버히트를 하거나 워셔액이 모자랄 때도 요긴하게 사용할 수 있다.

비상식량

비상식량으로는 '다트렉스'나 'ERBAR' 같은 수입산 전문비상식품, 또는 마트에서 쉽게 살 수 있는 '에너지바'나 초콜릿, 건빵, '초코다이젯' 같은 고열량 과자가 좋다. 생존팩을 처음 만든다면 마트에서 쇼핑할 때 '초코다이젯'이나 육포를 몇 개 사다 넣어두면 된다.

이렇게 가방이나 배낭에 소형 물병 몇 개와 초콜릿과 비스킷 등을 넣어두면 가장 기본적인 차량용 72시간 생존팩이 된다. 이것을 항상 자동차 트렁크 한쪽에 넣고 다니자. 언젠가 딱 한 번이라도 쓸 일이 생긴다면 바로 그때 이것이 당신

차량용 72시간 생존팩 안에 들어가는 내용물.

과 가족의 목숨을 구해줄 것이다.

생존팩은 한 사람이 최소 2~3일간의 생존을 목표로 준비하는 가방이므로 꼭 필요한 물품(물, 식량, 비상장비)만 넣어야 한다는 것을 명심하자. 또한 자동차 트렁크 안은 계절의 영향을 많이 받으므로 계절에 따라 약간씩 품목을 조정할 필요가 있다. 겨울에는 두건과 핫팩을 추가하고, 여름에는 녹기 쉬운 초콜릿 대신 건빵을 준비하는 식이다. 필자의 경우에는 생존팩 식량 품목을 늦봄과 초가을 쯤 연 2회 교체해준다.

아무리 추운 겨울이라도 차 안에만 있다면 비바람을 막을 수 있고, 체감온도도 크게 떨어지지 않는다. 그러므로 손난로와 담요로 잘 보온하고, 칼로리 높은 과자 등을 먹으면서 견디면 추위에 체력이 떨어져 위험해질 일은 어느 정도 예방할 수 있을 것이다.

일터용 72시간 생존팩(Office EDC)

휴대용 EDC와 차량용 72시간 생존팩의 필요성에 공감했다면 다양한 상황에서의 생존에도 생각이 미칠 것이다. 우리가 하루 중 제일 많은 시간을 보내는 곳은 집이 아닌 일터(직장, 사업소, 가게, 학교)이다. 필자도 회사원으로서 하루 12시간씩 일했고 밤샘 야근과 휴일 근무도 많았다. 아마 대다수 사람들의 상황도 다르지 않을 것이다. 그만큼 일터에서 재난을 만날 확률이 더 높다. 그러므로 우리는 당연히 일터에서 재난 상황에 맞닥뜨릴 경우도 생각해두어야 한다.

일터용 생존팩 준비하기

일터에서 할 수 있는 최소한의 재난대비 역시 생존팩(OFFICE EDC)을 준비하는 것이다. 앞에서 다룬 것처럼 배낭에 장기 보존이 가능한 식품과 물, 약간의 장비 등을 준비해두면 된다. 이 경우에는 따로 72시간 등의 시간제한을 둘 필요가 없다. 다만 직장에서 집까지 가는 귀환 상황을 대비해 추가적으로 신발과 편한 옷, 등산 스틱 등을 포함하면 된다. 휴대용 EDC, 자동

자기 일터에서의 생존준비가 필요하다.

차용 CAR EDC와 달리 일터용 생존팩은 보관 면에서 여러 모로 편리하고 유리하다. 공간의 제한이 적고 내부 온도가 1년 내내 균일하게 유지되기 때문이다.

보관 장소는 어디가 좋을까?

일터용 생존팩은 두 곳 이상의 장소에 복수로 보관할 수 있다. 개인 사물함, 창고, 책상 밑, 휴게실 등 모두 가능하다. 되도록 다른 사람의 손이 미치지 않는 곳에 놓아둔다. 하지만 기본 장소로는 본인의 책상 밑이 가장 좋다. 항상 보고 관리할 수 있을 뿐더러 도난이나 분실의 염려도 적고, 남의 구설에 휘말릴 일도 없기 때문이다. 가장 유리한 점이라면 본인이 앉은 자리에서 비상사태가 발생할 경우 즉시 이용할 수 있다는 점이다.

생존팩 구성 품목

CAR EDC 품목을 참고하여 잘 쓰지 않는 적당한 배낭에 저렴한 먹을거리를 넣어두자. 그 외 방수재킷, 양말, 수건, 두꺼운 옷, 플래시, 핫팩 등도 준비한다. 공간의 여유가 있으니 따뜻한 스웨터나 모포, 운동복 등을 추가할 수도 있다. 사람에 따라 72시간을 버티는 데 필요한 품목은 달라질 수 있다. 흡연자라면 담배 한두 갑 정도가 필요할 것이고, 애주가라면 팩소주를 한두 병 넣어두는 것도 좋을 것이다.

물은 필수품이다

인체에는 하루 최소 2L의 물이 필요하다. 그러므로 페트병으로 물을 2~3병 준비해두자. 굳이 생수를 사놓기보다는 페트병을 깨끗이 세척한 다음 정수기 물을 넣어두면 된다.

발을 보호해주는 편한 신발 준비

비상사태가 벌어지면 직장(회사, 학교)에서 탈출하여 보다 안전한 다른 곳으로 이동해야 할 경우도 생길 것이다. 이때 집에서 신고 나온 정장용 구두나 하이힐을 신고서는 오래 걸을 수 없다. 그러므로 비상시를 대비해 물과 식량 외에 몇 시간쯤 걸어도 발이 아프지 않을 편한 운동화나 등산화, 밑창이 부드러운 조깅화, 트래킹화 등을 준비해둘 것을 권한다. 발이 노출되는 샌들이나 바닥이 딱딱한 캔버스화, 스니커즈류는 피하라.

등산용 스틱을 활용하라

배낭을 메고 걸을 때 등산 스틱을 이용하면 훨씬 수월하게 이동할 수 있다. 스틱을 이용하면 그냥 걸을 때보다 20~30% 정도의 에너지를 절감할 수 있다고 한다. 하지만 이것보다 더 중요한 것은 등산 스틱을 호신용으로도 쓸 수 있다는 점이다. 파괴된 거리, 치안이 불안한 곳, 낯선 거리를 꽤 오랜 시간 걸어야 한다면 맨손보다는 그래도 뾰족하고 긴 무엇인가를 들고 있는 게 훨씬 낫다. 심리적으로 안정감을 줄 뿐더러 위협을 가해오는 대상이 누구든 스틱을 휘두르는 사람에게는 섣불리 접근할 수 없기 때문이다(위협의 대상은 사람뿐만 아니라 굶주린 개나 산을 내려온 멧돼지가 될 수도 있다).

스틱은 전문 등산용인 고가의 4단 초경량 제품보다 일반적인 3단 저가형이 더 좋다. 좀 무거운 것이 더 튼튼하고 타격할 때 더 위력적이라 무기로도 안성맞춤이다. 또한 손잡이가 일자형인 것보다는 T자형이 좋다. 스틱을 잡고 휘두를 때 힘을 더 많이 발휘할 수 있다. T자형은 일반적으로 저가형 제품에서 많이 찾아볼 수 있다.

등산용 스틱은 펼친 상태이든 접힌 상태이든 실제 무기로도 꽤 쓸 만하다. 특히 검도나 쌍절곤, 당파 등을 익힌 무술인이라면 더욱 무서운 무기로 돌변한다. 평상시에는 위협적인 무기로 인식되지 않는 게 큰 장점이다. 아수라장이 되었다고 해서 거리를 다닐 때 막대기에 칼을 꽂은 사제창을 갖고 다니면 안 된다. 주의를 집중시켜 경찰이나 폭도 양쪽 모두에게서 공격받을 확률이 크다. '다이소'에 가면 묵직한 3단 스틱을 5,000원에 살 수 있다. 몇 개쯤 준비해서 일터, 자동차 트렁크, 집 등에 호신용 무기로 넣어두자. 생존 무기로서 장점을 발휘할 것이다.

일본 3·11 대지진 당시 도쿄는 진원지에서 멀리 떨어져 있었는데도 영향을 많이 받았다. 교통과 전기가 차단되었고, 도로는 멈춰선 차량들로 주차장을 방불케 했다. 수많은 사람들이 승용차와 대중교통을 포기하고 몇 시간이나 걸어서 힘들게 집에 가야 했다. 아침 출근길에는 보통 자가용이나 대중교통을 이용하기 때문에 대부분의 사람들이 구두에 얇은 코트 차림이었을 텐데 3월 초의 눈 오는 추운 날씨에 덜덜 떨면서 몇 시간을 걸어서 귀가한 것이다. 그날 길거리의 편의점에서는 순식간에 물건 전부가 바닥 나고 조금 늦게 찾아온 사람들은 허기진 배를 채울 빵 하나 컵라면 하나 볼 수 없었다고 한다.

만일 그때 사람들이 일터용 생존팩을 가지고 있었다면 집까지 걸어서 돌아가는 데 큰 도움을 받았을 것이다. 그 후 일본은 매년 정기적으로 시민들을 모아 재난 발생 시 집까지 수십 킬로미터를 걸어가는 훈련을 하고 있다. 큰 재난을 몸소 체험한 시민들은 이제 누가 시키지 않아도 스스로 훈련에 참여한다고 한다.

도쿄 도심 안의 민간 회사에서도 빌딩 지하실에 막대한 양의 비상식량과 물을 비축해놓고 있다. 회사 직원은 물론 인근 시민들이 몰려와 대피해도 한참 동안은 지하대피소에서 버틸 수 있도록 준비해둔 것이다. 물론 정부의 지원이나 강요 없이 회사 돈을 털어 스스로 준비한 것이다. 우리나라도 정부와 지자체는 물론 도심의 큰 회사들이라면 이 같은 도심형 재난대비에 준비해야 할 때가 되었다. 물론 그 전에 국민 각자가 스스로 대책을 세우고 준비하는 게 훨씬 현명할 터이지만.

가정용 비상식량 캐리어 (COLOR BOX)

집에 있을 때 전쟁과 지진, 홍수 등 갑작스러운 비상상황이 닥쳤다고 해보자. 서둘러 집을 빠져나가야 하는 판에 이것저것 비상식량을 챙길 수 있을까? 비상식량 캐리어는 이 같은 상황에서 바로 끌고 나갈 수 있게 만든 것이다. 1초가 급한 상황에서 집 안 곳곳에 산재해 있는 장비나 주요한 물건들을 챙겨서 나갈 여유는 없을 것이다. 귀중품을 챙기느라고 꾸물대다가는 골든타임, 마지막 탈출 기회를 놓칠 수 있다. 동일본 대지진에서 보듯 겨우 집 밖으로 빠져나와 목숨을 건졌다 해도 당장 그날 저녁부터 먹는 게 문제가 된다. 수용소로 대피했던 사람들도 하루에 겨우 주먹밥 한 개나 바나나 한 개만 먹었다고 한다. 주먹밥 한 개, 바나나 한 개로 과연 며칠이나 버틸 수 있을까? 비상식량은 무겁고 부피가 큰 편이지만 매우 빠르게 소진된다. 각종 생존용품을 넣어둔 생존팩과 별도로 부피가 큰 식량을 따로 보관하는 비상식량 캐리어가 필요한 이유다.

캐리어 준비하기

식량 캐리어는 평소 집에서 잘 사용하지 않는 여행용 캐리어를 사용한다. 여행용 캐리어는 1년에 몇 차례 여행 갈 때만 사용하고 그 외에는 대개 집 안 구석이나 창고에 자리만 차지하게 마련이다. 잠 자는 집 안의 캐리어에게 평상시에도 중요한 임무를 부여해주자. 캐리어 안에 비상시 먹을 식량과 물, 간단한 조리도구를 미리 챙겨두면 어떤 위급한 상황이 벌어졌을 때 바로 끌고 나갈 수 있다. 한동안 먹는 문제를 해결하고 배고픔을 해소하는 데 중요한 역할을 할 것이다.

가정용 비상식량 캐리어(COLOR BOX).

비상식량 캐리어 채우기

비상식량 캐리어 안에는 특별한 조리가 필요 없는 식품이나 물을 끓이는 정도의 아주 간단한 조리만으로도 먹을 수 있는 것들을 구

한 가족이 며칠간 먹을 식량들로 구성, 구성물은 일반 마트에서 쉽게 구할 수 있는 것들이다.

비해 넣자. 건빵, 전지분유, 시리얼, 생수, 정수알약, 고체연료, 참치캔, 통조림, 스팸, 초콜릿, 인스턴트 스프, 건과일, 3분즉석요리, 사탕, 커피믹스 등을 넣어둘 수 있다(자세한 내용은 78쪽 '10대 필수 비상식량' 편을 참고하라). 이때 가족의 수와 먹는 양 등을 계산해서 며칠분이나 되는지 꼭 확인한다. 꽉 채웠다면 캐리어에 바퀴가 있는 것이 얼마나 고마운지 느낄 것이다. 무게가 결코 만만하지 않을 테니까.

준비가 끝나면 가족에게도 비상시 이 캐리어를 바로 끌고 나가면 된다고 알려준다. 중간에 여행이나 출장 갈 일이 생기면 커다란 비닐봉지에 내용물을 잠시 옮겨놓으면 된다. 주의할 점이 있다. 비상식량 캐리어는 소모성 식량팩이므로 그 외 각종 중요 비상장비를 넣은 생존팩은 반드시 별도로 준비해두어야 한다.

재난이나 비상상황에서의 생존은 스스로 얼마나 준비해두었느냐에 따라 달라진다. 선택의 폭도 달라진다. 스스로 아무런 준비도 해놓지 않고 다른 사람이나 119, 혹은 정부에만 의지하고 기대려 하지 말라. 생존을 다투는 순간, 우선순위에서 밀리는 것은 당연하다.

당신은 낙관론자인가, 현실주의자인가?

TV나 인터넷 등 각종 방송매체에서는 외국과 국내의 프리퍼들, 즉 재난을 대비하며 살고 있는 사람들의 모습을 종종 방영한다. 사람이 별로 없는 외딴 시골 혹은 산 속에 들어가 살거나 집 안 곳곳에 통조림과 갖가지 먹을거리를 쌓아놓고 사는 사람들의 모습은 말 그대로 종말론자처럼 보인다. 패널로 나온 교수나 전문가라는 사람들조차 "세상을 부정적으로 보고 살지 말라"고 한마디 한다. 덕분에 방송을 탄 사람들은 단번에 생산적인 사회활동은 안 하면서 세상이 뒤집어지기를 바라는 사람으로 낙인찍힌다. 종말론자 혹은 부정론자로 간주되는 것이다.

이 글을 읽고 있는 당신은 낙관론자인가 부정론자인가? 서점에 나가면 흔히 접할 수 있는 수많은 처세술이나 자기계발서도 이 같은 질문을 자주 한다. 그리고 "반드시 긍정론자가 되어라"고 당부한다. "긍정론자가 되어야 한다. 부정론자나 회의론자는 되지 말라"고 경고한다. 당신은 이 말에 동감하는가?

생각해보자. 평소 두려움 자체를 느끼지 못하고 소위 겁을 상실한 채 제멋대로 건들거리며 사는 사람이 있다. 우리는 과연 이런 사람에게 "용기 있다"고 말할 수 있을까? 용기란 두려움 자체를 못 느끼는 게 아니다. 비록 내면적으로는 두려움에 떨지언정 사태를 외면하지 않고 직시하며, 몸과 마음이 움츠러드는 것을 지양하고, 사태를 해결하기 위해 긍정적인 행동을 시작할 때 우리는 "용기 있다"고 말한다.

"당신은 낙관론자인가, 아닌가?" 하는 질문도 마찬가지다. 자동차에 여러 종류의 안전장치가 있어도 우리는 그것만으로 충분하지 않다는 것을 안다. 그래서 운전하기 전에 차와 타이어 상태를 살피고 운전석에 앉으면 반드시 안전벨트를 맨다. 운전 중에는 항상 사이드미러를 통해 주위를 살피고 제한속도를 지키면서 방어운전을 한다. 주행하면서 엔진이나 차체에서 혹시 이상한 소리가 나지 않는지, 계기판은 정상인지, 혹시 어떤 경고등이 떠 있지는 않은지 끊임없이 살핀다. 심지어 자동차보험과 운전자보험에도 가입한다. 하지만 이런 생활 태도 때문에 누군가를 비관론자 혹은 부정론자라고 하지 않는다. 반면, 운전을 하면서 안전벨트도 매지 않고 차량 정비에도 신경 쓰지 않으며 끼어들기와 난폭운전을 일삼는 사람, 위험한 일을 하면서 보험에도 가입하지 않는 사람, 최소한의 안전장치도 없이 일하면서 '설마 내게 무슨 일이 있겠어……' 하고 방심하는 사람을 낙관론자라고 일컫지도 않는다. 이런 태도는 단순히 무지의 발로이자 만용이며 대책 없는 낙관론일 뿐이다.

지금은 운 좋게 별일 없이 사는지 몰라도 이 같은 안전불감증이 하나둘 쌓이면 결국에는 일이 터지게 마련이다. 세월호 참사(2014년)가 그렇다. 위험과 사고에 무방비로, 그리고 지속적으로 노출되어 있다면 어느 순간 단 한 번의 충격에 의해서도 허무하게 쓰러질 수 있다. 모든 게 끝장 날 수 있는 것이다.

'어떻게든 살아가겠지', '설마 무슨 일이 있을라고', '내게 나쁜 일 같은 건 없어' 하고 최면을 걸면서 무사 안일한 오늘만 생각하지 말라. 내일이 오늘 같다는 보장은 어디에도 없다. 대신 어떤 위기가 닥쳐도, 어렵고 힘든 상황이 와도 바로 포기하지 않고 어떻게든 탈출구를 찾고 상황을 개선하고자 끊임없이 노력하라. 우리는 이런 사람을 긍정론자 혹은 현실주의자라고 부른다.

   운전 중에 끊임없이 주위를 살피고 계기판을 지켜보며 안전운전·방어운전을 하는 것처럼 우리는 평소에 미리미리 안 좋은 순간을 대비해야만 한다. 그럴 때에만 우리는 생존으로 보답 받을 수 있다.

생존 능력 체크리스트

아래의 표는 '개인의 생존 능력 체크리스트'이다. 갑작스런 재난이나 조난 상황을 가정하고, 스스로의 능력과 현재 가지고 있는 것만으로 얼마나 위기를 잘 헤쳐 나갈 수 있는지 생존 능력을 체크하는 리스트이다. 각 사항을 읽으면서 가볍게 체크해보자. 점수가 별로 좋지 않다고 실망할 필요는 없다. 체크 후 리스트에 있는 항목 가운데 손쉬운 것부터 틈이 날 때마다 하나씩 추가하거나 습득하면 된다. 페이지 한쪽에 현재 자신의 생존능력이 몇 점인지 기록하고 6개월 뒤에 다시 한 번 체크해보라. 발전했다는 것을 분명히 느낄 수 있을 것이다.

*각 항목은 YES인 경우 1점, NO인 경우 0점으로 계산한다.
*항목 뒤 ( ) 안에 점수는 YES의 경우에 해당한다.

생존 능력 체크리스트	날짜	
항목	YES	NO
자전거가 있다		
오토바이가 있다		
짐 운반용 카트가 있다		
운전을 할 줄 안다		

즉시 쓸 수 있는 자동차를 소유하고 있다		
승용차 이외의 차종을 소유했다(트럭, 버스, SUV, RV 등)		
타이어 펑크를 조치(수리, 교체)할 줄 안다		
자동차 경정비를 할 수 있다		
현재 자동차의 기름이 2/3 이상 차 있다		
집에 비상시 사용할 비상연료가 보관되어 있다		
군대를 다녀왔다		
군대 장기복무자 출신이다(하사관, 장교 등)		
캠핑, 종주산행, 생존캠프체험 등 야외생활에 익숙하다		
야외에서 성냥, 라이터 없이 불을 붙일 수 있다		
나무에 불을 피워 모닥불을 만들 수 있다		
야외에서 나침반 없이 자연지물로 동서남북을 알 수 있다		
가축(닭, 개, 돼지)을 잡아본 적 있다		
낚시를 할 줄 안다		
길이 잘든 등산화나 튼튼한 신발이 직장과 차 안, 일터에 모두 있다		
등산용품을 웬만큼 구비했다(배낭, 방풍재킷, 코펠, 휴대버너, 나이프, 스틱 등)		
야외에서 물을 구하거나 정수하는 방법을 두가지 이상 안다		
약초와 나물, 버섯 등을 어느 정도 식별할 수 있다		
집에 공구세트 및 수리 도구가 있다		
집에 나름대로 사용할 수 있는 호신무기를 갖고 있다		
원거리 무기(총, 활)가 있다		
집에 휴대용 정수기가 있다		
수돗물을 200L 이상 받아둘 통을 갖고 있거나 방법을 알고 있다(욕조 제외)		
비상식량을 1개월분 확보하고 있다(5점)		
비상식량 3개월분 확보하고 있다(10점)		
비상식량 6개월분 확보하고 있다(15점)		
집에 텐트, 오리털파카, 침낭이 있다		
평소 휴대용 EDC(생존팩)를 갖고 다닌다		
집에 비상탈출용 백을 준비해두었다		
평소 차 안에 생존팩(Car EDC)을 넣고 다닌다		
일터에 생존팩을 가지고 있다		
시계를 늘 차고 있다		

시골에 산다		
단독주택에 산다		
농사를 지어봤다		
비상시 주위에 물을 구할 곳이 있다(개울, 우물, 하천, 비상급수시설 등)		
유사시 집 외에 대피할 곳이 있다		
야외 생존관련 TV를 종종 본다 〈정글의 법칙〉, 〈베어그릴 모험〉 등		
현재 2인 이상 같이 산다		
믿고 의지할 가족이 여럿 있다(배우자, 부모, 형제, 아이들)		
주위에 도움을 요청할 친한 친구나 동료가 여럿 있다		
자녀들이 다 컸다(중학생 이상)		
비상시 열 명 정도의 그룹을 만들 수 있다(가족, 친척, 이웃주민 포함)		
주위에 재난대비를 하는 친구, 동료, 가족이 있다		
3km 이상 쉬지 않고 달릴 수 있다		
수영을 할 줄 안다		
격투기를 1년 이상 해왔다		
현재 병원에 다니지 않고 건강하다		
거의 매일 30분 이상 운동한다		
입맛이 까다롭지 않고 비위가 좋다		
요리를 할 줄 안다		
남성이다		
예민하지 않고 무던한 성격이다		
악기를 연주할 줄 안다(재난 시 심신안정)		
손재주가 있거나 DIY를 할 줄 안다		
3일 이상 단식 경험이 있거나 배고픔을 참는 데 어려움이 없다		
집에 비상금이 200만 원 이상 있다		
현금 외에 귀금속, 금은, 외화, 채권 등을 가지고 있다		
집에 비상시 남에게 팔 만한 것들이 있다		
일곱 개 이상의 직업을 가져봤다(아르바이트 포함)		
의사나 간호사이다(식구 포함)		
공무원(공기업)이다(식구 포함)		
경찰, 군인, 소방관이다(식구 포함)		
합계		

퍼펙트 센스
(Perfect Sense)

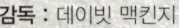

감독 : 데이빗 맥킨지
출연 : 이완 맥그리거(마이클 역), 에바 그린(수잔 역)
줄거리 : 전 인류에게 어느 날 갑자기 정체 모를 전염병이 퍼지기 시작한다. 증상은 우울증을 거친 후 후각을 잃으며 냄새를 못 맡게 되는 것. 이를 시작으로 음식을 먹어도 맛을 못 느끼며 귀까지 안 들리고, 마지막에는 눈까지 멀게 된다. 처음에는 모두들 애써 진정하지만 결국 과학자들마저 심각함을 느끼고 불안해한다. 주인공인 요리사와 여과학자의 만남과 사랑 이야기도 이때부터 시작된다.

요즘 만들어지는 재난영화는 인류가 어떤 미지의 전염병에 감염된다는 설정이나 좀비가 세상을 지배하게 된다는 설정이 많다. 이 영화는 두 가지 모두를 포함한다. 그렇다고 단순한 재난영화 혹은 좀비영화라고 말하기는 어렵다. 인류 종말의 암울한 기운 속에 사랑을 시작한 두 연인의 안타까운 러브스토리가 녹아 있어 재난에 무관심한 사람에게는 그저 안타까운 사랑 영화로 비칠 수도 있다. 하지만 코난족처럼 재난대비에 관심이 많은 사람에게는 묘한 재난영화로 보인다. 상당히 특이한 영화이다.

원인도 모른 채 후각과 미각을 잃은 사람들은 처음에는 당황하며 공포에 휩싸인다. 그래도 애써 직장에 출근하고 거리 청소도 한다. 비록 맛을 느끼지는 못하지만 고급 식당에 가서 요리를 주문하는 등 어떻게든 삶을 이어가려고 노력한다. 매우 흥미로운 모습이다. 악조건 속에서도 사람은 적응하려고 노력하고, 또 적응할 수 있다는 것을 보여주려 한 것일까? 하지만 귀까지 멀게 되자 그때부터 거리는 공포에 휩싸인 사람들이 난무하는 아수라장으로 변한다. 온통 종말의 그림자뿐이다.

정부는 소리를 듣지도 맛을 느끼지도 못하게 된 사람들에게 밀가루와 식용유만 배급한다. 그러면서 어떻게든 그들을 통제하려 든다. 얼마 후 눈까지 멀게 되자 사람들은 마지막 희망마저 잃는다. 시각·청각·후각·미각 등 살아가는 데 중요한 모든 감각을 잃어버린 사람들은 이제부터 일상생활은 물론 먹지 못해 천천히 굶어 죽어갈 것이다. 좀비가 활개 치는 세상과 별로 차이가 없어 보인다.

그렇다면 이들이 좀비와 다른 점은 무엇일까?「퍼펙트 센스」의 설정은 일반적인 재난영화들과 다르다. 인류가 갑작스러운 종말을 맞는 게 아니라 인체의 중요 감각기관이 하나둘씩 망가지게 한다. 그리고 이 같은 절대적이고 비극적 상황 아래 사람들이 어떻게 반응하는지를 지켜본다. 매우 흥미로운 설정이다. 서서히 시작된 신의 징벌과도 같은 상황에서 당신이라면 어떻게 할 것인가? 사랑하는 사람을 지키기 위해 무엇을 할 것인가?

 함께 보면 좋은 유사 영화 :「눈먼 자들의 도시」

SURVIVE

식량 위기 시대

(한국의) 식량 위기가 갈수록 심화되고 있다. 식량 자급률이 2010년 26.7%에서 2011년 22.6%로 하락했다. 쌀 수급도 비상이 걸렸다. 쌀 자급률은 2010년 104.6%였던 것이 2011년 83.0%로 급락했다. 〈미디어오늘〉, 2012. 10. 24

주말 저녁 늦은 시각, 밤이 깊어 출출해질 때쯤 우리는 곧잘 팸플릿을 뒤져 야식집에 주문을 한다. 그러고는 곧바로 배달돼온 야식(통닭, 피자, 족발, 떡볶이)을 가족과 함께 먹으면서 TV로 〈김병만의 정글의 법칙〉이나 〈생존의 달인〉, 베어 그릴스의 〈Man vs. Wild: 극한에서 살아남기〉 같은 오지 서바이벌 프로그램을 시청한다. 물론 요즘에는 더 다양한 오지 서바이벌 프로그램을 시청할 수 있게 되었다.

정글 속에 던져진 주인공들의 일과는 대개 비슷하다. 십중팔구 식량을 구하기 위해서 하루 종일 돌아다닌다. 모기에 뜯기면서 풀숲을 헤치고 나무 위에 올라가 야자수 열매를 따거나, 커다란 창을 만들어 멧돼지나 물고기를 잡기 위해 애쓴다. 시청자들은 그런 모습을 보며 재미를 느낀다. 하지만 대부분의 출연자들은 사냥에 실패하게 마련이다. 그 결과 썩은 나무둥치 안에서 꿈틀거리는 허연 애벌레를 집어 들고 '이걸 먹어야 하나 말아야 하나?' 고민하게 된다. 오만가지 인상을 쓰면서도 기어이 애벌레를 입에 넣고 마는 출연자들을 보고 사람들은 작은 충격과 낯설음을 느낀다. 살아서 꿈틀거리는, 손가락만 한 애벌레를 날로 먹다니! 어떤 이에게는 기절할 만한 일일 것이다.

재난의 굴요일이 온다면?

그런데 지금 통닭과 맥주를 먹고 있는 당신도 다음 달 어느 금요일에는 먹을거리를 구하기 위해 하루 종일 시내를 헤매거나 벌레를 잡아먹어야 하는 사태에 직면할 수도 있다. 그것도 머나 먼 정글 속에서가 아니라 당신이 살고 있는 집과 이 도시에서, 또 당신뿐만 아니라 사랑하는 가족까지도! 그럴 필요 없다고, 집에 있는 것을 먹으면 된다고 말하고 싶은가? 그렇다면 지금 당장 당신의 집에 있는 쌀과 라면을 비롯한 먹을거리가 며칠분이나 있는지 확인해보라. 만약 내일부터 집 밖으로 나갈 수 없는 상황이 된다면 현재의 비축분으로 며칠이나 버틸 수 있을지 계산해보라.

영화나 TV 뉴스로만 보던 극한의 대재난이 아니라 블랙아웃 즉 전기가 끊기는 대정전만 일어나도 세상은 아우성이 되며 대혼란에 빠지게 된다. 신호등 꺼진 거리에는 수많은 차들이 꼼짝 못하고 서 있고, 쏟아져 나온 사람들로 거리는 아수라장이 될 것이다. 많은 사람들이 순식간에 빌딩과 아파트 엘리베이터 안에 갇힐 것이다. 휴대폰 기지국은 잠시 동안이야 비상 배터리로 작동하겠지만 곧 통화량 폭주로 한계에 다다를 것이고 통신망도 이내 다운될 것이다.

도로가 막히고 통신망마저 끊긴 상황에서 일부 지역이 아닌 광대한 지역에서의 빗발치는 구조 요청은 경찰과 소방대의 처리 능력을 초과하므로 도움이 되지 못한다. 어리둥절한 채 공포에 질린 사람들은 일단 먹을 것을 사기 위해 인근 편의점이나 중소형 마트로 달려갈 것이다. 하지만 정전으로 카드 계산이 안 되어 당황할 것이다. 계산원에게 "제발 물건 좀 팔라"고 사정하는 사이 현금을 들고 온 다른 사람들이 마트 선반을 싹쓸이할 것이다.

당신을 포함해 회사와 일터를 빠져나온 일군의 사람들은 멈춰선 버스와 전철을 뒤로 하고 집에 가기 위해 걷기 시작할 것이다. 몇 시간이나 걸릴지 예측하기 어려운 행군이다. 이윽고 날이 어두워지면 사람들은 새로운 차원의 공포를 느끼게 될 것이다. 이렇게 우리가 사는 곳은 단 며칠 만에 정글이 되고 말았다. 그리고 당신은 바로 그곳에서 진짜 생존에 대한 고민을 하게 될 것이다.

준비된 자 vs. 준비하지 못한 자

대정전 외에도 전쟁·내전·폭동·지진·화산폭발·태풍·전염병 확산 등 각종 자연재해 또한 언제든 이와 비슷한 상황을 현실에서 재현할 수 있다. 전기에 의존하는 인류 문명은 의외로 깨지기 쉽다. 한 쪽이 쓰러지면 그 여파는 도미노처럼 다른 곳까지 순식간에 전파될 것이다. 각종 자연재해를 수시로 경험하며 평소 대비에 철저한 미국이나 일본보다 재난대비에 별다른 생각이 없었던 한국은 특히나 피해가 클 것으로 예상된다. 한국 사람들이 받는 충격도 훨씬 더 클 것이다.

그러나 만약의 재난과 사고 등 비상사태를 대비해 충분한 비상식량을 준비해 놓았다면 당신과 가족은 집 문을 걸어 잠그고 밖에서 무슨 일이 터지든 조용히 안전하게 있을 수 있다. 사태가 잠잠해지거나 해결될 때까지. 그동안 당신이 집에서 할 일이라곤 남은 식량을 확인하고 최대한 오래 먹을 수 있도록 아끼고 관리하며, 때때로 고층아파트 베란다에서 난장판이 된 시내를 바라보는 게 전부일 것이다. 지루해지면 책을 읽거나 가족과 장기를 두기도 하고, 보드게임을 할 수도 있을 것이다.

하지만 평소 재난대비를 생각하지 못해서 비상식량을 사나흘분조차 비축하지 못한 가정이라면 이야기가 다르다. 재난 초기부터 위험을 무릅쓰고 집 밖으로 나가야 할 것이다. 물과 식량을 구하기 위해 낯선 정글에 뛰어들어야 하는 셈이다. 하지만 그때 당신 곁에는 TV 카메라와 지원 스텝, 현지 가이드, 의료진 대신 혼란과 각종 위험만이 커다란 입을 벌리고 기다리고 있을 것이다. 당신은 연습과 준비 없이 위험 가득한 낯선 정글에 홀로 들어가서 먹을 것을 구하고, 기어이 살아 돌아와야 하는 것이다.

식량 위기는 현재 진행형이다

한국의 식량자급률은 믿을 수 없을 정도로 낮다. 2011년 22.6%로 급락했다. 넘쳐난다고 생각했던 쌀도 수급에 비상이 걸렸다. 쌀 자급률은 2010년 104.6%였던 것이 단 1년 만인 2011년에 83.0%로 급락했다. 더구나 농지가 매년 큰 폭으로 사라지고 그 자리에 건물과 창고가 들어서고 있다. 고령인 농사 인력마저 급격히 줄어들고 있다. 식량생산에 관계된 중요 요인들이 붕괴되고 있는 것이다. 무서울 정도로 빠르게 말이다.

4면이 막혀 있어 사실상 섬이나 다름없는 한국은 대부분의 생활필수품은 물론 먹을거리까지 수입에 의존한다. 지금까지 대한민국 정부의 전략은 "모자라면 수입하면 된다"였다. 하지만 생존에 필수적인 식량을 해외 수입에 대부분 의존한다는 것은 너무나 위험한 일이다. 1997년 IMF와 2008년 글로벌 금융위기 때처럼 환율이 급변동한다면 식량수입 가격 역시 폭등할 것이다. 내부적 요인 외에 전 세계 곡창지대에 가뭄이 들어 해외 곡물 생산량마저 감소한다면 곡물의 수입가는 천정부지로 치솟을 것이다. 몇 년 전 아랍의 민주화 시위 역시 곡물가 폭등이 야기한 배고픔이 주된 이유였다.

주로 배를 이용해 수입하는 한국은 그 생명선이 얼마나 중요한지를 잘 인식해야 한다. 동아시아 끝에 위치한 한국은 해상 수송선이 길어질 수밖에 없다. 예기치 못한 심각한 사태가 벌어져 바닷길이 봉쇄될 수도 있다. 최근 중국과 일본, 동남아국가의 동·남중국해를 둘러싼 극심한 긴장은 쉽게 해결되기 힘들 것이며 언제든 일촉즉발의 위기를 가져올 수 있다. 만일 두 나라 사이에 국지전이 벌어진다면 그 주변 해역은 봉쇄될 게 뻔하다. 그렇게 되면 우리의 식량 수송선은 멀리 돌아나와야 한다. 그러면 결국 수송비와 해상 보험료가 급등할 테고, 운항을 포기하는 해운사도 나올 것이며, 식량 가격은 하루마다 폭등할 것이다. 주부들은 마트의 식료품 가격이 매일매일 바뀌는 것을 보고 경악할지도 모른다. 물론 여기까지는 부드러운 재난체험에 속한다. 이후 사태가 빨리 해결된다면 다행이지만 그렇지 못할 경우에는 진짜 재난 1단계가 시작될 것이다.

이렇듯 비상식량 준비는 재난대비에서 가장 중요한 부분이며 생존에 직결되는 문제이다. 이제부터 어떻게 시작하고 무엇을 사야 하는지, 또 어떻게 보관하고 관리해야 하는지 알아보자.

비상식량을 준비하기 전 알아두어야 할 것들

장기 보관이 가능하고 취급이 간단하고 보관 자체도 쉬워야 한다

　　　　　　　　　기본적으로 오랫동안 보관이 가능해야 한다. 그러므로 물건을 사기 전 유통기한을 반드시 확인하라. 쉽게 상하거나 공식적인 유통기한이 빨리 끝나는 식품은 비상식량으로서 의미가 없다. 한국 사람들 대다수는 비상식량으로 라면을 떠올린다. 하지만 라면은 3~5개월밖에 보관할 수 없다. 유통기한이 한두 달 넘어가면 산패가 일어나고 끓여도 누린내가 난다. 라면을 좋아해서 오래 보관하면서 먹고 싶은 사람은 가정용 진공포장기로 한 번 더 포장해둘 것을 권한다. 기한을 조금이라도 늘릴 수 있다. 그러나 '기름에 튀긴 면'이라는 한계는 여전히 남아 있다.

　'햇반'은 어떨까? '햇반'의 유통기한은 6~12개월 정도이다. 한국인의 주식인 쌀밥이라는 점에서 라면보다 유리하고, 필자의 경험상 유통기한을 1년쯤 넘겨도 먹는 데 이상 없었다. 그 밖에 3분 즉석 요리류는 1~2년, 햄 종류의 통조림은 3~5년, 참치 통조림은 5~7년 정도 보관하면서 먹을 수 있다. 그런데 같은 품목이라도 양념이 강하거나 첨가 식자재가 많은 것들은 유통기한이 짧았다(참치 통조림〉고추참치 통조림). 마트에 가면 종종 할인 행사를 통해 싸게 파는 것들이 있는데, 무조건 구매하지 말고 유통기한을 꼭 확인하기 바란다. 유통기한이 촉박한 것들이 많은 탓이다.

비상식량을 준비할 때는 용기 문제도 고려해야 한다. 유리병은 오랫동안 보관해서 먹는 저장 식품 용기로 제격이지만(꿀, 과일잼, 절임, 술 등), 무겁고 충격에 약하다는 단점이 있다. 병 자체가 무거워 떨어뜨리기 쉽고 진열할 때 옆의 병과 부딪혀 깨지기도 쉽다. 더구나 비상시 이동 중이라면 무게와 충격에 취약하다는 점이 큰 문제로 작용한다. 하지만 집에서만 보관할 거라면 유리병이 가장 안정적이다. 심지어 땅에 파묻어둬도 된다(쌀을 빈 맥주병에 담고 밀봉한 다음 땅에 파묻을 수도 있다). 통조림은 보관이 쉽고 무게가 덜하며 충격에 강하지만 땅에 파묻을 수는 없다.

비상시 조리가 간편하고, 먹기도 쉬워야 한다

시리아 내전이나 6·25전쟁 때처럼 어느 날 갑자기 내가 사는 곳이 전쟁터가 된다고 가정해보자. 갑자기 피난을 가야 하는 상황이다. 피난 가다 말고 길거리 한 쪽에서 그릇과 쌀을 꺼내 불을 피워 밥 해 먹을 겨를이 있을까? 연료와 버너는 얼마나 가지고 다닐 수 있을까? 밥이 미처 되기도 전에 연기를 본 주위 사람들이 좀비처럼 달려들지나 않을까?

피난은 캠핑이 아니다. 일단 집에서 나오면 이동 중 한가하게 밥을 지어먹을 상황은 생각하기 힘들다. 불을 피운다면 그건 "나 여기 있어요" 하고 알리는 자살 행위에 다름 아니다. 요리를 하느라 귀중한 대피 시간을 소모할 수도 있다. 따라서 비상식량은 불을 피우지 않거나 혹은 아주 최소로만 사용하여 간단히 조리해 먹을 수 있는 신속성을 갖추어야 한다. 참치 통조림이나 3분 요리류는 굳이 데우지 않아도 바로 먹을 수 있다. 즉석 스프나 전지분유도 물에 넣고 살짝만 끓이면 훌륭한 먹을거리가 된다. 하지만 집에서 일상적으로 해 먹던 밥과 찌개는 시간과 노력, 연료가 상당히 많이 드는 음식이다.

평소에 먹던 것인가, 입맛에 맞는가?

아무리 비상상황이라도 평소에 접하지 못했던 이상한 음식을 먹으라고 하면 난감해할 것이다. 언젠가 TV CF에서 보았던 장면이 떠오른다. 우리나라 봉사단체가 아프리카 소말리아에 가서 현지인들에게 매운 떡볶이를 만들어주던 장면이었다. 현지인들은 그 매운 맛에 깜짝 놀라며 연신 물을 들이켰다. 우리야 웃어넘길 수 있지만, 그들에겐 고통스럽거나 화가 나는 경험이었을 수도 있다. 어쩌면 서글픈 경험이었을 수도 있다. 입장을 바꿔보자. 당신이 오래 굶주린 나머지 외국의 원조를 받아야 하는 상황이 되었다. 그런데 외국 사람들이 도와준답시고 와서 맛과 향이 이상한 것들을 준다면 어떨까? 지나치게 느끼하거나 역한 냄새가 진동하거나 혹은 향신료 범벅인 음식을 들이민다면 당신은 화를 낼지도 모른다. 참고 먹는다고 해도 충분히 먹지는 못할 것이다. 특히 어린이나 노인, 심신이 허약한 사람, 혹은 특정 음식에 알레르기가 있거나 예민한 사람들에게는 고역일 것이다.

삶과 죽음의 경계를 넘나들다가 살아남은 재난 생존자들에게도 음식을 제공할 때 주의해야 한다. 생존자들에게는 흔히 극심한 스트레스가 뒤따르는데, 이른바 '외상 후 스트레스 증후군' 혹은 '트라우마'라고 부르는 증상이다. 이들이 받은 정신적인 충격은 곧 신체적으로 드러난다. 그래서 낯선 음식물이나 특이한 식자재를 사용한 음식을 제공하면 바로 거부하거나 입맛을 잃는 반응을 보인다.

예를 들어 소화 장애, 설사, 변비 등이 대표적이다. 이런 증상은 여자, 노인, 아이들, 환자에게서 더 쉽게 나타난다.

구입이 쉽고 저렴하며 유지하기 쉬운가?

인터넷 사이트에서 파는 해외 비상식량 중에는 2~3일분에 몇 만 원 하는 것들도 있다. 부피가 작아 취급이 용이하다는 장점은 있지만 과연 2~3일치를 몇 만 원이나 주고 살 가치가 있을까? 자세히 들여다보면 제시하는 3일치 열량조차 충분하지 않은데도 말이다. OOO 같은 식품의 경우 열량이 2,400cal밖에 되지 않는다. 이 정도면 겨우 허기만 면할 수 있는 정도이다. 이 외에도 수입품 가운데는 양이 너무 적어 먹어도 포만감이 없거나 금방 허기지는 음식도 있다.

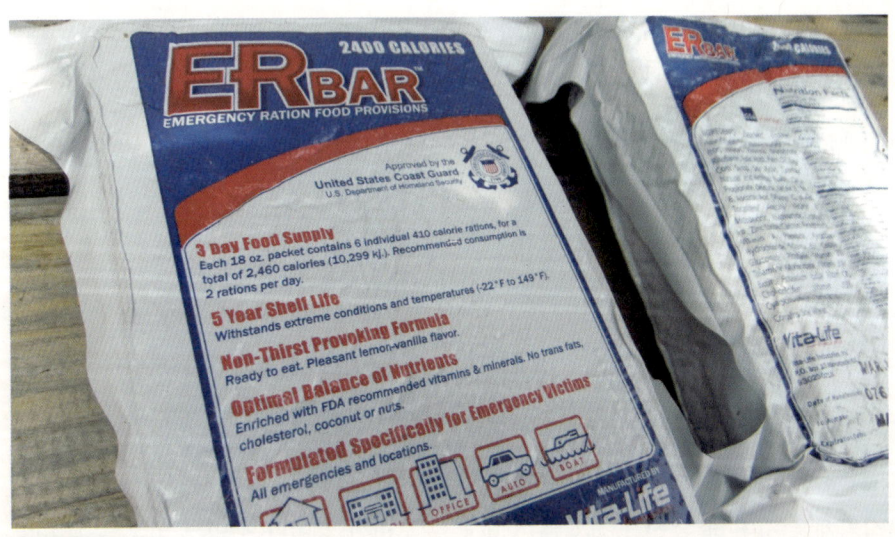

비상식량은 장기식과 단기 행동식으로 나뉜다.

비상식량은 가격이 비싸지 않으면서도 양이 적당하고, 충분한 영양가와 열량을 제공하며, 평소에도 먹고 즐길 수 있는 일반적인 음식으로 준비하는 게 좋다. 다만, 집을 떠나서 배낭 매고 단독으로 이동할 경우에는 위에서 언급한 '행동식'을 지참해도 무방하다. 비상식량은 은신처에서의 장기식인가 이동시의 단기 행동식인가에 따라서, 즉 용도에 따라 구매 비율을 달리해야 한다. 한 가지 용도로, 한 가지 종류만 모아두는 것은 좋지 않다.

해외 비상식 중에는 25년 보관이 가능하다고 선전하는 것도 있다. 하지만 수입품이라 가격도 비싸고 구하기도 어렵다. 물론 25년 보관이라는 제조사의 설명도 100퍼센트 믿을 수는 없다. 25년이라는 수치는 최적의 온도와 환경 조건을 갖춘 실험실에서 나온 결과인 탓이다. 평상시 음식물을 보관하는 장소가 고온다습(30도 이상)한 밀폐된 창고 같은 곳이라면 유효기간은 절반으로 짧아진다. 제조사의 광고대로 20년 이상 보관하려면 식품을 선선한 저온고에 두어야 할 것이다. 그래도 문제는 남는다. 정작 25년 후 뚜껑을 땄을 때 그 안의 음식이 실제로 어떤 상태로 있을지는 아무도 모르기 때문이다.

당신이 이번 달 받은 급여 가운데 10만 원을 비상식량 구입에 쓰기로 했다고 치자. 이때 고가의 외제 수입식품을 조금 장만하는 것으로 만족해서는 안 된다. 그보다는 차라리 집 근처 대형마트로 가서 다양한 품목들을 구입하라. 같은 가격으로 트렁크 안을 가득 채울 수 있을 것이다. 세련된 포장과 수 년, 수십 년을 보장한다는 현혹적인 문구에 유혹당하지 말라. 비상식량은 충분한 양을 다양한 종류로 준비해야 한다는 것을 기억하라. 그래야만 대부분의 상황에서 진짜 도움을 받을 것이다.

다양하게 준비했는가?

재난대비자 가운데는 동결건조 식량이나 참치, 라면, '햇반', 쌀 같은 한두 가지 품목들만 왕창 준비한 뒤 "준비를 다 끝냈다"고 자랑하는 사람들이 있다. 과연 제대로 준비한 것일까? 우리는 평상시 밥과 국이나 찌개 외에 다양한 반찬을 먹으면서 산다. 퇴근 후나 주말에는 통닭에 맥주도 한 잔 하고, 삼겹살을 구워 소주도 마신다. 이따금 짜장면과 짬뽕을 먹고, 여자친구와 이탈리아 레스토랑에도 가며, 간식으로 초콜릿과 빵, 과자도 사 먹는다. 이처럼 사람의 몸은 다양한 음식을 원한다. 한두 가지만 먹고서는 살 수가 없다.

같은 음식만 매일 먹으면 영양학적으로 문제가 있을 뿐더러 몸이 바로 거부 반응을 보인다. 해외 서바이벌 프로그램인 〈알래스카에서 살아남기〉 같은 리얼리티 생존 프로그램을 보라. 아무리 맛있는 육류 통조림이라고 해도 서너 번 이상 제공하면 이내 질리게 마련이다. 게다가 스트레스까지 받는다. 신경질이 늘고 히스테리 증상이 나타나서 사소한 일로도 다투게 된다. 단합을 저해해서 일행의 생존에 큰 장애가 된다. 심한 경우에는 식사 자체를 거부하거나 토하게 되고, 너무 적은 양만 섭취하는 바람에 기운이 떨어져 하루 종일 누워 있게 된다. 의욕 상실과 자포자기 현상, 즉 '무력화'가 진행되는 것이다. 이를 "토끼기근 현상(단백질 중독증: 지방이 없는 고기, 즉 단백질만 먹을 때 생기는 것으로 이를 방지하려면 육류의 지방, 눈알, 내장, 뼛속 골 등까지 다양하게 먹어야 한다)"이라고 부른다.

재난 시라도 평상시처럼 다양하게 먹을 수 있는 것들을 준비해야 한다. 배고픔을 가시게 하고 열량과 영양을 공급하는 먹을거리 외에 평소 즐겨 먹던 빵, 과자, 술이나 커피, 차 같은 기호식품도 준비하라. 아이가 있는 가정이라면 사탕, 초콜릿, 과자 등도 준비하는 게 좋다. 시중에서 쉽게 구할 수 있는 '호떡믹스', '머핀믹스'처럼 간단히 가루에 물만 부어 오븐에 넣거나 프라이팬에 익히는 식료품을 준비해도 좋다. 비상시 지치고 힘이 들 때 달콤한 빵을 만들어준다면 아이나 어른이나 매우 만족해할 것이다. 녹차 티백도 넉넉히 준비하라. 가격도 저렴하고 유통기한 이후에도 먹을 수 있어서 유용하다. 다만 커피믹스는 쉽게 상하므로 많이 준비할 필요가 없다.

그 외에 알아야 할 중요 사항

개봉하거나 먹는 데 힘든 식품 혹은 조리에 특별한 공구가 필요한 식품은 비상식량으로 적합하지 않다. 통조림도 되도록 바로 딸 수 있는 원터치캔 방식이 좋다. 캔 따개가 필요한 것은 곤란하다. 전쟁영화 「피아니스트」에서도 주인공이 무너진 건물 안에서 통조림을 두들겨 따다가 독일군에게 발각되지 않았던가? 대용량 통조림처럼 원터치가 아닌 제품을 구매했을 경우에는 테이프를 사용하여 윗면에 캔 따개를 붙여두자.

다시 한 번 강조하지만, 무엇보다 중요한 것은 비상식량의 정확한 용도를 구분하는 것이다. 장기적으로 사용할 비상식량인지, 단기 행동식인지, 혹은 임시로 사용할 비상식량인지 확실하게 구분하라. 용도와 사용 목적에 따라 식품의 종류와 양을 결정하라. 또 통조림과 동결건조 음식만 먹고 살 수 없다는 점을 명심하여 다양한 비상식량을 준비하라.

10대 필수 비상식량

시리얼

  중국 쓰촨성 대지진과 일본의 3·11대지진 이재민 수용소, 시리아 인근의 피난민 수용소를 보자. 급조된 대피소에 수많은 이재민들이 몰려들면 환경은 열악해지게 마련이다. 일반식 제공이 불가능한 상태라 하루 몇 개의 빵이나 떡 혹은 바나나, 컵라면, 밀죽만 제공되어도 감지덕지다. 부실한 식사가 계속되면 사람들은 필수 영양소 외에도 무기질이나 비타민이 부족하여 다양한 결핍 증상에 시달리게 된다. 정신적 충격과 공황상태에서 무기질과 비타민 부족이 지속되면 뇌의 활동이 떨어지고 신체의 밸런스가 무너진다. 만사를 귀찮아하거나 움직이기 싫어지는 무기력증이 나타나고, 작은 일에도 쉽게 분노하는 폭력성이 증가한다.

  시리얼은 서양 사람들의 식탁을 넘어 이미 우리나라에서도 보편화된 식사 대용품이다. 무게가 가볍고 열량이 높으며 보관하기도 좋다. 무엇보다 탄수화물·지방·단백질 외에 여러 종의 무기질과 비타민 등 사람에게 필요한 1일 영양소가 골고루 들어 있고, 맛도 다양해서 비상식량으로 안성맞춤이다. 시리얼은 보통 대형

1일 필요 영양소가 골고루 들어 있고 맛도
다양한 시리얼은 비상식량으로 안성맞춤이다.

마트에서 국내산은 750g 한 통에 6,000원 내외의 저렴한 가격으로 살 수 있다. '홈플러스' 같은 할인매장에서는 수입 시리얼을 훨씬 저렴한 가격에 팔기도 한다.

먹는 방법

시리얼은 과자처럼 그냥 씹어 먹어도 되지만 가루우유(전지분유)를 물에 타서 넣어 먹을 수도 있다. 라면이나 밥처럼 물과 불을 이용해서 조리할 필요 없이 바로 먹을 수 있다는 게 가장 큰 장점이다. 여러 가지 비상식량 중에서 아이들이 가장 좋아하는 식품이기도 하다.

시리얼 고르기

시리얼을 구입할 때는 뒷면의 성분표를 자세히 보아야 한다. 순수하게 옥수수로만 만든 것보다는 아몬드를 첨가하거나 바나나 칩·건포도·크랜베리 등 말린 과일이 들어간 제품을 고르자. 옥수수와 견과류, 그리고 건과일의 조합은 한 끼에 필요한 열량과 각종 영양소를 제공하는 데 충분하다. 비타민제를 따로 챙겨 먹지 않아도 될 정도다. 다만 견과류와 건과일이 들어간 시리얼은 순수한 곡물 시리얼보다 유통기한이 짧다는 게 단점이다.

사람은 하루에 얼마만큼 먹어야 할까?

○ 사람은 한 가지 음식만 먹고서는 살 수가 없다. 아무리 좋은 음식이라 해도 마찬가지다. 영양학적인 불균형도 문제지만 질려서 식욕을 잃을 수 있다. 이런 현상은 몸이 나에게 보내는 일종의 경고 신호다. 사람은 생의학적으로 탄수화물·단백질·지방·비타민·미네랄 등이 필요하다. 직접적인 영양가는 없지만 식이섬유의 섭취도 매우 중요하다(이것을 빼먹으면 심각한 변비에 걸릴 수 있다).

성인의 1일 섭취 권장량은 남자 2,500Kcal, 여자 2,000Kcal이다. 라면 한 봉지가 보통 500Kcal이니 어느 정도인지 대략 감이 올 것이다. 평상시에 자신이 먹는 음식의 칼로리를 미리 파악해두면 비상시 한 끼 식사로 얼마나 먹어야 할지 계산하기 쉬울 것이다. 물론 재난 시에는 평상시 권장 섭취량보다 적게 먹을 수밖에 없을 것이다. 재난 시 안전한 집이나 쉼터, 대피소에 들어가 움직이지 않고 가만히 있으면 그 자체로도 칼로리 소비가 줄어드는 탓이다. 우리의 몸은 어떤 계기로 비상상황이라는 것을 인식하면 알아서 에너지 소모를 줄인다. 섭취한 음식에서 에너지를 뽑아 올리는 효율을 극적으로 증가시키기도 한다. 북한 주민들이 만성 식량부족에 시달리면서도 적응하여 살 수 있는 것도, 1일1식이나 간헐적 단식이 가능한 것도 모두 그 덕분이다.

재난 시에는 1,500Kcal만 먹어도 견딜 수 있다. 물론 걸어서 험한 길을 이동하거나 짐을 들고 가는 상황이라면 추가 열량이 필요할 것이다. 날이 추워도 마찬가지다.

가족 구성원에 따라 어느 정도의 식량이 필요한지 미리 계산해두자. 그러면 재난 시 비상식량 조절에 큰 도움이 된다. 만일 당신의 가족이 성인 두 명에 아이 두 명, 즉 4인 가족이라면 하루에 쌀을 얼마만큼 소비하는지 종이컵으로 계량해보라. 그런 다음 일주일 소모분을 비닐 지퍼백이나 2L 페트병에 넣어 확인해보자. 된장이나 간장 등의 양념류, 반찬으로 자주 먹는 식자재도 마찬가지다. 당신 혼자, 혹은 가족 전체가 일주일에 소모하는 식량을 눈으로 직접 확인하면 비상식량을 얼마나 저장해야 할지 감이 올 것이다. 또한 가끔씩 1일식이나 간헐적 단식을 해보면서 배고픔이나 굶주림에 적응하는 훈련을 해보는 것도 큰 도움이 될 것이다.

즉석 분말 스프

일본 3·11대지진 때 수용소 안에 계셨던 어느 할머니의 인터뷰 내용이 필자에게는 안타까운 기억으로 남아 있다. 할머니는 살아남아 겨우 대피소로 오긴 왔는데 눈 오는 3월에 커다란 체육관 안에서 얇은 담요 한 장 덮고 지내려니 너무 춥다고 했다. 그러면서 따뜻한 국이나 음식을 좀 먹었으면 소원이 없겠다고 덧붙였다. 할머니의 말처럼 재난을 피해 집 밖으로 나왔다면 항상 춥고 떨릴 것이다. 한여름에도 새벽녘에는 꽤 서늘한데 변변한 옷이나 담요도 없이 한 데서 밤을 지새우려면 몇 배 더 추울 것이다. 이럴 때 스프처럼 따뜻한 음식을 섭취하면 몸을 녹이는 데 도움이 된다.

즉석 스프가 좋은 이유

비상식량을 비축할 때 반드시 즉석 분말 스프를 준비하자. 조리 과정이 간편하고 영양적인 면도 좋지만 가장 큰 장점은 따뜻한 음식이라는 데 있다. 비상시에는 누구나 격심한 생존 스트레스에 시달리게 된다. 눈앞에서 집이 무너지고 사람이 죽는 걸 보면 정신적 충격과 공황에 빠지게 마련이다. 건강한 젊은

이나 남자들은 그래도 괜찮은 편이지만 여성이나 어린이, 노약자들은 충격을 더 심하게 받으므로 외상 후 스트레스 증후군에 시달릴 확률도 높다. 당연히 입맛도 잃게 된다.

이때, 뜨거운 물에 가루를 풀어 잠시 끓여주면 완성되는 즉석 스프는 최고의 음식이다. 특히 아이들이나 노약자, 환자에게 제격이다. 추운 곳에서 들이키는 뜨거운 스프 한 접시는 긴장된 마음을 진정시키고 쓴 입맛을 달래주며 기운을 내게 해준다. 우리가 상상하는 것 이상의 효과를 낸다.

얼마만큼 준비할까?

즉석 스프의 종류에는 쇠고기, 버섯, 옥수수, 크림 등이 있다. 대개 1kg짜리 업소용 대용량(62인분)과 가정용 소용량(5인분)으로 판매된다. 쇠고기 스프 1kg짜리에 62인분이라고 적혔지만 실제로는 양식당에서 요리를 먹으면서 전식 개념으로 먹을 때의 이야기다. 식사대용으로 이것만 먹고 배를 채우려면 최소한 2~3배를 더 먹어야 한다. 그러므로 가급적 대용량을 준비해두는 게 좋다. 첨가물에 따라 쇠고기, 버섯, 옥수수, 크림 스프 등으로 나누어지지만, 쇠고기 스프라고 해도 실제 쇠고기가 많이 포함된 것은 아니다. 그저 작은 고기 조각이 씹히는 정도다. 하지만 효과는 의외로 크다. '내가 지금 고기를 먹는다'라는 심리적 안도감과 포만감, 만족감을 주기 때문이다.

스프와 비슷한 식품으로 즉석 죽이 있다. 이것 역시 물만 붓고 몇 분 정도 약하게 끓여주기만 하면 된다. 인스턴트 스프에 거부감을 나타내는 노인들에게 도움이 될 것이다. 또 비상시 밥을 먹기 힘들어 하는 환자에게도 큰 도움이 된다.

즉석 스프의 유효기간

보통 즉석 분말 스프의 유통기한은 1년이지만 비닐을 한 겹 더 포장하거나 은박 마일러백에 넣어둔다면 보관기간이 더 길어진다. 좀 더 상상력을 발휘하여 잘 씻어 말린 2L 생수 페트병이나 맥주 페트병을 이용해서 보관해도 좋다. 빈 통에 가루를 털어넣고 산소흡수제나 수분흡수제(실리카겔) 등을 넣어주면 된다.

가루우유(전지분유)

당신은 지금 막 "국가적 대재난이 발생했다"는 긴급 뉴스를 들었다. 그리고 서둘러 마트로 달려가 쌀과 라면 등 먹을거리를 많이 사온다. 이후 당신의 거주 지역은 생전 처음 경험하는 대혼란 상태에 빠진다. 간발의 차이로 구할 수 있었던 비상식량 덕분에 당신은 굶지 않고 버틸 수 있었다. 얼마 후 문제는 해결되었고 사회는 다시 정상을 되찾았다. 시간이 한참 흐른 뒤, 당신은 재난 시절을 회상하면서 "그때 만약 이런 품목이 있었으면 좋았을 텐데……" 하고 생각하게 될지도 모른다. 그것이 무엇일까? 아마도 우유가 대표적일 것이다.

우유가 비상식량으로 좋은 이유

생우유는 부피가 크고 무겁다. 신선식품이라 장기 보관도 안 된다. 하지만 가격 대비 효율 면에서 보자면 우유는 단백질과 지방을 공급해주는 매우 훌륭한 식품이다. 평상시에는 육류를 섭취하여 단백질과 지방을 보충하면 된다. 그러나 재난이 닥치면 고기가 귀해지게 마련이라 다른 식품을 통해 영양분을 보충해야 한다. 쌀이나 곡류, 국수 등에는 지방질이 거의 없으므로 우유에 들어 있는 단백질과 지방 성분은 당신의 영양 균형에 큰 도움이 될 것이다.

우유는 사실 칼슘 섭취보다 단백질 섭취 면에서 더 효과적이다. 단백질 양이 상당한 데다가 소화·흡수에 유리하기 때문이다. 위장에 유당(락토오스) 분해 효소가 없는 사람은 우유를 마시면 배탈이 날 수 있다고 알려졌지만 평상시 조금씩 마시는 연습을 해두면 유당 처리 능력이 늘어난다. 또한 요즘 아이들을 비롯해 대부분의 젊은이들은 우유를 일상적으로 마시면서 자랐기 때문에 섭취에 무리가 없을 것이다.

우유 대신 전지분유

재난이 발생한 도시의 마트나 편의점에서는 순식간에 상품들이 바닥 나게 마련이다. 빵과 라면, 생수 등이 가장 먼저 품절되고 그 뒤를 이어 기저귀와 분유가 사라진다. 그런 마당에 완전식품인 우유를 구경하기란 애당초 힘든 일일 것이다. 그렇다면 어떻게 해야 할까? 걱정할 필요 없다. 시중에 우유를 열풍으로 건조시켜 가루로 만든 전지분유가 유통되고 있으니까. 전지분유는 아기들이 먹는 유아용 분유와는 좀 다른데, 전지분유 혹은 탈지분유로 구분하여 1kg 단위로 판매하고 있다. 1kg당 5,000kcal를 내는 고열량 식품이라 에너지 보급으로 최고의 식품이다. 힘들고 추운 재난상황에서는 더없이 훌륭한 비상식량이다.

전지분유는 대형마트의 분유 코너 아래쪽 선반, 혹은 고객의 손길이 좀 뜸한 곳에서 찾을 수 있다. 가격은 보통 14,000원 정도다. 지방질을 뺀 탈지분유는 좀 더 비싸다. 탈지분유는 지방이 빠진 대신 더 오래 보관할 수 있다. 산화에 가장 민감한 지방 성분을 뺀 덕분이다. 전지분유나 탈지분유는 빵과 과자 제조에 사용되는 것은 물론 피트니스 클럽에서 몸매를 다듬는 사람들이 근육양을 늘릴 때 단백질 보충제처럼 섭취하기도 한다.

얼마나 유효한가, 어떤 효과가 있나?

전지분유의 유효기간은 1년이다. 가루로 되어 있어 보관이 편리할 뿐더러 생존에 필수적인 단백질과 지방을 확보할 수 있으므로 최고의 비상식량이라 할 수 있다. 전지분유에 들어 있는 지방은 3대 영양소(탄수화물, 지방, 단백질) 가운데 열량을 가장 많이 내주며, 추위를 견디게 해주고, 몸을 둘러싼 지방층 형성에 꼭 필요한 성분이다.

비상사태에 직면하면 어른들도 그렇지만 아이들이 먹을 수 있는 음식이 마땅치 않다. 이때 따뜻한 물에 분유를 타서 주면 겁먹고 놀란 아이를 진정시키는 데 도움이 될 것이다. 물론 아이가 있는 가정에서는 영유아 전용 분유를 별도로 준비해야 한다. 분유는 집에서 장기간 대피할 때 먹기도 좋지만 긴급하게 이동해야 할 경우 챙기는 최소한의 식량 리스트에 꼭 들어가야 할 식품이다.

3분 즉석 요리류(레토르트 식품)

우리가 흔히 반찬이 마땅하지 않을 때 찾게 되는 3분 짜장, 3분 카레, 3분 햄버거, 미트볼 등을 '레토르트 식품'이라고 부른다. 레토르트 식품은 오래 보관할 수 있도록 살균하여 알루미늄 봉지에 포장한 식품을 말한다. 유통기한은 보통 2년이다.

레토르트 식품은 봉지째 뜨거운 물에 데우거나 내용물만 덜어내 전자레인지에 데우면 바로 먹을 수 있는 편리한 먹을거리이다. 비상시에는 데우지 않고도 먹을 수 있다. 가격은 개당 천 원대로 저렴한 편이다. 레토르트 식품 한 종류만 있으면 밥에 비벼 맛있게 먹을 수 있어서 아이들이나 노인들에게 권하기 좋다. 가정에서 준비하는 비상식량 품목으로 매우 좋은 식품이다. 3분 햄버거나 미트볼 등 다진 고기가 들어 있는 레토르트 식품은 다른 것보다 약간 더 비싸지만 짜장, 카레류와 별도로 좀 더 사둘 만하다. 닭고기가 주성분이라 단백질 보급용으로도 좋다.

레토르트 식품의 단점
3분 즉석요리의 단점은 모순되게도 가격이 저렴하다는 점이다. 저렴한 가격 탓에 처음 구입할 때 욕심을 부리게 되기 때문이다. 필요 이상 많이 살 수 있다는 뜻이다. 하지만 이런 제품은 평소에 많이 먹는 게 아니라 유통기한이 지나면 다른 사람에게 주기도 힘들다. 필자가 경험한 바에 따르면 유통기한 1년이 지난 것을 먹어도 이상이 없었지만, 사람마다 반응이 다르기 때문에 일단 조심해야 한다.

레토르트를 한 번에 많이 사두면 유통기한 역시 한 번에 끝나버리기 때문에 처리에 곤란을 겪게 된다. 그러므로 할인행사나 '1+1'행사를 한다고 해서 무리하게 사기보다는 평소에 조금씩 나눠서 사두는 게 좋을 것이다.

보관과 처리
해외 프리퍼의 블로그나 책에서는 "비상식량을 저장할 때 날짜와 목록을 기록하고, 먼저 산 것을 먼저 먹을 수 있도록 선입선출법을 적용하라"고 충고한다. 하지만 바쁜 와중에 집 안 한구석에 쌓아놓은 것들을 항상 체크하기란 여간 어려운 일이 아니다. 더구나 평소에 잘 먹지 않는 것들을 날짜 때문에 일부러 먹을 수도 없는 일이다.

비상식량은 비상식량으로 끝내자. 유통기한 끝까지 가지고 있지 말자. 평소에 먹기 힘들다면 대강이라도 유통기한 날짜를 박스 위에 적어두자. 종합 목록을 만들어 노트에 적어도 좋다. 그러다가 유통기한이 끝나기 전에 지역 푸드뱅크에 기부하거나 이웃의 어려운 이들에게 나누어드리자. 좋은 이웃도 될 수 있고, 음식 낭비도 피할 수 있다. 비상시에는 평소에 쌓아둔 친절이 큰 도움으로 돌아올 수도 있을 것이다.

○ 날짜가 오래 지난 레토르트는 버리지 말고 가지고 있다가 개나 고양이 먹이로 사용하라. 개나 고양이는 기름이 들어가 고소한 3분 짜장류를 좋아한다. 재난상황이 지속되어 먹을 게 궁해지면 강도가 들 수도 있는데 그럴 때 비상용으로 쓸 수도 있을 것이다.

건빵

건빵의 장점은 가볍고 잘 상하지 않으며, 바로 먹을 수 있다는 것이다. 비상식량으로서의 장점을 모두 갖춘 중요한 식품이다. 하지만 집에서 대피할 때 식사 대신으로 먹기보다는 외부로 긴급히 피난하거나 이동할 때 간편 행동식으로 사용하는 게 더 좋다. 따라서 72시간 생존팩이나 긴급 대피용백에 넣어두면 야외에서 비상식량으로서의 역할을 톡톡히 해낼 것이다.

건빵은 오랜 역사를 지닌 원조 비상식량이다

건빵은 로마시대부터 중세의 항해시대에 이르기까지 비스킷이란 이름으로 서양에서 많이 만들어 먹었던 식품이다. 2차 대전 당시 일본군들은 전투식량으로 건빵을 나눠줬다. 한국 군대에서는 지금도 군인들에게 건빵을 지급한다. 건빵의 수분 함량은 7% 이하다. 따라서 가볍고 쉽게 상하지 않는다. 비닐봉지나 포대에 넣어두어도 이상이 없다. 무게가 워낙 가벼워 던지거나 충격을 가해도 부서지지 않는다. 취급도 쉽고 휴대하기도 좋으며 보관하기도 편하다.

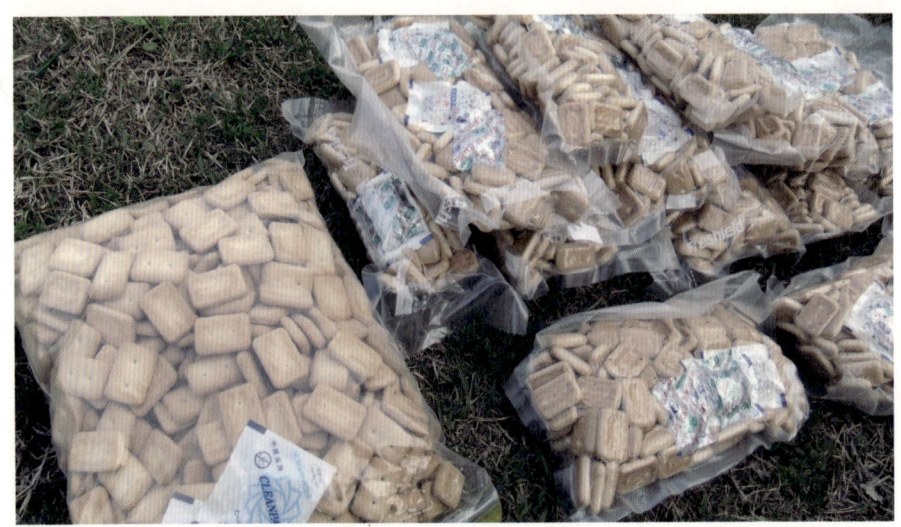
건빵을 가정용 진공포장기로 소포장하면 더 오래 보관이 가능하다.

시장이나 인터넷에서 구입하는 건빵의 유효기간은 보통 1년이지만, 개별 포장 작업을 해두면 유통기한이 더 늘어난다. 위의 사진은 '옥션'에서 대용량 포대로 구입한 건빵을 개별 포장한 것이다. 비닐 지퍼락 등으로 분산해서 담거나 작은 단위로 진공포장한 것이다. 포장 안에 산소흡수제나 실리카겔 같은 수분흡수제를 넣어두면 유효기간도 훨씬 늘어난다.

조리가 간편하거나 필요 없다

불을 이용한 조리 과정이 필요 없다. 그냥 꺼내서 과자처럼 몇 개 집어먹으면 한 끼를 때울 수 있다. 건빵은 꼭 비상사태가 아니더라도 유용하게 쓰인다. 야외 활동을 할 때 주머니에 넣고 이따금 꺼내 먹으면 허기도 면하고, 움직임에 필요한 에너지도 공급받을 수 있다. 성인들에게는 어렸을 적 허기를 달래주던 추억의 먹을거리로, 요즘 아이들에게는 과자 대용이 될 것이다.

다양한 건빵 요리법

건빵을 그냥 먹는 데 질렸다면 몇 가지 조리법을 활용해 변화를 주어보자. 프라이팬에 살짝 기름을 둘러 볶은 다음 설탕을 뿌려 먹으면 색다른 맛을 즐길 수 있다. 과거 선원들은 건빵을 물에 넣고 끓여서 죽처럼 만들어 먹기도 했다. 또 건빵을 잘게 부순 후 물과 반죽해서 기름과 소금 등을 첨가한 후 구우면 빵이나 팬케이크처럼 맛있게 먹을 수 있다.

가격이 비싸지 않고 양도 저렴하다

6.5kg 한 포대를 12,000원 정도면 살 수 있다. 부담 없는 가격이다. 한 포대를 사서 지퍼백으로 나눠놓으면 양이 꽤 많아서 놀랄지도 모른다. 건빵은 수분 함량을 7% 이하로 건조한 것이므로 일반적인 음식과 비교할 때 상대적으로 양이 많다. 즉 똑같이 500g을 먹어도 여타 음식보다 건빵의 실제 양이 더 많다는 뜻이다.

참치캔

우리 같은 코난족(프리퍼)에게는 비상식량 중 참치캔의 인기가 가장 높다. 대표적인 고단백 식품이기 때문이다. 참치는 27.4%의 단백질을 함유, 생선 중에서 타의 추종을 불허한다. 심지어 돼지고기(19.7%), 쇠고기(18.1%), 닭고기(17.3%)보다도 단백질 함량이 높다. 가격대도 적당한데다가 양질의 단백질을 얻을 수 있고, 찌개나 샌드위치 등 다양한 요리의 밑재료로 쓸 수 있어서 평소 어른 아이 할 것 없이 누구에게나 환영 받는 식품이다.

무엇보다 좋은 점은 적당한 크기에 단단한 캔으로 만들어져서 취급이 쉽다는 것이다. 유통기한도 무려 5~7년이나 되기에 장기 저장 식품으로는 최고이다. 식량을 저장하다 보면 유통기한 2년도 짧다는 것을 느끼게 된다. 그러므로 눈 깜짝할 사이 유통기한이 돌아오는 여러 가지 비상식량 중에서 참치의 인기가 단연 최고일 수밖에.

참치가 생명을 구한다

현재 250g짜리 참치캔 한 개의 가격은 2,500원대. 그보다 작은 100g, 150g, 210g 짜리도 있다. 비상식량으로 준비하기엔 일반적인 250g짜리가 좋다. 가격 대비 양 면에서 가장 합리적이다. 대형매장에 가면 볼링공만 한 업소용 3kg짜리 큰 통도 있으니 적절히 섞어서 구입하면 된다. 가끔 집 주변 동네 마트에서 150g짜리를 개당 천 원 이하에 덤핑 판매하는 행사를 만난다면 살 수 있는 한 많이 사자. 주위의 눈치를 볼 필요는 없다.

지금 당장은 덤핑해서 싸게 팔지만 재난이 닥치거나 초인플레이션이 오면 참치 하나로 많은 것들을 할 수가 있다는 것을 알게 될 것이다. 먹거나 나눠주거나 팔거나 혹은 물물교환도 할 수 있다. 심지어 사람을 쓸 일이 생길 때 하루치 품삯으로 캔 몇 개를 줄 수도 있을 것이다. 농담하지 말라고? 실제로 보스니아 내전에서는 통조림캔 몇 개로 하루 동안 남자의 노동력과 여자의 성을 사기도 했다. 평상시의 질서가 뒤집힌 곳에서는 캔 하나가 돈이고 권력이며 희망도 될 수 있다. 하물며 맨밥만 먹거나 쫄쫄 굶는 상황에서 참치캔 하나로 온가족이 맛있는 찌개를 끓여 먹을 수 있다면?

다양한 참치캔 비교

마일드 참치는 조금 더 저렴하다. 일반 살코기 참치와 마일드 참치의 가격 차이는 크지만 중량은 거의 같다. 마일드 참치는 살코기 참치를 만들고 남은 부분이나 조각을 모아 만든 것이어서 부스러기가 좀 많은 편이지만 무게나 영양면에서는 다를 바 없다. 가격에서 30% 정도 차이가 난다면 좀 더 값싼 마일드 참치를 더 많이 사는 편이 나을 것이다.

다른 점이 있다면 캔에 포함된 기름이다. 일반 참치는 카놀라유가 들어가 있지만, 마일드 참치 캔에는 카놀라유 조금과 조미액이 들어간다. 보통 때야 참치캔을 따면 우선 기름을 버리고 고기만 먹지만 비상시에는 아무것도 버리지 않고 다 먹어야 한다. 캔 안에 든 기름과 양념 조미액을 모아 밥을 볶거나 국수 양념으로 활용할 수도 있다. 평소에도 한번 시도해보자.

유통기한이 궁금하다

일반 참치캔의 유통기한은 고추참치나 찌개용 참치 등 조미된 양념 참치캔보다 길다. 그러므로 잘 섞어서 구입하는 게 좋다. 나는 최근 유통기한 7년이 다 지난 참치캔을 따서 먹어보았다. 맛과 식감에 전혀 문제가 없었다. 과일이나 스팸류의 햄 통조림이 유통기한 내에서도 변질되었던 점과 비교할 때 매우 놀라운 결과였다. 참치캔을 10대 비상식량으로 따로 선정한 이유이기도 하다.

국수

연평도 포격, 천안함 격침, 개성공단 폐쇄 등 시국이 뒤숭숭할 때마다 대형마트의 라면이 불티나게 팔린다고 한다. 하지만 우리가 즐겨 찾는 라면은 그리 좋은 비상식량이 아니다. 라면보다 훨씬 좋은 비상식량이 바로 스파게티면과 일반 국수이다. 국수는 유효기간도 3년이나 되고, 가격도 라면보다 저렴하다. 그뿐인가? 끓는 물에 잠깐 삶아서 국물을 내 먹거나 고추장에 비벼 먹어도 좋다. 조리법이 간단한 데 비해 다양하게 먹을 수 있어서 좋다.

국수 가운데 소면은 면발이 가늘기 때문에 밥을 지을 때보다 불과 물이 적게

국수도 페트병에 넣어 보관하거나
진공포장기로 포장하면 더 오래 보관이 가능하다.

소요된다. 또 조리시간도 크게 단축시킬 수 있다. 심지어 라면보다 빨리 조리해서 먹을 수 있다. 사람이 많이 모이는 잔칫집이나 상가 혹은 재난 현장에서 국수를 주는 것도 조리가 쉽고 간편하기 때문이다.

국수의 유통기한

국수는 라면과 비교할 때 유통기한이 훨씬 더 길다는 특장이 있다. 면 자체에 소금간이 되어 있고, 단단히 다져져서 뽑혀 나왔기에 그렇다. 국수를 비닐팩이나 은박비닐에 넣어 한 번 더 밀봉해서 보관하면 좀 더 오래 보관할 수 있다. 또한 진공백에 포장하거나 2L 생수 페트병에 넣어서 보관할 수도 있다.

열량이 높은 비상식품

3.75kg 국수 한 봉지의 열량은 무려 13,000kcal나 된다. 비상시 혼자서 아껴 먹

으면 10일 동안 먹을 수 있는 양이다. 이것이 바로 재난대비 비상식량으로 국수를 준비해야 하는 중요한 이유이기도 하다. 라면 대신 국수만 어느 정도 준비해도 한 가족 비상식량으로 충분할 것이다.

국수는 다양한 조리가 가능하다

국수도 면이 굵은 칼국수 타입과 면발이 가는 세면이 있다. 세면은 조리하는 시간이 좀 더 짧다. 굳이 끓는 물에 넣어 오래 삶지 않고 미지근한 온수에 10분 정도만 넣어두어도 불어서 먹을 수 있게 된다. 이것을 건져서 프라이팬에 먹다 남은 참치캔 기름을 두르고 소금을 약간 뿌려 5분 정도 볶아주면 훌륭한 파스타 요리가 된다. 또 라면스프만 따로 밀봉해 모아두었다가 나중에 국수와 같이 끓여 먹어도 좋다.

통조림, 양념류, 기호품

통조림

대형마트에 가서 참치캔 옆 진열대를 둘러보라. 생각지도 못했던 다양한 통조림을 발견하고 놀라게 될 것이다. 우리가 늘 보던 '스팸'이나 '런천미트', 꽁치나 고등어 같은 육가공품 외에 콩·옥수수·팥 같은 곡물 통조림, 파인애플·복숭아·포도·망고·귤·올리브 같은 과일 통조림도 눈에 띌 것이다. 그뿐인가? 한국인의 식성을 고려한 깻잎·단무지·김치·죽순·골뱅이·장조림·번데기 등 반찬용 통조림도 많다. 서양에는 육포나 스파게티 통조림도 있고, 일본에서는 빵이나 라면 통조림(컵라면이 아니다)도 판다.

통조림을 다양하게 준비하는 이유

은신처나 벙커에서 매일 똑같은 메뉴만 먹고 살 수는 없는 법이다. 그러니 비상식량을 준비할 계획이라면 흔히 아는 통조림 외의 것들도 추가하자. 힘들고 암울한 상황에서는 복숭아나 포도, 파인애플 같은 과일 통조림 하나가 특식이 되어 분위기를 바꿔줄 수도 있다. 특히 어린아이가 있는 가정이라면 이 같

다양한 통조림(과일, 반찬류)도 비상식으로 필요하다.

은 통조림을 필수적으로 준비해야 한다. 우는 아이를 달래주는 것은 물론 비타민 결핍증도 어느 정도 예방해줄 수 있을 것이다.

콩 통조림은 우리나라에서는 낯설지만 미국 등지에선 일반화된 음식에 속한다. 간혹 통조림 안의 토마토소스가 입에 안 맞는다고 여기는 사람도 있으니 평소 별식으로 먹어보는 것도 좋을 것이다. 콩 통조림은 가격도 한 통에 천 원 남짓하고 영양가도 풍부하다.

비상시국에 웬 골뱅이, 번데기 타령이냐고 타박할 사람이 있을지도 모르겠다. 하지만 이것들도 필요하다. 골뱅이나 번데기는 평소 술안주로 인기 있는 식품이다. 그런데 재난 시라도 해서 술을 전혀 마시지 않게 될까? 필자의 생각으로는 여전히 술을 원하고 마실 것 같다. 그럴 때 이런 통조림은 최고의 요깃거리가 될 것이며 남들에게도 인기 품목이 될 것이다. 다만, 평소에 보관할 때 눈에 잘 안 띄는 곳에 둘 것을 권한다. 잘 보이는 데 놓았다가는 어느 새인가 술안주로 소모되고 없을 테니까.

통조림의 가치는 무궁무진하다

통조림은 비상시 돈처럼 쓰일 수 있다. 참치캔은 물론 고기·생선·과일 등 다양한 통조림이 돈과 같은 가치를 갖게 될 것이다. 지폐에도 천 원, 오천 원, 만 원권이 따로 있는 것처럼 통조림도 그때그때 상황에 따라 값어치가 바뀔 것이다. 「시티 오브 앰버 – 빛의 도시를 찾아서」라는 영화가 있다. 종말 이후 생존을 다룬 영화인데, 여기서도 통조림을 가진 사람이 권력을 행사한다. 식량이 절대적으로 부족한 상황에서는 사람들이 간절히 원하는 통조림조차 권력이고 힘이 된다. 심지어 안전도 살 수 있다.

보스니아·시리아 내전처럼 재난이 장기간 진행되면 현지 화폐는 휴지조각이 된다. 반면 빵과 식료품 등은 창고 뒤로 숨어들면서 그 가치가 천정부지로 치솟는다. 달러와 유로 등 외국 돈은 물론 금반지조차 그 가치가 현저히 떨어진다. 200달러짜리 지폐나 한 돈짜리 금반지 하나로 쌀 한 포대를 겨우 살까 말까 하는 정도다. 결국 소유했던 재화를 큰 손해를 감수하면서 팔 수밖에 없게 된다.

재난상황에서는 먹을 게 최고다. 평소 사람들이 자주 먹었고 보관하기 쉬운 통조림은 단연 인기가 높을 것이다. 지금은 마트에서 몇 천 원에 살 수 있는 흔한 통조림이 비상시국에는 열 배를 줘도 못 사게 될 것이다. 명절 선물로 받은 통조림 종합선물세트를 가볍게 여기지 말자. "이걸 언제 다 먹냐?" 하면서 다른 사람에게 선물로 줄 생각일랑 하지 말라. 나라면 박스에서 꺼내 잘 포장한 후 창고 깊숙이 넣어두겠다.

소금, 설탕, 식용유

소금

소금은 이론의 여지가 없는 중요한 식자재이다. 해외 프리퍼들 역시 소금을 집 안에 수십 포대씩 쌓아놓고 권장하기도 한다. 하지만 내 의견은 조금 다르다. 굳이 수십 포대씩 쌓아놓기보다 한 포대 정도 준비하면 될 것 같다. 소금은 아주 적은 양으로도 충분히 짠 맛을 낼 수 있어서 그 정도 양이면 충분하다. 비상시에는 식량 자체가 부족한 데다 요리할 시간도 많지 않으니까. 게다가 우리나라는 3면이 바다라서 소금 공급이 원활하고 해외 수입이 금지될 염려도 없으므로 한 가정당 소금 한 포대면 충분할 것이다. 이것이 부족한 재난이라면 아마겟돈 상황일 것이다.

설탕(당류)

설탕은 짐작보다 꽤 많이 필요하다. 현대인은 알게 모르게 설탕에 중독되어 있다. 음료수·과자·아이스크림·빵은 말할 것도 없고, 커피나 식당의 음식 혹은 김치 같은 반찬에도 종종 들어간다. 중독성이 있는 설탕은 단맛 외에 사람의 기분을 고양시키는 역할도 한다. 그 때문에 갑자기 설탕을 못 먹게 되거나 끊어버리면 '설탕 갈증' 상태를 맞게 된다.

우리나라는 설탕을 전량 수입에 의존한다. 전쟁 같은 국가 비상사태 시에는 중요한 전략 물자로 취급되어 주요 배급 품목 중 하나가 된다. 설탕은 소량만으로도 고열량을 내고 약간의 흥분 상태에 이르게 한다. 따라서 극한 상황에서는 설탕을 전투원들의 식사대용이나 사기 증진 차원에서 제공하기도 한다. 설탕 자체에는 영양이 하나도 없다. 칼로리만 있을 뿐이다. 그럼에도 힘들고 춥고 배가 고픈 비상시에는 생존에 큰 도움이 된다. 몇 년 전 어떤 여성이 젊어서 자신을 고생시킨 남편이 중풍으로 쓰러지자 몇 년 동안 설탕물만 주면서 복수했던 사건이 있었다. 남편은 움직이지도 못한 채 자리에 누워 설탕물만 받아먹었는데 발견되었을 당시 미라처럼 바싹 말라 있었다고 한다. 여전히 생존한 채로.

설탕은 흔하고 값도 저렴하지만 재난이나 비상시에는 구하기 힘든 식품이 된다. 사람들이 선호하는 인기 품목이므로 그 가치가 순식간에 폭등할 것이다. 또한 재난 시에는 중요한 물물교환 품목이 될 것이다.

비상식량으로는 순수한 설탕 외에 설탕 성분이 들어간 제품이나 꿀을 준비해도 좋다. 설탕과 꿀은 기본적으로 유통기한이 없기 때문에 방부제로도 사용된다. 꿀에는 항세균 성분이 들어 있어서 과거에는 보존제나 상처 치료제로 쓰기도 했다. 다만 아기에게는 만 1세가 되기 전까지 꿀을 먹이지 않는 게 좋다. 벌꿀에 들어 있는 보툴리누스균(식중독균의 일종)에 감염될 우려가 있기 때문이다. 성인은 괜찮지만 면역력을 완전히 갖추지 못한 아기에게는 문제가 생길 수 있다(돌연사). 물론 모든 벌꿀에 보툴리누스균이 다 들어 있는 것은 아니고 대략 10% 남짓이지만, 개인이 확인할 수 있는 방법은 없으므로 조심하는 편이 낫다.

나는 설탕이나 꿀과 함께 잼이나 물엿, 올리고당(설탕이나 잼보다 가격이 저렴하다)을 같이 준비할 것을 권하고 싶다. 다양한 맛의 과일잼, 열량이 아주 높은 땅콩버터는 비상식량으로 안성맞춤이다. 특히 트레일 러닝이나 배낭 하나 메고 긴급히 걸어서 이동해야 할 때 꼭 챙기자. 큰 도움이 될 것이다(단 땅콩 알레르기가 있다면 주의하라). 이런 단것들을 준비한다면 건빵이나 굳은 떡을 먹을 때 살짝 찍어서 맛있게 먹을 수 있을 것이다.

사탕도 마찬가지다. 대형마트에 가면 사탕이 수십 개 담긴 대용량 사탕을 살 수 있다. 좋아하는 맛으로 한두 봉지 준비하라. 비상시에는 사탕도 인기 품목이 된다. 지치고 힘들어 하는 생존자들에게 사탕을 나눠주면 매우 좋아할 것이다. 위급한 상황에서 돈처럼 쓸 수 있을지도 모른다. 지금도 중국에서는 사탕을 잔돈처럼 사용한다. 동전 사용이 보편화되지 않아서 거스름돈 대신 사탕을 주기도 한다. 단 더운 여름에는 녹을 수 있으니 냉장보관해야 한다.

초콜릿도 조금 비싸기는 하지만 준비해두면 좋은 품목이다. EDC팩 안에도 반드시 단것을 넣어두라. 조난 시 기력이 떨어졌을 때 먹으면 순식간에 힘을 회복할 수 있다. 회복용 사탕으로는 약국에서 파는 포도당캔디를 추천한다. 포도당캔디는 여름에도 잘 녹지 않을 뿐더러 일반 사탕이나 단것보다 흡수가 더 빠르다.

식용유

2011년 초부터 중동국가와 동남아시아 여러 나라에서 국민들의 대규모 시위가 시작되었다. 몇몇 도시에서 시작된 시위는 점차 참여하는 군중이 늘어나 전국적으로 번졌다. 성난 군중이 경찰·군대와 격렬하게 충돌하면서 거리는 불 탔고, 사망자가 다수 발생하는 등 중동 여러 나라를 뒤흔들었다. 그때 서민들의 폭동을 불러온 주된 원인이 바로 식량부족이었다. 특히 주식인 밀가루와 식용유 가격의 폭등이 주된 원인이 되었다.

사람들은 보통 밥보다 다른 것들을 더 맛있어 하고 좋아한다. 하지만 커피 가격이 올랐다고, 혹은 통닭 가격이 올랐다고 폭동을 일으키지는 않는다. 그런데 매일 먹는 일용식의 가격이 폭등한다면 문제는 달라진다. 세 끼 먹던 것을 어쩔 수 없이 두 끼로 줄여야 하는 상황이라면 국민들은 더 이상 참지 못할 것이다. 결국 거리로 뛰쳐나가게 된다. 많은 나라 사람들이 밀가루를 이용해 빵을 만들고, 식용유로 고기나 채소를 조리해서 먹는 만큼 밀가루와 식용유는 주요한 식재료이다. 재난영화 「퍼펙트센스」를 보라. 미지의 전염병으로 시민들 대부분이 감염되자 정부에서 이들을 집 안에 격리하고 밀가루와 식용유만 지급하지 않았는가?

기름, 즉 지방은 3대 필수영양소 중 하나로 가장 큰 에너지원이다. 먹는 양이 부족하면 대부분의 재난상황에서 추위를 더 느끼고 자주 허기를 느끼게 된다. 추운 나라의 대명사인 러시아에서는 돼지비계를 딱딱하게 얼린 다음 깍두기처럼 썰어서 날로 먹는다. 요즘 사람들에게는 지방과 비계 덩어리가 건강을 해치는 주범으로 인식되지만 재난이 닥치면 그 중요성을 절감하게 될 것이다. 돼지비계는 또 피부보호용으로 쓸 수 있다. 오지 생존왕 베어 그릴스도 동토의 오지에서 지낼 때 사냥한 야생 짐승의 지방을 피부에 문질렀다. 피부의 수분 증발을 막고, 자외선을 차단할 목적으로 말이다. 냄새가 고소한 식용유도 같은 용도로 사용할 수 있다.

식용유(포도씨유, 카놀라유, 올리브유 등)는 가격이 저렴하고, 조리시간을 절약하면서 음식의 열량은 높여주고, 유통기한이 제법 길어서(2년 이상) 비상식량으로 적격이다. 가족 수를 고려해 적절하게 준비하라. 단 참기름이나 들기름처럼 산화가 빠른 식용기름은 제외한다. 건빵과 국수도 기름에 살짝 튀겨 먹으면 맛이 더 고소하고 열량도 더 많이 얻을 수 있다.

식용유는 먹는 용도 외에도 비누를 만들거나 작은 종지에 담아 심지를 꽂아 사용하는 임시 등잔불로 사용할 수 있다. 몇 차례 정제 과정을 거치고 약간의 첨가물을 섞어 바이오디젤을 만들어서 디젤차(구형)의 연료로 사용할 수도 있다. 비상시에는 돈이나 식량보다 차량용 연료가 더 귀하고 비싸므로 요긴하게 활용될 것이다.

식용유를 구입할 때는 18L 업소용을 준비하는 게 좋다. 유통기한과 보관성에서 더 효과적이기 때문이다. 요즘에는 웰빙 물결을 타고 콩이나 옥수수로 만든 저렴한 식용유 대신 포도씨유, 카놀라유, 해바라기유, 올리브유 등을 더 많이 사용하지만 비상용이라면 굳이 비싼 특수유를 사기보다 저렴한 일반 식용유를 많이 확보하는 게 낫다. 일각에서는 요즘 유통되는 식용유가 미국산 유전자 변형 콩으로 만든 것이라면서 꺼리지만 재난상황에서는 생존이 초대의 화두인 만큼 반드시 비상식량으로 준비해둘 것을 권한다. 생존하지 못하면 웰빙도 없다. 선택은 각자의 몫이다.

각종 기호품(술, 커피, 차, 담배 등)

전쟁이나 재난 등 극한 상황이 닥쳤을 때 내일의 생존을 장담할 수 없다면 사람들은 어떻게 행동할까? 과연 할리우드식 재난영화의 주인공처럼 희망을 잃지 않고 농담 따먹기를 할 수 있을까? 현실에서는 대부분 공포와 두려움에 위축되어 이성을 잃고 자포자기하거나 과민하게 반응할 것이다. 극심한 스트레스에 시달리느라 생사의 기로에서 정확한 판단을 내리지 못해 큰 난관에 빠질지도 모른다. 비상시 스트레스를 이겨내고 이성적으로 판단할 수 있으려면 무엇인가에 의존할 수밖에 없다. 그러므로 일상에서 당신이 힘들 때 도움을 받는 것들이 비상시에도 여전히 도움이 될 것이다. 바로 차와 커피, 담배와 술 같은 것들이다. 어쩌면 평소보다 더 원하게 될지도 모른다. 이 같은 현상은 실제로 90년대 초 벌어진 세르비아·보스니아 내전에서도 확인할 수 있다. 내전이 장기화되자 사람들은 술과 담배, 커피를 찾았고, 서로 기호품을 교환함으로써 재난의 고통을 달랬다.

중독성이 강한 커피, 차, 담배, 술 등의 기호품은 불안과 공포에 사로잡힌 마음을 안정시켜준다. 내일 당장 다시 찾아올 공포와 근심을 잠시나마 잊게 해줄 것이다. 편안해진 마음으로 사태를 차분히 분석하게 해주고, 몸과 마음이 필요 이상의 두려움에 경직되는 것을 막아줄 것이다. 절체절명의 상황에 처하더라도 평정심만 유지할 수 있다면 우리는 용기를 내어 한 발 한 발 희망을 찾아 나아갈 수 있다. 그리고 위험에서 탈출하고 생존할 수 있다.

커피와 차

사람의 마음을 안정시켜주는 뜨거운 커피 한 잔은 그래서 무척 소중하다. 한국 시장에는 커피믹스 종류가 많이 나와 있고 가격도 싼 편이지만 커피는 사실 전량 수입에 의존하는 식품이다. 비상시에는 다른 것들과 마찬가지로 구하기 힘들 것이다. 하루에도 몇 잔씩 커피를 마셔야 하는 사람이라면 비상시에도 역시 커피를 갈구할 것이다. 밥 한 끼 덜 먹더라도 커피를 마시겠다는 사람도 많을 것이다. 하지만 내가 원하면 다른 사람들도 원하는 법, 모두가 원하면 품귀 현상이 일어나거나 가격이 올라가는 것은 당연지사다.

커피는 의외로 상하기 쉽다. 유리병에 담긴 것은 좀 낫지만 커피믹스는 그 안에 든 프림의 지방성분 때문에 변질되기 쉽다. 커피의 유통기한은 보통 1년 정도인데, 필자는 실제로 장기 보관 중인 커피믹스가 상하고 부풀어 올라서 포장이 터지는 것을 보았다. 커피믹스를 보관할 때만큼은 기본포장 외에 따로 2~3중으로 지퍼백이나 은박비닐에 포장한 다음 냉장고에 보관하는 것이 좋다.

녹차나 마테차, 홍차류는 어떨까? 평소에 이런 차를 즐겨 마셨다면 비상시를 위해 어느 정도 준비해두자. 필자의 경험상 티백 녹차는 유통기한이 2년이나 지났는데도 마시는 데 전혀 문제가 없었다. 하지만 여러 가지 첨가물과 프림이 들어간 홍차믹스나 녹차 라떼류는 역시 장기보관이 힘들다.

술과 담배

술과 담배의 강한 중독성은 새삼 언급할 필요가 없을 것이다. 당신이 평소 술과 담배를 즐기는 사람이라면 재난 시에도 찾게 될 것은 확실하다. 과거 미국에서는 금주령을 내린 적도 있었지만 효과는 없었다. 삶이 힘들고 위험할수록 사람들은 자신을 위로해줄 그 무엇인가를 찾게 마련이니까.

이러한 현상은 70년대 베트남 전쟁과 90년대 보스니아 내전 당시에도 목격되었다. 수십 킬로미터 밖 전선에서 포탄이 떨어지고 격심한 전투가 일어나는 와중에도 도시 안에 있는 나이트클럽은 사람들로 인산인해를 이루었다. 밤거리는 불야성을 이루었고 사람들은 밤새도록 술과 담배에 취해 있었다. 돈이 없다고 기호식품을 멀리 하는 것도 아니다. 가난한 사람들은 나름대로 싸구려 밀주를 찾아 돌아다니니까. 지금도 인도 등지에서는 공업용 메탄올로 만들어진 밀주를 먹고 죽거나 탈 난 사람들의 기사가 종종 보도된다.

소주 같은 술은 전시에 정부의 중요 배급 물품에 들어간다. 소량의 술은 근심걱정을 잠시나마 잊게 해주며 기분을 좋게 해주고 분위기를 고취시킨다. 심지어 독주는 약이 없을 때 진통제로도 쓰일 수 있다. 그러니 야외에서 추위에 밤새도록 시달리고 체력이 떨어진 상황이라면 한 잔의 술이야말로 보약이 아닐까? 체온을 올려 몸을 따뜻하게 해주고, 다시 움직일 힘을 주어 살맛나게 해주지 않겠는가?

그렇다면 비상시를 대비해 어떤 술을 사두는 게 좋을까? 도수가 낮은 술보다는 소주나 양주 등 도수가 높은 술이 좋다. 적은 양으로 빨리 취하고 또 오랫동안 먹을 수 있기 때문이다. 병에 든 소주는 평소 사람들에게 익숙하여 물물교환에는 좋지만 무겁고 깨지기 쉽다는 단점이 있다. 그러므로 이동성과 보관성이 좋은 종이팩 소주나 페트병 소주가 좋다(장기간 보관하기에는 유리병 소주가 낫다). 과실주용으로 나오는 대용량 5L 페트병 소주는 도수가 좀 더 높고 가격도 상대적으로 싸다. 페트병이라 가볍고 취급하기 편해서 좋다.

오랜 전쟁과 내전 생존자들의 경험담을 들어보면 고급술 조금보다 저가술을 더 많이 가지고 있는 게 훨씬 낫고 쓸모도 많았다고 한다. 비상시에는 술을 맛으로 먹기보다 취하려고 먹을 것이니 싸구려 독주면 충분하다는 뜻이다. 한 병당 천 원 남짓인 소주보다 약간 비싼 싸구려 양주가 더 나을 수 있다. 고량주나 이과두주도 좋고 대형마트에 가면 흔하게 볼 수 있는 캡틴큐, 나폴레옹 등 3,000~4,000원짜리 싸구려 양주를 준비해도 좋다. 지금은 외진 곳에서 먼지를 뒤집어쓴 채 외면당하고 있지만, 비상시에는 귀중품 대접을 받을 게 틀림없다. 양주는 10년 이상 장기 보관해도 별 문제가 없으므로 유통기한을 걱정하지 않아도 된다.

그 밖의 비상식량

동결건조 비상식량

　　　　　　인터넷 쇼핑몰에서 '비상식량'으로 검색하면 제일 많이 뜨는 단어가 '동결건조 비빔밥'이다. 건조 밥알과 채소양념, 고추장 스프로 구성돼 있어서 뜨거운 물만 부으면 15분쯤 후에 비빔밥이 완성된다. 뜨거운 물이 없다면 찬물을 넣고 두세 시간쯤 불려서 먹을 수 있다. 군대에서도 제공되는 중요한 전투식량이라 군필자라면 자주 먹어보았을 것이다. 처음에는 군용이었던 것이 몇 년 전부터 민수용으로 나오기 시작했는데, 시국이 불안할 때마다 인기리에 팔리고 있다. 비빔밥 외에 라면사리를 추가하는 등 맛도 다양한 제품들이 나오고 있다. 유통기한은 대개 1년이다. 하지만 방부제 첨가나 기타 작업을 통해 유통기한을 2~3년으로 늘린 제품도 있다. 필자는 유통기한이 2년쯤 지난 것을 먹어보았는데 큰 지장은 없었다.

　　동결건조 식품의 가격은 개당 3,500원 선이다. 기존에는 인터넷 쇼핑몰에서만 팔았지만 요즘에는 대형마트에서도 쉽게 구할 수 있다. 뜨거운 물만 있으면 간편하게 비빔밥을 만들어 먹을 수 있다는 장점이 있지만 한 끼 가격 치고는 저렴하지 않은 데다가 경험상 서너 끼 이상 연속으로 먹으면 속이 불편해지기 때문에 10대 비상식량으로는 추천하기 힘들다.

군대 복무 시절, 야외훈련만 나가면 어김없이 나와서 자주 접해보았지만 나뿐 아니라 동료들에게 인기가 없었다. 많이 먹으면 트림과 속더부룩증, 변비가 생긴다 하여 먹지 않고 쓰레기통에 몰래 버리는 사람도 있었다. 제대 후 민간에서 오히려 인기를 끌고 있는 것을 보고 아연실색했던 기억이 있다. 그래도 물만 부어넣으면 한두 끼 정도는 맛있게 먹을 수 있다.

장기간 비상식량으로 추천하기는 어렵지만 72시간 생존팩에 넣어둘 단기간 비상식량으로는 좋은 편이다. 또 밥알만 동결건조시킨 '알파미'라는 제품도 나오고 있으니 필요하다면 같이 준비하면 될 것이다. 대형마트에서 쉽게 살 수 있으므로 미리 시식해보면 좋겠다. 평상시 가족과 캠핑을 떠나거나 재난체험 교육 등을 할 때 아이들과 먹어보면 재미난 경험이 될 것이다.

에너지바류 및 과자

초콜릿, 땅콩, 아몬드 등 견과류가 섞인 초콜릿 에너지바는 우리나라 사람들에게도 익숙한 제품이다. 시중에서도 여러 가지 종류를 팔고 있다. 하지만 분말압축 에너지바는 아직까지는 낯선 제품이다. 외국산만 겨우 볼 수 있다(군용 전투식량 중에 이와 비슷한 녹말덩어리가 있다). 분말압축 에너지바로는 '다트렉스', 'ERBAR', '메인스테이' 등이 국내에 수입·유통되어 나름대로 유명하고, 가격은 2~3일치 한 봉지에 대략 3만 원 미만이다. 이 제품들 모두 유통기한이 5년이라는 점을 최고 장점으로 내세워 팔고 있다. 단기 비상식량으로 추천할 만하며, 배낭 하나에 모든 것을 담아 며칠씩 이동해야 하는 종주산행이나 트레일러닝 생존배낭용으로 유용하다.

그 밖에 다양한 제품을 비상식량으로 이용할 수 있다. 유통기한이 최소 1년 이상인 것들은 다 가능한 셈이다. 초코파이, 영양갱, 시리얼바, 초콜릿, 과자, 초코다이제 비스킷, 햇반, 물에 타 먹는 오곡차, 건미역, 육포, 명태, 건과일 등도 좋은 비상식량 구실을 한다. 라면도 유효기간은 비록 6개월밖에 안 되지만 포장을 한 겹 더 해둔다거나 라면스프만 따로 모아놓았다가 비상시 사용하면 된다. 다양한 제품을 구비해놓으면 질리기 쉬운 기본 비상식량 대신 기분 전환용으로 먹을 수 있을 것이다.

쌀을 오랫동안 보관하는 법

필자는 지금까지 10대 비상식량을 소개했다. 하지만 그것들은 단기 혹은 임시 비상식량이라는 점을 한 번 더 강조하고 싶다. 앞에서 설명한 제품들은 비상시 물과 연료가 부족하거나 조리 시간이 없을 때 혹은 긴급히 이동할 때 단기간 먹는 것들인 셈이다. 만약 보스니아·시리아 내전처럼 재난이 2~3년씩 계속된다면 매일매일 건빵과 스프, 콩 통조림이나 시리얼만 먹고서는 살 수 없을 것이다. 당신의 장기가 제대로 움직이게 하고, 또 온전한 정신을 유지하게 하려면 평소 먹던 익숙한 음식을 먹어야 할 것이다. 한국인에게는 쌀밥이 그런 음식이다. 지금부터 쌀을 오랫동안 보관할 수 있는 몇 가지 방법을 알아보겠다.

페트병과 산소흡수제를 이용한 쌀 보관법

쌀을 장기간 보존하려면 밀폐된 용기에 넣어서 단단히 보관해야 한다. 산소·수분·빛·해충 등 음식을 부패시키고 산화시키는 요소를 확실히 제거하는 데 초점을 기울여야 한다. 밀폐 용기를 권장하는 것은 그 때

페트병은 쌀을 오래 보관할 수 있고, 작업이 쉬워서 가장 효율적이다.

문이다. 물론 밀폐 용기 외에 쌀을 보관할 수 있는 용기는 많다. 유리병, 2L 생수 페트병, 맥주 페트병, 식품용 은박비닐봉투, 종이 우유팩, 비닐 지퍼백, 진공포장, 캔, 플라스틱 20L 통 등이다.

각 용기마다 고유의 장단점이 있는 터라 단 하나의 완벽한 보관법은 없다. 유리병을 이용하면 쌀을 가장 완벽하게 보관할 수 있지만 무겁고 깨지기 쉬우며 많은 양을 보관하기 어렵다는 단점이 있다. 다른 용기는 그 반대이다. 여러 가지 용기 가운데 우선 주위에서 쉽게 구할 수 있는 2L 페트병을 이용한 방법으로 시도해보자. 페트병은 쌀을 오래 보관할 수 있고, 작업이 쉬워서 가장 효율적이다. 처음으로 비상식량 저장에 관심을 가지고 시작하는 것이라면 생수 페트병이 적격이다.

어떤 페트병을 어디서 구하나?

0.5L, 2L, 5L 등 여러 크기의 생수 페트병이 있다. 쉽게 구할 수 있는 것은 2L

짜리다. 또한 이 크기가 작업 후 관리나 정리, 혹은 남에게 줄 때(물물교환, 판매)도 좋다. 2L 페트병에 쌀을 보관하면 비상시 1명이 10일간 버틸 수 있다(하루 두 끼 아껴서 먹을 때). 페트병은 '옥션'에서 새 것을 살 수 있지만 굳이 별도로 구입하기보다 주변에서 버린 빈 병을 이용하는 게 좋다. 월요일쯤 쓰레기 버리는 곳에 가보면 깨끗한 2L 페트병을 많이 볼 수 있을 것이다. 아파트보다는 싱글족이나 젊은 부부들이 주로 사는 빌라촌, 공동주택단지에서 더 쉽게 찾을 수 있다. 많이 필요하다면 페트병 버리는 요일을 경비원에게 확인하라.

2L 페트병도 메이커에 따라 무게와 두께가 다르다. 얇은 것보다 두꺼운 것을 택하자. 페트병도 오래 두면 미세하나마 공기와 수분이 통과하기 때문이다. 단기간이면 별 문제가 없겠지만 장기간 보관하려면 조금 두꺼운 것을 찾아야 한다. '제주 삼다수'처럼 약간 비싼 생수통이 좋다. 2L짜리로는 개수가 너무 많아진다 싶으면 5L짜리 생수통이나 8L짜리 술담금주용을 사용할 수도 있다. 즉 페트병은 어느 것이든 쌀을 보관하는 용도로 다 쓸 수 있다는 뜻이다.

쌀 보관에 가장 적합한 것은 작은 용량을 제외한 맥주 페트병이다. 갈색으로 되어 있어서 빛(자외선)에 의한 산화를 방지할 수 있다. 특히 가스 차단층이 있고 재질이 여러 겹이어서 거의 완벽한 밀폐가 가능하다. 생수나 맥주 페트병을 구하면 수돗물로 병 내부를 잘 씻은 다음 깨끗이 말려서 사용한다.

페트병에 쌀을 보관하는 요령

쌀 20kg짜리 한 포대를 사서 2L 페트병에 넣으려면 병이 몇 개나 필요할까? 정확히 10병이 필요하다. 2L 생수통 하나에 2kg의 쌀이 들어가는 셈이다. 모든 비상식량은 분산구매, 분산저장이 원칙이다. 급한 마음에 처음부터 많은 양을 작업하기보다 한 달에 한 번이라도 좋으니 기간을 정해서 조금씩 작업하자. 쌀도 마찬가지다. 저가 쌀도 장기보관하는 데에는 문제가 없다. 하지만 작업 전에 반드시 쌀의 상태를 확인해야 한다. 냄새가 나거나 쌀알이 하얀 것(금이 가서 빛이 산란하는 탓)은 안 된다. 쌀알 속이 깨끗하고 투명한 감이 있어야 하는데, 일단 밥을 지어 먹어보고 괜찮은지 확인하는 게 가장 확실하다.

▼ **준비물**

1. 2L 생수 페트병 11개: 안과 밖을 잘 씻어 말린다.
2. 깔때기: 병 한 개는 윗부분을 잘라 깔때기로 만든다.
3. 산소흡수제: 페트병에 쌀을 아무리 잘 채워넣는다고 해도 쌀알 사이에 공기가 있게 마련이다. 또 오랜 저장 기간 동안 페트병을 통해 공기가 조금씩 들어오기도 한다. 장기적으로 보관하려면 조금의 산소라도 제거해주는 게 중요한데, 이때 필요한 것이 바로 산소흡수제다. 작업 이후 페트병 안에 쌀벌레가 알을 깨고 나오는 경우가 왕왕 있는데 이런 벌레들은 산소가 없으면 곧바로 죽어버린다. 그러므로 반드시 산소흡수제를 넣어주자.
4. 라벨지

▼ **작업 과정**

1. 깔때기와 컵을 이용해 페트병 목까지 쌀을 가득 채운다. 뚜껑은 닫지 않는다.
2. 이 상태에서 페트병을 바닥에 몇 번 쳐준다. 쌀들이 다져지면서 점차 아래로 내려가 윗부분에 많은 공간이 생긴다.
3. 이렇게 생긴 공간에 산소흡수제를 한두 개 넣어주고 쌀을 마저 채운다. 이것은 매우 중요한 작업이다. 만약 쌀다짐 없이 산소흡수제를 넣고 뚜껑을 닫아놓으면 이후 산소가 제거되면서 진공이 형성되고 병이 쭈그러들면서 심지어 깨지기도 한다.
4. 뚜껑을 닫는다.
5. 라벨지에 날짜를 적고 페트병 표면에 잘 보이게 붙인다.

　작업이 끝나면 햇빛이 들지 않는 선선한 곳에 보관한다. 2년에 한 번씩 개봉하여 쌀의 상태를 확인하자. 밥을 지어 먹어보면서 이상이 없는지 체크한다. 이와 같은 방법으로 쌀 외에 콩이나 옥수수, 팥 등 다양한 곡물을 저장할 수 있다.

2L 페트병에 보관한 쌀은 얼마나 먹을 수 있을까?

○ 페트병에 쌀을 넣어서 보관한다면 2L 한 통으로 얼마나 먹을 수 있을지 정확히 확인해보는 것도 중요하다. 정확한 기준점(표준)을 만들어야 나와 우리 가족의 비상식량 비축분을 정확히 계산할 수 있기 때문이다. 보통 공기밥 한 끼 분량의 쌀은 종이컵에 믹스커피를 타서 물을 붓는 정도이다. 종이컵을 대략 50~60% 정도 채우는 양이다. 종이컵에 쌀을 덜어보면 알기 쉬울 것이다.

1. 2L 페트병 쌀과 종이컵을 준비한다.
2. 종이컵을 쭉 늘어놓고 보통 때 커피 한 잔 타 먹는 부분까지 쌀을 붓는다.

이렇게 하니 미리 펼쳐놓은 종이컵 20개를 넘어서 22개가 만들어졌다. 그렇다면 총 22끼니. 밥 그릇으로 치면 22그릇이 된다는 이야기다. 비상시 하루 두 끼 정도만 먹는다고 가정하면 11일 분이 된다. 한 사람이 한 달을 버티려면 2L 페트병 3개만 있으면 된다는 계산이 나온다. 물론 밥만 먹지 않고 다른 반찬이나 캔, 레토르트 류의 부식을 추가하면 좀 더 여유 있게 먹을 수 있을 것이다. 1일1식이 가능한 사람이라면 훨씬 오랫동안 먹을 수 있을 것이다.

중요한 점은 사람마다 하루 식사량이 다르다는 것이다. 그러므로 자신이 한 끼 얼마나 먹는지 체크한 다음 그 양이 종이컵으로 몇 개나 되는지 직접 계산해보는 것이 좋다. 이렇게 펼쳐놓은 쌀 컵을 보면 생존에 대한 또 다른 아이디어와 영감을 얻을 수도 있을 것이다.

맥주병을 이용한 쌀 보관법

페트병 저장법도 좋지만 쌀이나 고기, 주스, 음료 등 기타 먹을거리를 장기간 보관하는 데 가장 좋은 것은 유리용기다. 제일 안정된 물질 가운데 하나인 유리는 산성이나 알칼리성 혹은 알코올이나 그 외 다른 어떤 물질과도 반응하지 않을 만큼 안정적이라 오랫동안 음식물을 넣어두어도 변질되지 않는다. 유럽의 지하 저장고에 보관 중인 포도주가 백 년이 지나도록 원액 그대로의 맛과 품질을 유지하는 것도 그 때문이다. 이런 특성 때문에 요즘에는 다양한 병조림이 출시되고 있다. 다만, 유리용기는 충격에 약하고 무게가 꽤 나가며 휴대가 불편하다는 단점이 있다. 집에 보관하는 비상식량이라면 병조림을 선택하는 것도 좋다.

유리용기는 시중에서 쉽게 구할 수 있다. 가격이 높다는 게 문제일 뿐이다. 나처럼 저비용 생존 전문가를 추구하는 이에게는 자칫 배보다 배꼽이 큰 상황이 될 수 있다. 하지만 걱정할 필요 없다. 공짜로 사용할 수 있는 유리병도 많으니까. 집에서 맥주를 마시고 모아둔 빈 병 혹은 집 주변 분리수거장에 있는 빈 맥주병이 그 대안이다. 맥주병은 갈색이라서 햇볕의 자외선을 차단해준다. 쌀 저장뿐만 아니라 다른 곡식이나 액체류, 설탕이나 소금 같은 조미료, 즉석스프 가루나 분유 등을 장기적으로 저장하는 데 효과적이다.

▼ 준비물

1. 빈 맥주병: 필요한 개수만큼 준비한다(간혹 안에 담배꽁초가 들어 있는 병도 있는데 이것들은 세척을 해도 냄새가 없어지지 않으므로 제외시킨다). 내부를 세척한 후 물기를 잘 말려서 습기를 제거한다(햇볕이 잘 드는 날에는 콘크리트 바닥에 30분만 놓아두면 마른다).

2. 깔때기

3. 산소흡수제(인터넷몰에서 구입 가능하다.)

4. 코르크 마개 혹은 새 병뚜껑, 병뚜껑 밀봉기: 코르크 마개는 '옥션'에서 2~3개에 천 원 정도로 살 수 있다. 새 병뚜껑도 '옥션'에서 100개에 5,000원 정도 하는 인테리어용 병뚜껑을 사면 된다. 한 봉지 사두면 쌀 저장 작업 외에 먹다 반쯤 남은 맥주나 술을 막아 두는 데 사용할 수 있다. 병뚜껑 밀봉기는 미국이나 유럽에서 하우스 맥주를 만들 때 사용하는 기기이다. 우리나라에서도 하우스 맥주 재료상에 가면 구입할 수 있다. 다만 가격이 좀 높은 게 흠인데 해외 '이베이'를 이용하면 15달러대의 제품을 살 수 있다.

5. 라벨지

▼ 작업 과정

1. 깔때기와 컵을 이용해 쌀을 넣는다.
2. 중간 중간 나무 바닥에 쳐주거나 흔들어주면 한 주먹 정도는 더 넣을 수 있을 만큼 촘촘하게 다져진다.
3. 병 안에 공기가 없는지 확인하고 산소흡수제를 넣는다.

4. 병 입구를 밀봉한다. 코르크 마개로 막는 것이 가장 일반적이다. 병 입구에 코르크 마개를 꾹 밀어넣은 후 윗부분을 촛농으로 코팅하면 된다. 코르크 마개보다 편하고 완벽한 밀봉법은 바로 병뚜껑 밀봉기를 이용하는 것이다. 앞의 사진처럼 새 병뚜껑을 입구에 얹고 양손으로 기구 손잡이를 잡아 조여주면 새 것처럼 밀봉할 수 있다.
5. 병 겉면에 언제 쌀을 넣고 밀봉을 끝냈는지 날짜를 적은 라벨을 붙여준다.

20L 플라스틱 통 저장법

식구가 여럿이라 양을 많이 준비하고 싶으면 20L 플라스틱 통을 이용하라. 실제로 미국의 프리퍼들은 20L 플라스틱 통을 이용하여 갖가지 식품을 대량으로 보관한다. 쌀·밀·통밀·콩·보리 등 갖가지 곡식은 물론 육포·즉석요리·레토르트식품·통조림, 심지어 탄약까지 보관한다. 두꺼운 플라스틱은 산소와 물을 거의 완벽하게 차단해주며 작업 효율 또한 높다. 이동과 보관이 쉽고 사용 후 통을 재활용할 수도 있어서 좋다. 급할 때는 통 위에 변기 커버를 걸쳐놓고 임시 화장실로도 쓸 수 있다. 쌀을 보관할 때도 한 번에 20kg씩 보관할 수 있어서 효율이 아주 좋다.

▼ 준비물

1. 플라스틱 통: 필요한 만큼 준비한다. '옥션'에서 7,000원 정도에 구입 가능하다.
2. 커다란 비닐봉지(김장용 비닐봉지 가능)
3. 산소흡수제
4. 케이블 타이나 철사
5. 실리콘
6. 라벨지

▼ 작업 과정

1. 통 안에 커다란 비닐봉지를 넣는다. 비닐봉지에 구멍이 있으면 안 된다. 얇을 경우 두 장을 겹쳐서 사용한다.
2. 쌀이나 곡물을 비닐 안에 붓는다.
3. 페트병 작업을 할 때처럼 중간 중간 흔들거나 바닥에 쳐주면서 틈새가 없도록 다져 준다. 20L 쌀 한 포대가 다 들어가지 않고 조금 남을 것이다.
4. 비닐을 봉하기 전에 산소흡수제를 여러 개 넣어준다. 산소흡수제가 산소를 제거하면서 비닐 안의 쌀들이 더 압착되고 다져질 것이다.
5. 비닐봉지 윗부분을 케이블타이나 철사 등으로 단단히 조인다.

6. 뚜껑을 닫고 돌아가면서 한쪽씩 강한 힘을 주거나 밟아준다. 나중에 뚜껑을 열 때는 조금 힘들겠지만 그만큼 밀폐성이 좋아진다.

7. 뚜껑이 잘 닫히면 거꾸로 뒤집어놓고 통과 뚜껑의 접합면에 실리콘을 돌아가면서 발라준다. 혹시 모를 미세한 틈마저 완벽히 밀봉하는 작업이다.

8. 작업 날짜를 기입한 라벨지를 붙인다.

페트병을 이용한 국수 장기보관

2L 페트병에 쌀 대신 국수를 보관할 수도 있다. 국수는 10대 비상식량이기도 하다. 가격도 싸고 쉽게 구할 수 있으며, 남녀노소 누구나 좋아하는 식품이다. 쌀보다 조리가 간편하고, 연료와 시간도 덜 들어서 좋다. 라면은 유통기한이 6개월도 채 안 되지만 소금물 반죽으로 단단히 다져서 만든 국수는 기본적으로 2년 정도 보관이 가능하다. 페트병에 넣어두면 더 오래 보관할 수 있다.

장기보관용 국수는 대형마트 자체 PB브랜드를 이용해도 상관없다. 유명 제품과 맛의 차이가 있을지는 모르겠지만 가격도 저렴하고 양이 많아 장기보관용으로 손색이 없다. 4kg 한 봉지에 14,200kcal나 되는데, 비상시에는 하루 두 끼씩 아껴서 먹는다면 일주일 분으로도 충분하다.

▼ 준비물

1. 깨끗한 2L 페트병 여러 개
2. 산소흡수제, 수분흡수제
3. 라벨지

▼ 작업 과정

1. 페트병 안에 국수를 살살 집어넣는다.

2. 다 들어가면 페트병을 탁탁 치거나 살살 돌려 밑에 차곡차곡 잘 쌓이게 한다. 그렇지 않으면 국수가 서로 엉키면서 많이 넣을 수 없을 것이다. 여유를 두고 천천히 작업한다.

3. 절반까지는 쉽게 넣을 수 있지만 가운데 주둥이까지 차면 조금 까다로워진다. 그래도 국수는 얇고 탄성이 있는 식품이라 조금씩 잡고 약간 기울여서 넣으면 어렵지 않게 들어갈 것이다.

4. 어느 정도 들어가 페트병이 꽉 찬 것처럼 보여도 국수를 몇 가닥씩 잡아 살살 돌리

면서 넣으면 조금 더 들어갈 것이다. 하지만 억지로 힘을 준 나머지 국수가 끊어지는 일이 없도록 조심한다. 국수를 최대한 많이 넣어 페트병 안의 공간을 줄이는 게 중요하다. 즉 수분과 산소 비중을 줄여줘야 한다는 뜻이다. 헐렁하게 넣으면 산소흡수제를 넣을 경우 진공이 형성되면서 통이 찌그러지거나 깨질 수 있다. 시간이 걸려도 조금씩 넣자. 앞의 사진은 대략 70~80%까지 채운 모습이다. 꼼꼼히 작업한다면 좀 더 넣을 수 있을 것이다.

5. 페트병 목 부분에 산소흡수제를 넣어준다. 만일 페트병 안에 국수를 많이 넣지 못했다면 수분흡수제를 넣도록 한다. 그렇지 않으면 진공이 형성되면서 통이 쭈그러지고 깨질 수 있다.

6. 뚜껑을 닫고, 작업 날짜를 적은 라벨지를 겉면에 붙인다.

이제 이것은 혹시 모를 재난에 대비한 우리 가족의 장기 비상식량이 될 것이다. 언젠가 이렇게 준비해둔 국수를 꺼내 먹어야 할 날이 온다면 지금 힘든 것쯤이야 얼마든지 참을 수 있지 않을까? 그때 가서는 어쩌면 "작업할 때 국수를 조금 더 넣을 걸 그랬다"고 후회할 수도 있다.

설탕이나 소금 등 양념의 유통기한은 얼마나 될까?

○ 설탕·소금·고춧가루·참기름 등 요리에 필요한 양념의 유통기한은 얼마나 될까? 평상시 조금씩 사용할 때와 달리 비상식량으로 보관할 때는 신경 써야 할 중요한 문제이다. 설탕과 소금은 수분 침투만 신경 쓴다면 크게 큰 문제될 게 없다. 소금과 설탕은 오래전부터 각종 절임 음식 등에 방부제로 쓰였다. 요즘 시중에서 파는 대부분의 제품에도 유통기한은 따로 표기되어 있지 않다.

▶ 설탕은 습기를 빨아들이는 성질이 강한 데다가 내부에 물이 들어가거나 이물질이 들어가면 미

생물이 번식할 수 있으므로 깨끗하게 밀봉 보관하는 것이 중요하다. 습기가 많은 곳을 피하고, 가급적 지퍼백 등에 나눠 담은 후 수분흡수제 등을 넣어 밀봉한다. 햇볕이 들지 않는 건조한 곳에 보관하는 것이 좋다. 비닐이 얇거나 포장이 허술하면 설탕 냄새를 맡은 개미가 꼬일 수 있으니 주의하라. 비닐을 두세 겹 사용하든지 튼튼한 플라스틱 통에 넣어두면 안전하다.

▶ 소금은 간수라고 부르는 물기가 계속 빠져나가므로 비와 물이 닿지 않는 외부에 세워서 보관한다.

▶ 참기름 역시 작은 병에 여러 개로 나눠서 밀봉한 후 냉장 보관하는 것이 좋다.

▶ 고춧가루는 일반적인 유통기한이 1년이다. 지퍼백에 나눠 담아 공기를 뺀 후 냉동실에 보관하거나 가정용 진공포장기를 이용하는 게 가장 좋다. 산소흡수제, 수분흡수제를 넣고 진공포장을 하면 부피도 줄고 훨씬 오래 보관할 수 있다(가정용 진공포장기는 전동식과 수동펌프식 등 가격대 별로 다양하게 구입할 수 있다).

▶ '쇠고기 다시다' 같은 인공조미료도 비상시 요긴하게 쓰인다. 부족한 식자재와 양념을 대신해 먹을 만한 음식을 만드는 데 도움이 될 것이다. 이런 조미료는 보통 알루미늄 코팅이 된 레토르트 팩에 들어 있으므로 유통기한 내에서 상온 보관하면 된다.

잘못된 비상식량 보관 사례

통조림도 상한다

캔으로 된 통조림의 유통기한은 보통 3~5년, 참치캔은 5~7년 정도이다. 우리가 손쉽게 구할 수 있는 비상식량 가운데 유통기간이 가장 길고, 가장 대중적인 품목이다. 그러다 보니 유통기간 내에서는 안전할 거라고 믿게 된다. 하지만 실제로 오랫동안 보관해 보면 상하는 것이 종종 나온다. 다음 페이지의 사진(왼쪽)을 보자. '런천미트'는 다른 일반 통조림과 달리 윗면이 필름으로 된 이지오픈 방식의 통조림이다. 제조사 설명에 따르면 힘이 약한 아이들이나 여성이 따기 쉽도록 채택한 방식이라고 한다.

그런데 이 통조림은 어둡고 습한 지하실에 보관했다가 문제가 생긴 경우에 해당한다. 1년여 만에 말이다. 같이 보관했던 다른 통조림에는 문제가 없었는데 유독 이 제품에만 가스가 생기면서 아래위로 배가 부르고 뚜껑이 터질 지경이 되었다. 물론 유효기간이 아직 1년 반 이상 남은 제품이었다. 보관 장소가 덥고 습한 곳이다 보니 습기와 바이러스가 캔 속으로 침투해서 내용물이 부패하고 가스가 찬 모양이었다.

보관 환경이 좋지 않으면
통조림도 쉽게 변질된다.

　기온이 40도 이상 지속되면 통조림 안에 죽지 않고 남아 있던 균들이 활동을 시작해서 이렇게 부패할 수 있다. 어쩌면 윗면이 캔 대신 얇은 알루미늄 코팅 필름으로 되어 있어서 그럴 수도 있다. 주요 비상식량으로 통조림을 몇 년씩 장기 보관할 생각이라면 이 제품처럼 윗면이 얇은 필름으로 된 이지오픈 방식은 피하는 게 좋을 것 같다. 뚜껑까지 금속으로 된 일반적인 캔이 더 안전해 보인다.

　위 오른쪽 사진을 보라. 이 꽁치 통조림 역시 안으로부터 부패가 진행되어 가스가 발생한 경우이다. 심지어 캔 뚜껑이 팽창하고 구멍이 뚫려 내용물이 흘러넘쳤다. 역시 유통기한 내의 식품이었지만 보관을 잘못하는 바람에 심하게 부패하고 말았다.

　다음 페이지의 사진은 통조림의 내용물이 부패되면서 생긴 가스 압력으로 뚜껑이 터져나간 것이다. 먹지 못하고 버려야 했다.

심지어 통조림이 폭발해 캔뚜껑이 날아가기도 한다.

통조림 캔 자체가 못 쓰게 되는 경우

통조림 캔은 외부적 요인뿐만 아니라 내부적 요인으로도 상하거나 못 먹게 될 수 있다. 다음 페이지에 나오는 사진의 통조림은 지하실에 보관 중인 것들이다. 나는 참치·과일칵테일·복숭아·메추리알·장조림·파인애플 통조림 등 여러 가지를 한데 모아 비닐 안에 넣어두었다. 2년 정도가 지난 뒤 꺼내보고 정말 깜짝 놀랐다. 표면에 시커먼 곰팡이가 피고, 바닥에는 국물까지 흘러 있었다. 문제의 것은 파인애플 통조림이었다(왼쪽). 캔이 속에서부터 녹아 구멍이 뚫린 것이다.

통조림 캔은 양철판으로 만든다. 그리고 캔 내부에 합성수지를 얇게 코팅해서 음식물과 양철판이 직접 닿는 것을 막아준다. 하지만 파인애플에 들어 있는 과일 산이 캔 내부를 서서히 부식시켜서 결국 구멍을 낸 것이다. 과일 통조림 중 포도나 복숭아 통조림은 괜찮았는데 유독 파인애플 통조림만 이렇게 되었고 덩

캔이 녹아 구멍이 생기거나
절취선 쪽에 녹이 진행되어 못 쓰게 된 통조림.

달아 같이 보관했던 다른 통조림까지 오염시켰다. 파인애플 통조림 외에 토마토 통조림도 산도가 높아 장기보관이 어렵다.

　통조림이라고 안심하지 말고 반드시 서늘하고 통풍이 잘 되는 곳에 보관하자. 또한 과일 통조림은 다른 것과 함께 담아 보관하지 말고 비닐로 여러 겹 싸서 따로 보관하라. 그리고 몇 개월마다 꺼내 보고 이상이 없는지 확인해야 할 것이다.

　위 오른쪽 사진을 보자. 이 제품은 캔을 따는 동그란 절취선 쪽에 잘 따지도록 홈을 파놓았다. 하지만 그쪽을 통해서 녹이 생겨 진행되었고, 결국 미세한 구멍이 뚫려 내용물이 새나오고 있다. 이 통조림 역시 먹지 못해서 버려야 했다.

상해버린 커피믹스

기름이 둥둥 뜬 저 액체는 무엇일까? 바로 덥고 습한 창고에서 2년 정도 있었던 커피믹스를 물에 탄 것이다(유통기한 1년 초과). 커피믹스는 딱딱하게 굳어 있었고, 안에 들어 있는 커피와 프림, 설탕 등은 이미 한 데 뭉쳐 단단히 굳어진 상태였다. 그래도 뜨거운 물에 타면 먹을 수 있지 않을까 하고 한 봉지를 개봉해 타보았지만 물에 잘 녹지도 않았다. 한참을 휘휘 저었더니 아래 사진처럼 정체를 알 수 없는 기름만 둥둥 떴다. 프림의 지방성분은 카제인나트륨 같은 식품 첨가물에 의해 물과 혼합되는데 오래 보관한 나머지 지방과 설탕이 녹아서 뒤엉킨 것이다.

한 모금 음미해보았지만 맛 또한 이상해서 바로 뱉을 수밖에 없었다. 많은 이들이 매일 몇 잔씩 마실 만큼 사랑받는 커피믹스가 의외로 쉽게 상하는 식품이었던 것이다. 커피를 좋아하는 사람들에게는 안타깝고 심각한 뉴스일 수도 있다.

 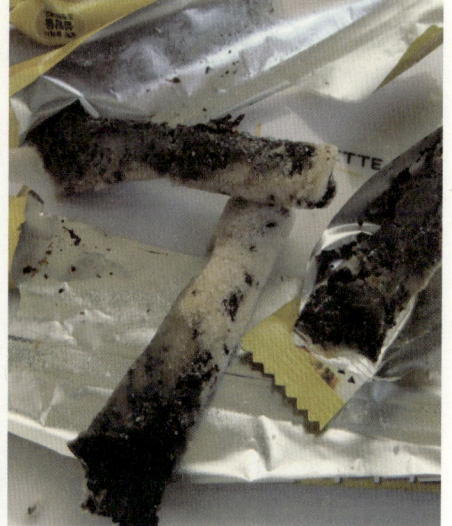

커피믹스는
의외로 상하기 쉽다.

하지만 추가로 포장을 하고 평소 냉장고에 넣어놓는다면 오래 보관할 수 있다. 커피믹스 말고 유리병에 커피만 넣은 제품을 선택하면 좀 더 오래 보관할 수 있을 것이다.

해충 침투

스티로폼 박스를 이용해 4인 가족의 일주일치 식량을 보관해보았다. 스티로폼은 내용물 보관이나 편의성에서 만족스럽지만 뜻밖의 곳에서 문제가 발견되었다. 바로 해충의 피해였다. 보관하기 시작한 지 2년 지난 시점에서 내용물의 상태를 점검하기 위해 개봉했다가 발견한 참상이었다. 스티로폼 박스 제일 밑에 있던 설탕 비닐봉지를 들어올렸다가 개미 떼가 우글거리고 있는 것을 발견한 것이다. 길이가 2~3㎜ 정도 되는 아주 작은 개미들이었다. 개

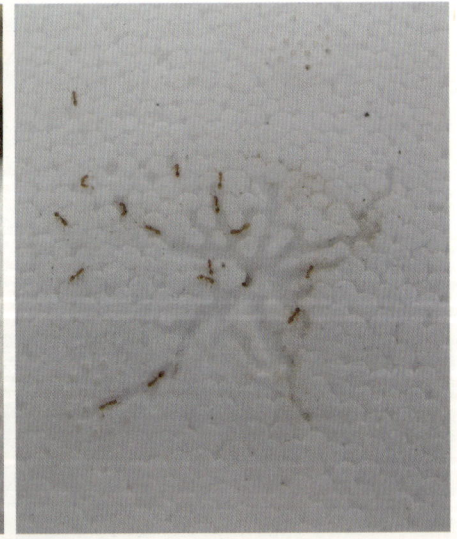

비상식량 보관 시 개미, 바퀴벌레, 쥐 등의 해충을 대비해야 한다.

미 떼는 두꺼운 박스와 비닐봉지까지 뚫고 들어가 설탕을 한 알 한 알 물어 나르고 있었다. 스티로폼 식량 박스를 테이프로만 봉하고 지하실 흙바닥 위에 그냥 내려놓았던 게 문제의 발단이었다.

개미들은 스티로폼 박스 아래 땅바닥과 닿은 쪽에 작은 구멍을 만들고 들락날락하고 있었다. 두께가 2cm나 되는 스티로폼 박스와 두 겹 이상의 비닐포장도 소용없었던 셈이다. 주변 개미들이 미세하나마 설탕 냄새를 맡고 몰려든 모양이다. 설탕뿐만이 아니었다. 개미 떼는 2중 포장한 국수 안으로도 침투해 있었다. 스티로폼 박스를 이용한 보관법은 좋았으나 지하실 바닥 위에 그냥 방치한 게 잘못이었다. 해충에 의한 피해를 입을 수도 있다는 생각을 미처 하지 못한 것이다.

식량을 스티로폼 박스에 담아 창고에 저장할 때는 항상 이 점에 주의해야 한다. 선반 위에 놓거나 어느 정도 바닥에서 공간을 띄운 후 큰 비닐로 박스 전체를 다시 한 번 감싸주어야 이 같은 피해를 막을 수 있을 것이다. 또한 보관 장소가 개미나 바퀴벌레, 쥐 등 해충이 접근할 만한지 아닌지 잘 생각해보고 쥐덫이나 해충 끈끈이를 놓는 등 철저하게 대비해야 할 것이다.

비상식량의 잘못된 보관 실태

비상식량은 무조건 사다 쌓아놓는 게 능사가 아니다. 어디에 어떻게 보관하느냐가 더 중요하다. 코난이 되려는 사람이라면 다음과 같은 사례를 통해 비상식량의 보관 장소 선정에 좀 더 주의하고 경각심을 갖기 바란다.

다음 페이지의 두 사진은 습하고 더운 지하실에 식량 일부를 보관한 모습이다. 곰팡이 냄새도 나고, 곱등이 등 벌레도 서식하는 곳이다. 보통 비상식량이라 하면 일단 밀봉 박스에 넣고 그늘지고 선선하며 바람이 잘 통하는 곳에 보관하는 게 정석이다. 하지만 나는 식량저장을 시작했던 코난 초기, 아무런 정보가 없

고온과 습기, 해충 모두 피해야 한다.

었던 데다 보관 장소도 절대적으로 부족했다. 그래서 비상식량 일부를 지하실 깊숙이 보관했는데, 2년 뒤 들어가서 보니 상태가 매우 처참했다. 처음 보관 작업을 시작했던 때가 겨울이어서 미처 생각하지 못했는데 계절이 바뀌어 장마철이 지나고 무더운 여름이 되면서 지하실은 최악의 환경이 되어버렸다. 지하실 내부는 습기로 축축했고, 물기가 바닥에서 올라와 쌓아둔 식량 박스를 적시고 있었다. 스티로폼 박스 표면에는 검은 곰팡이가 피었고, 참치를 담은 종이박스는 물에 젖어 썩어가고 있었다.

참치캔, '스팸', '런천미트' 등은 보통 종이박스에 넣고 비닐로 밀봉하거나 스티로폼 박스를 이용한다. 하지만 열악한 환경을 당할 장사는 없다. 비닐포장 안에 습기가 차서 박스가 젖고 곰팡이가 피어 있다. 보관 장소의 온도와 습도가 맞지 않으면 아무리 유효기간이 남은 통조림 캔이라도 녹이 슬고 내용물이 부패하게 마련이다. 심지어 파인애플 통조림처럼 산성이 배어나오는 과일 통조림은 캔 내

비닐 안쪽에도 곰팡이가 핀다(좌).
박스가 젖고 곰팡이가 핀 모습(우).

부부터 녹아서 구멍이 뚫리기도 하니 절대 다른 것과 섞어서 보관하면 안 된다. 보관할 때도 대충 섞어서 한 곳에 몰아두기보다 종류별로 나누어 여러 곳에 분산 보관하는 게 좋다.

다음 페이지의 사진을 보라. '리치팜'을 두른 비닐을 안쪽에 곰팡이가 피어 있다. 박스를 비닐로 한 번 감아두었는데도 소용없었다. 비닐이 얇은 탓에 식품을 옮기거나 적재하는 중 미세한 긁힘이나 찢어짐 등이 발생하면 그곳으로 곧장 수분이 침투하기 때문이다. 오른쪽 사진은 시리얼 전체에 하얀 곰팡이가 핀 모습이다. 좀 더 두꺼운 비닐 포장 역시 거의 효과가 없었다. 습기도 통조림 캔을 부식시킨다. 만약 통조림 한 개가 부식되어서 안의 내용물과 국물이 쏟아진다면 주위에 있는 다른 통조림까지 급속히 오염될 것이다.

위에 제시한 여러 가지 사례에서 보듯 식량을 보관하는 장소는 무척이나 중요하다. 어디에 보관했든 늘 확인하는 습관을 들이라. 햇빛이 너무 세거나 물이 떨

손상된 곳으로 수분이 침투하여 곰팡이가 피었다(상좌).
시리얼 전체에 하얗게 곰팡이가 피었다(상우).
통조림 캔이 습기에 부식되다(하좌).

어지지 않는지, 습기가 차는지, 온도가 너무 높지 않은지 반드시 정기적으로 확인해야 한다. 그냥 쌓아둔 채 신경을 쓰지 않고 잊어버린 사이 당신의 비상식량은 곰팡이나 해충에게 침략당할지도 모른다. 그러면 정작 비상시가 되었을 때 먹어보지도 못한 채 버리게 될 것이다.

비상식량 저장법

폐스티로폼 박스 이용

이제 당신은 재난대비에 관심을 갖게 되었다. 마트에 갈 때마다 비상식량을 하나 둘 사온다. 그런데 식량이 쌓이다 보니 고민이 생겼다. '이것들을 어떻게 어디에 보관할 것인가?' 바로 보관방법과 장소에 대한 고민이다. 대다수 사람들이 아파트나 빌라 같은 공동주택에 살고 있는 현실에서 유튜브 등을 통해 확인하는 해외 프리퍼들의 지하벙커나 집 뒤편 커다란 식품 저장창고는 다른 세상 이야기처럼 보일 것이다. 행여 통조림 순환 소비를 위해 만든 자동서랍장(편의점에 있는 담배 판매기 같은 것으로 맨 위 입구에 통조림을 넣으면 맨 뒤로 떨어지고 오래된 것이 앞으로 나오도록 되어 있다)을 보게 된다면 스마트폰을 처음 본 시골 할아버지 같은 심정일 것이다.

가정에서 비상식량을 저장하는 방법은 여러 가지다. 해외 프리퍼처럼 준비하지는 못해도 조금만 연구하면 방법을 찾을 수 있다.

우선 폐스티로폼 박스를 이용하는 방법이 있다. 이런저런 비상식량을 종이박스 그대로 실내 선반이나 베란다 한쪽에 쌓아두면 햇빛이나 습기, 온도 변화에

주위에서 버려지는 스티로폼 박스는
좋은 비상식량창고가 된다.

늘 신경을 써야하므로 번거롭다. 이따금 집에 놀러오는 손님들에게 공개되어 의심을 받거나 빈축을 살지도 모른다. 그러므로 나무상자나 플라스틱 사각바구니, 20L 원통, 스티로폼 박스 등 다양한 박스를 이용해서 종류별로 혹은 일자별로 관리하는 게 여러 모로 편리하다. 그 가운데 스티로폼 박스는 여러 가지 장점이 있다. 일단 구하기도 쉽고 습기도 어느 정도 막아준다. 가벼우면서도 그 자체가 단열재라 주위 온도 변화에 민감하지 않다. 조금만 신경을 쓰면 집 주변에 버려지는 깨끗한 스티로폼 박스를 얼마든지 구할 수 있다.

위 사진은 내가 몇 년 동안 보관해오던 스티로폼 비상식량 박스다. 박스 안에는 보이는 것처럼 건조국수와 '3분 미트볼', '3분 카레', 즉석스프, 건조과일, 설탕 봉지가 들어 있다. 이 정도라면 4인 가족이 일주일에서 열흘 동안 먹을 수 있는 비상식량이다. 저장할 식량 품목은 본인이나 가족의 기호를 고려해 변화를 주면 된다. 단, 보관 시 수분흡수제를 같이 넣어야 한다는 것, 박스 접합 부위를 테이프로 단단히 밀봉해 공기 유입을 차단한 후 보관해야 한다는 것만 명심하자. 박스 안의 내용물이 무엇인지 쉽게 파악할 수 있도록 겉면에 작업 날짜와 식량 품목, 수량, 내용물, 유통기한 등을 적어놓는 것도 잊지 말자.

지하 저온 저장

단순할수록 믿음직하다. 많은 모터와 센서, 그리고 터치 방식으로 작동하는 기기들은 멋지기는 해도 전기소모가 많을 뿐더러 고장 날 확률도 높다. 블랙아웃으로 전기가 나간다면 전국에 있는 수천만 대의 냉장고도 순식간에 무용지물이 된다. 냉동고 안에 들어 있는 음식물도 바로 녹기 시작할 것이다. 정전이 되어도 냉장고 문을 열지만 않는다면 대부분 하루 정도는 안전하게 보관할 수 있다. 영하 20도로 얼려진 냉동고 음식은 겉이 살짝 녹는 것처럼 보여도 속에는 얼음 결정이 남아 있어 안전한 편이다. 하지만 하루 이상 단전이 지속된다면 당신은 서둘러 냉장고 음식들을 처리해야 할 것이다. 냉장고가 한 대뿐이라면 좀 나은 편이지만 요즘 대부분의 가정에서는 두 대 이상 사용한다.

냉장고에 전적으로 의지하지 않는 생활 습관을 들이면 비상시에 도움이 된다. 우리 부모님들의 음식물 저장 방식을 되새겨보자. 예전 어른들은 대개 늦가을이 되면 김장을 해서 집 뒤편 응달에 땅을 파고 항아리를 묻었다. 김장 김치를 보관하던 천연의 냉장고였던 셈이다. 이 방법을 비상식량 보관에 응용하면 어떨까?

땅속은 항상 저온 상태로 온도가 일정하게 유지된다. 따라서 비상식량 중의 일

땅속은 항상 저온으로 일정하게 유지된다.
비상식량 저장에 최적의 장소이다.

부를 이곳에 저장하면 좀 더 오랫동안 신선하게 보관할 수 있다. 미국에는 25년 보관이 가능한 바구니형 비상식량이 유명한데 이것도 실은 최적의 온도에서나 긴 보관이 가능한 것이다. 기온이 40도까지 올라간다면 보관 수명이 절반으로 떨어진다.

심지어 통조림도 보관하는 곳의 온도가 높거나 환경이 좋지 않으면 유통기한 내에서도 변질되어 부풀어 오른다. 하지만 햇빛과 습기가 차단된 저온에 보관한다면 유통기한이 2년인 3분 즉석요리도 훨씬 오랫동안 보존할 수 있다. 생수 페트병을 이용해 쌀을 보관할 때도 그냥 보관하는 것보다 저온고에 온도 변화 없이 보관하는 것이 좋다. 이때 부모님들이 쓰던 항아리 매설 저장 방식이 그 대안이 될 수 있다.

방법도 간단하다. 집 뒤편 응달진 곳에 땅을 파고 항아리를 묻어놓으면 된다. 전기도, 유지 보수도 필요 없다. 페트병 쌀이나 3분 즉석요리, 전지분유 등 비상식량을 김장 비닐 등을 포장하여 습기를 차단하고 채워넣으면 된다. 항아리를 구하기 힘들다면 대용량 플라스틱 통을 이용하라. 단, 여름에 침수가 되는 곳인지, 상시 물기가 많지는 않은지 잘 살펴야 한다. 작업 후 위쪽에 판자나 박스, 혹은 커다란 물건 등을 쌓아서 외부인이 모르게 하면 완벽할 것이다.

유통기한이 한참 지난 것을 먹어야 한다면

당신은 모든 어려움을 극복하고 재난에서 살아남았다. 하지만 안도의 한숨도 잠시, 곧 배고픔이 찾아올 것이다. 영화 속 주인공들은 죽을 고비를 넘기고 살아남아 멋진 말을 남기지만, 현실은 다르다. 며칠 이상 굶을 수도 있고, 기운이 빠져 지칠 대로 지쳐 있을 것이다. 이때, 겨우 찾은 먹을거리에서 냄새가 심하게 난다거나 유통기한이 1년쯤 지난 통조림이라면 어떻게 할 것인가? 먹을 것인가, 아니면 버릴 것인가?

지금은 식품 유통기한을 하루만 넘겨도 바로 쓰레기통에 버리는 세상이지만 비상사태가 되어 먹을 게 귀해지면 당신은 분명 먹어야 할지 버려야 할지 고민하게 될 것이다. 오래된 음식이라도 내용물 상태가 좋으면 살아남을 수 있지만 그렇지 못하다면 각오해야 할 것이다. 작게는 배앓이나 구토, 설사로 끝날 수 있지만 크게는 식중독, 장티푸스, 이질 등 세균성 질환에 걸려 큰 고생을 할 수 있기 때문이다. 제대로 치료를 받지 못하다면 죽을 수도 있다.

다음은 비상상황에서 어쩔 수 없이 약간 상한 음식이나 오래된 장기저장 음식(통조림 등)을 먹어야 할 경우 해볼 수 있는 체크방법이다. 음식의 안전여부를 정확히 알 수 없을 때 도움이 될 것이다.

포장 겉면을 살펴라

비닐포장이라면 개미나 벌레, 이물질이 묻었거나 침투했는지 확인한다. 통조림은 캔이 부풀어 오르거나 뚫려서 내용물이 새는지 살핀다. 외부에 약간의 녹이 슨 정도는 괜찮다. 외관에 이상이 없다면 포장을 개봉해서 내용물의 상태를 확인한다. 퀴퀴하거나, 이상한 냄새가 나거나, 곰팡이가 피었는지 살핀다. 색깔도 평상시 보던 것과 다르지나 않은지 확인하자. 어느 한 가지 점에서라도 이상이 발견된다면 버려야 한다.

오래되었다면 이상한 점은 없는지 포장 외부를 잘 살펴야 한다.

캔 안쪽의 상태를 체크하라

통조림은 내용물을 모두 다른 그릇에 쏟아낸 뒤 안에 녹이 났는지, 이상하게 변색되었는지 살펴보자. 다 먹은 다음에 캔 바닥에서 녹이나 곰팡이를 발견한다면 이미 늦다. 캔의 이상 징후가 심하면 바로 손가락을 넣어 먹은 것을 토해내어야 한다.

캔이나 용기 안쪽에 녹이나 곰팡이가 뒤늦게 발견될 수 있으니 주의해야 한다.

세척이 가능하면 깨끗이 씻어라

곡물이나 과일 통조림 등은 양념이나 국물 등을 씻을 수 있다. 이런 통조림에는 방부제와 산화방지제 등 각종 첨가제가 많이 들어 있으므로 체에 밭쳐 물에 헹궈주면 된다. 알맹이만 깨끗하게 씻어서 먹을 수 있다.

가열해서 먹어라

세균이나 첨가물은 열에 약하다. 햄, '스팸', '런천미트'나 참치는 뜨거운 물에 삶거나 찌개에 넣어 요리하라. 얇게 썰어 가열된 프라이팬에 익혀 먹어도 된다. 햄 등의 육가공품은 끓는 물에 2~3분 정도 데치면 아질산나트륨 같은 첨가물이 80% 정도 빠져나간다. '3분 카레'나 짜장처럼 레토르트 식품이라면 냄비에 넣어 잠시 끓이거나 프라이팬에 덜어내 볶아서 먹어라. 냄새가 약간 나는 쌀이나 곡물은 밥솥에 쪄서 떡을 해 먹을 수도 있다.

혼자서 조금만 시식해보라

일부 식중독균은 가열해도 살아남는다. 나도 오래 되어 곰팡이가 난 호떡믹스를 모르고 구워 먹었다가 밤새도록 구토와 설사를 한 적이 있다. 가족이 많다면 모든 사람이 동시에 먹지 말고 혼자서 조금 먹어보라. 두세 시간 이상 경과했을 때 탈이 없으면 그때 다 같이 먹는 게 좋다. 비록 외관상으로는 문제가 없어 보여도 상한 음식일 경우 잘못하면 일행 전체가 동시에 쓰러질 수 있기 때문이다.

나의 경우, 유통기한이 지난 오래된 가공식품을 여러 번 먹다 보니 안 좋은 걸 먹으면 어떤 느낌이 온다. 먹고 나서 5분 이내에 머리가 약간 핑 도는 느낌이다. 상한 음식을 몇 차례 경험한 위장이 독소가 있는 음식을 알아차리고 뇌에 신호를 주는 것 같다. 트림과 방구가 나오기도 하고, 속이 메스꺼운 적도 있었다.

▶ 유통기한 지난 음식을 먹을 때는 최대한 의식하지 말고 먹어야 한다. "괜히 이거 먹고 어떻게 되는 거 아냐?"라고 불안해하면서 먹으면 음식에 문제가 없을 경우에도 진짜 체하거나 장이 불편해질 수 있다.

▶ 음식이 상했더라도 바로 버리지 말자. 애완동물의 사료나 혹은 들짐승을 낚는 미끼로 쓸 수 있을 것이다. 최악의 경우 식량을 훔치러 온 강도들에게 던져주거나 모종의 거래를 할 수도 있을지 모른다.

비상식량 구입·보관 요령

비상식량을 장기간 보관하는 사람들은 대개 비슷한 문제로 고민한다. 재난대비를 위해 음식을 많이 저장하다 보면 어느새 유통기한이 다 되었다거나 한참 지난 것을 발견하게 되기 때문이다. 유통기한은 보통 과일 통조림 2년, 햄 통조림 3~5년, 참치 통조림 5~7년, 3분 짜장·카레 같은 레토르트류는 2년이고, '햇반'은 6개월~1년, 라면은 4~6개월 정도다. 유통기간이 지나지 않은 식품은 가족과 먹거나 이웃에게 나눠주거나 지역 푸드뱅크에 기부하면 된다. 하지만 유효기간이 많이 지난 식품은 남에게 줄 수도 없다. 어떻게 다 먹어치울지 걱정만 늘어간다.

해외의 재난대비 매뉴얼은 먼저 산 통조림을 먼저 먹고, 나중에 산 것은 나중에 먹는 선입선출 방식을 권장한다. 또 이 같은 순환 소비를 위해 자동서랍장을 만들어 사용하라고 조언하기도 한다. 그러나 우리나라 실정에서는 힘든 이야기이다. 대부분 박스째 사다 쌓아놓거나 참치캔·'3분 짜장'·과일 통조림·시리얼 등을 대형마트에서 한꺼번에 사와 한데 섞어서 두게 마련이다. 그러고는 곧 잊어버린다. 몇 달이 지나면 비닐봉지나 박스 안에 무엇이 들어 있는지, 양은 얼마나 되는지, 유통기한은 언제까지인지도 알 수 없게 된다. 일일이 풀어보고 나서야 알게 될 것이다. 이렇게 시간이 가면 힘들게 사놓은 비상식량도 유통기한이 지난 쓰레기가 된다. 어떻게 하면 보다 현명하게 구입하고 보관할 수 있을까? 그 방법을 알아보자.

비상식량은 한꺼번에 많이 사지 않는다

초보 코난은 신기하고 급한 마음에 비상식량을 한 번에 왕창 산다. 초보자가 저지르는 흔한 실수 가운데 하나다. 하지만 많은 양의 식품을 한 번에 잔뜩 사게 되면 같은 날 유통기한이 끝나버리는 재앙을 맞게 된다. 주식의 정석처럼 여유를 갖고 매달 조금씩 분할 매수하라.

유통기한이 긴 식품을 선택하라

가공식품의 유통기한은 저마다 다르다. 비상식량을 다양한 품목으로 준비하는 것은 좋지만, 유통기한이 짧은 품목을 선택하면 안 된다. 처음에는 유통기한 1~2년이 길게 느껴지겠지만, 만기는 늘 순식간에 다가온다. 참치캔도 종류에 따라 유통기한이 다르다. 3년, 5년, 7년짜리 등으로 다양하다. 이왕이면 긴 것을 선택하라. 대개 양념이 추가된 것(고추참치 등)들의 유통기한이 짧다. 스팸류도 캔에 들어 있는 것은 유통기한이 길지만 슬라이스햄처럼 얇게 썰어 알루미늄 비닐팩에 포장한 것은 짧다.

기록하고 정리한다

박스를 풀지 않고도 안에 무엇이 들어 있는지 알 수

있어야 한다. 그러므로 비상식량을 구매했다면 반드시 구입한 날짜, 품목과 수량, 유통기한 만료일 등을 적어 박스 겉면에 붙여두자. 가능하다면 노트나 컴퓨터 엑셀파일로도 정리해놓자. 컴퓨터 작업이 힘들다면 카메라나 스마트폰으로 찍어두는 것도 좋다.

점검일을 정해두라

박스째 쌓아두면 새 것을 사들이는 데만 신경을 쓰게 된다. 기존에 어떤 물품을 샀는지 잊어버리고 자꾸 새로 구입하게 된다. 자연스레 중복 품목이 늘어날 수밖에 없다. 또 지하실이나 창고 등 환경이 좋지 않은 곳에 보관하면 쥐나 개미들이 침투할 수 있고, 경우에 따라 캔 자체에 녹이 날 수도 있다. 그러므로 1년에 한두 번 점검일을 지정해서 보관 상태를 점검하도록 하자. 샘플로 박스 몇 개를 열어보고 상태를 확인하면 된다. 이때 기록 노트나 엑셀파일을 보고 만료일이 다가온 것들을 추려내어 이웃과 나누거나 푸드뱅크에 기증하도록 한다.

종종 먹으면서 소모하자

유통기한이 아직 남아 있더라도 이따금 꺼내서 먹어보고 요리할 때 이용하자. 익숙하지 않거나 입맛에 맞지 않는 것들도 있을 터이니 평소 먹어보면서 익숙해질 필요가 있다(특히 외산 품목들). '스팸'이나 동결건조 비빔밥 같은 것은 캠핑 때 먹어도 좋을 것이다.

비상식량 손실에 대비하라

자연손실분을 감안하라

　　　　　비상식량을 비축할 때는 대략 5~10% 정도의 손실률을 감안해야 한다. 당신이 매일 사용하는 냉장고 안에도 버려야 할 음식이 많을 것이다. 검은 비닐봉지나 신문지에 말아둔 채 오래 되어서 뭐가 뭔지 모를 식품도 많을 것이다. 또 각종 소스나 토마토케첩, 버터나 마가린, 양념 중에는 4~5년 지난 것들도 있을 것이다. 냉동실에 1년이 지난 삼겹살이 있을지도 모른다(나의 경우다).

　매일 들여다보는 냉장고 안의 사정도 이러한데, 대량으로 장기 보관하는 비상식량은 어떨까? 날마다 일일이 확인할 수도 없으니 필시 보관 중 습기와 산소가 침투해서 상하거나 개미나 쥐 등 각종 해충에게 피해를 입을 게 뻔하다. 포장이 깨지고 터지거나 통조림에 구멍이 뚫릴 수도 있다. 어쩌면 비상시 열어보았을 때 먹을 것 대신 개미와 쥐, 곰팡이와 악취만 있을지도 모른다.

　비상식량을 준비할 때는 이 같은 손실률을 감안해야 한다. 그러므로 5~10% 정도의 여유분을 추가로 준비하라. 보관기간이 길어질 거라고 예상한다면 비율도 늘려야 한다. 하지만 이는 어디까지나 자연손실분에 해당된다.

인원이 늘어나는 경우 식량 손실이 생긴다

사람이 늘어서 먹는 입이 많아질 수도 있다. 멀리서 친척이 피난 오거나 친구가 가족을 데려올 수도 있다. 어쩔 수 없는 안타까운 사정을 가진 이웃을 돌봐주어야 할 경우도 생길 수 있다. 당신이 4인 가족분을 6개월치 준비했는데 이렇게 객식구가 서너 명 더 늘어난다면 비상식량은 3개월 만에 바닥 날 것이다. 재난이 빨리 끝난다면 모르겠지만 시리아 내전처럼 2~3년 기약 없이 지속되는 경우 문제가 심각해질 것이다. 그러면 원치 않는 1일1식을 감행해야 할지도 모른다. 또 개나 고양이 등 반려 동물을 키우고 있는 집이라면 이들의 사료에도 신경을 써야 한다. 사료가 부족해서 사람의 몫을 나누어야 할 경우도 생길 수 있으니까.

손실이 발생시키는 각종 상황에 대처하라

재난 상황에서 가장 쓸모 있는 것은 무엇일까? 비상시에 돈처럼 쓸 수 있는 게 무엇일까? 답은 생각보다 단순하다. 바로 먹을 것과 생필품이다. 비상시에는 돈이나 금은보석, 외화조차 가치가 절하된다. 만일 당신이 이 책을 읽고 나서 수개월분의 식량을 준비했다면 재난발생시 생존에 가장 유리할 것이다. 하지만 열악한 상황 속에서는 예기치 못한 일들이 발생하는 법이다. 가족이 병에 걸리거나 다칠 수도 있고, 선량하던 이웃이 폭도로 변해 당신 가족을 위협할 수도 있고, 어디론가 끌려갈 수도 있다. 질서가 무너진 사회에서 어떤 일이 발생할지는 그 누구도 예측하기 어렵다.

만일 가족의 건강에 문제가 생겼다면 최대한 빨리 치료해야 한다. 아이들은 감기처럼 가벼운 병에도 쉽게 무너질 수 있다. 제때 치료하지 못하고 방치해두면 폐렴으로 진행되어 생명이 위독해질 수 있다. 이런 경우, 알음알음으로 의사에게 왕진을 요청하든가 약을 사려면 돈 대신 통조림이나 음식을 줘야 할 수 있다.

의료나 약품 외에 갑자기 무엇인가가 필요해질 수도 있다. 휘발유나 정수약, 소금, 비누, 휴지, 건전지, 텐트, 신발 등이 필요해지면 비축해둔 식량과 교환을 시도하라. 2L 페트병에 든 쌀 다섯 통에 휘발유 한 통, 참치캔 한 개에 휴지 한 개를 맞바꿀 수 있을 것이다.

가족이나 일행이 갑자기 위험에 처하거나 끌려가거나 감금될 경우도 예상해야 한다. 동네 폭력배가 아니더라도 그 누구든 절체절명의 위기에 빠지면 어떤 일도 할 수 있다는 것을 명심하라. 끌려간 일행을 풀어내기 위해서 어쩌면 당신은 뇌물을 써야 할지도 모른다. 부역을 피하려고, 혹은 몇 개 안 되는 일자리를 얻기 위해 비상식량을 뇌물로 써야 하는 순간이 닥칠 수도 있다.

재난상황에서는 어떤 일이 벌어질지 아무도 모른다. 그러면 당신은 문제 상황을 해결하기 위해서 비축한 식량의 일부를 내놓게 될 것이다. 이런 상황이 몇 번 오게 된다면 준비한 식량 비축분으로 견딜 수 있는 기간은 실제로 더 짧아진다. 그러므로 만약의 사태를 대비한다는 마음으로 비상식량을 좀 더 준비하라(그 양은 개인의 사정에 따라 다를 것이다).

1일1식(一日一食)을 연습하라

얼마 전, 1일1식(一日一食), 간헐적 단식이 이슈가 된 적이 있다. 하루에 세 끼를 먹지 않고 한 끼만 먹어도 충분히 살아갈 수 있다는 주장과 이따금 단식을 하는 게 인체 균형에 유리하다는 주장이 대두된 탓이었다. 이 같은 내용을 다룬 책은 베스트셀러 대열에 진입했고, 방송으로 보도되어 전 국민적인 열풍을 일으켰다.

1일1식을 해야 건강하게 오래 살 수 있다는 주장의 근거는 무엇일까? 그것은 바로 공복을 느끼면 우리 몸의 여러 가지 좋은 유전자가 활성화된다는 사실에 기인한다. 우리 몸은 비상사태(배고픔)를 인식하면 그동안 잊고 있었던 원시시대의 생존 본능을 일깨워 긴장하게 된다. 그러면 자연스레 면역 능력이 활성화되고, 그 결과 질병 발생을 억제하여 건강하게 살 수 있다. 이것은 또한 소량의 음식물에서 영양분과 에너지를 최대한 뽑아내어 효율을 올릴 수 있도록 인체 내부의 시스템을 변화시키는 원리이기도 하다. 물론 육체노동자나 성장기 어린이, 마른 체형의 사람, 임산부, 환자에게는 하루 한 끼 섭취 방식은 부적절하다.

중요한 것은 하루 한 끼를 먹더라도 꼬르륵 소리가 날 만큼 공복감을 느낄 때 영양가 있는 음식을 섭취해야 한다는 점이다. 맛있게 먹는 것도 중요하다. 습관적으로 세 끼를 먹기보다 배고플 때 먹는 것이 중요하다는 뜻이다. 또한 되도록 춥게 생활하는 태도도 중요하다. 일상에서 느끼는 약간의 배고픔과 추위는 인간의 생존본능을 일깨워주고, 스스로 에너지를 내어 건강하게 살 수 있도록 돕는다. 익숙한 편안함과 따뜻함보다 약간의 불편함과 배고픔을 감수할 때 생기는 긴장감이 생존본능을 자극하기 때문이다.

물론 이것은 건강에 관한 여러 가지 이론 중 하나다. 게다가 좀 더 많은 검증과 연구 기간이 필요한 이론이기도 하다. 개인에 따라 반응이 다르기에 무조건 믿고 따를 수도 없다. 그러나 나는 연습과 훈련을 통해 하루 한 끼만 먹고도 생활하는 데 문제가 없다는 결과에 주목하고 싶다. 훈련이든 단식이든 하루 한 끼만 먹고도 생활에 큰 지장이 없다면 우리처럼 비상식량을 준비하는 코난족에게도 반가운 소식이다. 남과 똑같이 준비한 같은 분량의 비상식량으로 대략 2~3배 정도 더 오래 먹을 수 있을 테니까.

물과 불을 최소화한 재난요리법

"전쟁이란 적군 외에 모든 것이 부족한 상황이다"라는 어느 군인의 말처럼 재난 상황 역시 모든 것이 부족하고 위급한 상태가 틀림없다. 먹을 것에 관해서도 마찬가지다. 물, 연료, 조리기구, 그릇과 수저, 식재료, 조미료……. 그리고 작업자(요리사)와 시간마저 부족한 총체적 난국 상태이니 말이다. 그러므로 평상시처럼 스위치와 레버만 돌리면 바로 가스불이 탁 켜지고 깨끗한 수돗물이 나오는 쾌적한 주방을 기대해서는 절대 안 된다.

비상시에는 신선한 채소와 계란이나 고기 대신 통조림과 레토르트 식품 몇 개만이 전부일 수 있다. 다양한 크기와 종류의 냄비나 프라이팬, 식칼 대신 얇은 코펠 몇 개와 작은 과도 한 개만으로 하루 식사를 준비해야 할 수도 있다. 어찌어찌 먹을거리를 만들어도 설거지할 물과 세제가 없을 수도 있다. 캠핑처럼 하루 이틀 사서 하는 고생이라면 모를까, 기약 없이 이런 생활을 지속해야 한다는 것은 정말 최악의 상황이다. 하지만 "하늘이 무너져도 살아날 길은 있다"고 하지 않았던가? 아무리 비상시라고 해도 조금만 연구하면 당신 자신은 물론 가족들에게 조금이나마 만족스러운 식사를 제공할 수 있을 것이다.

일회용 식기를 준비하자

재난 시에는 무엇이 제일 부족할까? 아마도 물일 것이다. 식량이야 창고에 쌓아놓으면 되지만 깨끗한 물을 대량으로 보관하기란 불가능한 일이다. 사람에게는 하루 최소 2L의 식수가 필요하다. 그 외 몸을 씻거나 설거지하거나 화장실 처리용으로도 물이 필요하다. 끼니는 어떻게든 해결한다 해도 그릇을 깨끗이 닦기란 어려운 일이다. 그러므로 재난 시에는 일회용 식기를 사용하는 게 좋다. 그릇을 사용할 생각이라면 얇은 비닐 위생백을 한 겹 씌워 음식물을 담아 먹으라. 설거지하는 수고와 물을 아낄 수 있다(얇은 비닐 위생백은 140개들이 한 팩에 2,000~3,000원 정도이다). 군인들도 야외 훈련시에는 이 방법을 사용한다.

나무젓가락과 플라스틱 수저도 중요하다. 가족이 적다면 키친타월로 닦아서 써도 되겠지만, 난민수용소처럼 대피 인원이 많아지면 이것도 많이 필요하게 될 것이다. 위생상태가 좋지 않고 전염병이 돌기 쉬운 야외 이동 시 혹은 대피 수용소에 환자가 발생할 경우 특히 요긴하게 쓰일 것이다.

냄비도 일회용으로 준비할 수 있다. 깊이가 있는 알루미늄 그릇이나 종이로 된 냄비류도 있다. 대부분 '옥션'과 '다이소' 같은 곳에서 저렴하게 구입할 수 있으니 미리 준비하자. 지금은 1,000~2,000원에 살 수 있는 물건이지만 재난상황에서는 그마저 구하기 힘들 것이다. 일회용 식기와 도구 사용은 소중한 물도 아끼고, 설거지할 시간과 노동력을 아끼게 해주는 고마운 제품이다. 무엇보다 위생 안전이 위협을 받는 상황에서 건강을 지킬 수 있는 가장 확실한 방법이다. 다음의 물품은 반드시 준비해두자.

▼ **준비해야 할 일회용 제품들**

- 나무젓가락
- 플라스틱 수저
- 얇은 비닐 위생백
- 키친타월
- 은박이나 스티로폼으로 만든 냄비, 식기류
- 저가 식칼과 과도(부엌에 쓰는 게 있어도 따로 구입해서 일회용 식기와 같이 보관하라)

전기 압력밥솥으로 구운 계란 만들기

계란은 우유와 더불어 완전식품으로 분류된다. 가격도 저렴하므로 서민들에게는 참 고마운 식품이다. 하지만 지금도 아프리카나 동남아시아에서는 계란프라이를 마음껏 먹는 게 소원인 사람들도 많다고 한다. 계란은 이처럼 영양학적으로 좋고 가격도 싸서 참 좋지만, 비상식량을 목적으로 할 때는 보관이 문제가 된다. 어느 집이나 계란 몇 줄 정도는 냉장고에 보관하고 있지만, 갑자기 블랙아웃이 되면서 전기가 끊긴다면 어찌해야 할까? 대재난이 일어나서 내일 당장 집을 떠나야 한다면 어떻게 할까?

일단은 계란을 삶아두라. 그러면 터지지도 않고 일주일까지도 보관할 수 있다. 하지만 좀 더 좋은 방법이 있다. 시중에서 파는 맥반석 계란은 유통기간이 대략 3주나 된다. 그런데 집에서도 간단한 방법을 통해 맥반석 계란처럼 구운 계란을 만들 수 있다. 이 방법만 익혀두면 상하고 깨지기 쉬운 계란도 좋은 비상식량으로 활용할 수 있을 것이다. 구운 계란은 맛도 좋아서 어린아이부터 노인에 이르기까지 누구나 좋아한다. 비상시 영양공급 외에 사기 진작에도 큰 도움이 될 것이다.

▼ 준비물

계란, 전기 압력밥솥, 소금(굵은 소금), 종이컵(물 계량용), 물 반 컵

▼ 조리 과정

1. 전기 압력밥솥 안에 계란을 넣는다. 이때 계란은 숨 구멍이 있는 뭉툭한 부분을 위로 해서 거꾸로 세워놓는 것이 좋다.
2. 종이컵으로 물 반 컵을 넣는다.
3. 왕소금을 뿌려준다.

4. 뚜껑을 닫고 전기 압력밥솥의 찜 기능 버튼을 누른다. 구운 계란은 천천히 익히면서 계란 안의 수분을 빼내는 과정이라 찜 기능을 이용하는 것이다. 밥솥에 따라 다르겠지만 취사 메뉴 중 '만능찜' 버튼을 누르고 30분 정도 기다린다.
5. 30분 후에 김이 빠지면서 1차 굽기가 끝나면 뚜껑을 열고 바닥의 물을 다 뺀다.
6. 다시 뚜껑을 닫고 2차 굽기 작업에 들어간다. 찜 버튼을 누르고 30분가량 더 굽는다.
7. 2차 굽기가 끝나면 수분이 다 빠지도록 뚜껑을 열어놓고 식기를 기다린다.
8. 달걀이 식으면 한 개를 깨서 제대로 되었는지 확인한다. 만일 덜 구워졌다면 6~7번의 과정을 한 번 더 반복한다.

달걀을 꺼내서 깨어보자. 이전 페이지의 사진처럼 수분이 많이 빠져서 쪼그라들었을 것이다. 전체 색깔도 갈색으로 변해 있다. 시중에서 파는 맥반석 계란과 비슷하게 되었다. 맛이나 식감 역시 비슷하다. 달걀을 비상식량으로 급히 쓸 때는 삶지 말고 이렇게 전기 압력밥솥을 이용하여 구운 계란으로 만들어 먹는 편이 좋다. 좀 더 오랫동안 보관할 수 있을 뿐더러 맛도 좋다. 비상시가 아니더라도 평소 아이들 간식으로 시도해보라.

태양열 집열기로 구운 계란 만들기

구운 계란은 삶은 달걀보다 장점이 많다. 우선 계란 안의 수분이 빠지면서 달걀 조직이 더 탱탱해진다. 조리 과정에서 뿌린 소금이 안으로 스며들면서 맛도 좋고, 이때 스며든 소금 성분이 방부제 역할을 해서 쉽게 상하지 않고 오래 보관할 수 있다. 야외에서 땀을 많이 흘리면 염분을 보충해야 하는데 이럴 때 먹으면 안성맞춤이다. 집에서는 전기 압력밥솥 외에 재질이 얇은 냄비를 이용해서 만들 수도 있다. 라면을 끓이는 노란색 양은 냄비가 제격이다. 과정은 압력밥솥을 이용할 때와 비슷하다. 계란의 뭉툭한 부분이 위로 가게끔 거꾸로 세워놓고, 아주 약한 가스불이나 숯불에 오랫동안 올려두면 된다. 냄비가 탈 수도 있으니 가급적 헌 것을 쓰는 게 좋다.

재난상황에서는 전기나 가스 같은 기존 에너지 공급이 끊길 우려가 크고, 비상용으로 쓰는 소형버너의 연료(가스, 석유)를 구하기도 어렵다. 이 때문에 프리퍼나 코난들은 비상시 에너지원으로 태양열을 이용하는 조리기, 즉 솔라쿠커를 준비한다. 솔라쿠커는 햇볕을 한 점으로 모아 고열을 내는 장치로 물을 끓일 때, 음식을 만들 때, 물을 정수할 때 등 다용도로 이용할 수 있다. 요즘은 무거운 고정식 외에 우산처럼 접는 방식의 솔라쿠커가 나와 있다.

▼ 준비물

계란, 솔라쿠커, 소금(굵은 소금), 재질이 얇은 냄비, 종이컵으로 물 반 컵

▼ 조리 과정

1. 솔라쿠커를 세팅한다. 날씨가 맑고 햇볕이 좋은 날을 택한다.
2. 초점 부근에 냄비를 올려놓는다.
3. 냄비에 달걀을 넣는다.
4. 물을 반 컵 정도 넣은 후 소금을 뿌려준다.

5. 뚜껑을 닫고 햇볕을 따라 기기를 움직여주면서 가열한다. 대략 한 시간 걸리지만, 걸리는 시간은 햇볕의 세기에 따라 다르다. 또한 솔라쿠커는 얼마만큼 정확하게 태양을 바라보게 세팅하느냐에 따라 성능이 달라지는데 이는 계절과 날씨, 작업자의 노하우 등에 따라 성능의 편차가 크다는 뜻이기도 하다. 기다리는 동안 틈틈이 태양에 맞춰 기기의 상하좌우를 돌려준다. 한 시간 후 뚜껑을 열고 확인한다.

위의 오른쪽 사진에서 보는 바와 같이 계란 겉면이 노르스름하게 구어진다. 어떤 것은 터져서 내용물이 삐져나오기도 한다.

국수와 참치 통조림을 이용한 재난 파스타

10대 비상식량에 속하는 국수와 참치 통조림을 가지고 비상시 요리를 만들어보자. 건조국수는 유통기한이 2~3년이나 되고, 라면보다 면발이 가늘어 빨리 익는다. 약간의 조미료만 있으면 맛있는 국물을 만들어 잔치국수를 만들 수 있고, 고추장이나 파스타소스 심지어 된장을 넣어 비빔면을 만들 수도 있다. 더 좋은 것은 국수를 꼭 끓일 필요가 없다는 점이다. 잠시 물에 불렸다가 프라이팬에 볶으면 조리시간도 단축되고 연료 소모도 극적으로 줄일 수 있다.

▼ 준비물

건조 국수, 참치 통조림, 냄비, 프라이팬, 버너, 부탄가스, 30~50도 정도의 물(국수가 잠길 만큼), 종이컵, 소금, 후추 등의 조미료(있는 것을 사용하면 된다), 남은 채소

▼ 조리 과정

1. 냄비에 물을 담아 면을 넣고 불린다. 30도 정도 상온의 물도 가능하지만 50도 정도 되는 미지근한 물이 더 좋다. 국수를 좀 더 쉽고 빠르게 불릴 수 있다.
2. 5~15분 정도 기다린다. 국수가 불어나는 시간은 물 온도에 따라 다르다. 단 너무 풀어질 때까지 불리지 말고 몇 번 연습하여 적당한 시간을 찾아내자.
3. 국수를 불릴 동안 참치 통조림을 따고 그 안의 국물을 프라이팬에 넣는다. 보통 참치 통조림을 개봉하면 살코기만 먹고 국물은 버리는데 비상시에는 국물도 사용한다. 참치 통조림 국물은 카놀라유와 조미액으로 되어 있어서 부족한 지방을 보충하거나 다른 요리의 맛을 내는 데 효과적이다(사진에서 보듯 참치 캔 하나에서 꽤 많은 조미액이 나온다).
4. 버너의 불을 켜서 프라이팬을 달군다. 이때 처음으로 부탄가스를 사용한다.

5. 프라이팬에 물을 반 컵 넣은 후 준비해둔 참치 조미액과 불린 국수를 같이 넣는다.
6. 약간의 소금과 후추 등 조미료를 넣고 채소가 아직 남아 있다면 함께 넣어서 양을 푸짐하게 한다.
7. 국수에 양념이 배면서 잘 익도록 살살 저어준다. 프라이팬에 달라붙지 않게 잘 저어준다. 국수는 한 번 온수에 불렸기 때문에 금방 익을 것이다.
8. 단백질을 보강하기 위해 참치를 조금 넣고 같이 볶는다.

참치와 짭짜름한 국물, 적당한 기름과 채소가 가미된 멋진 파스타 요리가 완성되었다. 여자친구와 가던 전문 레스토랑의 파스타 요리 같지는 않겠지만 비상시에는 별미가 될 것이다. 처음에는 무엇이든 어설프게 마련이다. 한 번에 만족할 만한 요리를 만들려고 하지 말고 꾸준히 연습하자. 국수의 양과 조미액의 양을 입맛에 맞게 조절하면서 몇 번 시도해보면 먹을 만한 파스타 요리를 완성할 수 있을 것이다(재난 시에는 지금의 입맛과 허기 정도가 달라 무엇이든 맛있게 먹을 수 있다).

국수 요리는 물과 불을 최소한으로 쓰는 재난 요리이기에 더욱 중요하다. 단 5분의 불 사용으로 2~3인용 파스타가 완성된다니, 매력적이지 않은가? 그 밖에 당면을 이용한 재난용 파스타 요리도 만들 수 있다. 각자 다양한 재난 시 요리법을 연구해보자.

덜 익은 과일 구워 먹기

생존법에 전혀 관심이 없던 한국 사람들에게 주의를 환기하는 데 크게 기여한 TV프로그램이 있다. 바로 SBS 〈김병만의 정글의 법칙〉이다. 여기서 김병만은 몇몇 나약해 보이는 연예인들을 이끌고 정글과 밀림, 동토의 툰드라로 가서 생전 처음 겪음직한 갖은 고생을 한다. 정글을 헤치며 먹을 것을 구하고, 물에 뛰어들어 물고기를 잡고 게를 사냥했다. 시청자들은 야생에서 굶주릴 대로 굶주린 그들이 썩은 나무에 사는 애벌레를 찾아 먹거나 덜 익은 바나나를 구워 먹는 모습을 보고 신기해했다. 한국에서는 가장 잘나가는 인기인들이 애벌레를 먹다니! 낯설고 도와줄 사람이 없는 오지에서는 아무리 유명한 셀럽이라 해도 스스로 먹을 것을 구해야 한다. 무엇이든 먹을 수 있는 것은 다 먹어야 하는 것이다. 당신도 그와 같은 상황에 처했다면 똑같이 행동하지 않았을까?

이런 종류의 생존 프로그램에서는 종종 덜 익은 바나나 구워 먹기가 나온다. 밀림이나 오지에서 헤매다가 탈진 직전 덜 익은 과일이나 곡물을 발견하면 어떻게 할 것인가? 익지 않았다고 그냥 지나치거나 버릴 수 없는 일이다. 덜 익은 과일은 불에 익히면 먹을 수 있다. 물론 과일 본래 맛이 떨어지고 식감도 별로이겠지만 이렇게라도 먹으면 영양을 보충하고 기력을 회복할 수 있다. 즉 어쩔 수 없을 때 시도하는 최후의 방법인 셈이다. 오지에서뿐만 아니라 도시 안에서의 생존법을 찾는 우리 코난족에게도 과일 구워 먹기는 배워둘 만하다.

한국 사람들은 채소나 과일을 날로 먹지만 서양이나 중국 사람들은 끓는 물에 살짝 데치거나 기름에 튀겨서 먹는다. 흡수율이 좋아지기 때문이다. 토마토도 날로 먹기보다 프라이팬에 살짝 볶거나 데쳐서 먹는 게 좋다고 한다. 서양에서는 배나 사과, 포도 등의 과일도 예전부터 익혀 먹었다고 한다. 덜 익은 과일이나 곡식, 채소를 불에 굽거나 물에 삶으면 다음과 같은 장점이 있다.

▼ 과일이나 채소를 익혀 먹을 때의 좋은 점

- 덜 익은 과일은 조직이 딱딱해서 소화가 쉽지 않다. 하지만 불에 익히면 세포벽이 파괴되어서 조직이 연해지고 소화하기 쉽게 변한다.
- 가열되면서 풋내와 독특한 냄새가 날아가고 먹기 편해진다.
- 영양가를 좀 더 효과적으로 흡수할 수 있다(체내 흡수율이 높아짐).
- 특유의 독성분이 열에 파괴되어 보다 안전해진다(고사리나 두릅, 은행 등).
- 가열되면서 숨이 죽고 부피가 줄어들어 보관에 편해진다.
- 겉면에 나 있는 가시나 빳빳한 털이 부드러워져서 먹을 때 입 안과 목에 상처를 내거나 걸릴 일이 적어진다.
- 과일이나 채소는 찬 성질이 있는 식품이다. 따라서 여성이나 장이 약한 사람들은 민감하게 반응하는데, 익혀서 먹으면 무리가 없을 것이다.

건빵 요리법

건빵은 고대 로마시대부터 비상식량이나 군대 야전식량으로 애용되었다. 유럽인들은 오랫동안 범선을 타고 항해하다가 신대륙을 발견했는데 그들이 항해 당시 먹은 게 바로 건빵이었다고 한다. 건빵은 가볍고 먹기 편하고, 오랫동안 보관이 가능하다. 보통 그대로 먹지만 군대에서는 기름에 튀겨서 먹기도 한다.

건빵을 비상식량으로 장기간 보관했을 경우 그냥 먹는 것보다는 삶거나 기름에 튀겨 먹는 게 좀 더 안전하다. 미심쩍을 경우 250도 정도의 기름에 튀기면 살균 효과도 볼 수 있다. 기름에 튀기면 주재료가 밀가루로 탄수화물뿐인 건빵에 식용유가 첨가되어 맛도 좋아지고 지방 공급도 되어 영양소 균형 측면에서도 좋다. 하지만 무엇보다 좋은 점은 주요 비상식량인 건빵을 물리지 않게 먹을 수 있다는 데 있을 것이다.

▼ **준비물**

건빵 한 봉지, 냄비, 식용유, 설탕, 부탄가스, 버너

▼ **조리 과정**

1. 식용유와 건빵 한 봉지, 설탕을 준비한다.
2. 냄비에 식용유를 적당히 붓고 가열한다.
3. 어느 정도 온도가 올라가면 건빵을 넣어서 튀겨준다.
4. 노릇노릇해지기 전 약간 덜 되었다 싶을 때 건져 올린다. 고소한 냄새를 풍기면서 노릇하게 튀겨지고 나서 건져 올리면 늦다. 건빵 내부의 뜨거운 기름이 바로 빠지지 않고 높은 온도로 계속 스스로 태우기 때문이다. 따라서 약간 덜 됐다 싶을 때 건져내서 기름을 빼줘야 그 뒤의 잔열로 적당하게 익는다. 처음에는 실패할 수 있겠지

만 몇 번 해보면 금방 적당한 때를 알 수 있게 된다. 익숙해지면 식용유도 적정량을 사용하게 된다.

5. 건빵 위에 흰 설탕을 뿌려준다. 뜨거운 건빵에 닿은 설탕이 녹으면서 훨씬 더 달콤하고 맛있게 된다. 재난상황에서 가족에게 건빵 요리를 해주면 크리스마스이브에 케이크를 먹는 것처럼 즐거워할 것이다. 건빵 요리법은 이 외에도 여러 가지가 있다. 건빵을 부숴 가루로 만든 다음 물로 반죽해서 화덕이나 전기레인지에 구우면 빵이나 과자처럼 된다.

빈 맥주 캔과 신문지 한 장으로 달걀 삶기

재난 시 조리법이란 물과 연료가 없을 때뿐만 아니라 그 외 그릇이나 버너, 장비 등 모든 것이 부족할 때도 해당된다. 자신이 가지고 있는 최소한의 장비나 주위에 버려진 폐품을 이용해서 어떻게든 식품을 요리하고, 가족이 먹을 것을 마련한다면 그게 바로 진정한 재난 조리법이다. 재료가 없으면 없는 대로, 부족하면 부족한 대로 주어진 것을 최대한 이용하고, 창의성을 발휘해서 조리해보자.

이번에는 빈 맥주 캔과 신문지 한 장으로 달걀 삶는 법을 소개하겠다. 그릇과 버너가 없어도 주위에 버려진 신문지와 빈 캔으로 달걀을 삶아 먹을 수 있다(신문지와 빈 캔은 도시 어디를 가든 쉽게 구할 수 있는 것이다). 대재난이 터져서 인간들이 다 사라지고 좀비만 남아 있다 해도 이것들은 여전히 거리를 굴러다니고 있을 것이다.

이 방법으로 달걀이 아닌 작은 새알이나 조개, 가재, 물고기, 옥수수, 감자 등 빈 캔에 들어갈 수 있는 것은 무엇이든 익혀서 먹을 수 있다. 개구리나 쥐, 참새를 잡아 응용할 수도 있다. 지금은 "무슨 소리야?" 하겠지만 오지에서 조난당하거나 재난 시 도시에서 생존해야 하는 상황이라면 생각이 달라질 것이다.

▼ 준비물
빈 맥주 캔, 달걀, 신문지 한 장, 벽돌이나 돌, 주머니칼, 물

▼ 조리 과정
1. 빈 맥주 캔의 윗부분을 따낸다. 주머니칼이 있으면 쉽지만 알루미늄캔이라면 철 파편으로도 따낼 수 있다.
2. 주머니칼로 캔 몸통에 세로 칼집을 내어 날개 만들 준비를 한다.
3. 캔에 달걀을 넣고 윗부분만 살짝 나올 정도로 물을 부어준다.
4. 신문지 한 장을 넓게 편 다음 4등분하고 세로로 찢는다. 4등분한 신문지를 길쭉하게 구겨서 접어준다. 이것이 장작이 될 것이다.
5. 벽돌이나 넓적한 돌을 세워서 화덕을 만든다. 벽돌 화덕은 캔으로 만든 그릇을 받

치고 주위 바람을 막아 불길이 흩어지지 않고 잘 모이게 해준다. 최소 양 옆 두 개만 있어도 되지만 뒤쪽에 한 개를 더 세워주면 효율이 더 높아진다.

6. 물과 달걀을 담은 캔을 벽돌 사이에 끼우고 날개를 펴서 고정시킨다. 날개는 주위로 빠져나가는 불길의 열기를 좀 더 잡아서 열효율을 올려준다.

7. 4등분한 신문지 하나에 불을 붙여서 아래에 놓고 불길이 캔 바닥에 잘 닿도록 신경 쓰면서 조절한다. 불길이 너무 세면 열기가 주위로 낭비되면서 새어나가고, 너무 약하면 불이 꺼지거나 효율이 떨어질 수 있다는 것을 명심하자. 최대한 연기가 많이 나지 않고 불길이 적당하게 캔을 가열할 수 있도록 신문지 장작을 손으로 잡고 기울기를 조절한다.

8. 네 개의 종이장작 중 세 개가 다 탈 때쯤 물이 끓기 시작할 것이다. 물이 팔팔 끓는다는 건 에너지가 낭비되고 있다는 뜻이다. 최소한으로만 끓게끔 네 번째 장작은 좀 더 꼬아서 불길은 작되 오래 가도록 한다. 그래야만 순식간에 타버리는 것을 막을 수 있다.

9. 캔을 잘 들어서 풀밭 위에 내려놓는다. 돌바닥이나 젖은 흙바닥에 얹어놓으면 열기가 빨리 빠져나가므로 반드시 풀밭 위나 나무판자 위 등에 올려놓자.

10. 작업할 때 쓴 면장갑을 벗어 캔을 감싸 온기를 유지시킨다. 장갑이 없다면 옷을 벗거나 주위의 마른 풀을 모아 덮어주면 된다. 이 과정은 폐열을 이용해서 스스로 익도록 하는 것이다. 이렇게 15~20분 정도 기다린 후 달걀을 꺼내면 노른자까지 잘 익어 있을 것이다.

처음에는 신문지 1~2장이 필요하겠지만 능숙해지고 경험이 좀 더 늘어나면 이렇게 한 장만으로도 달걀을 구울 수 있다. 불의 세기(시간)를 조절하여 기호에 따라 반숙이나 완숙을 만들 수 있다. 캠핑 갔을 때 한 번 시도해보기 바란다. 가족과 재미있게 할 수 있는 체험이 될 것이다.

햇볕으로 3분 즉석요리 데우기

'3분 카레' 같은 레토르트 식품은 원래 캔을 대체해서 만든 군용 전투식량의 일종이지만, 재난 시 가정용 비상식량으로도 안성맞춤이다. 깨지거나 찌그러질 염려도 없고 보관도 간편하다. 레토르트 식품은 한 번 익혀서 나온 것이므로 그냥 밥에 얹어 먹어도 되지만 조금만 수고한다면 따뜻하게 데운 음식을 가족에게 줄 수 있을 것이다. 따뜻한 음식은 맛도 좋고 소화도 잘 된다.

그런데 버너나 연료 등 조리시설이 없다면 어떻게 해야 할까? 또 비상시에 겨우 레토르트 식품을 구했는데 유통기한이 좀 지난 상태라면, 그냥 먹기엔 뭔가 위험해 보인다면 어떻게 할까? 끓는 물에 넣거나 프라이팬에 볶으면 그나마 안심이 되겠지만 불을 사용하지 못하는 상황이라면 어떻게 하나?

이럴 때는 햇볕을 이용하면 된다. 좀 더 효과적인 방법은 태양열 집열조리기인 솔라쿠커를 이용하는 것이다. 보통 검정칠을 한 냄비를 사용하지만 더 간단한 방법도 알아두어야 한다. 냄비조차 없을 경우도 가정해야 하기 때문이다.

레토르트 식품은 포장 대부분이 은박 비닐이라 햇볕을 흡수하지 못한다. 이러한 단점을 보완하기 위해 팩 자체에 검정칠을 해서 직접 햇볕을 흡수하게 해보자. 철물점에서 쉽게 구할 수 있는 검정색 락커를 바닥면에 뿌려주면 냄비가 없어도 팩 자체가 바로 빛을 흡수하는 역할을 충분히 해낼 수 있다.

▼ **준비물**

레토르트 팩, 검은색 라커, 태양열 집열조리기(솔라쿠커)

▼ 조리 과정

1. 레토르트 팩 바닥면에 검은색 라커를 뿌린다. 검은색을 칠하는 것은 빛을 잘 흡수하기 위해서다. 비상시라 라커를 구할 수 없다면 진흙과 재를 섞어 묻혀도 비슷한 효과를 볼 수 있을 것이다.
2. 검은색 바닥면을 아래로 해서 태양열 집열 조리기(솔라쿠커) 위에 올려놓는다. 그릇 대신 요리 팩 자체가 용기가 되는 것이다. 솔라쿠커가 햇볕을 중앙에 있는 요리 팩에 모으기 시작할 것이다.
3. 레토르트 팩의 검정색 면이 에너지를 흡수한다. 5분 정도 되면 손을 댈 수도 없을 만큼 뜨거워지고 포장이 점점 부풀어 오르면서 빵빵해진다.

4. 이렇게 솔라쿠커로 10분 정도 가열하면 팩이 뜨겁게 데워져서 먹을 수 있게 된다. 아울러 고열로 가열되면서 혹시 남아 있을지 모를 것들도 살균되었을 것이다.

레토르트 식품을 비상용으로 장기 저장할 생각이라면 시간이 될 때 한쪽 면에 미리 검정색 라카칠을 해두는 것도 좋은 방법이 될 것이다. 만일 솔라쿠커가 없다면 레토르트 팩을 뜨거운 햇볕 아래 놓아두라. 햇볕을 쬐는 것만으로도 따끈하게 가열될 것이다.

야생에서 살아남기

〈알래스카에서 살아남기〉라는 해외 프로그램이 있다. 오지 생존을 다룬 내용인데 〈Man vs. Wild〉의 베어 그릴스처럼 강철 체력의 특수부대 출신이 등장하는 것은 아니다. 썩은 풀숲이나 나무를 뒤져 굼벵이를 잡아 먹거나 뱀을 잡아 먹지도 않는다. 또 얼음물에 들어가 헤엄치는 것도 아니다. 우리처럼 평범한 사람들이 두세 명씩 그룹을 이루어 인간의 발길이 닿지 않은 알래스카 오지에 가서 석 달간 생존하는 리얼 다큐다. 아빠와 딸, 부부, 친구 등 각 그룹의 구성원도 다양했다. 전문가가 아닌 일반인들의 오지 생존 체험을 지켜보면서 많은 걸 배울 수 있었다. 일반인의 경우에는 준비를 철저하게 한 뒤 야생으로 간다고 해도 적응하고 생존하는 데 여러 가지 문제가 발생했기 때문이다.

부녀지간처럼 평생을 같이한 가족도 눈 덮인 오지의 조그만 오두막에 갇혀 석 달간 지내다 보면 뜻하지 않은 상황을 겪게 마련이다. 추위에 굶주리면서 신경이 날카로워져 서로 싸우고, 짜증을 내며, 곧 포기 선언을 할 것만 같은 상황을 자주 맞게 된다. 이 프로그램은 카메라 앞에서 포기 선언만 하면 바로 헬기가 왔다. 그러면 곧장 편안한 집으로, 모든 게 풍족한 도시로 태워간다. 그것으로 끝이다. 하지만 우리가 생각하는 대로 큰 재난이 터져 도시나 집을 떠난 야외에서 이런 일이 벌어졌다면 우리는 간단히 포기하고 돌아갈 수가 없다.

방송되었던 내용 중 기억에 남는 장면이 있다. 처음에 먹을 것을 충분히 가져갔음에도 참가자들이 석 달 내내 하루 종일 배가 고파 허덕이던 모습이다. 그들은 오래 먹을 수 있는 곡식, 즉 쌀이나 오트밀 등을 가져가고 현지에서는 버려진 오두막에 살면서 총으로 동물을 사냥하여 고기를 조달할 계획이었다. 하지만 총을 가지고 있었는데도 정작 사냥은 생각대로 잘되지 않았다. 결국 그들은 석 달 내내 심각한 단백질 부족 현상을 겪어야 했다.

잘 곳이 마련되어 있는 상황이라 생존에 관한 문제 중 한 가지 큰 걱정은 던 셈이었지만, 그럼에도 불구하고 그들은 하루 열두 시간을 바쁘게 일해야만 살 수 있었다. 새벽에는 기온이 영하 30도까지 떨어지므로 자다 말고 일어나 난로에 불을 지펴야 했고, 이를 위해 하루 종일 헤매며 땔감을 구해두어야 했다. 또 강에 나가 얼음을 깨서 물을 길어와야 했다. 먹을 것을 얻으려고 좀 더 멀리 걸어 나가 낚시를 하거나 사냥을 했다. 하루 종일 헤맨 끝에 겨우 잡은 커다란 짐승을 허덕이며 오두막으로 옮겼고, 밤에는 병조림을 만드느라 졸린 눈을 비벼야 했다. 하루의 절반 이상, 그러니까 열두 시간 내내 일하지 않으면 살아갈 수 없는 상황이었던 것이다.

이러한 상황은 참가자나 방송국이 미처 예상하지 못했던 문제였다. 휴가라도 온 것처럼 오두막에서 차를 마시면서 쉬고, 배가 고프면 총을 들고 나가서 주위의 짐승들을 사냥해서 모닥불에 구워 먹는 등 베어 그릴스처럼 신 나는 모험을 즐기면 될 거라고 생각했던 것이다. 그런데 그게 아니었다.

추운 곳에서 하루 종일, 어쩌면 난생 처음 힘든 일을 한 그들은 아침에 먹은 오트밀이나 쌀밥으로 견디기 어렵다고 호소했다. 점심때가 되기도 전에 기운이 딸렸고, 허기진 몸은 간절히 육류를 원했다. 하지만 며칠 동안 계속 사냥에 실패했던 팀은 고기 그림자조차 구경할 수 없어서 신경이 날카로워진 나머지 사소한 일에도 서로 다투었다. 친한 친구 사이나 부부, 가족이라도 마찬가지였다. 일부는 기운이 떨어져 하루 종일 힘없이 누워 있었다.

사냥에 성공했던 팀에게도 문제는 있었다. 굶주리지는 않았지만 매일 같은 음식을 먹느라 질리게 되어 몸에서 거부 반응을 일으킨 것이다. 단순히 "먹기 싫다"는 차원이 아니었다. 구역질이 나거나 토하기는 다반사, 배가 고플지언정 먹지 않는 사람이 많았다. 걱정된 나머지 파트너가 상대방에게 먹기를 강요하자 다투게 되었고, 그러다 보니 두 사람의 관계도 자꾸만 틀어졌다. 협동이란 단어는 이미 그들의 머릿속을 떠난 뒤였다.

이처럼 제대로 먹지 못하니 기운이 딸린 누군가는 자꾸 누워 있으려고 하고, 둘이 같이 일해야 겨우 먹을 것을 조달하고 나무라도 할 수 있을 텐데, 파트너 중 한 사람만 일을 도맡아 하다 보니 작업능률도 떨어졌다. 이런 식으로 상황은 점점 더 악화되었다.

오지에서 살아남기란 이처럼 어려운 일이다. 얼핏 보기에 별 문제 없을 것 같은 일도 내가 아닌 다른 이에게는 문제가 될 수 있다. 가족이나 팀 구성원 중에 의외로 체력이 약하거나 정신적으로 약한 사람이 있게 마련이므로 당신이 이런 상황에서 리더가 된다면 약자의 입장을 충분히 배려해야 할 것이다. 모두 같은 보폭으로 나갈 것인지, 누군가를 낙오자로 만들면서라도 앞으로 나갈 것인지 선택해야 하는 것이다.

토끼 기아(Rabbit Starvation) 단백질 중독증

○ 아주 특정한 상황에서 발생하는 증상으로 지방이나 탄수화물을 섭취하지 않고 단백질만 먹을 경우 토끼 기아(Rabbit Starvation)라는 단백질 중독증에 걸릴 수 있다. 산이나 숲 속에서 조난당하거나 고립된 사람들이 그나마 쉽게 사냥할 수 있는 동물이 토끼류이다. 그런데 토끼 고기에는 지방이 거의 없다 보니 토끼만 주야장천 먹으면 과잉으로 공급되는 단백질을 처리할 수 있는 영양소가 부족하여 안 그래도 서바이벌 상황에서 스트레스를 받고 있는 신체 밸런스가 무너지게 된다. 이것을 토끼 기아 혹은 단백질 중독증이라고 한다. 대표적인 증상으로는 아무리 먹어도 채워지지 않는 공복감, 설사, 피로, 두통 등이 있고, 심한 경우 사망에 이를 수도 있다. 서바이벌에 가장 중요한 영양소는 익히 알려진 대로 단백질이지만, 단백질만 먹고서는 생존할 수가 없다. 만일 당신이 조난당했는데 토끼밖에 먹을 게 없는 상황이라면 뇌, 내장, 눈알 같은 부위까지 먹어서 지방을 보충하도록 하라.

_〈엔하위키미러, 토끼 편〉

집이나 대피소에서 가만히 버티게 되는 상황

어떤 재난으로 집이나 대피소에서 아무 일 없이 며칠 동안 가만히 버텨야 하는 상황이라면 평소보다 훨씬 적은 칼로리만으로도 충분히 견딜 수 있다. 비상식량 소모도 그다지 많지 않을 것이다.

집을 떠나 야외로 대피하며 이동하는 상황

무거운 짐을 이고 지고 걷다 보면 종종 비를 맞는 경우도 생긴다. 야외에 텐트를 치거나, 폐가에서 자거나, 난방이 안 되는 곳에서 생활할 때에는 체력 손실도 커지고 자주 허기질 것이다. 이런 때에는 음식을 자주 먹거나 많이 먹어 체력을 보충해야 한다. 일행 가운데 노약자나 아이가 있다면 이동 속도가 떨어질 것이고, 예상하지 못했던 문제가 계속 발생할 수도 있다. 주변 상황이 안정되지 않고 수시로 바뀌는 상황이라면 '이것이냐, 저것이냐' 선택 같은 중요한 판단도 자주 하게 된다. 어쩌면 일행들 간에 발생하는 감정 소모까지 감당하느라 에너지가 더 많이 필요해질지도 모른다. 이럴 때에도 음식을 통해 영양분을 보충해야 한다. 먼 길을 이동한 끝에 어딘가에 겨우 정착했다고 해서 문제가 해결되는 것도 아니다. 새로운 환경에 익숙해지려면 정착 초기에 역시 많은 일들을 해야 하고, 늘 배고픈 상태를 견뎌야 한다. 이런 경우를 대비해 비상식량의 종류와 양을 미리 생각해두자.

어느 날 갑자기 준비도 없이 도시를 떠나 오지로 가는 상황

당신 혼자 혹은 소수의 힘으로 이런 생활을 견뎌낼 수 있을까? 매우 어려울 것이다. 일행이 목적지인 외딴 시골이나 산지, 혹은 안전지대까지 며칠 동안 가야 한다면, 그리고 그 과정에서 기적적으로 아무런 위험이나 사고 없이 무사히 목적지에 도달했다 해도(사실 거의 불가능한 일이다) 안심하기는 이르다. 모기나 해충이 들끓을 수도 있고, 각종 위험은 물론 더위나 추위, 알 수 없는 공포가 밀려올 수도 있기 때문이다. 그런 곳에서 과연 얼마나 버틸 수 있을까? 식량이라도 충분하다면 불행 중 다행이지만, 사람이 가져갈 수 있는 양은 한정되어 있게 마련이다. 군대 경험이 있는 남성이라면 그나마 낫겠지만 여자와 노인, 아이들에게는 매우 힘든 상황일 것이다.

재난이 발생하면 위에 이야기한 세 가지 상황 모두 결코 안전하지 않다. 다만 무작정 집을 떠나서 더 안전해 보이는 곳을 찾아간다는 게 오히려 큰 위험을 자초

하는 일일 수 있다는 점을 강조하고 싶다. 이런 상황에서 당신이나 당신의 일행에게 따뜻한 음식과 잠자리, 위로의 말을 건넬 이웃은 많지 않다. 아니, 애초 기대하지 말라. 그러므로 어떠한 재난상황에서든 최대한 오래 버티려면 굳게 닫힌 철문이 있고, 모든 게 구비된 내 집에서 불가피한 상황이 마무리될 때까지 버티는 게 그나마 현실적이다. 가장 중요한 것은 지금 충분히 가족이 먹을 수 있는 비상식량과 가족이나 일행에게 닥칠 위험에 대비하는 생존팩을 준비하는 일이다.

어린이에게 저지방 우유를 먹여도 될까?

○ 탈지분유 또는 저지방 우유는 열량 및 비타민A, D의 함량이 낮아 5세 이하의 어린이들에게는 적합하지 않다. 특히 만 2세 이하의 유아들은 열량 및 비타민A 함량이 높은 전지분유를 섭취하는 것이 좋다.

이유식 대신 미숫가루나 선식만 먹여도 될까?

○ 일반적으로 미숫가루와 선식에는 철분, 비타민A, 비타민C가 성장기용 조제식이나 영유아용 곡류 조제식에 비해 적게 함유돼 있으며, 죽 또는 액상으로 공급되기 때문에 이유기의 아기가 씹어 먹는 연습을 하기에는 부족한 면이 있다. 또한 다양한 곡물, 채소 등을 갈아 만든 선식은 여러 종류의 식품을 동시에 섭취하게 되어 영유아가 알레르기 증상을 일으켜도 어떤 식품에 의한 것인지 그 원인을 찾기가 매우 어렵다. 그러므로 아기에게 이유식을 먹일 때는 한꺼번에 다양한 식품을 주기보다 식품의 종류를 점차 늘려가는 편이 안전할 것이다. 특히 알레르기가 있는 아기의 경우 한정된 식품을 주고 1~2주 이상의 간격을 두고 주의 깊게 관찰한 후 조심스럽게 다른 것을 첨가해야 한다.

_〈베이비뉴스〉, 2013.09.11

비상시 동물 사료를 먹어도 건강상 문제가 없을까?

○ 주식으로 삼지만 않으면 괜찮다. 이 질문에 답을 하기 위해서는 일단 고양이사료 캔에 적힌 재료부터 살펴볼 필요가 있다. 사료는 대개 쇠고기와 돼지고기 가공 부산물, 닭고기 가공 부산물, 칠면조 고기 가공 부산물, 회분(灰分), 타우린 등으로 이루어져 있다. 고품질 제품에는 비타민 같은 영양소도 들어 있다. 이것만 보면 사람이 먹어서 위험하기는커녕 오히려 건강식이 될 것 같은 느낌마저 든다. 미국 영양학회(ADA) 관계자의 설명에 따르면 인체의 소화 능력을 고려할 때 고양이사료를 먹어도 큰 문제는 없다고 한다. (중략) 하지만 고양이사료는 단연코 고양이에게 최적화된 음식일 뿐 인간이 건강을 유지하기 위해 섭취해야 할 영양소는 고려하지 않은 것이다. 장난삼아, 혹은 너무 배가 고플 때 한두 번 먹는 것으로는 건강상 이상을 초래하지 않겠지만, 장기간 섭취할 경우에는 문제가 생길 수 있다. 예컨대 고양이사료 속 회분에 과도하게 함유된 무기물은 자칫 위험을 초래할 수도 있다. 물론 인체는 이 또한 신속히 배출해내는 신비로운 능력을 지니고 있지만 고양이의 몸에 맞춰 만들어진 것을 사람이 먹어서 이로울 것은 없다.

_〈파퓰러 사이언스〉, 2013. 10월호

유충과 곤충은 최후의 비상식량이다

베어 그릴스의 〈Man vs. Wild〉 오지 모험이나 김병만의 〈정글의 법칙〉을 보면 애벌레나 곤충을 먹는 장면이 종종 나온다. 잔뜩 긴장한 채 손가락으로 애벌레를 집어 입 안에 넣고 우물우물하다가 금방이라도 죽을상을 짓는 모습을 보면서 당신은 어떤 생각을 했는가? 아무리 굶어 죽을 지경이라고 해도 벌레나 굼벵이를 먹을 수는 없다면 한사코 거부할 것인가, 살기 위해서이니 마다 않고 먹을 것인가? 영화 「빠삐용」이나 「설국열차」에서는 바퀴벌레를 먹는 장면이 나온다. 당신도 그럴 수 있을까?

"벌레와 곤충을 어떻게 먹어……" 하고 생각하겠지만 우리는 평상시 번데기를 먹기도 한다(물론 외국인들은 우리가 번데기를 먹는 걸 보고 대개 경악한다). 또 중국과 동남아 등지에서는 튀긴 곤충을 과자처럼 먹기도 한다. 그러므로 '무엇을 먹는가?'에 대한 혐오나 거부 반응은 고정관념의 소산일 여지가 다분하다.

최근 전 세계적으로 유충과 곤충을 차세대 식량자원으로 쓸 수 있는 방법을 연구 중이다. 벌레는 양질의 단백질과 지방, 무기질 공급원으로 아주 좋다고 한다. 귀뚜라미만 보더라도 단백질 52.8%, 지방 21.8%를 함유하고 있어 쇠고기나 다른 육류보다 영양 면에서 월등하다고 한다. 게다가 성장 속도가 빠르고 따로 사료를 챙길 필요도 없다는 이점도 많다고 한다.

귀뚜라미 외에 식용으로 쓸 만한 몇 가지 유충과 곤충이 있다. 그중 '밀웜'이라는 유충이 유명하다. 밀웜이란 게 바로 우리가 말로만 듣던 굼벵이다. 방송에서는 굼벵이를 이용한 다양한 요리들을 이미 선보인 바 있다. 놀라운 일이지만 튀김이나 탕수육도 있었다. 겉으로 드러나지 않을 뿐이지 우리 주변에는 곤충을 먹는 사람들이 제법 많다고 한다. 굼벵이 엑기스는 의외로 많은 사람들이 찾는, 특히 수험생들이 영양보충용으로 찾는 별식이라고 한다.

외국에서는 이미 벌레를 넣은 사탕을 비롯, 다양한 가공 식품을 만들고 있다. 사실 곤충 자체에 대한 혐오감이 문제일 뿐 「설국열차」에서처럼 벌레를 재료로 과자나 양갱을 만든다면 그나마 먹을 수 있게 되지 않을까?

곤충과 애벌레를 먹는다고 할 때 가장 걸림돌이 되는 혐오감은 무엇에 기인할까? 물컹거리며 꿈틀거리는 모습이 주요한 원인일 것이다. 거기에 맛이 이상하고 고약할 거라는 선입관도 한몫한다. 하지만 성인이라면 어린 시절 논에서 잡은 메뚜기와 귀뚜라미를 튀겨먹던 기억이 있을 것이다. 실제로 벌레를 조리해서 사

유충과 곤충은 최후의 비상식량이다.
출처: '채널A'의 〈먹거리 X파일〉

람들에게 시식하게 하면 대개 고소하고 담백하다고 말한다. 날로 먹으려면 혐오스럽지만 잘 말려서 건조하면 혐오감이 많이 사라진다. 분쇄해서 가루로 만들면 혐오감도 거의 느끼지 못한다.

물론 지금 당장 곤충과 애벌레를 먹으라는 것은 아니다. 다만 잘 가공하고 조리하면 먹는 데 큰 무리가 없다는 것, 그리고 최후의 비상식량으로 유충과 곤충도 먹을 수 있다는 것을 이해하는 것으로 족할 것이다.

평소에 해보는 재난대비 먹는 훈련

코난이 되기로 마음먹었다면 가장 먼저 비상식량을 준비하거나 다양한 생존 장비를 구입할 것이다. 하지만 이때 꼭 멋지고 화려한 고가의 생존키트나 비상식량 세트를 구입할 필요는 없다. 고가의 물품이라고 해서 우리의 생존을 확실하게 보장해주는 것은 아니다.

대재난이나 비상상황은 항상 우리의 예측과 달리 갑자기, 다양한 형태로 찾아온다. 경제재난(하이퍼인플레이션, 경제공황 등)을 예상했는데 자연재해가 올 수도 있고, 지진을 대비했는데 쓰나미나 핵발전소 붕괴가 찾아올 수도 있다. 그러므로 우리는 어떠한 위기상황이 닥쳐도 맥가이버처럼 지금 내 앞에 있는 것만 가지고 위기를 극복할 수 있도록 평소부터 연습해야 한다. 내가 가진 것들을 활용하거나 응용할 수 있는 지식과 지혜를 기르는 것도 중요하다. 그중 제일은 "어떤 위기가 와도 나는 극복할 수 있다"는 마음가짐을 갖는 것이다.

마음가짐 중에 가장 큰 부분을 차지하는 것은 단연 먹는 문제이다. 사람들 가운데는 오직 먹는 게 삶의 즐거움이고 행복이라고 말하는 사람도 많다. 노동 여건이나 보수가 좋아도 회사 구내식당 메뉴가 형편없다고 불평하는 사람도 많다. 해외여행을 갔는데 고추장과 김치가 없어서 현지 음식만 먹느라고 고생했다는 사람도 있다. 나도 논산 훈련소에 입소했을 때 당일 저녁에 나온 군대밥을 도저히 못 먹겠다고 거부하는 전우를 본 적이 있다. 힘든 훈련 중 야전식으로 나온 특전식량이 입에 맞지 않는다며 음식을 모두 버렸던 전우도 떠오른다.

전쟁터에서 총을 들고 싸우는 군인이 밥이 맛없다고 먹지 않는다면 힘을 쓸 수 없을 것이다. 나중에는 아예 전투력을 상실할지도 모른다. 어찌어찌하여 재난에서 살아남았다 해도 이재민수용소 음식을 거부한다면 얼마 안 가 허약해질 게 뻔하다. 병에 걸리거나 살아남기 힘든 지경까지 갈 수도 있다.

제 아무리 집에 비상식량을 많이 쌓아놓아도 재난 시에 몇 번 먹어보고 입에 맞지 않는다고, 혹은 너무 자주 먹어서 물린다고 거부한다면 역시 오래 살아남기 힘들다. 그러므로 당신이 재난대비에 관심을 갖기 시작했다면 무엇보다 먼저 "나는 아무거나 잘 먹을 수 있다"는 마음가짐으로 무장하기 바란다. 평소 이것저것 시도해보고, 어떤 경우라도 가족과 함께 살아남을 거라고 단단히 각오를 다져라. 하지만 생각하고 각오를 다지는 것만으로는 부족하다. "내일 아침부터 금연하겠다"거나 "일찍 일어날 거야"라는 다짐처럼 이러한 생각들은 위기 상황에서 허무하게 무너질 수 있는 탓이다. 그러므로 당신이 진정한 코난족이 되기로 결심했다면 지금부터 훈련을 쌓아야 한다.

쉽게 해볼 수 있는 훈련은 역시 먹는 훈련이다. 평소 편식하는 습관이 있다거나 맛있고 고급스런 음식만 찾았다면 이제부터라도 틈틈이 보관 중인 비상식량을 꺼내서 맛을 보자. 입에 맞지 않는 새로운 음식이나 조금 비위생적인 음식들도 이따금 접해보자. 그렇다고 해서 생존왕 베어 그릴스처럼 곤충과 애벌레들을 마치 '새우깡' 먹듯 먹거나 뱀을 날로 뜯어먹을 필요는 없다. 단지 평소에 먹던 맛있고 깨끗한 음식에서 조금만 벗어나 훈련하는 것으로 충분하다.

주는 대로 먹어보자

만약 어머니나 아내가 차려준 아침밥이 설익거나 질어도 불평하거나 물리지 말고 그냥 먹어보자. 야외에서 냄비밥을 하면 대부분 그렇게 되므로 불평 없이 먹어보자. 국이나 찌개의 간이 맞지 않는 것도 마찬가지다. 비상시에는 양념 없이 한두 가지 식재료만으로 국과 찌개를 해야 할지도 모른다. 그러므로 간이 맞지 않는 음식을 먹어보는 것도 일종의 좋은 훈련이 될 수 있다. 회사식당에서 주는 메뉴가 엉망이어도 그냥 먹어보라. 먹을 만한 반찬이 진짜 없다면 식탁 위의 간장이나 소금이라도 밥에 살짝 뿌려 먹어보자. 훈련이라고 생각하면 오히려 재미있어질 것이다.

거칠게 먹어보기

우리는 보통 끼니때마다 흰 쌀밥을 먹는다. 하지만 생존을 염두에 둔 사람이라면 평소 콩, 조, 수수, 보리, 옥수수 등을 섞어서 혼식을 해먹자. 처음에는 조금 깔깔하겠지만 곧 적응될 것이다. 먹을 만하다면 점차 잡곡의 비율을 늘려라. 라면도 물에 끓여 먹지 말고 가끔 스프만 살짝 뿌려서 날로 먹어보라. 옥수수도 좀 덜 익혀서 먹어보고, 무나 고구마도 날 것으로 먹어보라. 재난이 닥치면 식재료가 있어도 요리할 틈이 없거나 연료가 없어서 날로 먹어야 할 경우가 많을 것이다. 비상시 조리하지 않은 음식이 나왔다고 무조건 거부하거나 굶을 수는 없다. 그러므로 평소 다양한 식재료를 날로 먹어보는 훈련을 해보자.

평소 다양하게 먹어본다

먹을 것 자체가 부족한 상황에서 낯설거나 취향이 아니라고 거부할 수는 없다. 지금은 복날 동료들과 식당에 갔을 때 보신탕 대신 삼계탕을 고를 수 있지만, 재난이 닥치면 메뉴를 선택하는 것 자체가 어불성설일 수 있다. 예를 들어 개를 잡으면 당신도 숟가락을 들고 달려가야 한다. 그러므로 취향이 아니더라도 다양한 음식을 한두 번 먹어보는 훈련을 하자. 중국이나 동남아로 여행을 가서도 김치나 고추장만 고집하지 말고 현지 음식을 시식해보라. 길거리 음식도 조금씩 먹어보라. 고수나 화자처럼 향이 독특한 향신료가 들어간 음식도 피하지 말고 먹어보자. 오래지 않아 적응할 수 있을 것이다. 시간이 좀 흐르면 밥알이 굴러다니는 밥이나 기름에 튀긴 채소볶음도 의외로 맛있다고 느낄 수 있다.

깨끗하지 않더라도 먹어보자

등산이나 캠핑을 가서도 들고 간 생수만 먹지 말고 계곡물 마시기를 시도해보자(물론 오염되지 않은 깨끗한 물이어야 한다. 상류 정도는 괜찮다). 시내에서도 목이 마를 때 가게에 들어가서 냉큼 생수를 사 먹기보다 인근 건물 화장실로 들어가 세면대의 수돗물을 떠서 먹어보자(나도 종종 그렇게 한다). 과자를 먹다가 실수로 바닥에 떨어뜨리더라도 아주 불결한 곳만 아니라면 버리지 말고 먼지를 털거나 오염된 부위만 떼어내고 먹자. 유통기한이 지난 것들도 상태를 보아가며 시식해본다. 약간 상한 음식도 훈련 차원에서 조금 먹어볼 수 있다. 가끔 배탈이 나거나 배앓이를 하는 경우도 생기겠지만, 적당히 하면 좋은 훈련이 된다. 하지만 노약자라든지 선천적으로 장이 좋지 않은 사람은 주의해야 한다.

낯선 곳에서 순례자처럼 먹어본다

물이 바뀌면 장이 불편해져서 설사를 하는 사람이 있다. 지방에 갈 일이 있다면 현지 수돗물을 조금씩 마셔보자. 세부나 보라카이 같은 곳으로 모처럼 여행을 갔다면 그곳에서도 시도해보라. 탄산수도 마찬가지다(유럽에서는 많은 이들이 탄산수를 마신다). 가족과 쉽게 해볼 수 있는 먹기 훈련에 뭐가 있을까 늘 연구하는 자세로 (절에서 주는) 절밥 먹기, (푸드뱅크에서 주는) 주먹밥 먹기 등의 행사에도 참여해보라.

등산을 가거나 트레킹을 할 때도 끼니때마다 인근 맛집을 찾지 말고 가끔씩 낯선 곳에서 순례자처럼 먹어보자. 당일 등산이라면 '햇반'에 포장 김, 차가운 슬라이스 햄 정도로 끼니를 때울 수 있다. 커피도 끓여 먹지 말고 빈 페트병에 물을 조금 넣어 커피믹스를 넣고 흔들어서 마셔본다. 의외로 먹을 만하여 놀랄지도 모른다. 트레킹을 할 때도 빵이나 떡 한 봉지만 갖고 하루 버티기 연습을 해보라. 여정 중 배가 조금 고프더라도 꾹 참았다가 숙소에서 밥을 먹는 훈련, 즉 허기짐 체험도 좋은 훈련이다.

먹는 것도 훈련이다. 평소 입에 맞지 않거나 먹기 쉽지 않은 음식들도 조금씩 먹어본다. 비상시에는 남이 버린 음식까지 감사히 먹을 수 있게 될 것이다. 아프리카 원주민들은 누런 흙탕물을 떠 마시기도 하고, 진흙으로 쿠키를 만들어 먹기도 한다. 어떤 사람은 군대에서 훈련할 때 너무나 목이 마른 나머지 논물을 퍼 먹었는데 멀쩡했다며 신기해하기도 했다. 사실이다. 독일의 숲유치원 아이들은 종종 흙투성이가 된 채 집으로 간다. 그래도 부모들이 잔소리를 하지 않는다. 툭툭 털어주거나 마른 수건으로 닦아줄 뿐이다.

요즘 우리는 지나치게 편안하게 살면서 맛있는 음식으로 배를 채우고 과도하게 위생적으로 살고 있다. 덕분에 체력과 면역력이 예전 사람들보다 많이 떨어진다. 각종 자가면역 질환에 시달리기 일쑤다. 몸 자체에서 나오는 위기 대응 능력이 줄어든 탓이다. 하지만 앞에서 말한 대로 평소 해볼 수 있는 작은 훈련을 통해서 조금씩 정신력과 체력을 기르다 보면 우리 몸도 어느 정도 위기 대응 능력을 되찾을 것이다. 어느 정도 오염된 물이나 음식을 먹어도 탈이 나지 않게 될 것이다. 오히려 그것들을 영양분으로 흡수할 수도 있다. 다만, 구충제는 꼭 준비해두자.

우리 몸에 익숙한 과도한 위생과 편안함, 배부름은 건강에 필수적인 면역력과 적응력을 떨어뜨릴 수 있다는 점을 명심하자. 그러므로 각자 다양한 방법으로, 자기에게 맞는 방법을 개발하여 평소부터 조금씩 재난대비 먹기 훈련을 시도해보라. 거칠고 맛없는 음식을 먹어보라. 언젠가 위기가 닥쳤을 때 큰 도움이 될 것이다. 순례자에게는 무서움이 없다. 어디에서든 잘 적응할 뿐이다.

야외에서도 맛있는 도시락 대신 투박한 식사를 해보자.

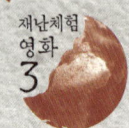

얼라이브
(Alive)

감독 : 프랭크 마샬
출연 : 에단 호크(난도 파라도 역), 빈센트 스파노(안토니오 발비 역), 조쉬 해밀턴(로베르토 카네사 역)
줄거리 : 1972년 일어났던 실제 비행기 사고를 영화화한 작품. 대학 럭비팀을 태운 여객기가 한겨울에 안데스 산맥 정상에 추락한다. 가까스로 살아남은 사람들은 비행기 잔해에 남아 추위에 떨며 구조를 기다리지만 얼마 후 라디오를 통해 정부가 자신들의 구조를 포기했다는 것을 알고 절망에 빠지게 된다. 이윽고 먹을 게 떨어지자 생존자들은 죽은 이를 먹을 것인가, 말 것인가 하는 문제로 고민하게 된다. 결국 생존자들은 죽은 사람의 인육을 먹으며 한겨울 안데스 산맥 정상의 부서진 비행기 안에서 72일을 견딘다. 마지막까지 살아남아 구출된 사람은 모두 열여섯 명이었다.

조난과 극한에서의 생존을 다룬 영화라면 역시 1993년도 작 「얼라이브」를 빼놓을 수 없다. 다른 조난영화도 많지만 이 이야기처럼 처절하고 애달프지는 못할 테니까. 추락한 비행기에 자신만 혼자 살아남았다. 아내나 여동생 등 사랑하는 이들이 모두 죽었다. 정부의 구조 시도도 끝나서 아무런 희망도 없다……. 그런 상황에서 나는 살아남기 위해 먼저 죽은 이들의 몸을 먹어야 할 것인가 아니면 한 가닥 희망을 품고 구출될 때까지 끝까지 굶주리며 버틸 것인가?

역사적으로 인육을 먹은 사례는 종종 언급된다. 특히 대재난이나 대기근 시에는 동서양을 막론하고 그런 일이 많았다고 한다. 이들에게도 어쩔 수 없었던 선택이었을 것이다. 하지만 우리 코난족은 조금 다른 면을 주목한다. 살기 위해 어쩔 수 없이 죽은 자의 얼어붙은 엉덩이를 떼어먹더라도 처음에만 힘들 뿐이지 사람은 곧 적응하게 되어 있다는 사실, 라디오를 통해 구조대가 자신들을 포기했다는 것을 알게 되었으면서도 부서진 비행기에 머물며 얼어붙은 시체를 먹는 데 익숙해지면 그냥 그런 하루하루에 만족하게 된다는 점 등이다.

영화에서도 생존자들 간에 갑론을박이 벌어진다. 일행들 중 몇몇은 건강한 몇 사람을 뽑아 산 아래로 내려보내 구조를 요청하자고 주장한다. 하지만 재난상황에 적응한 다른 누군가는 이런 계획 자체를 비웃으며 반대한다. 비록 부서진 비행기 안이지만 추위와 바람을 막을 수 있고, 주위에 얼어붙은 시체를 먹는 데 익숙해지면 그대로 안주하고 싶어하는 게 인간의 본성인가 보다. 언제까지 버틸 수 없다는 사실을 알면서도, 언젠가는 자신도 죽어서 다른 사람의 밥이 될 수 있음을 알면서도, 그저 오늘 하루만큼은 따뜻한 태양빛을 쬐며 의자에 앉아 편안하게 보내고 싶은 것이다. 하지만 영화에서처럼 겨울이 다시 찾아오고, 먹을 수 있는 시체마저 모두 없어진다면 결국 죽음은 자신의 차례가 될 것이다. 이 점은 지금처럼 평온한 일상이든, 재난상황에서 맞은 비상상황이든 항상 유념해야 하지 않을까?

물 보관 및 정수

제4장

단수(斷水)에 대비하라

물을 구하기 위해 1시간 넘게 걸어서 시청까지 왔다. 그는 "물이 빠지고 난 다음 집에서 찾은 통조림을 먹고 있다"며 "(물이 없이는) 하루도 버티지 못할 것"이라고 말했다. 주민들은 물을 담을 수 있는 것이라면 무엇이든 들고 다녔다.

_〈조선일보〉, 2013. 12. 13(필리핀 초대형 태풍 대재난 현장을 다룬 기사)

아프리카에서는 만성적인 가뭄으로 주민들이 고생을 많이 한다. 물을 구하는 게 하루의 주요 일과일 정도다. 여자와 아이들은 매일 서너 시간 물가로 걸어가 물을 길어 머리에 이고 땡볕 아래 다시 서너 시간을 힘들게 걸어온다. 안타까운 점은 그렇게 구한 물조차 깨끗하지 않고 대부분 흙탕물이라는 것이다.

깨끗한 물을 쉽게 구할 수 있는 우리나라도 종종 단수가 되어 지역적으로 비상사태를 겪곤 한다. 2010년 경북 구미의 수도 대란 때 며칠 동안 단수가 되자 온통 난리가 났다. 소방차가 아파트 단지를 돌며 물을 공급했고, 주민들은 직장에 출근하지 못한 채 물을 받아가기 위해 고생해야 했다. 2009년 강원도에서는 가을부터 거의 비가 내리지 않아 겨울 대가뭄이 닥쳐왔고, 역시 주민들이 엄청나게 고생했다. 수돗물 단수가 일주일을 넘어가자 시골 마을에서는 오래전 폐쇄했던 재래식 화장실을 다시 열어 사용했고, 다급한 도시 사람들은 호수의 물과 시청 앞 분수대물까지 퍼갔다. 그 때문에 강원도 대부분의 철물점에서 20L 플라스틱 물통이 순식간에 다 팔려서 뒤늦게 찾아온 사람들은 물통조차 구할 수 없게 되었다. 낙동강 페놀 유출 사건(2008년)과 최근 4대강 녹조 비상이 일어났을 때도 정수장에서 취수 자체가 안 되어 며칠 동안 단수가 되었다. 이처럼 가뭄과 물 오염 같은 자연재해 외에도 블랙아웃 및 정수장 문제, 상수도 파열 같은 인재로 수돗물이 끊기는 일은 언제든 발생할 수 있다.

당신이 내일 아침 일어나 출근 준비를 하고 있는데 사전 경고도 없이 갑자기 수돗물이 끊기는 사태가 벌어질 수도 있다. 세수와 샤워는 물론 변기 물조차 내릴 수 없어서 난감해질 것이다. 설거지는커녕 아침 식사준비도 할 수 없는 상황에서 빈 욕조를 바라보며 후회할 것이다. 잠시 후 지역방송에서 "이러저러한 사정으로 이 지역 전체 수돗물 공급이 차단되었으며 최소 며칠간은 단수가 될 것이고, 이틀에 한 번 소방차가 와서 물을 공급해줄 것"이라는 안내가 나온다. 그러면서 "오전에 소방차가 올 것이니 한 집당 한 명씩 그릇이나 물통을 들고 수위실 앞으로 나오라"고 말할지도 모른다. 출근 준비를 하던 당신은 회사에 가야 할지 아니면 물을 받기 위해 그릇을 들고 나가 기다려야 할지 고민할 것이다. 그러면서 물을 받을 수 있는 큰 통이 있나 찾아보지만 20L 이상 받아둘 큰 그릇이나 물통이 없다는 것을 뒤늦게 깨달을 것이다.

위의 상황은 공상이 아니다. 실제 우리나라 몇몇 도시에서 며칠간 단수가 되었을 때 일어났던 일들이다. 이런 상황이 당신에게는 지금까지 먼 곳 남의 일이었지만 혹시 우리 집 우리 마을에서 일어난다면 어떻게 할 것인가? 지금 당장 집 안에 물이 얼마나 있는지부터 생각해보라. 또 물을 담을 만한 큰 통이 있는지 점검해보라.

매우 귀중하지만 오히려 너무 흔해서 고마움을 모르는 게 공기와 물이다. 특히 우리나라처럼 곳곳에 깨끗한 물이 많고 수도꼭지만 돌리면 먹을 수 있는 깨끗한 물이 쏟아지는 곳에서는 개념 없이 낭비하기도 쉽다. 하지만 물은 재난상황에서 기능을 잃기 쉬운 것 중 하나이다. 우리 사회의 풍요로움과 편의를 제공하는 인프라 시설은 이미 오래 되고 낡았다. 게다가 그 망이 광범위하게 펼쳐져 있으므로 작은 충격에도 망가지기 쉽다는 점을 잊지 말아야 한다. 특히 수도가 그렇다. 만약 각종 자연재난이나 블랙아웃 혹은 전쟁 같은 대재난이 닥쳐온다면 우리 시민들에게 제일 먼저 실감나게 다가올 커다란 위험이 바로 식수 문제이다.

따라서 비상시 어디서 물을 구할 수 있는지, 정화 방법은 무엇인지, 어떤 기구가 필요한지 등을 알아두어야 한다. 한두 가지 방법으로 만족하지 말고 최대한 많이, 다양한 방법을 생각하고 찾아놓아야 한다. 집 주변 어디에 물탱크가 있는지, 지붕에서 물이 모여 떨어지는 홈통이 건물 어디에 붙어 있는지, 지하수 펌프는 어디에 있는지, 호수나 하천이 어디에 있는지 등 가급적 다양한 급수 루트를 찾아두라.

도시에서 수돗물이 끊기는 경우

전기가 끊길 때(블랙아웃)

도시에서 멀리 떨어진 정수 처리장은 강물을 정수해서 대형 관을 통해 각 도시로 보내는데, 수압을 만들 때 엄청난 전기가 소모된다. 거의 발전소 하나 정도의 전기가 필요하다. 먼저 전기가 끊기면 수돗물 역시 펌프가 작동이 안 되므로 멈춰버릴 것이다. 정수 처리장에 연결된 발전소의 문제든, 전국적 블랙아웃이든 송전 선로의 문제든 가능성은 다양하다. 만약 어느 날 갑자기 블랙아웃이 발생했다는 뉴스를 듣거든 그 즉시 집 안의 모든 그릇을 동원해 물을 받아놓아야 한다. 수도관에 아직 압력이 남아 있기에 당장은 물을 받을 수 있겠지만, 잠시 뒤에는 그마저 불가능할 것이다.

수도관 파열

수돗물을 도시로 연결하는 대형 수도관은 어른이 들어가서 설 만큼 크고 길이도 수십 킬로미터에 달한다. 이것이 파열될 때도 도시의 수도가 끊길 것이다. 정수장에서 도시로 보내는 대형관은 오래되어 낡았거나 공사할 때 중장비가 건드리는 바람에 종종 파열되기도 한다. 전기는 그물망 같이 연결되어 있으므로 한쪽 선이 끊기더라도 다른 쪽으로 우회해서 보낼 수 있지만, 수돗물은 한쪽 관이 파열되면 수압이 급격히 떨어져 다른 쪽까지 영향을 받는다. 만약 수돗물 수송관이 공사 중 일어난 사고든 테러나 전쟁에 의한 폭격으로 부서졌든 어느 한 부분만 파열되면 그 뒤쪽 전체는 물을 구경하기 힘들어질 것이다.

정수장 문제

4대강에 녹조류의 이상 증식으로 강물이 온통 녹색 건더기 천지가 되자 정수장에서 비상경보를 발령했다. 이럴 때는 보통 정수용 활성탄을 기계로 투입하지만 원수의 수질이 급격히 떨어진 경우여서 기계 투입량에는 한계가 있었고, 할 수 없이 직원들이 포대를 들고 뛰어가 그냥 쏟아 부었다. 이처럼 정수장에서 처리 한계를 넘는 상황이 발생하거나 활성탄 같은 정수제가 부족해져도 단수가 일어날 수 있다. 또한 도시에 공급되는 물은 수많은 시민의 생명이 달린 아주 중요한 것이기에 정수장 역시 전시나 테러에 제1차 공격 대상이 될 수 있다. 할리우드 영화에도 악당들이 수돗물과 정수장을 통해 약을 투입하는 등 나쁜 짓을 벌이는 장면이 종종 등장하지 않던가?

수질 문제

2008년 낙동강 페놀 유출 사건이 있어났을 때에도 단수가 되었다. 수돗물의 원수인 강물이 어떤 사고로 화공약품 등에 오염되면 현재의 정수 시설로는 정수가 불가능하다. 따라서 역시 단수가 될 것이다. 정부에서도 이 같은 문제점을 알고 있기에 고도화된 정수 시설을 확충할 것이라고 하지만 아직은 전무하다. 또 큰돈을 들여 새로운 시설을 설치한다고 해도 각종 화학약품을 모두 거를 수는 없다. 만약 강변에 위치한 큰 화학공장이나 다리를 건너던 수송차에 사고가 발생해서 약품이 유출된다면 현재 정수장에서 할 수 있는 일은 없다. 더 큰 문제는 해안가에 위치한 원자력발전소의 사고 위험이다. 연이어 원전 비리가 터지고, 품질을 알 수 없는 가짜 부품이 사용되고, 설계 수명을 넘긴 채 시설이 가동되면서 원인을 알 수 없는 고장 사고가 빈발하고 있지만, 정부는 속수무책이다. 만의 하나 원전에 이상이 생기면 주위 하천으로 방사능이 유출될 수 있다.

물의 중요성과 비축 방법

물의 중요성

음식을 먹지 않아도 한 달 정도는 생존이 가능하지만, 물은 7일 이상 마시지 않으면 살 수 없다. 1인당 하루에 필요한 물 소요량은 최소 2L이다. 여름철이나 활동이 많아질 경우에는 더 많이 필요하다. 물은 식수 외에 요리할 때, 몸이나 그릇을 씻을 때, 화장실 위생용으로 더 많이 필요하다.

물은 깨끗하게 정수된 것을 마셔야 한다. 오염된 물을 마시면 배앓이, 설사, 구토, 탈수증이 일어날 수 있고 그 후유증으로 체력 저하가 따른다. 증세가 악화되면 이동 자체가 힘들어져서 위기에 빠질 위험이 커진다.

가정에서 할 수 있는 단수 대비법

- 2L 생수 다량 구입
- 욕실 욕조에 물 저장
- 베란다에 50L, 100L 원형 들통을 놓고 물 저장
- 집 주위의 호수, 강, 분수대, 개울, 물탱크 등 비상시 물을 떠올 만한 시설이나 위치를 확인하라(식수 외 용도).
- 아파트나 건물 옥상에서 내려오는 빗물 홈통의 위치를 파악하라.
- 물 정수와 이동을 위한 장비를 준비하라: 50L, 100L 원형 들통(집 안 비축용), 20L 플라스틱 통(야외에서 물을 떠올 때 필요한 이동용 용기), 튼튼한 카트나 손수레(물을 떠올 때 수송용), 전기를 쓰지 않는 간이 정수기 구입 및 필터(여분까지 고려해 넉넉하게 준비), 정수알약(아쿠아탭스류)
- 락스 등을 이용한 가정용 물 소독법을 숙지하라.

비상시 가정용 물 확보·관리 방법

2013년 가을 필리핀은 초강력 태풍으로 큰 재난을 겪었다. 도시 안의 건물은 모두 사라졌고, 사람들은 죽어갔다. 며칠 후 취재진이 차를 타고 피해지역에 진입하자 아이들이 달려 나와 구걸하기 시작했다. 그런데 돈을 달라고 하는 게 아니라 물 한 병만 달라고 애원하는 것이었다. 살아남은 사람들은 며칠 동안 밥은커녕 물 한 모금조차 제대로 마시지 못한 채 고통 받고 있었다. 그들에게는 돈이 아니라 물이 더 귀중하고 시급했다. 이렇듯 재난에서 살아남은 사람들에게 가장 중요하고, 가장 필요한 것도 바로 '당장 마실 수 있는 물'이었다.

음식은 하루 이틀 안 먹어도 버틸 수 있지만, 물은 다르다. 하루만 못 마셔도 심한 갈증이 온다. 대피 과정 중 극심한 체력 소모가 일어날 뿐 아니라 탈수 증세가 와서 견디기 어렵다. "입 안이 바싹바싹 마른다"는 표현이 이를 잘 표현해준다. 각종 재난영화를 보아도 1차 위기에서 살아남은 사람들이 오래 버티지 못하고 죽어간 가장 큰 이유도 물 부족이었다. 「웨이백」이라는 수용소 탈출 실화를 소재로 만든 서바이벌 영화에서도 영하 30도의 시베리아 혹한을 뚫고 살아남은 사람들이 사막에서 물 부족으로 죽어가는 장면이 나온다. TV 다큐멘터리에 나온 볼리비아의 한 산골마을 사람들은 산에서 내려오는 물줄기를 인근 맥주공장에 뺏긴 채 심각한 물 부족에 시달렸다. 그들은 "차라리 전기가 없이 사는 게 물 없이 사는 것보다 1,000배 나을 것이다"고 말하면서 눈물을 흘렸다.

재난 시 자기 집에서 며칠 혹은 몇 주일 이상 버텨야 할 때, 쌀이나 통조림, 라면과 과자 등 비상식량이 있다면 어렵지만 한 달 정도는 견딜 수 있다. '재난' 하면 '비상식량'을 가장 먼저 떠올리는 탓에 그나마 식량을 준비하는 집은 많다. 하지만 '물'에 대해서는 감각이 조금 둔하다. 일상적으로 가장 편하게, 가장 쉽게 사용하기 때문일 것이다. 수도꼭지만 돌리면 맑고 깨끗한 물이 나오는 세상에 살고 있으니 그럴 법도 하다.

공사나 동파 등으로 수돗물이 잠시 끊기는 것만으로도 생활이 불편해지는데 재난 상황이 3일 이상 간다면 어떻겠는가? 당신은 분명 위험을 무릅쓰고라도 집 밖으로 나갈 것이다. 상황은 이미 험악하다. 아파트 밖은 시위와 폭동으로 아수라장이고, 강도가 출몰하고, 전염병이 창궐할 수도 있다. 그래도 당신은 어쨌든 물을 구하기 위해 돌아다녀야 할 것이고, 그러다가 생명이 위험해질 수도 있다. 비상식량과 더불어 식수를 마련해두라고 내가 강조하는 것은 바로 이런 이유에서다. 또 비상식수가 떨어질 때를 대비하여 집 주위에 물을 구할 수 있는 장소가 있는지, 어디쯤인지 미리 봐두고 비상시 누구보다 먼저 달려갈 수 있도록 준비하라. 장기적으로는 깨끗하지 않은 물을 정수해서 먹을 수 있는 다양한 방법과 장비 사용법도 익혀두라.

당신이 해야 할 일들

▶ 집에 최소한의 물을 보관하라

▶ 비상시 집 주위의 물을 확보하라

▶ 무동력 정수 장비를 준비하라

▶ 비상시 정수 방법을 익혀두라

집에서 식수를 보관하는 방법

요즘 사람들은 일반적으로 생수를 사서 마신다. 예전에는 생수 가격이 비쌌지만 이제는 대중화되어 누구나 쉽게 사 먹을 수 있을 만큼 가격이 내려갔다. 인터넷에서는 2L들이 열두 개 한 팩이 배송비 포함 6,000원 정도에 판매된다. 집 주변 중소 마트에 가도 마찬가지다. 때로 인터넷 시장보다 저렴한 가격의 제품을 만날 수도 있다. 아마 대한민국은 전 세계에서 생수가 가장 싼 나라일 것이다.

시판 생수의 유통기한은 보통 1년이다. 대량으로 구입해서 비축해도 문제가 없다. 어떤 제품이 좋은가는 굳이 따질 필요가 없다. 대부분의 생수는 몇몇 공장에서 제품 라벨만 교체하는 OEM 방식으로 생산하고 판매되고 있으니까. 즉 가격이나 메이커가 달라도 대부분 같은 제품이라는 뜻이다. 물론 '제주 삼다수' 같은 것은 조금 더 비싸고 유통기한도 2년이다. 일반적인 OEM 제품이 아니라 제주에서 생산되어 배로 건너왔기에 비싼 편인데 페트병도 두껍고 튼튼한 것 같다. 주의해야 할 점은 페트병 생수를 사서 햇볕이 드는 곳에 보관하면 안 된다는 점이다. 물이끼가 생길 수 있으므로 반드시 창고나 부엌 베란다처럼 볕이 잘 들지 않는 데 보관해야 한다. 이때 천이나 비상용 은박시트('5장 비상장비' 참조)를 덮어 미약한 반사광이라도 차단해야 1년 이상 잘 보관할 수 있다.

하지만 가격이 저렴하다고 해서 인터넷으로 한 번에 대여섯 상자씩 주문하지 말자. 1년 뒤 유통기한이 다 되어 처리 문제로 고민할 수 있기 때문이다. 차라리 마트에 갈 때마다 한 팩 정도만 사두는 게 좋을 것이다. 주위에 먹고 버린 깨끗한 생수병이 많다면 이런 것을 가져와 재활용해도 된다. 병 입구와 안을 간단히 헹군 뒤 정수기물이나 수돗물을 받아놓았다가 6개월에 한 번씩 교체해주면 된다. 기존에 담겨 있던 물은 청소나 빨래, 화장실 물로 재활용할 수 있다. 수돗물이나 정수기 물을 보관할 때는 소독용 락스를 1L당 서너 방울 정도 넣어둔다. 그러면 세균 증식이나 물이끼가 생기는 것을 막을 수 있다. 비상시에는 끓여 먹어도 된다. 만일 마실 용도가 아니라면 1년까지도 보관할 수 있다.

생수는 유통기간이 보통 1년 정도이고, 부피가 크고 무게도 많이 나가서 대량으로 사두기 힘들다. 또한 비상용 물이라고 해서 전부 생수로만 준비할 필요는 없다. 수도가 끊긴 단기간 비상상황에서 가족이 일주일에서 열흘 정도 마시며 견딜 수 있을 정도면 충분하다. 그 이상은 앞으로 다룰 보관 방법과 정수 방법을 이용해야 한다. 한 사람당 하루 최소 2L, 즉 생수 한 병이 필요하므로 4인 가족이라면 하루 네 통이 필요한 셈이다. 일주일이면 28통, 열흘이면 40통이다. 이 정도라면 서너 팩 분량이므로 일반 가정의 아파트 부엌 베란다에 보관하기에도 적당하다.

식수 외 물 보관

물은 도처에 흔하지만, 깨끗한 물은 귀하다. 깨끗한 물은 생명수이자 돈이기도 하다. 방글라데시나 인도처럼 환경이 열악한 곳에 사는 사람들은 수입이 적어도 물을 사 마시는 데는 돈을 많이 쓰는 편이다. 재난영화 「일라이」를 보면 지구에 종말이 찾아온 뒤 깨끗한 물 한 컵이 곧 돈이 되는 장면이 나온다. 절대 과장이 아니다. 재난 시에는 집에 물만 충분히 있어도 어느 정도까지 버틸 수 있다.

재난 시를 대비해 마실 물로 생수를 저장해놓았다면 그 외 여러 가지 용도로 사용할 물도 저장해두어야 한다. 당장 하루만 단수가 되어도 당신의 화장실은 냄새를 풍기고, 더러워질 것이다. 가장 쉽고 좋은 방법은 욕조에 물을 가득 채워두는 것이다. 그 외 주위에서 손쉽게 살 수 있는 도구를 사용해서 물을 비축해놓자. 인터넷 서핑을 하다 보면 외국에서 수입한 고가의 대용량 물주머니들을 종종 보게 되는데 장비주의자가 아니라면 굳이 그렇게까지 할 필요가 없을 것이다. 생각 밖으로 많은 대안이 있기 때문이다.

들통 보관법

일반적인 용도로 쓸 물을 저장할 때는 수돗물과 커다란 통만 있으면 된다. 시골집 같은 전통주택에 사는 덕분에 항아리가 많이 있다면 항아리에 물을 채워두어라. 그 외 아파트나 일반 공동주택에 사는 사람은 플라스틱 통을 이용하면 된다. 보통 집에서 많이 사용하는 100L짜리 파란색 플라스틱 들통이 그것이다. 햇볕이 들지 않는 부엌 베란다에 플라스틱 들통을 두어 개 놓고 수돗물을 채워주면 깨끗한 물 200L 정도는 손쉽게 확보할 수 있다. 물론 생수처럼 장기간 보관하는 데엔 무리가 따르므로 4~6개월에 한 번씩 새 수돗물로 교체해주면 된다. 묵은 물은 청소나 화장실에서 사용하면 되니 낭비도 없다. 200L pp플라스틱 드럼도 몇 만 원이면 새 것으로 구입할 수 있다.

들통의 장점은 평상시 사용하지 않을 때에는 대여섯 개를 하나로 포개놓을 수 있다는 점이다. 공간이 낭비되지 않아서 좋다. 보통 때는 들통 한 개에만 비상용 물을 넣어놓고, 다른 통은 겹쳐서 보관하고 있다가 단수 소식이나 재난 발생 소식이 들리면 바로 들통을 꺼내 수돗물을 가득 채우면 된다.

정기적으로 물을 교체하기 어렵다거나 오염이 우려된다면 사전에 아쿠아탭스 같은 정수제나 소독용 락스를 조금 넣어준다. 락스는 물 1L에 너다섯 방울 정도의 비율이 적당하다. 이렇게 하면 한동안 세균 증식을 막을 수 있다. 정수기나 정수약 등을 구하기 힘든 비상시에 물을 락스로 정수하는 것은 매우 잘 알려진 방법이다. 미국 재난 방재청이나 외국의 여러 서바이벌 관련 책에서도 이를 중요하게 언급하고 있다. 단, 물과 락스의 비율을 정확하게 유지해야 한다(락스 정수법은 229쪽 참조).

20L 플라스틱 물통 보관법

20L 플라스틱 물통을 여러 개 구비해놓아도 좋다. 집에서 장기간 저장할 용도라면 고급 물통까지는 필요 없다. 조금 가볍고 약하기는 해도 주변 철물점에서 쉽게 살 수 있는 4,000~5,000원짜리면 충분하다. 식수 보관 외에 석유통으로도 쓸 수 있다. 심지어 쌀이나 콩 등 곡물도 넣어서 장기 보관할 수 있고, 위로 2단, 3단까지 쌓을 수 있으므로 공간도 절약된다. 이 통의 장점은 물 보관 외에 수송에도 사용할 수 있다는 점이다. 집에 보관했던 물이 다 떨어졌다면 통을 들고 나가 다른 곳에서 떠올 수 있을 것이다.

몇 년 전 강원도에서는 겨울철 가뭄이 심해지자 도내의 모든 철물점에 물통 품귀 현상이 벌어진 적도 있다. 여러 개를 새 통으로 사는 게 부담스럽다면 폐플라스틱 통을 구해도 된다. 식당가나 공단에 가면 버려진 20L 통을 흔히 볼 수 있다. 보통 세제를 담았던 20L 통들인데 락스나 '피죤'처럼 일상용품을 담았던 통도 있고, 공업용 세정제를 담았던 통일 수도 있다. 공단 주위를 돌아다니거나 공장 수위실에 부탁하면 공짜로 얻을 수 있을 것이다. 이것들을 집에 가져와서 내부를 물로 충분히 세척한 다음 수돗물을 넣어 일주일가량 우려낸 후 사용하자. 단 이런 폐플라스틱 통에 보관한 물은 식수로 사용해서는 안 된다. 식수 외에 빨래나 설거지, 화장실물, 위생용으로 사용하라.

휴대용 물주머니

휴대용으로는 캠핑용 물주머니나 자바라 물통이 좋다. 접었을 때는 부피가 작지만 물을 넣어 쭉 늘어뜨리면 10L까지 물(석유)을 담을 수 있다. 자바라는 가격도 개당 2,000~3,000원으로 아주 저렴하다. 이것은 평상시 물을 담아두기보다 배낭 안에 넣고 비상용으로 쓰는 게 좋다. 일반 생수통은 물이 있든 없든 부피가 일정해서 자동차 안이나 배낭에 여러 개 넣기가 힘들다. 하지만 휴대용 물주머니는 접었을 때의 부피가 거의 1/10로 줄어들므로 휴대나 보관이 쉬운 편이다. 필요한 곳에서 쭉 펼쳐서 쓰면 된다.

나도 트렁크에 차량용 비상용품으로 휴대용 물주머니를 넣고 다닌다. 갑자기 휘발유가 떨어졌는데 긴급 출동 서비스를 받기 힘든 상황이라면 이것을 들고 인근 주유소까지 걸어가면 된다. 무작정 도움을 기다리기보다 스스로 문제를

휴대용 물주머니. 자동차 트렁크 안에 휴대하면 비상시 유용하게 쓸 수 있다.

해결할 수 있어서 좋다. "개똥도 약에 쓰려면 안 보인다"는 말처럼 비상시에는 빈 페트병조차 찾기 어려운 법이다. 찾았다 해도 병 안에 오물이 들어 있기 일쑤다. 그러므로 자동차 운전자라면 휴대용 물주머니를 한두 개 정도 구비해 다니는 게 좋다.

지역 내 비상 급수시설 파악

수도가 끊긴 초기 단수 상황에서 물을 구할 수 있는 좋은 방법이 있다. 도시 곳곳에 위치한 지역 비상 급수시설을 이용하는 것이다. 우리 주위에는 '민방위 비상급수시설'이란 것이 있다. 지하수를 뽑아 올리는 시설인데, 집 근처에 그런 게 있었나 싶겠지만 대부분의 공원이나 공설 운동장 한쪽에서 약수터란 이름으로 평상시에도 운용되고 있다.

지역 민방위 비상 급수시설 파악하기

다음 페이지의 사진은 나의 집 근처 공원에 있는 '민방위 비상 급수시설'이다. 전쟁이나 재난 등 비상시를 대비한 급수 시설인데, 지하수를 사용하므로 수돗물 단수 시에도 이용이 가능하다. 표지판을 자세히 보면 규모가 하루 150톤 수량이고, 지하 120m에서 뽑아 올리는 지하수를 사용한다는 사실을 알 수 있다. 눈여겨봐야 할 점은 자가발전기가 있다고 명시되어 있는 부분이다. 즉 전기가 끊겨도 자가발전기 작동으로 펌프를 돌려서 급수가 가

집 근처 비상 급수시설을
파악해두면 재난 발생 시 유리하다.

능하다는 사실이다. 급수대 뒤쪽에 보이는 작은 벽돌 건물이 바로 자가발전 시설이다.

그렇다면 민방위 비상 급수시설은 모두 비상용 자가발전기가 설치되어 있을까? 그렇지 않다. 어느 곳은 발전기 없이 그냥 가설 전기만으로 작동하는 곳도 있었는데, 이는 비상시 단전이 되면 수도 펌프가 아예 작동하지 않고 물도 얻을 수 없다는 뜻이다. 블랙아웃 소식을 듣고 물통을 들고 뛰어와도 소용없다는 의미이다.

집이나 직장 부근에 있는 비상 급수대의 위치를 파악하라. 종종 집 안의 정수기물 대신 급수대 물을 가져다 마셔보면서 미리 지하수에 적응해보라. 생수나 정수기 물만 먹다가 갑자기 지하수를 마시면 물갈이로 인한 배앓이가 일어날 수도 있기 때문이다. 배탈과 설사는 사소한 질병처럼 보여도 재난 시 가장 주의를 요하는 질병이다. 제대로 치료를 받지 못하면 생각하는 것 이상으로 위급해질 수 있다.

다음 페이지의 안내문을 보라. 자신이 사는 곳 이외의 시내 어느 곳에서 또 다른 비상급수 시설을 찾을 수 있는지 위치가 친절하게 나와 있다. 집 부근은

비상 급수시설은 인터넷에서도 쉽게 확인 가능하다.

물론 멀리 떨어진 곳까지 두루두루 파악해놓자. 급수시설을 많이 알고 있을수록 생존에 유리하다. 재난대비에 무지하거나 이를 무시한 채 살아가는 다른 사람들은 아마 한두 개조차 제대로 알지 못할 것이다. 이런 작은 차이가 바로 생존의 성패를 가른다. 급수대의 위치는 주변에 있는 설명서 약도를 사진으로 찍어두거나 인터넷에서 확인하여 정보를 적어두라. 시청 홈페이지나 '국가재난 정보센터' 재난대비 방에 가면 지역별 비상급수시설을 찾아볼 수 있다(http://www.safekorea.go.kr).

비상 급수시설의 위치를 사진으로만 찍어 놓거나 홈페이지를 즐겨찾기 목록에만 저장하지 말고 반드시 프린터로 출력해놓자. 비상시에는 프린터로 출력할 여유가 없거니와 컴퓨터 자체를 사용하지 못할 수도 있다.

'국가재난 정보센터' 재난 대비 방의 정보를 수시로 확인하라.

기타 물을 구할 수 있는 곳 알아두기

　　　　　　　　비상 급수시설을 못 쓰게 되거나 통제될 때를 대비해서 물을 구할 수 있는 다른 곳을 파악해두어라. 꼭 먹을 수 있을 만큼 깨끗한 물이 아니어도 좋다. 화장실 변기용으로 사용할 수도 있다. 그러므로 집 주위 개울, 연못, 호수, 분수대, 약수터 등의 위치를 알아두라. 또 건물 옥상에서 빗물이 떨어지는 홈통의 위치, 대형 에어컨 냉각수 탱크 장소, 수족관, 수영장, 들판의 농업용수 탱크, 소방용수 함 등의 위치도 파악하라. 평소 유심히 살펴보면 찾을 수 있을 것이다.

　　당연한 이야기지만, 외부에서 어렵사리 구한 물을 집까지 가져올 도구와 방법도 미리 숙지하고 있어야 한다. 20L 물통을 들고 100m만 가보면 얼마나 힘든지 알게 될 것이다. 게다가 당신이 준비한 것이 뚜껑조차 없는 플라스틱 들통이라면 어렵사리 물을 구하는 데 성공했다고 해도 집으로 가는 동안 물이 출렁거려

손실분이 발생할 수도 있다. 그러므로 반드시 마개가 달린 20L 사각 물통을 여러 개 준비해놓자. 자동차를 사용하지 못할 때에 대비해서 뒷자리가 장착된 자전거나 튼튼한 운반용 카트도 준비해두어라.

이제 당신에게 무슨 일이 생긴다면 가장 먼저 무엇을 해야 할지 알게 되었을 것이다. 비상상황에서 제일 귀중한 것은 깨끗한 물이다. 다른 사람에게도 마찬가지다. 따라서 재난이 발생한다면 우선 비상용 물통을 들고 집에서 가장 가까운 급수시설로 달려가라. 잠시라도 어물거렸다가는 먼저 온 사람들에게 기회 자체를 빼앗길지도 모른다. 평상시에야 약수터든 지역 급수대든 사람들이 순서를 지키겠지만 막상 재난이 발생하면 줄이나 순서 따위는 사라질 것이다.

물을 정수하는 방법들

시중에는 물을 정수하는 수많은 정수기와 기기들, 방법들이 나와 있다. 이것들을 분류하면 크게 다섯 가지로 정리된다. 자신이 처한 상황과 필요에 따라 한 가지 방법만 쓸 수도 있고, 두 가지 이상의 방법을 같이 사용할 수도 있다. 고여 있는 물을 간신히 구했는데 깨끗해 보인다면 간이 정수기만 써서 정수할 수도 있다. 그러나 왠지 미심쩍다면 정수기를 통과한 물에 정수약을 넣거나 햇빛 소독을 한 차례 더 할 수 있을 것이다. 물을 정수하는 방법은 침전 및 여과, 정수기 이용법, 화학물질 정수법(정수제, 락스, 요오드용액 사용), 끓이거나 증류하기 외에 기타 방법이 있다.

침전 및 여과

이물질을 가라앉히거나 간단한 거름 필터를 통해 여과시키는 방법이다. 오염이 심하지 않을 때 사용한다. 오염이 심할 때는 전(前)처리 역할로 기능한다. 옅은 흙탕물을 구했다면 손수건이나 옷, 커피 필터, 자동차

필터로 거르고 잠시 그릇에 놔두어 바닥에 침전시키는 방법이다. 베어 그릴스의 야외 모험 장면을 보면 구멍 뚫린 페트병에 숯과 모래, 양말을 이용해서 간단히 정수하는 방법이 나온다. 이것이 바로 침전 및 여과 정수법이다. 등산하다 깨끗한 계곡물을 발견했는데 바닥을 잘못 밟아 낙엽 조각 같은 물속 바닥의 부유물질이 떠오를 때 잠시 놔두거나 천으로 거르면 맑은 물을 먹을 수 있는 것과 같다. 가장 기초적인 정수 방법으로 다른 정수법의 전처리 역할을 수행한다.

정수기 이용하기

오염된 대부분의 물을 가장 안전하고 편하게 정수할 수 있는 방법이다. 생물학적 오염이나 화학물질 오염, 기름이나 중금속, 심지어 방사능 오염에도 효과가 있다. 요즘 가정용 정수기는 다단계 필터를 사용하여 필수 미네랄과 박테리아는 물론 방사능 물질까지 거를 수 있다고 선전한다. 하지만 일부 정수기는 들어간 물의 세 배가 낭비된다는 점, 재난 발생 시 전기와 수도가 끊어지면 작동이 불가능하다는 점을 명심하자. 또한 외부로 이동하는 중이라면 집에 있는 전기 정수기는 쓸모없는 물건이 된다. 이럴 때를 대비해서 전기를 쓰지 않는 소형 간이 정수기를 구비해두자. 주전자 형의 브리타 정수기나 유사한 정수기들이 많이 나와 있고, 휴대용으로는 카타딘, 라이프스트로우 같은 것도 있다. 하지만 이런 것들은 대부분 가격이 비싸고 정수 수명도 짧은 편이다.

정수기의 필터는 소모품이다. 그러므로 간이 정수기의 조그만 필터에 너무 기대를 많이 하지 말자. 제품 설명서에는 600~800L를 정수한다고 나와 있지만 이는 학교 수돗물처럼 깨끗한 물을 정수할 때 해당하는 이야기다. 탁한 물을 정수한다면 수명은 반 이하로 떨어질 것이다.

요즘에는 특별한 방식을 채택했다고 선전하는 제품들도 많다. 하지만 활성탄

방식이든 세라믹 방식이든 다 마찬가지다. 장거리 등산이나 트레킹처럼 최소한의 짐만 가지고 이동할 때는 소형 정수기를 휴대해도 상관없지만 이것이 주류가 되어서는 안 된다. 물론 가정용 정수기 대형 필터를 전기가 없어도 쓸 수 있게 개조하는 방법도 있지만, 무엇보다 중요한 것은 필터를 충분하게 비축하는 것이다.

화학물질 정수법

수돗물이나 수영장 물을 살균 정수할 때는 불소나 염소 같은 화학물질이 사용된다. 군대에서 지급하는 정수 알약과 아쿠아탭스 같은 사제 정수 알약도 염소계 소독제이다. 화학물질을 물에 넣어 마신다는 데 거부감을 느낄 사람도 있겠지만, 비상시 다른 장비가 없을 때 최소한의 용량으로 정확한 사용법만 지킨다면 가장 효과적인 방법이라고 할 수 있다. 대량으로 물을 정수할 때도 유리한 방법이다.

재난대비 비상 정수법으로 많이 알려진 락스나 요오드, 과산화수소를 이용한 것 역시 화학물질 정수법에 해당한다. 많이 쓰면 독이지만 적게 쓰면 약이 되는 것이다. 단 생물학적 오염에만 효과가 있으며 그 외 화학물질이나 중금속 방사능 오염에는 효과가 없다. 또한 요오드 정수법은 갑상선 질환이 있는 사람이나 임산부에게 위험할 수 있으니 주의하라.

끓이기 및 증류하기

야외에서 별다른 장비가 없을 때는 물을 끓이는 것만으로도 살균할 수 있다. 미국 정부의 재난대처 매뉴얼에는 10분 정도만 끓이면 대부분의 세균과 바이러스가 사멸한다고 설명되어 있다. 또 연료가 부족해서 팔

팔 끓이지 못하더라도 80도까지 물 온도를 올려주어 유지하면 상당수 효과를 볼 수 있다고 한다. 화학물질이나 중금속, 방사능에 오염된 물조차도 끓여서 수증기를 만들고 이를 식혀 증류수로 만든다면 깨끗한 물을 얻을 수 있다.

하지만 물을 끓이자면 연료나 에너지가 많이 들어간다. 또 마실 물을 만들 때마다 소중한 연료를 써버리면 추위와 배고픔을 막을 연료가 곧 바닥이 날 수도 있다. 대신 연료를 사용하지 않는 정수법을 찾아 응용해볼 수 있을 것이다.

구명정에 실린 바닷물 증류기나 태양열 집열기 등을 이용해도 물을 증류하거나 끓일 수 있다. 자연적인 방법으로는 햇볕이 좋을 때 활엽수 잎에 커다란 비닐봉지를 싸두거나 땅바닥에 구멍을 파고 비닐을 덮어두면 밑에서 증발되어 올라오는 증기를 모아 물을 만들 수 있다. 하지만 아주 조금밖에 얻을 수 없다.

기타 방법

그 외 투명한 페트병에 물을 채우고 지붕 위에 올려놓아 햇볕으로 살균시키는 방법이 있다(SODIS). 하지만 이것은 정말 아무것도 없을 때 할 수 있는 최후의 방법이다. 태양빛의 자외선이 살균 효과를 가지고는 있지만 자외선도 페트용기를 통과하면서 많이 약해지고 오히려 태양열로 물의 온도가 올라가면서 세균이 증식할 수도 있으니 조심하자. 이를 응용해서 기계로 만든 것이 바로 식당에 비치된 자외선 컵 살균기다. 최근에는 건전지를 사용하는 휴대용과 가정용도 출시되었다.

비상시 물 정수제 '아쿠아탭스'

바로 물 정수 알약이다. 그중 아쿠아탭스가 가장 유명하다. 물 정수약은 군대에서도 지급되기에 본 사람들이 많을 것이다. 하지만 그것을 직접 물에 넣어서 정수하여 마셔본 사람은 드물 것이다.

아쿠아탭스란?

아쿠아탭스는 락스와 같은 염소계 살균 정수제이다. 소량의 염소 성분이 주성분으로, 오염된 물에 넣으면 살균 소독작용이 일어나 물이 정수된다. 단지 사용량이 많고 적음에 따라 살균제가 되거나 정수제가 되기도 할 뿐이다. 염소계 정수제는 미생물과 세균 등 생물학적 살균만 가능해서 화학적 오염이나 광물(방사능 포함), 기름 오염에는 효과가 없다. 염소계 물질로 물 속의 세균을 살균하는 원리는 같고, 이를 응용해서 비상시 주방용 락스로 물을 정수하는 방법도 있다. 이 내용은 다음 꼭지에서 중요하게 다룰 것이다.

아쿠아탭스 사용법

아쿠아탭스 사용법은 간단하다. 지정된 용량의 물에 정수 알약을 하나 넣고, 30분 기다렸다가 물을 마시면 된다. 그렇다면 세제 쓰듯 큰 것을 쓰거나 많이 넣어야 좋을까? 아니다. 반드시 정해진 물 용량에 맞춰 알약을 투입해야 효과를 얻을 수 있다. 정수제 투입이 권장량보다 많으면 세균 살균을 넘어서 인체에 해를 끼칠 수 있으니 주의하자.

유리컵 안의 물에 정수제를 넣으면 기포가 올라오면서 스르륵 녹는다. 그 후 물 냄새를 맡아보면 약한 소독약 냄새가 날 것이다. 하지만 30분 정도 지난 뒤 물을 마셔보면 특이한 맛이 느껴지지 않는다. 락스나 정수제로 물을 정화할 때는 반드시 30분 이상 지난 후 마셔야 하다. 설명서에도 이런 내용이 적혀 있다. 정수제가 녹았다고 해서 바로 마신다면 아무런 정수 효과도 없다는 것을 명심하라. 실온의 물에서는 30분, 물 온도가 낮을 때는 한 시간 정도 기다려야 한다.

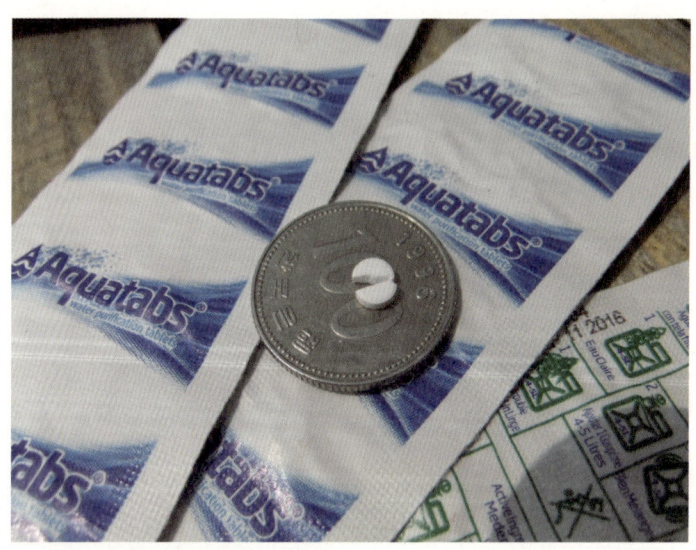

물 정수제는 정확한 사용법을 지키는 게 중요하다.

정수제 보관하기

정수제는 20L용과 5L용으로 나온다. 물이 귀한 오지에서나 비상사태 때에는 많은 물을 한 번에 구하기가 쉽지 않다. 이럴 경우 큰 것은 간단히 잘라서 쓸 수 있다. 커터 칼날을 조금 잘라내서 정수제 박스에 붙여두면 편리하다.

정수제는 유효기간(대략 5년)이 있으므로 무조건 아끼지만 말고 평소 교육용으로도 사용해보고 주위에 알려주자. 5L용 물통과 정수제, 물을 준비했다가 캠핑이나 등산시 계곡물을 이용해 아이들이나 친구들 앞에서 정수 시범을 보여주자. 당신을 생존전문가라도 되는 듯 모두가 달리 볼 것이다.

정수제는 크기가 작고 휴대가 간편하므로 휴대용 EDC나 자동차용 생존팩 등에 비상용품으로 보관하라. 랩이나 비닐 지퍼백으로 잘 포장해서 넣어두면 된다. 정수제를 이용하면 소독도 가능하다. 비상시에 락스처럼 쓸 수 있다는 뜻이다. 대용량 탭일 경우 물 20L에 하나를 넣으면 물을 정수하지만, 1L 물에 탭 하나를 넣어 고농도액으로 만들면 식기 세척용으로 쓸 수 있다. 물 2L에 넣어 약하게 만든 뒤 채소나 과일을 세척할 때 사용해도 되고, 위급할 때 신체 소독용으로 사용해도 좋다.

이동식 무(無)전원 정수기

자동차를 타고 피난 가는 상황이든, 집에서 안전해질 때까지 버티는 상황이든, 물은 생존에 가장 중요한 물질이다. 필자가 비상시를 대비한 정수의 중요성을 역설하는 것도 이 때문이다. 하지만 기존에 사용하던 가정용 정수기들은 수도(수압)와 전기가 있어야 작동한다. 비상시 수도와 전기가 들어오지 않을 때는 바로 무용지물이 된다. 그러므로 당신은 반드시 무전원 정수기를 준비해야 한다. 잘 찾아보면 의외로 많은 종류가 있음을 알 수 있다. 주로 주전자형과 물병형, 빨대형이 쓰이는데 가정용으로는 주전자형이 애용된다.

무(無)전원 정수기 사용법

사용법은 아주 간단하다. 정수기 뚜껑을 열고 필터 위에 물을 부으면 된다. 그러면 물이 필터를 거치면서 아래로 떨어져 모이는데, 이것을 마시면 된다. 인터넷 마켓을 검색해보면 국산도 몇 종 있지만, 가장 유명한 것은 독일제 '브리타' 정수기다. 주위에 많이 보급되어서 필터도 대형 할인마트에 가면 얼마든지 살 수 있다. 주전자형 정수기 중에는 전동식도 있지만 이것은 건전지가 필요하다. 주전자형 정수기는 전기도 필요 없고 크기도 한 가족이 쓰기에 적당해서 해외에서도 인기이다. 해외 오지 탐험을 가서도 쓸 수 있다.

필터 다루기

　　　　　　필터의 크기는 작은 유리컵 정도이다. 수돗물을 정수해서 먹을 경우 한 달 정도 사용할 수 있다지만 깨끗하지 못하거나 흙탕물처럼 탁한 물을 정수하면 필터 수명이 급격히 짧아진다(이 점은 휴대용 정수기를 포함, 모든 정수기에 해당된다). 따라서 정수기를 구입할 때 필터 하나로 몇 백 리터를 정수할 수 있다는 문구에 현혹되지 말자. 이것은 수돗물 등 최상급 물을 정수할 때 가능한 이야기다. 조건이 열악하면 필터의 수명은 훨씬 더 짧아진다는 것을 명심하자.

　　필터는 정수기의 생명이지만 소모품이기도 하다. 비상시 열악한 환경에서 비위생적인 물을 다량 정수해야 한다면 추가로 여유분 필터를 확보해두자. 독일제

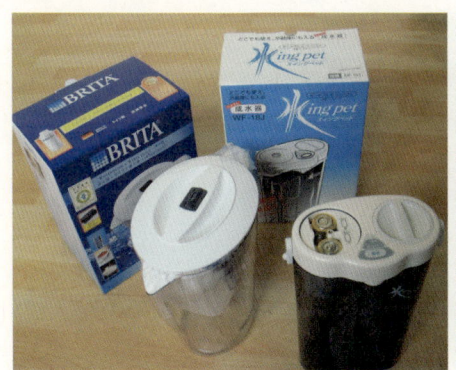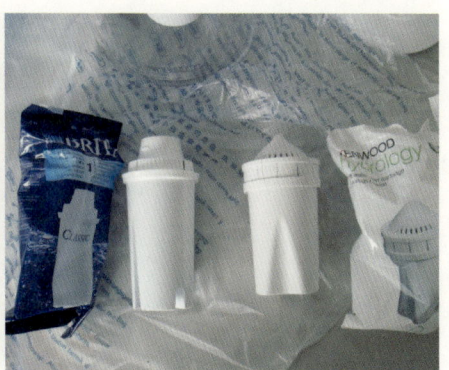

비상시를 대비하여 호환필터를 다수 준비한다.

브리타 정수기의 좋은 점은 정품 필터가 개당 7,000~8,000원 정도로 부담스럽지 않으며, 이에 호환되는 더 저렴한 다른 회사의 필터를 구해 사용할 수 있다는 점이다(켄우드 및 BWT 필터가 있고, 가격도 개당 5,000~6,000원 정도이다).

가급적이면 호환 필터를 많이 준비하자. 가격도 저렴하니 다량 비축해놓으면 비상시에 유용할 것이다. 이미 사용한 뒤 교체해서 빼놓은 필터도 버리지 말고 잘 말려놓자. 비상시 오염된 물을 전(前)처리하는 데 요긴하게 쓰일 뿐 아니라 새 필터의 수명을 조금 더 늘려줄 것이다.

비상시 간이 정수기 만들기

요즘에는 정수기를 사용하지 않는 집이 거의 없다. 고성능 정수기도 많이 팔린다. 그런데 문제가 하나 있다. 평상시에는 가족의 물 건강을 책임져주던 고급 정수기들이 비상시가 되면 십중팔구 무용지물이 된다는 점이다. 물을 정수하는 데는 반드시 전기나 수압이 필요하다. 바꿔 말해, 비상시 수도와 전기가 끊기면 정수기를 쓸 수 없다는 뜻이다. 평소 의존해 살던 첨단 기술이 우리를 외면해버리면 더 큰 충격과 피해를 입게 마련이다.

나의 상황에 가장 잘 맞는 정수법을 택하라

앞에서도 언급했지만, 비상시 물을 정수하는 방법에는 여러 가지가 있다. 휴대용 소형 정수기 이용하기, 끓이기, 정수 알약 넣기, 락스 사용하기, 햇볕과 자외선 이용하기 등등이다. 하지만 대부분 간이적인 방법이고 비상시 하는 방법들이라 무시하지 못할 단점들이 있다. 바로 정수 효과가 떨어지거나 의심되고, 필터 수명이 짧다는 점이다.

브랜드를 막론하고 정수기 필터의 주요 성분은 숯(일명 활성탄)이나 다공질의 폴리프로필렌이다. 일부 세라믹 재질도 있지만 정수기 필터가 작으면 성능도 역시 약하고 짧다. 심지어 비상시 심하게 오염된 물이나 흙탕물을 넣어 정수하면 필터가 막혀서 수명이 단 며칠 만에 끝날 수도 있다.

정수 방법마다 고유의 장단점이 있기에 어떤 정수기를 사용하든 자신이 처한 상황에 맞게 활용하는 것이 중요하다. 정수하는 방법이나 기기 중 성능이 확실하고 믿을 만한 것은 역시 가정용 대형 정수기다. 커다란 필터가 4~6개나 들어가 성능도 확실하고 필터의 가격도 다른 것들과 비교할 수 없을 만큼 싼 편이다.

가정용 대형 정수기를 이용한 응급 간이 정수기 만들기

가정용 대형 정수기 안에는 성능 좋은 필터가 내장되어 있다. 이제 그 부품을 이용해 최악의 상황을 맞았을 때 집에서 쓸 수 있는 간이 정수기를 만들어보자. 비상시 작동을 멈춘 정수기에서 필터를 떼어내고, 부엌에서 사용하는 고무장갑을 활용하는 게 포인트다.

▼ 준비물

1. 정수기 필터: 정수기 케이스를 열면 필터만 쉽게 빼낼 수 있다. 평소 정수기 관리사가 와서 교체할 때 유심히 보아두거나 물어보라. 이후로는 직접 필터만 따로 사서 스스로 교체할 수 있을 것이다. 대부분의 가정용 정수기 내부에는 필터가 네 개 들어 있다. 수돗물이 1번을 거쳐 4번을 통해 정수되는 데 각기 용도가 조금씩 다르다.
2. 고무장갑: 고무장갑은 물주머니 역할을 한다.
3. 가위, 칼

번호별 필터의 기능

▶ 1번은 침전 필터로 약간 큰 이물질(1미크론 이하)들, 즉 모래나 먼지, 벌레 등 부유물질을 제거한다. 재질은 스펀지 같은 다공질의 폴리프로필렌이다.

▶ 2번은 카본 필터이다. 활성탄, 즉 숯가루로 된 것으로 좀 더 작은 입자나 농약, 유기물질을 제거한다.

▶ 3번은 2번을 거쳐 들어온 초미세(0.01미크론 이하) 불순물을 최종적으로 제거한다. 3번 필터까지 정수되면 오염된 물은 대부분 깨끗해지며 마실 수 있는 상태가 된다.

▶ 4번은 후처리 필터이다. 양이온 교환 수지를 통해 잔류 염소 및 미세 중금속을 제거해주고 물맛을 좋게 한다.

▶ 필터를 꺼내 보면 네 개의 필터에 각기 번호가 적혀 있는데다가 색깔이 달라 구별하기도 쉽다. 만약 집 정수기의 필터를 혼자 교체하고자 한다면 먼저 필요한 필터를 확인한 후 인터넷 마켓에서 필요한 번호의 정수 필터만 싸게 구입할 수 있다.

▶ 제조사에 의하면 이 필터들은 크기가 큰 만큼 정수양도 무려 3,000L에 이른다고 한다. 고가의 외제 소형 정수기(주로 500~700L 정수)보다 몇 배나 수명이 길다. 인터넷으로 구매할 경우 가격도 저렴하다. 1, 2, 4번은 개당 2,000원 선이고, 3번 중공 사막 필터만 6,000원 선이다.

필터의 종류

▶ 필터에는 양방향과 단방향 두 종류가 있다.

▶ 양방향 타입은 원통형 필터의 양 끝에 물 유입 구멍과 배출 구멍이 있다. 필터만 빼서 비상시 중력 정수기를 만들려면 당연히 양방향 필터를 구매해야 한다.

▶ 단방향 타입은 한 쪽에 두 개의 구멍이 모두 있다.

▼ 만드는 방법

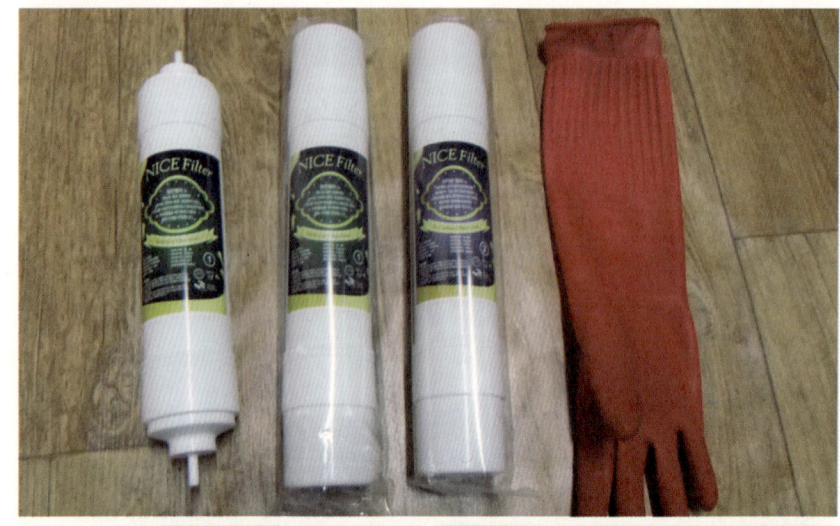

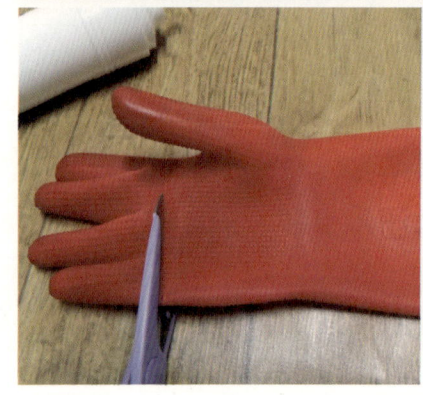
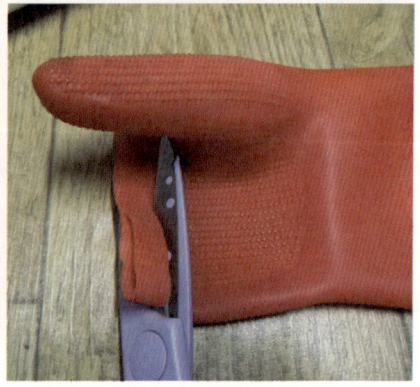

1. 먼저 고무장갑의 손바닥 면을 가위로 자른다. 최대한 손가락 쪽에 가깝게 자른다. 여기에 필터를 넣어 끼운 다음 한 번 더 잘라야 하기 때문이다. 다음 페이지 사진(오른쪽)을 보면 쉽게 이해할 수 있을 것이다.

2. 자른 면의 1.5~2cm 위쪽으로 한 번 더 자른다. 이 부분으로 고무줄을 하나 만들기 위해서다. 이 고무줄은 필터와 고무장갑을 단단히 고정시키는 데 사용된다.

3. 물이 유입되는 필터의 윗부분을 넓혀줘야 한다. 중력식, 즉 물 자체의 무게와 압력

으로 필터 안에 물을 밀어넣기에는 기존의 작은 구멍으로 충분하지 않다. 칼이나 톱 등으로 필터의 윗부분을 넓게 따내고 구멍을 더 넓혀준다. 그래야만 물의 압력이 제대로 작용하여 정수 효율을 높일 수 있다. 필터 겉면을 보면 물이 들어가고 나오는 방향이 화살표로 표시되어 있다. 이것을 확인한 후 반드시 물 유입구 쪽을 뚫어내야 한다. 만약 반대쪽을 뚫어버리면 효율이 떨어질 수 있다(필터의 밑면은 재질이 두꺼워서 작은 칼로 잘라내기는 힘들 수 있다. 직소나 톱 등을 이용하면 좀 더 쉽게 잘라낼 수 있다).

4. 잘라서 개봉된 필터 위쪽에 먼저 작업한 고무장갑을 끼운다. 물론 필터보다 장갑이 크므로 헐렁할 것이다.

 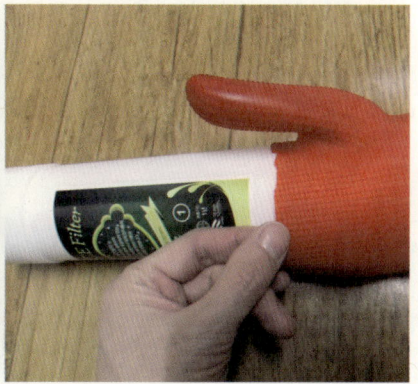

5. 2번 과정에서 잘라 만든 고무줄을 8자로 꼬아 장갑과 필터를 꼭 묶어준다. 고무장갑은 물주머니 역할을 하게 되는데 이때 필터 밖으로 물이 빠져나가면 안 되기 때문에 단단히 묶어준다. 만약 고무줄로 묶은 곳이 약해져서 오염물이 새어나온다면 정수된 물과 섞일 수 있다. 기껏 정수한 물을 버려야 하거나 다시 작업해야 할 수도 있으므로 주의하자. 다음 페이지의 사진(왼쪽)은 필터에 고무장갑을 끼우고 고무줄로 묶은 모습이다. 장갑과 필터를 묶은 부분 바로 위가 튀어나와 있어서 잡아당겨도 잘 빠지지 않는다. 결합이 잘된 모습이다. 약해 보이지만 실제 실험해보면 옆으로 새

는 물이 거의 없을 정도다. 그래도 불안하다면 줄이나 테이프로 조금 더 감아준다.
6. 물주머니인 고무장갑에 물을 부어보자. 몇 초 후 정수기를 거쳐 밑으로 정수된 물이 흘러나올 것이다. 원래는 수도에 연결되거나 전기 펌프로 물을 공급해야 작동하지만, 고무장갑 물주머니의 자체 수압으로 필터링이 되면서 물이 정수되는 것이다.

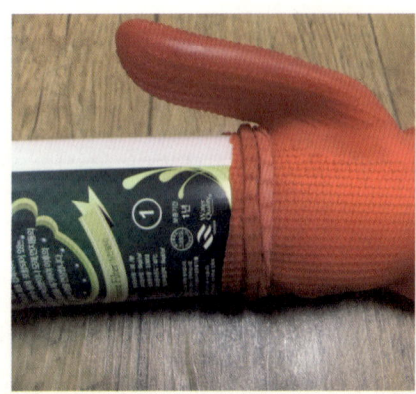 

이렇게 만든 간이 정수기는 일상 제품의 대용량 필터를 재활용한 것이라 정수 성능과 사용 수명이 휴대용 소형 정수기와는 비교할 수 없을 것이다. 하지만 이렇게 정수기 필터와 고무장갑만으로 비상시 긴급 정수기를 만들 수 있다니 놀랍지 않은가? 재난 시 빗물이나 강물, 고인 물이나 수족관 물, 혹은 수영장 물 등도 급한 대로 정수해서 쓸 수 있을 것이다.

해외의 유명한 고가 수입품이나 간이 정수기 세트를 사는 것도 물론 좋다. 하지만 서민형 코난족에게는 집에 있는 여러 가지 도구를 응용하여 만드는 편이 훨씬 바람직할 것이다. 비단 정수기뿐만이 아니다. 어떤 장비든 대체할 수 있는 게 있다면 반드시 활용할 수 있는 방법을 연구하라. 그러면 아무리 심각한 상황에 처한다고 해도 맥가이버처럼 임시변통하면서 적응할 수 있을 것이다.

휴대용 빨대 정수기 만들기

배낭에 넣고 다니면서 휴대용으로 쓸 수 있는 소형 정수기는 오지 여행가나 프리퍼족에게는 매우 중요한 생존용품이다. 휴대용 정수기는 오지 생존용, 재난대비용 외에 등산용으로 쓰기도 하는데 카타딘과 라이프스트로우가 유명하다. 라이프스트로우는 일명 '빨대 정수기'라고 하며 제일 작은 정수기다. 입에 물고 물에 넣어서 빨아 당기면 정수된 물이 조금씩 올라온다. 라이프스트로우는 아프리카나 동남아처럼 수질 환경이 좋지 않은 곳에서 더러운 식수를 먹을 수밖에 없는 사람들을 위해 개발된 적정기술의 하나이다. 즉 가난한 사람들이 정수된 물을 최대한 간단하고 값싸게 마실 수 있도록 만든 제품이다.

하지만 이들 빨대형 정수기들의 국내 가격은 꽤 고가이다. 한 뼘도 안 되는 소형 파이프에 정수 필터가 포함된 간단한 형식이고 호스나 용기 등 부속장비가 없는데도 그렇다. 현재 가정용 언더싱크 정수기에 들어가는 팔뚝만 한 정수 필터도 개당 2,000~6,000원대 수준으로 살 수 있는데, 둘 다 비슷한 구조와 성분임을 생각해보면 아무래도 가격이 부담스럽다. 이번에는 주전자형 정수기 필터를 이용하여 휴대용 빨대 정수기를 만들어보자.

▼ 준비물

1. 주전자형 정수기 필터. 설명서에 따르면 필터 카트리지는 800L 정수 용량을 갖고 있는데, 현재 국내에선 제품은 2만 원대로, 필터는 몇 천 원대로 살 수 있다.
2. 실리콘 호스(가는 것)
3. 칼
4. 아기 기저귀용 고무줄

▼ 만드는 방법

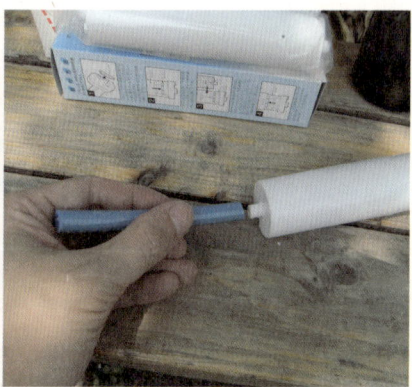
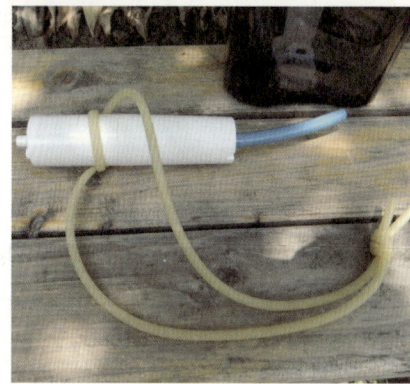

1. 먼저 필터의 물 유입구 방향을 확인한 뒤 물이 들어오는 쪽에 실리콘 호스를 10cm

쯤 잘라서 주입 구멍에 끼워준다.

2. 이 호스 부분을 오염된 물에 넣고 위쪽의 배출구에 입을 대고 빨아주면 물이 올라오면서 정수가 된다. 시중에서 구입하는 라이프스트로우와 비교할 때 모양은 조금 떨어지지만, 기능은 비슷하다.

3. 아기 기저귀 고무줄을 잘라 다음 사진처럼 제품 중간에 잘 묶어서 매어둔다. 아기 기저귀용 고무줄은 야외에서 요긴하게 쓰인다. 평상시에는 정수기를 매 목에 걸고 다닐 수도 있고, 비상시 다쳐서 피가 흐를 때 고무줄을 풀러 혈관 압박용으로 사용할 수도 있다. 또 새총을 만들어서 작은 새를 사냥할 때 쓰거나 작살을 만들 때 사용하기도 한다.

조금 허술해 보이지만 성능은 확실하다. 작은 크기라 휴대도 간편하고 만드는 비용도 적게 든다. 이 정도면 썩 괜찮은 휴대용 정수기로 사용할 수 있다. 평상시 등산 배낭에 넣고 다니면서 계곡물을 정수해서 먹을 때, 비상시 고인물이나 오염이 의심되는 물을 긴급히 먹어야 할 때 매우 요긴하게 사용될 것이다.

자동차를 이용한 정수도구 만들기

비상시 도시에서 찾을 수 있는 흔한 것 중 하나가 버려진 자동차와 페트병, 비닐봉지일 것이다. 버려진 자동차의 부품을 이용하면 간이 정수 장치를 만들 수 있다. 물론, 흙탕물을 시판 생수처럼 만들어 먹을 수는 없지만 정수도구가 아무것도 없을 때 최소한의 방법이 될 수 있다. 최소한 흙먼지나 벌레, 유충을 함께 마시지 않을 수 있으니까. 또 이렇게 만든 휴대용 정수기는 훌륭한 전처리 필터로서 사용될 수 있다.

요즘의 자동차에는 필터가 두 개 있다. 다음 페이지의 사진을 보자. 엔진룸에 있는 에어필터와(위 오른쪽) 실내에 있는 에어컨필터(위 왼쪽)이다. 이 필터들은 드라이버만 있으면 쉽게 분해할 수 있다. 이것들은 비상시 정수 장치 및 전처리용 필터로 사용할 수 있다. 사전에 자동차 엔진룸과 실내 어디쯤에 각각의 필터가 들어가 있는지 알고 있어야 하므로 평소에도 직접 교체해보자. 정비공임도 아끼고 비상시 생존 지식으로 활용할 수 있을 것이다.

▼ **준비물**

자동차 에어필터, 에어컨필터, 드라이버, 가위

▼ **만드는 방법**

1. 필터를 자동차에서 분리한 후 먼지를 잘 털어준다. 최근의 에어컨필터에는 활성탄이 포함되어 있어서 검은색을 띠며 성능도 예전보다 좋아졌다.
2. 필터에서 부직포(종이) 여과지를 잘라낸다. 빽빽하게 접혀 있어서 꽤 많은 양을 얻을 수 있다.
3. 잘라낸 후 당겨서 펴면 상당히 큰 면적이 되는데 이 여과지들을 이용해서 물을 간

이 정수할 수 있다.

4. 자른 여과지를 접어서 물을 담을 수 있는 깔때기를 만든다. 거름종이가 되는 것이다. 아무리 좋은 여과장치라도 그냥 물을 부으면 필터를 통과시킬 수 없다. 기계의 힘을 이용하든지 중력의 힘을 이용해서 물을 필터에 통과시켜야 한다.

5. 몇 개를 겹쳐서 사용하면 필터 성능이 좀 더 향상될 것이다. 깔때기 모양으로 접은 필터에 흙탕물이나 '오염된 물을 부으면 물이 필터를 통과하면서 간이 정수가 된다. 한 번 정수해본 후 여전히 색깔이 탁하다면 다른 여과지를 접어서 몇 번 반복하자.

락스를 이용한 정수법

우리나라 대부분의 집과 건물에는 이미 강력한 살균 정수제가 준비되어 있다. 당신의 집에도 몇 개쯤 있을 것이다. 다른 곳도 마찬가지다. 대개 부엌이나 화장실, 회사 식당이나 탕비실 등에 있는데, 가격도 싸고 살균 성능이 강력하여 화장실 바닥과 변기 세척용으로 많이 쓰인다. 바로 락스이다. 락스가 살균 정수제라고? 고개를 갸우뚱할 사람도 있겠다. 평소 집에서 옷에 묻은 얼룩을 제거할 때, 싱크대의 물때를 표백할 때, 화장실이나 욕실을 청소할 때 사용하는 락스로 물을 정수할 수 있다니! 어떤 원리로 정수를 할 수 있는 것인가? 믿을 만한 것인가? 인체에 위험은 없는가? 의심하는 것도 당연하다.

미국 주요 대도시와 재난 방재청에서 배포하는 민간인 대상 재난대비 매뉴얼이나 외국 저자들이 쓴 각종 서바이벌 책을 보면 재난 시 물을 정수하는 주요 방법들이 나온다. 그중에는 정수기나 정수 알약이 없을 때 주위에서 구할 수 있는 것들로 응급 정수하는 법도 있다. 바로 요오드나 과산화수소 그리고 우리 주위에서 쉽게 구할 수 있는 락스를 사용하는 방법이다. 정수제로 유명한 아쿠아탭스를 20L 물통에 한 알 넣으면 살균 정수가 되어 마실 물이 되지만 1L 물 컵에

요오드, 과산화수소, 락스로 정수할 때는 유의사항을 준수해야 한다.

한 알을 넣어 농도를 높이면 오염된 그릇이나 바닥, 식기나 옷을 살균 세척하는 데 쓸 수 있는데, 이것처럼 락스도 겉면 라벨에 적힌 사용법대로 진하게 쓰면 화장실 세척제로 쓰이지만 미량 투입하면 물 살균제가 된다.

단 청소할 때처럼 락스를 대충 넣어서는 안 된다. 오염도나 물의 양, 락스 순도, 작업 시간, 투입량 등의 다양한 제한 사항을 따라야 한다. 사람이 마시는 물이므로 이러한 엄격한 제한 사항은 당연한 것이다. 정확한 작동 원리와 사용법을 익혀서 비상시 정수기나 장비가 아무것도 없을 때 적용해보자. 난감한 상황에서 큰 도움이 될 것이다. 나를 비롯한 코난족은 '장비 우선주의자'가 아니다. 꼭 필요한 것은 구입하지만 가급적 구하기 쉽고 저렴한 대체재를 찾아 비상시 생존물품으로 사용한다. 경제적으로 부담이 덜할 뿐만 아니라 다양한 상황에서의 생존이라는 코난의 목표에도 부합한다. 이런 과정을 통해 창의성을 발휘하는 재미를 덤으로 얻기도 한다. 이제부터 락스를 이용해 물을 정수하는 방법과 그 원리를 알아보자.

락스 정수의 원리

다음은 미국 재난청이 발표한 비상시 락스 정수 방법 관련 매뉴얼이다. 특히 4번 항목을 자세히 살펴보자.

교체는 어떻게 합니까?
물은 6개월마다 교체하는 것이 좋습니다.

순도가 의심되는 물의 처리

1. 물을 여과하여서 가능하면 많은 고체를 제거하십시오. 커피 필터, 얇은 면 또는 여러 겹의 페이퍼 타월을 사용하면 좋습니다.

2. 물을 10분간 끓이십시오.

3. 적어도 30분 동안 식히십시오. 물은 반드시 식었어야 합니다. 그렇지 않으면 첨가할 표백제가 증발해버려서 소용이 없게 됩니다.

4. 1갤런(약 3.8L)의 식힌 물에 1/8 티스푼 또는 2L 병에 여덟 방울의 액체 표백제를 첨가하십시오. 표백제의 유일한 활성 성분은 6.00% 차아염소산나트륨이어야 하며 추가된 증점제, 비누 또는 향이 없어야 합니다.

5. 30분 정도 기다리십시오.

6. 표백제 냄새가 나면 사용할 수 있습니다. 표백제 냄새가 나지 않으면 갤런당 열여섯 방울의 염소계 표백제를 추가하고 30분을 더 기다린 다음 다시 냄새를 맡아보십시오. 표백제 냄새가 나면 사용할 수 있습니다.

표백제 냄새가 나지 않으면 물을 버리고 다른 물을 찾으십시오.

추가 정보

- 물을 정화하기 위해서 사용해야 하는 유일한 것은, 6%의 차아염소산나트륨만 포함하고 증점제, 비누 또는 향 등이 포함되지 않은 가정용 액체 표백제입니다.

요오드이나 캠핑 또는 서플러스 용품점에서 파는 제품과 같은 화학물질은 짧은 유효기간을 가지고 있으며 권장할 만하지 않습니다. 사용하지 마십시오.

- 물을 끓이면 질병을 유발할 수 있는 박테리아, 병원균 및 기생충이 죽습니다. 표백제로 물을 처리하면 대부분의 병원균이 죽지만 박테리아는 죽지 않을 수 있습니다. 따라서 끓인 다음에 염소계 표백제를 첨가하는 것은 효과적인 물 정화방법입니다.

- 염소계 표백제의 용인된 유일한 측정 방법은 방울입니다. 한 방울은 특정하게 측정 가능합니다. "뚜껑" 또는 "얇은 티스푼"등과 같은 다른 측정법은 일관된 측정이 불가능하며, 사용하지 말아야 합니다.

- 잠재적으로 오염된 물은 탁하건 맑건 간에 처리에 있어서는 차이가 없습니다.

출전: FDA 및 EPA보고서, 1994년

우선 집에 있는 락스를 찾아서 꼼꼼히 살펴보자. 겉면 라벨에 약간 이상한 글귀가 적힌 것을 보게 될 것이다. 바로 "천연 소금을 이용해서 만들었다"는 문장이다. 락스는 정말 천연 소금으로 만들었을까? 락스의 성분은 무엇일까? 궁금해 하는 이들을 위해 락스의 구성성분과 제조방법을 알아보자.

락스의 주요 성분은 정제 차아염소산 나트륨이다. 아래 사진을 보면 겉면 라벨에 '유효염소 6%정품'라는 글귀가 적혀 있다. 오염된 물을 정수하는 주성분이 바로 이 차아염소산 나트륨(NaOCl)이다. 바로 이 물질이 소금에서 얻어진다.

첨가물이 없고 주요 성분이 5~6%인 것으로 고르자.

소금에서 차아염소산 나트륨을 얻는 방법

소금물을 전기 분해하면 한쪽 극에는 저농도의 염소가스(Cl)가 생성되고, 다른 쪽 극에는 수산화나트륨(NAOH)이 생성된다. 여기서 발생된 염소가스를 수산화 나트륨 용액에 녹인 것이 바로 차아염소산 나트륨이다.

반응식은 다음과 같다.

$$2NaCl + 2H_2O \longrightarrow 2NaOH + Cl_2 + H_2 \Leftarrow \text{전기분해과정}$$

소금　　　물　　　　가성소다　염소　수소

락스의 정수 원리

이처럼 소금물을 전기 분해하는 과정에서 간단히 주요 성분이 만들어지므로 락스의 가격이 저렴한 것이다. 그렇다면 차아염소산 나트륨은 어떤 원리로 물 정수 작용, 즉 살균 작용을 하는지 알아보자. 차아염소산 나트륨은 그 자체로는 별다른 살균력이 없다. 다만 락스를 물에 탔을 때, 즉 차아염소산 나트륨이 물과 만나서 반응하여 수산화나트륨과 차아염소산으로 변하고, 여기서 발생하는 차아염소산이 살균 작용을 하게 되는 것이다.

차아염소산은 물속에 있는 각종 세균과 박테리아, 곰팡이 등의 세포벽을 녹여서 그 안의 효소를 파괴한다. 특히 물과 반응할 때면 활성산소가 같이 만들어지는데, 활성산소는 알다시피 강력한 산화제로서 살균 작용을 강화시킨다. 이렇듯 차아염소산 나트륨이 2중으로 작용함으로써 더욱 강력한 살균 효과를 얻을 수 있는 것이다.

다만 수용액은 저장 중 조금씩 분해되어 염소가스를 발생시키고 나중에는 날아가버리므로 장기간 보관하게 되면 살균제로서 효력이 사라진다. 즉 오래된 락스에는 정수 효과가 없다고 보아야 한다. 그러므로 비상용으로 준비했을 때에는 몇 년에 한 번씩 정기적으로 교체해줘야 한다. 다음으로 부작용을 최소화하고 물 정수 효과를 극대화할 수 있는 정확한 사용법을 살펴보자.

락스를 이용한 물 살균 정수법

첨가물이 없는 차아염소산 나트륨(NaOCl) 용액 5% 이상 함유된 락스 준비

보통 마트에서 파는 가정용 락스에는 꽃향기나 첨가물이 포함되어 있고, 차아염소산 나트륨의 함유량도 4% 정도로 낮은 편이다. 대형마트에 가서 업소용 제품을 찾으라. 향기나 첨가물이 없고, 유효 함량이 5% 이상인 제품을 고른다.

오염된 물 1L에 락스를 네 방울 넣고 30분 기다린다 (스포이트 이용)

스포이트를 쓰는 이유는 정수할 물에 극미량의 락스를 정확히 계산하여 넣기 위해서다. 액체를 계측할 방법이 일상에서는 마땅치 않은데, 그나마 방울이라는 측정 방법이 최선이다. 30분 동안 기다려야 하는 이유는 차아염소산이 물에 있는 각종 세균과 바이러스 세포의 벽을 녹이고 효소를 파괴할 시간이 필요하기 때문이다. 락스를 첨가한 후 기다리지 않고 바로 먹는다면 아무런 효과가 없을 것이다.

물의 온도도 중요하다. 만약 차가운 물이라면 락스를 몇 방울 더 넣거나 기다리는 시간을 한 시간 정도로 길게 잡아라. 평상적인 상황에서는 30분이면 충분하다.

30분 후 물에서 약한 락스 냄새가 나지 않으면 다시 네 방울을 첨가한다

물이 오염되었거나 아무리 생각해도 미덥지 못하다 싶으면 락스의 양을 첨가한다. 먼저 표준량을 넣고 30분 기다린 후 락스 냄새가 거의 나지 않으면 병원균이 많아 정수제가 모자란다는 뜻이다. 이런 경우에는 네 방울을 더 첨가한다. 만약 이렇게 해서도 연한 락스 냄새가 나지 않는다면 물 마실 생각을 버려라. 오염이 심한 물이기 때문이다.

아이들이나 염소 성분에 알레르기가 있는 사람은 정수된 물을 통에 넣고 흔들어주거나 가열해서 온도를 올려준 뒤 마신다

정수 후 물속에 미량 녹아 있는 염소 성분이 걱정된다면 정수된 물을 한두 시간 더 놔두거나 통에 물을 반쯤 채우고 흔들어준다. 또는 가열해서 수온을 조금 올려주면 미량 남아 있을지도 모를 염소 성분을 날려보낼 수 있다.

락스 투입량을 정확하게 지킨다

락스를 이용한 정수법에서는 투입량을 정확하게 지키는 게 가장 중요하다. 너무 적으면 효과가 없고 지나치게 양이 많으면 몸에 좋지 않기 때문이다. 1L에 네 방울이라는 비율도 지금 당장은 기억할지 모르지만 훗날 급박한 상황이 닥치면 도무지 생각나지 않을 수도 있다. 1L에 네 방울, 즉 1:4라는 비율을 외우기 쉽게 "락스 정수 114"라고 기억하면 어떨까? 그래도 불안하다면 비상용

약수로 물을 정수하는 데 필요한 도구들:
빈 용기와 스포이트

으로 준비한 락스통 겉면에 "물:락스=1:4"라고 적어두라.

락스를 이용한 정수법은 아무런 장비가 없을 때 할 수 있는 가장 손쉬운 방법이다. 일상에서는 굳이 락스 정수법을 사용할 필요가 없다. 하지만 장점이 많은 정수법이니 만드는 법을 정확하게 기억해두기를 권한다. 만약 한국에 일본 3·11 대지진이나 쓰나미처럼 갑자기 대재난이 닥쳐서 집을 버리고 몸만 겨우 빠져나올 상황이 벌어진다면 기껏 준비해두었던 비상장비나 정수알약마저 사라졌을 가능성이 크다. 하지만 어느 집이든 들어가 화장실이나 부엌 쪽을 뒤져보면 그 안에서 락스 한 통쯤은 발견할수 있을 것이다. 그러면 당신은 이미 알고 있는 지식을 활용해 가족에게 깨끗한 물을 먹일 수 있게 될 것이다.

락스를 이용한 정수세트 만들기

휴대용 락스 정수 세트 만들기

　락스 정수법은 비용도 거의 들지 않거니와 다양하게 이용할 수 있다는 장점이 있다. 아쿠아탭스류의 정수제는 정수 알약 하나에 20L(혹은 5L)의 물이 있어야만 쓸 수 있다. 이는 장점인 동시에 단점이기도 한데 만약 구해놓은 물이 2L나 혹은 500㎖ 작은 생수병 하나뿐이라면 정수하기가 꽤 까다로울 것이다. 알약을 칼로 정교하게 자르든지 가루를 내어 분량을 나눈 후 투입해야 할 것이다. 반면 락스 정수법은 스포이트로 몇 방울 떨어뜨리면 되기에 작은 생수병(두 방울) 정도의 적은 물을 정수하기가 쉽다. 또한 이를 이용해 등산 가방이나 비상용 생존팩 등에 소량을 덜어 긴급용으로 휴대할 수도 있을 것이다. 하지만 이론과 실전은 다르다. 책을 읽으면서 보고 이해하는 것과 실천도 다르다. 그러므로 사소한 것이라도 평소 직접 해보고 일일이 확인해보자. 이런 준비과정을 거쳐야만 나중에 비상사태가 발생했을 때 바로 적용할 수 있을 것이다. 작은 실천이 나와 가족의 생명을 살리고 생존을 가능하게 해준다는 점을 명심하자.

▼ 준비물

1. 락스: 향이나 세제 성분 혹은 계면 활성제 성분이 들어 있지 않고, 차아염소산 나트륨 함유량이 5~6% 이상 되는 락스를 구입한다. 이때 락스의 성분표를 꼼꼼히 살펴야 한다. 대개 4% 함유된 것이 많기 때문이다. 1% 차이가 작아 보일 수도 있지만 화학적 합성물은 1%만 차이가 나도 효과 면에서는 크게 달라진다. 그러므로 최대한 권장량(5~6% 이상)을 지키도록 한다. 비상시 4%짜리를 구입하게 되었다면 투입량을 늘리는 수밖에 없다. 평소 대형마트에 가서 주방용 또는 업소용이라고 적힌 제품을 찾아보라. 아래 사진을 보면 두 개의 락스가 있다. 왼쪽 락스는 4%이고, 오른쪽 주방용이 5.4%이다. 4%용은 1L 천 원대이고, 주방용은 2L 4,000원대로 향이나 다른 첨가물이 들어가지 않은 것이다.

2. 스포이트가 포함된 화장품 용기 세트: '다이소' 등 생활용품점에 가면 얼마든지 구할 수 있다. 스포이트는 '방울'이라는 셈 단위로 정확하게 계량할 수 있는 중요한 도구이다.

정수에 사용하는 락스는 차아염소산 나트륨 함유량 5~6%가 적당하다.

▼ **만드는 방법**

1. 구입한 빈 화장품 용기와 스포이트를 준비한다.
2. 용기에 락스를 부어 채우고, 스포이트와 같이 묶어서 휴대한다. 비상시 락스 정수 세트로 이용할 수 있다.
3. 만약 500㎖ 작은 생수병에 물을 받았는데 이것을 락스로 정수하고 싶다면 비율 1l4를 기준으로 그 절반인 두 방울만 넣으면 된다.

가정용 락스 정수 세트 만들기

　　　　　　　　　　　　락스를 이용해 물을 정수하려면 투입 비율을 지켜야 한다. 잘 쓰면 약이 되지만 지키지 못하면 효과가 없거나 독이 된다. 정확한 첨가 비율(1L에 네 방울)을 지금이야 기억하겠지만 다음 달쯤이나 비상시에는 당황하여 생각나지 않을 수 있다. 또한 평상시에는 부엌과 화장실 어느 위치에 락스가 몇 통 있다는 것을 꿰뚫고 있을지 몰라도 막상 재난이 닥치면 잊어버리거나 감쪽같이 사라졌을 수도 있다. 다행히 락스를 찾는다 해도 투입 비율을 확인할 스포이트가 없을 수도 있다. 그러므로 모든 상황에 철저하게 대비해야 한다.

▼ 준비물

락스, 스포이트 몇 개(정확한 락스 투입량을 지키기 위해 꼭 필요하다), 정확한 정수법을 적을 수 있는 스티커

▼ 만드는 방법

1. 먼저 스포이트 서너 개를 준비한다.
2. '비상시 정수용: 1L에 4방울'이라고 적은 스티커를 만들거나 라벨지에 직접 쓴다. 스티커는 급할 때도 잘 보일 수 있도록 락스통 겉면과 뚜껑 위에 붙인다. 스포이트 손잡이에도 붙인다.
3. 위의 사진처럼 '비상시정수용' 스티커(라벨)를 붙인 스포이트 서너 개를 락스통 겉

면에 투명 테이프로 단단히 붙여두자. 그리고 이런 정수 세트를 몇 개 더 만들어 비상용 가방과 집 창고, 대피처 등에 미리 챙겨두라. 그러면 경황이 없을 때에도 바로 꺼내서 사용할 수 있다. 당신이 부재중이라 해도 다른 가족이 이를 보고 사용할 수 있을 것이다.

겨울철 눈으로 식수 만들기

지구온난화가 더욱 심해지면서 해가 바뀔수록 겨울 또한 기온이 급강하하고 있다. 만약 겨울철에 재난이 발생하여 우리가 사는 곳에 단수나 단전 상황이 발생한다면 어떻게 물을 구할 수 있을까? 겨울에는 모든 게 얼어붙는다. 얼핏 물을 구하기 어려울 것 같지만, 의외로 쉽기도 하다.

집이나 주위 건물의 지붕 배수구를 확인하라

다음 페이지의 사진은 추운 겨울날 오후 2시 어느 집의 지붕을 촬영한 것이다. 기온이 영하도 떨어졌는데도 정오부터 햇볕이 잘 드는 곳이라 아침에 내린 눈이 어느새 녹아서 물이 되어 떨어지고 있다.

이렇게 아파트나 건물의 지붕 배수구를 잘 확인해보면 눈이나 얼음이 녹아서 밑으로 물이 떨어지는 곳을 찾을 수 있다. 평소 집이나 주위 건물의 배수구를 확인해둔 뒤 눈 내린 날 오후에 가보라. 비교적 깨끗한 물을 확보할 수 있다. 비상시

겨울에는 눈을 녹여 물을 얻을 수 있다.

에는 이처럼 눈이 녹아 흘러내린 물을 받아다가 정수해서 사용하면 될 것이다.

눈을 녹여 식수 만들기

눈 덮인 산에서 조난을 당하면 대개 먹을 것과 마실 물이 부족해지게 마련이다. 갈증이 심하면 주위에 쌓인 눈이라도 먹고 싶을 것이다.

하지만 이것은 매우 위험하다. 생존 대비책을 다룬 여러 서적에서도 "아무리 목이 말라도 절대로 눈을 그냥 먹으면 안 된다"고 강조한다. 조난을 당해 허기지고 체력이 바닥이 났다고 하더라도 절대로 눈을 입에 넣으면 더 위험한 상황에 처할 수 있다. 체내의 에너지를 잃게 되어, 체온 저하가 더욱 빨리 진행되기 때문이다.

겨울철 비상시에 태양열 집열기(솔라쿠커)를 이용하여 눈을 식수로 만드는 법을 알아보자. 지붕 위의 눈이 녹아서 떨어지는 것을 받기보다 직접 눈이나 얼음을 녹여 먹는 게 더 깨끗하다.

▼ **준비물**

솔라쿠커, 재질이 얇은 냄비(밑면을 검정색으로 칠한 냄비. 밑면을 검게 칠하는 것은 햇빛을 잘 흡수하기 위해서다), 눈이나 얼음, 깨끗하고 작은 삽

▼ **만드는 방법**

1. 검정색으로 칠을 한 솔라쿠커용 냄비에 눈을 담는다. 이때 흙이나 풀 같은 이물질이 따라붙지 않게 신경을 써야 한다. 쌓인 눈의 윗부분만 깨끗한 삽으로 조심스럽게 떠 담는다.
2. 솔라쿠커를 펼치고 햇볕을 향해 놓은 다음 눈이 담긴 냄비를 올려놓는다.
3. 대략 12분 정도 기다리면 눈이 거의 다 녹는다. 물의 양은 냄비의 3분의 1 정도 될 것이다. 날씨만 좋다면 눈과 태양을 이용해서 어렵지 않게 물을 확보할 수 있을 것이다.

4. 주의해서 작업해도 녹은 물을 보면 의외로 이물질들이 많이 있을 것이다. 조금 더 놓아두고 가열하면 태양열로 살균을 할 수 있다.

햇볕을 이용한 정수법(SODIS)

만약 당신이 깨끗하지 않은 물 한 통을 어렵사리 구했지만 정수기나 정수약, 심지어 락스조차 없는 상태라면? 물을 끓일 수 있는 버너와 연료, 그 무엇 하나 준비한 게 없다면? 몸만 겨우 빠져나와 이동 중인 터라 돈 한 푼 없어서 구입조차 어렵다면?

완벽한 재난대비란 항상 재난 이전에만 통하는 것이다. 실제 재난이 닥치면 예기치 못했던 많은 변수들이 생기게 마련이다. 준비한 것을 미처 사용하지 못할 수도 있고, 남에게 빼앗기거나 잃어버릴 수도 있다. 갑자기 고장 나거나 과도한 사용으로 수명이 다 될 수도 있다. 정수 장비도 마찬가지다. 깨끗한 물을 만드는 정수 장비는 비상시에 가장 중요한 장비가 될 것이고, 따라서 누구나 탐낼 수 있는 물품이 될 것이다. 마지막으로 아무런 정수 장비도 구비하지 못했을 때 쓸 수 있는 최후의 정수법을 알아보자.

SODIS란 무엇일까?

그동안 아프리카 같은 저개발국가에서는 많은 사람들이 더러운 물을 마시고 수인성 질병에 감염되곤 했다. 늘 건강에 위협을 받으며 살아온 셈이다. 그 때문에 많은 국제단체들이 아프리카로 들어가 우물을 파거나 정수 장비를 설치해주는 등 지원을 아끼지 않았다. 하지만 모든 마을에 골고루 혜택을 주기에는 역부족이었다. 자금이 어마어마하게 들고 또 대륙 구석에 있는 작은 마을까지 챙겨줄 수 없었기 때문이다. 이에 사람들은 가난한 주민들을 위해 돈이 적게 들고 어디서든 쓸 수 있는 유용한 정수 방법을 찾게 되었고, 마침내 태양빛을 이용한 정수법을 찾아내어 보급하고 있다. 바로 SODIS(Solar Water Disinfection)라는 이름으로 개발된 적정기술이다. SODIS는 태양의 자외선을 이용하는 살균법으로 돈도 들지 않고 방법도 간단하다. 페트병에 오염된 물을 넣어 지붕 위에 올려놓고 오랫동안 햇볕을 쏘이기만 하면 된다. 아래 사진처럼 페트병에 오염된 물을 넣고 햇볕이 잘 드는 곳에 올려놓는다. 대략 여섯 시간 정도면 정수 효과를 볼 수 있다.

SODIS 살균법. 여섯 시간 정도면 효과를 볼 수 있다.

자외선 살균법

햇볕의 한 파장인 자외선(250~260nm)으로 물속의 미생물과 세균 등을 살균 정화하는 원리이다. 자외선의 살균 능력은 자외선의 파장, 쬠 강도, 시간에 비례한다. 자외선에 의한 살균 효과는 세균, 곰팡이, 미생물 등 종류에 따라 다르지만, 다행스럽게도 주요 수인성 질병의 원인인 이질균, 대장균 등은 비교적 적은 조사량으로 살균할 수 있다.

자외선 살균법은 우리 주위에도 응용되고 있을 만큼 일상화된 방법이다. 공공식당에 대부분 비치되어 있는 물 컵 소독기가 바로 그것이다. 가정용으로 쓸 수 있게끔 소형제품도 출시되었으며, 오지탐험가들이 사용할 수 있도록 만든 건전지를 이용한 휴대용 UV정수기도 나와 있다.

하지만 명심해야 할 게 있다. 햇볕으로 정수하는 방법은 만능이 아니라는 점이다. 오염 정도가 약한 물만 정수할 수 있다는 뜻이다. 화학적 오염이나 광물(방사능 포함)오염에는 효과가 없다. 즉 생물학적 오염도가 약한 물에만 정수 효과가 있고, 그마저도 여섯 시간 정도 빛을 쬐어주어야 한다는 제약이 있는 정수법이다.

간과하기 쉬운 중요한 문제가 또 한 가지 있다. 자외선 살균법은 근본적으로 햇볕이 강한 적도의 아프리카에서 사용하는 것을 전제로 한다. 한국처럼 위도가 높은 곳은 한여름밖에 적용하기 힘들다. 햇볕의 양이 충분하지 않기 때문이다. 즉 겨울이나 약간 구름이 있는 날에는 여섯 시간 놓아두는 것만으로 살균 효과가 적을 수 있다는 뜻이다. 살균한다고 승용차 지붕 위나 철판 위에 물통을 올려놓으면 뜨겁게 달궈진 지붕의 열기 때문에 물의 온도가 급속히 올라가서 물속의 미생물이 증식할 가능성이 크다. 이 점을 반드시 기억하자. 반드시 뜨거운 철판이나 지붕 위에 놓지 말고 물의 온도가 올라가기 전에 작업을 마쳐야 한다. 즉 "강하고 짧게"가 포인트인 셈이다.

솔라쿠커로 정수하기

태양광 조리기(솔라쿠커)를 이용하면 햇빛을 이용한 물 정화 작업을 쉽고 빠르게, 더 강력하게 할 수 있다. 솔라쿠커는 일정 면적의 태양열을 한 곳에 집중시켜 열을 발생시키는 것이지만, 자외선도 모을 수 있다. 땅바닥에 그냥 페트병을 던져놓는 것보다 훨씬 강력하게 페트병에 빛을 모아서 쪼일 수 있을 것이고, 결과적으로 정수 효과를 높이고 정수 시간도 단축할 수 있을 것이다.

▼ 준비물

솔라쿠커, 페트병(가능한 한 페트병 겉면의 라벨을 모두 떼어낸다. 빛이 바로 통과하는 데 방해가 될 뿐 아니라 잘못하면 라벨이 녹을 수도 있다)

▼ 만드는 방법

1. 햇볕 아래 솔라쿠커를 펼쳐놓고 초점을 잘 잡을 수 있도록 위치를 세팅한다. 가급적 햇볕이 좋은 날을 선택해야 효율적이다.
2. 가운데 빛이 집중되는 곳에 냄비 대신 정수할 물이 담긴 2L 페트병 두 개를 얹어놓

는다. 이전 페이지의 사진 속 솔라쿠커는 직경 1.6m 크기이다. 햇볕을 한 곳에 집중시키고, 그 초점 위치에 투명한 물통을 두어 햇볕을 쏘이게 한다. 햇볕이 집중됨으로써 효율이 높아진다.

3. 바닥에 여섯 시간 놓아두는 대신 30분 정도 지나면 비슷한 효과를 얻을 수 있다.

비상시 바닷물이나 오줌을 먹어도 될까?

당신에게 어느 날 갑자기 위험이 닥쳤다. 배를 타고 가다 조난을 당해 표류하거나 삼풍백화점 사고처럼 붕괴된 건물 아래 갇혔다고 치자. 조난은 며칠째 계속되었고 굶주리며 목이 마르다. 주위에는 바닷물이나 깡통에 받아둔 오줌밖에 없다. 과연 이것이라도 마셔야 할까? 종종 대형 사고의 생존자나 조난자들이 오줌을 받아먹고 견뎠다는 이야기도 들리는데, 과연 맞는 말일까?

「라이프 오브 파이」라는 영화를 떠올려보자. 주인공 소년은 조난을 당해 작은 보트를 탄 채 망망대해 위에 있다. 구명보트에서 찾은 서바이벌 매뉴얼에는 바닷물을 절대 먹지 말라고 적혀 있다. 다행스럽게도 그가 탄 구명보트에는 태양열을 이용해 바닷물을 증류하는 장치가 있었다. 소년은 그것을 이용해서 물을 만들어 마셨다. 만약 배 안에 한두 명이 더 타고 있었다거나 바닷물 증류기로 만든 물이 부족했다면 어떻게 해야 했을까? 방법은 있다. 증류수에 소변이나 바닷물을 조금 섞어서 마시면 된다. 오히려 염분을 보충할 수 있어서 좋다.

그렇다면 오줌 자체를 먹는 것은 어떨까? 미국 재난 관련 사이트나 미해병대 생존 매뉴얼은 조난시 바닷물 자체나 소변을 먹으면 안 된다고 말한다. 해외 생

조난을 당했더라도 태양열을 이용한 바닷물을 증류하는 방법을 알면 식수를 얻을 수 있다.
(출처: 영화 「라이프 오브 파이」)

존 관련 재연 드라마를 보면 실제로 조난자가 갈증을 견디지 못해 오줌을 마신 사례가 나온다. 호주에 사는 노부부의 이야기이다. 그들은 차를 타고 가다가 사막 한가운데서 차 고장으로 조난을 당했다. 사막을 걸어서 탈출을 시도했지만 며칠 동안 먹고 마시지 못하자 체력이 급속히 떨어졌다. 결국 갈증을 이기지 못한 그들은 소변을 받아 억지로 나눠 먹었지만 바로 체해서 토하고 설사하며 탈수가 심해져서 오히려 더 큰 위험에 처하게 되었다.

주위에 '요로법'이라고 해서 소변을 먹는 사람들이 있다. 하지만 평상시 약으로 조금 먹는 것과 체력이 고갈된 탈수 상태에서 소변을 억지로 먹는 것은 전혀 다른 문제다. 탈이 날 확률이 훨씬 크다. 재난이나 사고로 며칠 동안 마시지 못하고 굶주리면 사람의 몸은 이것을 비상상황으로 인식하고, 스스로 근육과 살을 분해해서 에너지를 얻는다. 이때 단백질이 분해되면서 암모니아와 요산 등 나쁜 아미노산들이 생성되는데 암모니아는 독성을 가지고 있고 오줌 자체도 산성이다. 그런 상황에서는 오줌의 양도 적고 진해서 농도가 높은 것을 억지로 먹음으로써 체내 탈수를 동반한 구토와 설사를 할 수 있다. 구토와 설사는 매우 위험한 증상이므로 재난 시 무조건 피해야 한다. 그러므로 오줌을 받아먹는다는 것은 추천하기 힘든 방법이다. 서바이벌 계의 바이블인 『SAS 서바이벌 백과사전』의 저자 존 로프트 와이즈맨도 책에서 "아무리 목이 말라도 오줌을 먹지 말라"고 수차례나 신신당부한다.

재난체험 영화 4

일구사이
(一九四二, Back to 1942)

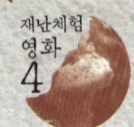

감독 : 펑샤오강
출연 : 애드리언 브로디, 팀 로빈스, 장국립, 진도명
줄거리 : 중일전쟁이 한창이던 1942년부터 2년간 중국 하남성 사람들의 전쟁과 굶주림을 다룬 실화를 바탕으로 한 영화. 이때 중국 장개석 정부는 일본과 전쟁 중이었고 설상가상으로 전장터인 하남성에는 극심한 가뭄과 메뚜기 떼가 창궐하여 대기근이 찾아온다. 그 와중에도 정부군의 식량공출은 더욱 심해진다. 이에 3천만 명의 하남성 주민들은 식량이 떨어져 굶주리게 되고 민심은 흉흉해진다. 결국 배고픔과 일본군의 위협을 더 이상 견디지 못한 많은 사람들은 끝을 기약할 수 없는 피난길을 떠나게 된다.

재난대비에 관심이 있는 사람들이라면 꼭 보아야 할 영화다. 1942년 중국, 전쟁과 가뭄으로 식량이 떨어지자 굶주린 천만 명이 피난길에 오르기 시작한다. 전쟁 와중에는 적군뿐만 아니라 아군과 이웃마저도 식량을 빼앗고 재산을 강탈하는 약탈자일 뿐이었다. 목적지 없이 떠난 피난길이 계속되자 식량은 바닥나고 값은 수백 배 치솟는다. 돈도 먹을 것도 다 떨어진 피난민들은 주위 나무껍질을 떼어내 갈아서 죽을 해먹고 기러기똥과 흙까지 파먹다 결국 굶어 죽는다. 그렇게 지옥으로 변한 곳에서 살아남은 사람들은 군대에 징집되거나 피난길에 폭격을 받아 죽어갔고, 여자들은 사창가에 팔려갔다. 1년 이상 지속된 심각한 굶주림이 피난 생활마저 처참한 지옥으로 만든 것이다. 아버지는 딸을, 남편은 아내를 팔아서 쌀을 샀는가 하면 심지어 인육까지 먹은 사람이 부지기수라 한다. 산 사람들은 오히려 굶주림으로 쓰러져 죽은 사람을 부러워하는 상황이 된 것이다. 길거리에는 굶주려 죽은 시체들이 널브러져 있고, 어디선가 나타난 들개 떼가 시체를 파먹는다. 지옥이 따로 없다.

그렇게 300만 명 이상이 굶어 죽은 허난 대기근의 실상과 원인을 다룬 이 영화는 사실의 일부분만 재현했을 뿐인데도 매우 충격적이었다. 사람이 굶주리면 어떻게 변하는지, 또 그런 상황에서는 문명이나 이성, 양심과 체면은 아무것도 아니라는 것을 적나라하게 보여주었다.

하지만 코난족인 당신이라면 이 영화를 보면서 전쟁이나 각종 재난에서 살아남으려면 미리 준비가 필요하다는 것을 새삼 깨닫게 될 것이다. 그리고 재난이나 비상시에는 외부의 적보다 배고픈 이웃이나 정부군이 더 탐욕스럽고 무섭게 돌변할 수 있다는 점도 알게 될 것이다. 중국 정부는 사태의 심각성을 알면서도 구휼은커녕 언론보도를 통제하고 덮어두기에만 급급했다. 결국 이 같은 민심이반은 이후 국공내전 때 공산군이 승리하는 계기가 된다.

전쟁과 기근은 가난한 자에게나 갑부에게나 모두 잔인한 형벌을 내리고 고통을 준다는 사실, 먹을 것이 없어지면 인간도 극도로 잔인해진다는 사실, 그리고 극한 상황이 지속되면 인간성 따위는 사라진다는 사실을 여실히 보여준 영화다.

(참고문헌: 『1942 대기근』, 글항아리)

SURVIVE

비상장비 준비 전 알아두어야 할 것

 생존을 위한 비상장비라 하면 멋진 품목들이 수없이 떠오를 것이다. 디지털 위장무늬에 많은 포켓과 끈이 달린 택티컬(군용) 스타일의 배낭, 외국 생존전문가의 손에 들린 서바이벌나이프, 한 개에 수십만 원이 넘는 휴대용 정수기세트, 한 개에 몇 만 원이나 하는 유럽제 파이어스틸(발화킷), 100m 앞까지도 환하게 비출 수 있는 초강력 손전등, 온도·기압·고도계가 내장된 멋진 등반시계 등 당신을 유혹하는 장비들은 많다. 관련 물품을 광고하는 인터넷 사이트와 외국전문 잡지를 보고 있노라면 초등학교 앞 문방구에 들어선 아이가 된 기분이다. 하나같이 신기하고 사고 싶은 것투성이다.

 어느 분야에 흥미를 느끼고 취미생활을 시작하면 '장비 구입 열풍'이 번진다. 입문 단계에서부터 고가의 아이템을 사는 일명 '지름신'의 영향을 받는 경우가 많다. 인라인스케이트, 디지털카메라, 등산, 자전거, 캠핑 등이 그러하다. 서바이벌 장비 쪽 또한 마찬가지의 유혹을 받게 된다. 좀 더 비싸고, 가능하면 미국제품이나 유럽제품을 사야 생존율이 높아질 것 같은 생각이 들고, 이를 합리화하려 한다. 사실 야외에서 캠핑하는 일이 잦다면 좋은 장비가 필요하다. 사용할수록 제품별로 품질 차이가 느껴진다. 제품을 사용하거나 활용하는 데 능숙해질수록 그 차이는 더욱 크게 느껴진다.

하지만 각종 재난 시 도시에서 생존하기 위한 목적을 염두에 두면 제품의 브랜드나 스펙은 중요하지 않다. 몇 만 원짜리 파이어스틸보다 일회용 라이터 수십, 수백 개가 더 쓸모 있다. 잘 쓰지도 않을 여러 개의 센서가 탑재된 두꺼운 등산용 손목시계보다는 가볍고 튼튼하며 저렴한 스포츠 손목시계가 더 유용하다. 고가의 군용스타일 배낭이나 복장은 비상시 위험할 수 있다. 치안과 공권력이 무너지거나 계엄령이 선포된 상황에서 그러한 복장이나 장비는 정부나 반군(폭도) 양쪽에서 공격받을 확률이 크다. 사실 새 것보다는 좀 더럽거나 낡아 보이는 헌 것이 무난하고 안전하다. 포장을 새로 뜯은, 반짝거리는 장비나 옷, 신발, 칼은 누구라도 탐 낼 것이다. 상황도 좋지 않은데, 불필요한 문제까지 야기할 수 있다. 낡고 바래고, 찢어졌다면 누구든 그게 무엇인지, 그 안에 뭐가 들었는지 신경 쓰지 않을 것이다.

명품보다 충분한 수량 확보

재난대비 장비는 품질보다는 충분한 수량이 우선이다. 수량이 많으면 다양한 상황에서 쓸모가 많다. 고가의 외제 휴대용 정수기 하나만 사놓기보다는 가정용 정수기 필터를 대량으로 구매해서 이를 응용하면 더 실용적인 방법으로 장기간 쓸 수 있다. 수십만 원짜리 극한용 침낭보다는 가격도 저렴하고 성능도 적당한 오리털침낭에 손난로, 은박시트 등을 겸용하는 방법도 있다. 몇 만 원짜리 강력 플래시보다는 저렴하고 적당한 밝기의 플래시를 여러 개 준비해서 집, 사무실, 차 안, 비상배낭 등 여러 곳에 하나씩 비치해놓는 것이 좋다. 예비품이 많다면 사용 중 고장 나거나 한두 개 잃어버려도 부담 없다. 상황이 급박하면 버리고 갈 수도 있다. 혹은 비상시 다른 이들에게 나눠주거나 물물교환으로 이용할 수도 있다. 비상장비는 꼭 필요하지만 무엇 하나에 절대적으로 의존해서는 안 된다. 의존할수록 예기치 않은 상황이 벌어지면 순발력 있게 발을 빼서 다른 곳으로 옮기기가 어렵다. 탄창 안의 총알들처럼 소모품으로 보면 맘도 편해지고 구속되지 않는다. 성능이 제한되면 이를 보완할 주위의 다른 것을 찾아서 응용하고 대체할 수 있을 것이다.

장비주의자?

매달 고가의 장비를 사들이거나 비슷한 물품들을 중복해서 구입한다면 장비주의자의 유혹을 받고 있는 셈이다. 부담스럽게 구입한 고가의 장비는 필요할 때 맘대로 쓰지도 못하고, 결국 모시고 살게 된다. 새 등산화를 신고 물이 살짝 고인 곳을 돌아가거나 새 나이프로 야외에서 잡목을 자르는 게 아까워 또 다른 나이프를 사는 것들이 그런 예이다. 그런 것보단 차라리 맘 놓고 어느 상황에서도 쓸 수 있는 저가 보급형 장비가 더 유용하다. 손에도 익숙해질 것이다. 나 같은 타입은 '생계형 프리퍼', '코난'이라고 할 수 있다. 멋진 포스를 취할 수 있는 생존전문가처럼은 안 보여도 직장인으로, 사회인으로 살면서 평소 조금씩 재난대비를 준비하고 있다. 장비를 구입하는 기준 또한 이와 비슷하다. 물론 고가의 장비를 구입하지 않는다고 부끄러워할 필요도 없다.

복잡할수록 단순하게

모든 상황에 맞는 장비나 도구는 없다. 그런 상황을 가정해서 이것저것 붙이고 추가하고 늘린다면 결국 한 가지 목적도 제대로 사용하기 어렵다. 고장도 잘 나고 고치기도 어렵다. 한 부분만 고장 나도 다른 부분까지 사용하지 못하는 경우도 생긴다. 야외에서 고장이 나면 응급수리는커녕 짐만 되어 당신은 이 물건을 버려야 할지 고민할지도 모른다. 최대한 단순하고 간결한 장비를 선택하라. 단순할수록 더 많은 활용 방법을 스스로 깨닫게 될 것이다. 전동 드라이버는 단순히 나사를 돌릴 때나 쓰이지만, 일자 드라이버는 수많은 상황에서 쓸 수 있다. 다양한 장비를 분해하거나 수리하고, 틈을 벌리는 지렛대로, 돌에 대고 머리를 때려 정으로 쓸 수 있다. 심지어 찌르는 무기로도 쓸 수 있다. 칼날부터 손잡이부분까지 하나의 쇠로 되어 있는데, 이러한 특성 덕에 손잡이가 생략된 풀탱스타일 나이프는 지금도 극한 오지용으로 인기를 끌고 있다.

제일 중요한 준비물

무엇보다 잊지 말아야 할 준비물은 마음가짐과 의지이다. 아무리 좋은 장비를 보유해도 놀라서 당황하거나 공포에 질려서 포기하면 끝장이다. 고성능 자동소총이 있다 해도 공포와 흥분, 떨림을 이겨내고 침착할 수 있어야만 가늠좌에 목표물을 정확히 맞히고, 방아쇠를 당길 수 있다. 그렇지 못하면 목표물을 잃고 난사할 뿐이다.

비상상황에서 극심한 스트레스와 공포를 이겨낼 수 있는 건 매우 중요하다. 마음가짐과 강한 의지를 지녀야 비관적인 상황에서 벗어날 수 있다. 명심하라, 그러한 자세가 당신의 다리와 손, 눈, 머리, 심장을 콘트롤한다. 「올드보이」의 오대수가 장도리 하나로 수십 명을 쓰러트린 것처럼 당신도 마음의 준비만 되어 있다면 허름한 장비로도 생존의 길을 열 수 있을 것이다.

비상용품 1순위하면 떠오르는 것 중 하나가 플래시이다. 어느 집에나 한두 개 정도 갖고 있을 텐데, 당신의 집엔 어디에 있는지 떠올려보자. 갑자기 기억이 나지 않을지도 모르고, 생각나는 자리에 있더라도 작동이 안 될 수도 있다. 플래시는

수많은 종류의 LED플래시, 단 성능과 용도는 다르다.

비상시 어둠을 밝히고 길을 찾아 위험지대를 헤쳐나가는 데 필수품이다. 캠핑장에 있는데 플래시에 문제가 있다면 몇몇 불편이 따르겠지만, 비상사태에서 그런 일이 생긴다면 위급할 것이다. 야간산행 중 길을 잃거나 커다란 빌딩 안에서 정전이 벌어졌으면 플래시가 있어야 한다. 플래시가 없다면 어둠 속에 갇히게 되고, 심한 경우 생사의 갈림길에 서게 될 수도 있다. 3·11 일본 대지진 사태 당시 한국을 여행 중이던 일본인들은 플래시의 중요성을 알고 귀국 직전 대형마트에 들러 플래시와 건전지를 전부 쓸어가기도 했다.

LED 플래시

집에 플래시를 몇 개나 가지고 있는가? 혹시 차 안에도 비상용으로 넣어두었는가? 대형마트나 생활용품점에 가면 전통적인 필라멘트 전구식 구형 플래시도 많이 볼 수 있다. 그것들도 나름 쓸모는 있지만 기왕이면 LED 플래시를 구입하자. 가격은 약간 더 비싸지만, 가격과 비교하면 장점이 훨씬 많다. 최대 장점은 기존 전구식에 비해 비교할 수 없을 만큼 수명이 길다는 것이다. 필라멘트 전구는 에너지의 대부분을 열로 날려버리지만 LED는 대부분 빛으로 전환한다. 같은 건전지를 사용하고도 대여섯 배 이상 사용시간이 더 길다. 비유하자면 전쟁터에서 탄약을 더 많이 확보한 것과 같다. 내구성도 훨씬 뛰어나다. 전구는 충격에 깨지기도 하고, 필라멘트가 녹아 끊어지기도 하지만, LED 플래시는 그런 문제점이 거의 없다. 하지만 '머피의 법칙'처럼 그런 문제들이 위급하고 난감한 상황에서 일어날 수도 있다.

건전지

각종 사고와 재난을 대비하고 준비하는 당신에겐 플래시의 전원은 중요한 선택기준이다. 일반 건전지 방식을 고르자. 특히 표준 AA 건전지 사용은 필수이다. 좀 더 작은 AAA와 가격은 같으면서 전기용량은 두 배 정도 되어 그 이상 오래 간다. 최근 유행하는 '18650' 같은 리튬이온 충전지나 전용충전지는 재난대비용으로 좋지 않다. 평상시에는 성능이 좋지만 비상시 한 번 방전되면 다시 재충전하기 힘들다. 재난 시에는 단전이 될 수도 있고, 전용 충전장비를 못 찾을 수도 있다. 시간이 없어 충전하지 못할 수도 있다. 재난 시 장기간 정전 사태를 대비하자. 야외 어디든 예비로 갖고 다닐 수 있고, 어디서나 쉽게 살 수 있는 '알카라인' AA타입 건전지를 쓰는 것이 좋다. AA타입은 일회용 알카라인 건전지뿐만 아니라 두세 배 고용량에 재충전이 가능한 니켈수소 충전지도 보편화되어 있다. 최근엔 기존 알카라인 건전지보다 수명이 최대 3~7배까지 더 긴 리튬방식(에너자이저 얼티메이트, 듀라셀 울트라)도 판매하고 있어 다양하게 선택할 수 있다.

건전지 장착방식

플래시의 건전지 장착방식은 매우 중요하다. 어떤 기종들은 건전지를 리볼버 권총의 탄창처럼 병렬로 세 개를 끼워넣는 것이 있다. 더구나 각 자리마다 플러스, 마이너스 전극을 다르게 구별해서 넣어야 한다. 평상시에는 별 문제가 없는 것처럼 보이지만 손이 떨리는 추위 속에서나 어두운 곳에서 건전지를 바꿔 끼워넣는 것은 기관총을 갈겨대는 적군 앞에서 화승총의 총알을 장전하는 것만큼 숨 막히고 위험할 수 있다. 만약 숲이나 모래사장에서 그런 방식의 건전지를 교체하다가 하나라도 떨어뜨리면 찾기가 힘들 것이다. 물

플래시도 문제가 생긴다.
단순한 방식으로 선택하자.

론 세 건전지 중 하나라도 잃으면 플래시를 켤 수 없다. 또한 접점이 여러 개가 되면 접촉 불량과 건전지 누액의 위험성도 커진다. 평상시 단기용으로는 문제가 없지만, 비상시에는 피해야 한다.

주로 소형 AAA건전지를 사용하는 제품들이 그렇다. 원통형 실린더에 한 줄로 주르륵 밀어넣는 방식을 선택하라. 가장 단순하면서도 확실하며 빠르고 믿을 만한 방식이다. 문제를 일으킬 가능성도 제일 낮다.

어떤 기종은 건전지를 교체하다가 내부의 스프링 등 접속부속이 어이없게 떨어져 나오기도 한다. 야외에서 이런 일이 벌어진다면 집에 돌아갈 때까지 그 플래시를 사용할 수 없다.

새 건전지, 다 쓴 건전지 손쉬운 구별법

○ 비상장비들 중 AA건전지가 들어가는 게 많다. 무전기, 라디오, 플래시, 경광봉, 경보기, GPS 등 생존에도 중요한 것들이다. 문제는 개봉된 건전지는 겉으로만 봐서는 이것이 새 것인지 다 쓴 건지 모른다는 것이다. 하지만 살짝 떨어뜨려 보는 것만으로도 새 것 유무를 확인할 수 있는 방

법이 있다.

간단하다. 5cm 정도의 높이에서 건전지를 플러스극 쪽을 위쪽으로 세워서 수직으로 떨어뜨려 보는 것이다. 다 쓴 건전지는 탄력 있게 튀어 오르면서 쓰러지지만, 새 건전지는 탄성이 비교적 적고 충격을 자체 흡수하면서 그대로 세워지기도 한다. 다 쓴 건전지는 방전과정 중 건전지 속에 가스가 발생하면서 탄성이 생겨 약간 튀어오르는 현상이 발생하게 된다. 아주 간단하고 효과적인 방법이다. 다만 바닥재질과 높이에 따라 다를 수 있으니 평소 시간이 될 때 확인해두면 될 것이다.

센 것 VS 오래가는 것

플래시에 관심을 가지고 인터넷을 검색해보면 수많은 종류와 메이커를 보고 놀랄 것이다. 조그만 플래시의 밝기가 수백 lm(루멘)을 넘고, 백 미터 앞의 사물도 서치라이트처럼 강력하게 밝힐 수 있는 제품들도 많다. 가격도 몇 천 원에서 몇 만 원대까지 다양하다. 기왕이면 상대(도둑, 강도, 적군)가 눈도 못 뜨게 할 만큼 고성능에 최고 밝은 것이 좋을 것 같다. 사고 싶은 마음도 들 것이다. 하지만 플래시도 적정한 용도가 있다. 강하고 짧은 것, 약하고 오래가는 것. 강하고 오래가는 건 없다. 다행히 최근 몇 년간 일반 전구에서 LED 방식으로 급속히 진보하면서 그전에는 꿈꿀 수 없을 만큼 강하고 오래가는 것들이 나오고 있다. 하지만 LED 플래시의 세계에서도 이 공식은 마찬가지이며 당신은 둘 중에 하나를 선택해야 할 것이다.

다음 페이지의 사진 속 제품은 동일회사에서 나와 판매되고 있는 두 가지 모델의 LED 플래시이다. 동일 용량의 건전지를 사용하며 가격도 1만 원대로 거의 같지만, 밝기와 사용시간이 정반대이다. 사용용도 또한 다르다. 왼쪽의 제품은

완벽한 플래시는 없다. 용도에 맞는 것만 있을 뿐이다.

밝기가 9lm이며 사용시간은 93시간에 이른다. 거의 4일 동안 켜놓을 수 있다는 얘기이다. 반면 오른쪽 제품은 55lm으로 훨씬 밝지만 사용시간은 단 세 시간일 뿐이다.

LED 방식이 에너지 효율이 좋다지만 이 역시 밝기가 강해질수록 방출되는 열이 많아지고 효율이 떨어지면서 사용시간이 급격히 짧아진다.

장기간 재난상황에선 적당한 밝기로 오래가는 것이 여러 모로 유리하다. 건전지 재보급과 충전이 쉽지 않을 것이기 때문이다. 약하더라도 플래시 빛이 달빛, 촛불보다 훨씬 밝다. 어둠 속에서 길을 찾고 방 안을 밝히는 데 충분하다. 그렇다면 세기만 하고, 짧은 것은 쓸모가 없을까? 그렇지 않다. 단기간 사용할 때 훨씬 유용하다. 수색, 추적, 구조 등 보급이 쉽고 짧게 사용할 상황에서는 확실히 유리하다. 신호용으로도 발군이다. 야간 고속도로에서 갓길에 세운 차를 뒤따라오던 차가 미처 발견하지 못하고 추돌하여 사망자를 내는 큰 사고가 종종 보도된다. 운전자는 차에서 내려 뒤 차에게 신호를 보낸다고 휴대폰 액정화면을 켜고 장비 삼아 흔들어대지만 수백 미터 뒤에서 시속 100㎞ 이상 고속으로 달려오는 차에게 거의 눈에 띄지 않는다. 이럴 때 만약 고출력 플래시로 경고신호를 했다면 바로 눈에 띄어 사고를 방지할 수 있었을 것이다.

플래시 한 개로 모든 걸 만족시킬 순 없다. 각 용도에 맞는 걸 준비하면 된다. 집에 놓고 쓰는 일반용, 등산가방에 넣어두고 쓰는 야외용, 휴대용가방(EDC)에 들어가는 소형, 차 안에 넣어두는 차량용 등 용도에 따라 달리 준비해두면 된다. 플래시 가격도 비싸지 않으니 건전지만 규격을 통일해서 적재적소에 준비해두는 것이 제일 좋은 방법이다.

전문용 vs. 일반용

대형마트에선 저렴한 것도 있지만 인터넷 마켓에선 몇 만 원 하는 고가의 수입 LED 플래시도 있다. 어떤 것이 좋을까? 일단 질을 논하기 전에 충분한 수량 확보가 우선이다. 집, 비상가방, 등산가방, 휴대용가방(EDC), 차량용 등으로 각 용도에 맞게 준비해야 한다. 또한 가족용으로 하나씩, 잃어버리거나 고장 나거나 파손될 때를 대비해서 여유분을 준비해둬야 한다. 비상시 남에게 하나씩 나눠주면 제일 고마워할 품목이기도 하다. 때문에 가격대가 너무 비싸다면 부담이 될 것이다. 또한 LED는 반도체의 일종으로 지금도 기술 진보와 성능 향상이 큰 폭으로 계속되고 있다. 몇 년 후 더 오래가고 더 강력한 새로운 타입의 LED 플래시가 나올 것이 확실하다. 건전지 몇 개로 일주일 동안 쓸 수 있는 것이 나올지도 모른다. 지금 굳이 최신상품의 고가제품을 구입하기보다 가격대 성능비가 좋은 것을 구입하는 것이 좋다.

플래시의 선택 기준은 위에서 이야기한 대로 보급이 쉬운 AA배터리 사용과 쉬운 장착방식, 용도별 구분, 사용시간, 적정한 밝기, 가격 외에 몇 가지가 더 있

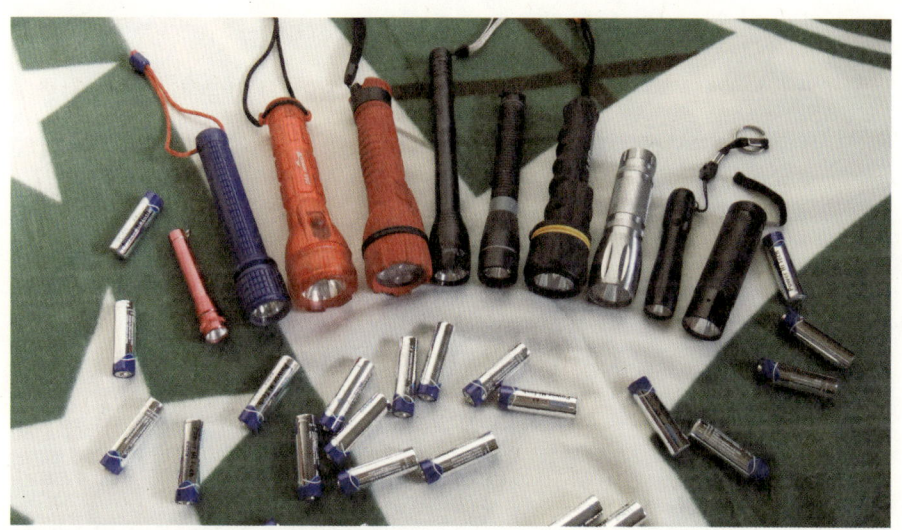

다른 용도의 플래시라도 건전지는 하나로 통일해야 한다.

다. 제조사가 신뢰할 만한 곳인지 확인해야 한다. 스펙과 가격이 좋지만 검증되지 않은 이름 모를 회사의 것이라면 나중에 문제가 있을 수도 있다. 약간의 물기만 들어가도 회로가 고장 나거나 사용 중 열을 받으면 수명이 금방 끝날 수도 있다. 건전지 홀더의 스프링이 너무 강해서 건전지 누액이 생기거나 심지어 안에 있는 스프링이 떨어져 나오기도 한다. 또한 접촉 스위치에서 미세하게 누전이 되는 것들이 있는데, 얼마 후 배터리가 모두 방전되어 사용하지 못할 것이다. 어떤 제품은 사용자가 실수로 떨어트리게 되면 작은 충격에도 건전지 덮개가 빠지고, 건전지가 흩어지기도 한다. 대형마트에선 3,000원짜리 LED 플래시도 있지만, 내구성이 약하다. 어느 정도 이름 있는 회사라면 내구성과 신뢰도를 안심해도 될 것이다.

    가격이 너무 비싸면 성능은 좋겠지만 여러 개를 보유하기에 부담이 되고, 너무 밝으면 사용시간이 짧아진다. 적정한 밝기로 오래가는 게 장기간 재난 상황에선 더 좋다. 떨어뜨리거나 발로 밟아도 몸체가 부서지지 않는 내구성도 야외에서는 중요하다. 충분한 수량을 보유한다면 집이나 차 안, 비상탈출 배낭 등에 넣어두자. 가족이나 친구에게 선물하면 환영받을 것이다. 비상시 플래시가 중요한 물물교환 품목이 될 수도 있다. 생존에 꼭 필요하고, 크기도 적당해서 휴대가 편하며, 가격대 성능비가 좋은 모델이면 누구나 탐내고 원할 것이다.

EDC용 소형 LED 플래시들

앞서 선보인 플래시들은 성능은 좋지만 크기와 길이, 무게에서 평소 휴대용으로 들고 다니기엔 부담스럽다. 재난이 예고 없이 갑자기 일어날 수 있다는 것을 감안하면 항시 휴대할 수 있는 작은 플래시가 필요하다. 또한 요즘 스마트폰엔 자체 LED가 달려 있어서 플래시 앱을 사용하면 긴급할 때 아쉬운 대로 쓸 수 있다. 하지만 밝기가 부족하고 스마트폰이 파손됐거나 물에 젖으면 사용이 불가능하다. 납작한 스마트폰을 오랫동안 손에 잡고 불을 비추기는 쉽지 않은 구조이며 자칫 놓쳐서 파손될 수도 있다. 또한 휴대폰 배터리는 통화와 구조요청을 위해서도 최대한 남겨놔야 한다. AA건전지를 한 개만 사

 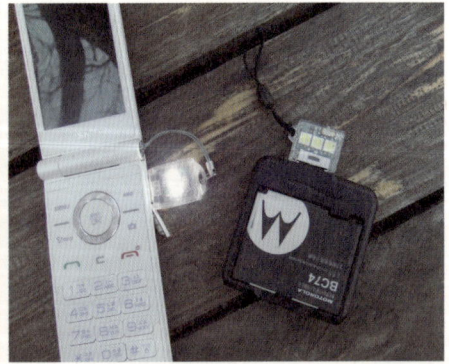

언제 어디서든 갖고 다닐 수 있는 소형 플래시를 준비하자.

용하는 작은 LED 플래시를 준비하라. 가볍고 작아 휴대하기도 편하다. 건전지를 보충하는 것도 쉽다. 얼티메이트 리튬 같은 기존 알카라인 건전지보다 몇 배나 더 강한 전지를 사용하면 든든하다.

휴대폰 충전단자를 이용한 초미니 LED 플래시도 요긴하다. 우표만 한 크기로 액세서리처럼 매달고 다니다가 비상시 휴대폰 충전단자나 배터리 케이스에 끼우면 사용할 수 있다. 표준24핀, 통합20핀, USB 5핀용 등 다양하게 나와 있다. 크기가 작아 얼마나 쓸모 있을까 싶어도 놀라울 만큼 밝다. 이 제품의 최대 장점은 전에 사용하던 휴대폰 배터리를 재활용할 수 있다는 것이다. 꼭 휴대폰 자체에 직접 연결하지 않아도 전에 사용하던 구형 배터리 충전케이스 단자에 연결하면 쓸 수 있다. 이를 이용하면 충전도 쉽고, 고용량·고효율 리튬이온 배터리의 막강한 성능을 그대로 활용할 수 있다. 서랍 안에서 잠자던 구형휴대폰 배터리가 간단히 고성능 LED 전등으로 변하는 것이다. 작은 크기에 여러 장점으로 평소 EDC 휴대용 비상장비가방에 넣어두면 큰 도움이 될 것이다.

플래시 튜닝

건전지 재장전이 손쉬운 원통형 플래시는 한 가지 단점이 있다. 다른 모델보다 길어서 충격에 파손되기 쉽다. 특히 몸체가 플라스틱으로 되어 있는 것들이 그렇다. 알루미늄으로 된 좀 더 고가의 모델이 있지만 미끄럽고, 겨울에는 아주 차갑다. 보완방법이 있다. 플래시 몸체에 청테이프를 적당히 감아두자. 청테이프를 플래시 몸체에 감아두면 그립감이 좀 더 좋고, 떨어져도 충격을 흡수해서 플라스틱 몸체를 보완해준다. 이런 방식은 몸체가 알루미늄으로 된, 좀 더 고가의 제품에도 효과적이다. 몸체가 알루미늄인 것은 튼튼하기는 하지만 추운 겨울에 사용하려면 손이 시리다. 청테이프를 감아두면 덜 차갑

플래시에 청테이프를 감아두자. 플래시도 보호하고 비상시 다양한 용도로 쓸 수 있다.

다. 테이프로 감는 것이 너저분해 보일지 모르겠지만, 실전에선 최선의 방법이다.

청테이프의 용도

- 찢어진 텐트나 우산, 배낭, 등산재킷을 임시로 수선할 수 있다.
- 각종 파손된 물건을 임시로 고정하고 붙들어 맬 수 있다.
- 은박담요를 몸에 두를 때 테이프로 양끝을 붙여 여미어두면 손을 편안하게 움직일 수 있다.
- 양손에 물건을 들거나 잡고 플래시를 입에 물로 비춰야 할 때에 플래시에 청테이프가 감겨 있으면 이가 아프지 않고 더 단단하게 물 수 있다.
- 얼굴에 검은색 위장을 해야 할 때 테이프를 태워 재와 그을음을 바르면 된다.
- 줄이나 끈이 필요할 경우 테이프를 세로로 길게 잘라 말아서 꼬아주면 질긴 끈이 된다.
- 자동차나 전기제품의 배선을 수리해야 할 때 테이프를 떼어 마무리할 수 있다.
- 베이거나 상처를 입어 출혈이 있을 때 응급으로 상처부위에 잘라 붙이면 상처가 벌어지는 걸 막아줄 뿐 아니라 지혈을 하고, 감염을 막을 수 있다.

- 식칼이나 나이프를 나무봉에 끼워 창을 만들어야 할 때 테이프로 쉽게 고정할 수 있다.
- 탄창 두 개를 붙여서 연결할 수 있다. 전투 시 탄창을 빨리 교환할 수 있다.
- 신발(등산화) 끈이 끊어졌을 때 테이프로 신발이 풀어지지 않게 잘 여미어둘 수 있다.
- 비닐봉지에 물을 가득 떠와야 할 때 그 무게 때문에 비닐이 늘어나면서 찢어지기 쉬운데 테이프로 보강해서 붙여주면 훨씬 강해지고 안정감이 생긴다.
- 대부분 플래시가 검정색이라 야간에 떨어뜨리거나 잃어버리면 찾기가 쉽지 않다. 밝은색 테이프를 말아두면 쉽게 찾을 수 있다.

건전지 선택법

3·11 일본 대지진이 일어나자 당시 우리나라에 관광을 온 일본 여행객들은 귀국하기 전에 대형마트에 들려 AA건전지와 플래시를 싹쓸이했다고 한다. 대재난이 일어나 전력과 통신이 끊기고 세상이 갑자기 암흑천지로 돌아갔을 때 의지할 수 있는 문명의 기기란 건 플래시와 라디오 그리고 생활무전기뿐이다. 항상 의지하던 휴대폰조차 배터리가 나가거나 기지국 전원이 끊기면 곧 무용지물이 되고 만다. 이때 어두운 숙소에서 플래시로 작은 불빛을 밝혀 아이들과 가족을 안심시키고 라디오를 켜서 재난방송을 들으며 밖에 떨어진 일행과 무전기로 교신할 때 필수적인 게 건전지이다. 보스니아 내전에서도 건전지는 총탄과 맞바꾸는 귀중한 물건이었다. 그런 점에서 건전지 비축은 중요하다. 건전지는 중요한 비상용품이라고 할 수 있다.

또한 크기도 작고 유효기간이 통조림만큼 되어 장기간 보관하기에도 편하다. 우리가 우려하는 비상사태가 생긴다면 요긴하게 쓸 수 있어 큰 도움이 된다. 재난 시에는 누구나 선호하는 품목이기에 남는 건 물물교환을 하거나 돈처럼 통용되어 쓸 수 있을 것이다.

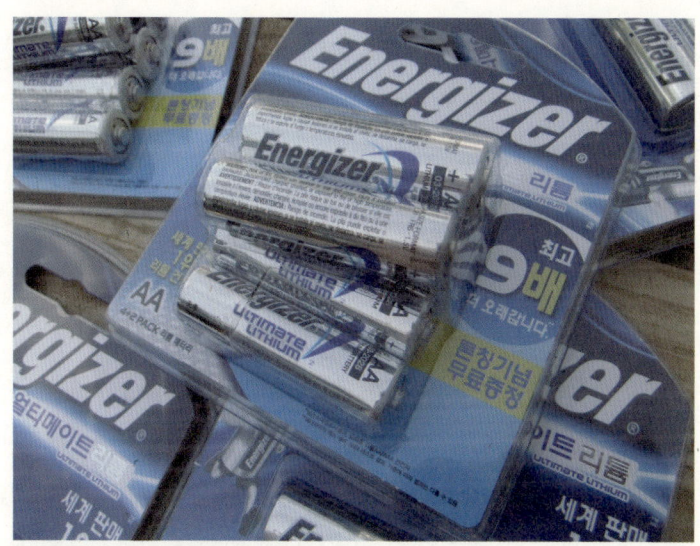
최근 여러 초고성능 일회용 건전지가 나오고 있다.

    현재 알카라인 AA건전지 두 개들이 한 팩의 소매가는 1,000원이 넘기도 하는데 인터넷을 통해 구입하면 싸게 살 수 있다. 40개들이 벌크팩을 만 원 이하에 판매한다. 대형마트, 특히 '홈플러스'에서 가끔 특별 할인판매를 할 때가 있다. 그럴 때 상당히 저렴한 가격에 대량으로 구입할 수 있다. 하지만 AA건전지도 보관 유효기간이 있다. 제품마다 조금씩 다른데 대략 국산은 5년이며 '에너자이저', '듀라셀' 제품 등은 7년 정도로 표기되어 있다. 하지만 공히 건전지 보관 시에는 높은 온도와 누액을 조심해야 한다. 통조림과 마찬가지로 보관조건이 안 좋다면 유효수명이 짧아진다.

특수 건전지

    최근 특별한 제품들이 나오고 있다. 기존의 알카라인 건전지보다 진보한 리튬 방식으로 일회용 건전지도 판매되고 있다. 수명과 성능이 획기적으로 향상됐으며, 광고문구에 보면 기존 알카라인 건전지보다 성능에서 7~9배가량(실제로는 3배) 높고 영하 수십 도의 저온에서도 성능이 저하되지 않은 채로 사용할 수 있다고 한다. 무엇보다 누액이 없고 유효기간이 15년으로 일반 건전지의 두세 배에 달하는 것이 큰 장점이다. 가격이 몇 배 비싼 것이 유일한 흠이다. 하지만 무게 또한 가벼워서 재난대비용으로는 최고이다. 보통 플래시나 라디오에 건전지를 끼워놓고 오래 지나면 누액이 발생하거나 유통기한이 순식간에 지나게 된다. 그렇게 되면 곧 성능이 저하되어 비상시에 제대로 사용할 수가 없다. 이 건전지는 모든 단점을 극복한다. 일반 건전지에 비해 몇 배 비싸지만 성능과 유효기간 등 장점을 생각하면 납득할 만하다. 또한 대형마트에서 종종 할인판매 되기도 한다. 브랜드마다 다른 이름으로 고성능 제품이 출시되니 구입하기 전에 잘 살펴보자.

건전지를 대체하는 장비

충전지

일회용 건전지를 다량 보유하는 대신 다른 방법을 선택할 수도 있다. '에너루프' 충전지 같은 재충전이 가능한 니켈수소 충전지를 여러 개 보유하는 것이다. 충전용량이 일회용 알카라인보다 훨씬 크며 전기가 아직 유지되는 상태에선 계속 충전해서 사용할 수 있기에 유지비 또한 저렴하다. 반면 단전이 된다면 무용지물이 될 수 있다. 또한 대부분의 중국제 저가 충전지들은 표시 용량보다 작은 경우가 많고 자연방전율이 커서 오랫동안 보관하기가 힘들다.

휴대용 태양광 패널

휴대용 태양광 충전패널을 통해 충전지를 충전하는 방식이 있다. 신문지 반장만 한 크기에 접을 수 있어 휴대하기에도 편하다. 전기가 끊긴 상황이 장기간 지속되거나 일시적으로 고산지대나 무인도 등 전기가 없는 곳에 갈 때 유용하다. 하지만 가격이 비싸다. 충전하기까지 시간이 오래 걸리고, 충전효율이 떨어진다. 재난 시 바깥에 내어놓고 햇빛을 몇 시간이고 쬐는 것이 의외로 힘들 수도 있고, 도난당할 우려도 있다.

수동충전기

수동충전기가 달린 올인원 장비 등을 선택할 수도 있다. 올인원 장비는 재난 대비용품으로 여러 종류가 개발되어 판매 중이며 인터넷 마켓에서도 다양한 종류를 볼 수 있다. 작은 몸체에 라디오, 플래시, 사이렌 등이 겸용으로 달려 있으며 전원으로 상단에 작은 태양전지 패널이 있거나 옆쪽에 핸들이 있어 손으로 돌려 충전할 수 있다. 한 기기 안에 여러 기능이 있어 얼핏 보면 장점이 많아 보이지만, 단점도 있다.

핸들을 여러 번 힘차게 돌려야 충전이 된다. 때문에 잘 먹지 못하고 체력이 떨어지거나 부상당한 상태라면 충전이 힘들 수 있다. 또한 핸들이 플라스틱인 경우가 많은데, 의외로 잘 부러진다는 보고가 있다. 장시간 사용할 경우 내구성에 의문이 있다. 멀티 제품은 복잡한 만큼 고장 나기도 쉽다. 한 부분이 고장 나면 다른 부분도 작동하지 못하는 경우가 많다. 또 당신이 밤에 화장실을 가기 위해 플래시를 들고 나간다면 다른 사람은 라디오를 못 듣게 된다.

이런 장단점 때문에 나는 여러 기능이 있는 올인원 멀티 장비보다는 라디오, 플래시, 무전기 등 저렴하지만 단순한 전용 기기를 선호한다. 공통 전원으로 AA건전지를 쓰는 제품을 고른다. 때문에 AA건전지도 많이 모으는 편이다. 하지만 사용하는 사람마다 관점이 다를 수 있다. 나처럼 저가의 전용 기기와 AA 건전지를 많이 모으기보다는 내구성이 보장된 멀티 제품을 하나 사두는 것이 공간도 절약하고 효율적인 방법일 수 있다.

군인들의 생명과도 같은 총에서 중요한 것은 무엇일까? 발사 속도, 파괴력, 사정 거리, 정확도, 정비 편의성, 무게, 튼튼함, 가격 등 총기를 평가하는 중요 요소는 많다. 그중에서도 가장 중요한 것은 진흙탕이든 사막이든 어떠한 환경과 악조건에서도 방아쇠를 당기면 무조건 발사되는 신뢰성과 튼튼한 내구성이다. 다양한 비상장비 또한 군인의 총과 같다고 할 수 있다. 다양한 기능과 고성능도 중요하지만, 무엇보다 중요한 것은 정비에 신경을 쓰지 못하는 장기간 동안 어떤 악조건에서도 고장 나지 않는 내구성과 신뢰성이다. 어떠한 장비를 선택하더라도 이 두 가지는 항상 유념해야 할 사항이다.

촛불 및 비상 조명

전국적으로 전력이 끊어지는 블랙아웃 사태나 각종 대재난으로 인한 전력망의 붕괴 사태 등 전기를 사용하지 못하는 때가 어느 날 올 수 있다. 그 사태가 벌어지면 안전에 큰 문제가 없어도 사람들은 불 꺼진 어두컴컴한 집 안에서 TV와 컴퓨터, 스마트폰도 쓸 수 없고 불 꺼진 암흑천지를 내다보며 처음에는 무척 당황할 것이다. 살고 있는 집은 안전할 거라는 막연한 믿음이 있는 어린이나 청소년은 성인보다 더 큰 공포를 느낄 수도 있다. 1980년대만 하더라도 전력 사정이 좋지 않아 여름에는 자주 전기가 끊기고, 민방위 훈련이 있는 날은 전국적으로 등화관제 훈련을 실시하기도 했다. 방에 촛불을 켠 채 온 가족이 모여 할머니의 옛날이야기에 귀 기울이던 추억도 있지만, 요즘 어린이들은 그런 경험을 해보지 못했을 것이다.

한 번쯤 집 안의 모든 불을 끄고, 전기를 사용하지 않고 지내보는 훈련을 가족끼리 해보는 것도 좋다. 어둠을 경험해보지 못한 요즘 어린이나 청년들에게 필요할 것 같다. 하루 동안의 훈련은 낭만적일 수 있지만, 만약 진짜 재난이 닥친다면 생존과 정신스트레스에 관한 문제가 될 것이다. 하루, 이틀이 아니라 단전으로 인한 어둠이 장시간 지속된다면 일상생활에 큰 불편을 겪는 건 말할 것도 없고, 아이들은 물론 스트레스에 약한 성인이나 노약자들도 폐쇄공포증이나 어둠공포증을 보일 수 있다. 구성원들이 정신적으로 문제가 발생할 수 있다는 것은 심각한 문제이다. 전기가 없다면 어떻게든 조명을 마련해야 하는 이유이다.

　수년간 내전을 겪었던 보스니아에서도 사람들은 탈 수 있는 모든 것들을 이용해서 불을 밝혔다. 양초는 일찌감치 동이 나 식량, 총알과 맞바꿀 정도로 귀중품이 되었다. 그 외 식용유, 돼지기름, 석유 등 갖가지 기름이 등잔불용으로 사용됐다. 사람들은 석유와 송진을 섞어 배합한 정체 모를 연료를 사서 불을 밝혔다. 그을음이 엄청나 집 안 전체가 까맣게 될 정도였지만, 밝기가 좋아서 쓸 수밖에 없었다고 한다. 우리나라 상당수 가정은 지금 양초조차 없는 경우가 많다. 1980년대 이후 전력 품질이 좋아지면서 촛불 켤 일이 거의 없는 것이 주된 이유인데, 비상사태 시 큰 문제를 불러올 수 있다. 건전지를 사용하는 플래시나 랜턴, 가스랜턴 등을 갖고 있다 해도 귀중한 건전지와 연료를 함부로 계속 사용할 수도 없고, 조달하기도 힘들 것이다. 전기 조명 대체품으로 여러 가지들이 있지만 역시 집에서 사용할 때 값싼 양초만큼 쓸 만한 것이 없다. 하지만 기다란 재래식 양초는 지금 사용하기에 부적합하다. 대안은 티라이트이다.

재래식 양초와 티라이트의 장단점 비교

- 양초가 타면 촛농이 밑으로 흘러내린다. 그 때문에 파라핀을 다 이용하지 못하며 비효율적이다.
  (티라이트는 얇은 양철 컵에 담겨 있어 안에 있는 파라핀이 흘러내리지 않고 거의 100% 사용 가능하다.)
- 세워놓고 사용하다가 작은 충격이나 옷자락에 걸려서 쓰러질 수 있다. 화재의 위험이 크다.
  (티라이트는 낮고 작기에 걸려서 넘어갈 우려가 상대적으로 낮다.)
- 기존양초는 길쭉하여 짐에 넣고 이동하다가 부러지거나 파손될 우려가 크다.

(티라이트는 부러질 위험이 없다. 배낭이나 가방에 넣고 이동할 때 양초보다 훨씬 더 안전하다.)
- 같은 무게를 놓고 비교하면 양초는 티라이트에 비해 광원이 하나이며 어둡다.
(같은 무게의 티라이트는 여러 개를 동시에 켤 수 있어 좀 더 밝게 응용할 수 있다.)
- 여름철에 트렁크 안이나 온도가 높은 곳에 양초를 보관하면 녹아서 사용할 수 없게 된다.
(티라이트는 양철 캡이 둘러져 있어 웬만해서는 녹지 않는다.)

이렇듯 일반 양초는 여러 단점과 위험성이 있는데 비해 티라이트는 훨씬 효율적이고 안전하며 가격도 저렴하다. 한 팩에 1,000~2,000원으로 저렴하고, 생활용품점에서 쉽게 구입할 수 있다. 하지만 크기나 사용시간, 포장상태와 브랜드는 각기 다르다.

각 제품은 크기와 용량, 사용시간이 다른데 제일 작은 제품은 두께가 1cm 정도로 사용시간은 두 시간 남짓이다. 크고 두꺼울수록 사용시간이 길다. 너무 가볍고 얇은 제품은 사용시간도 짧지만 불꽃의 크기가 위급상황에 필요한 만큼

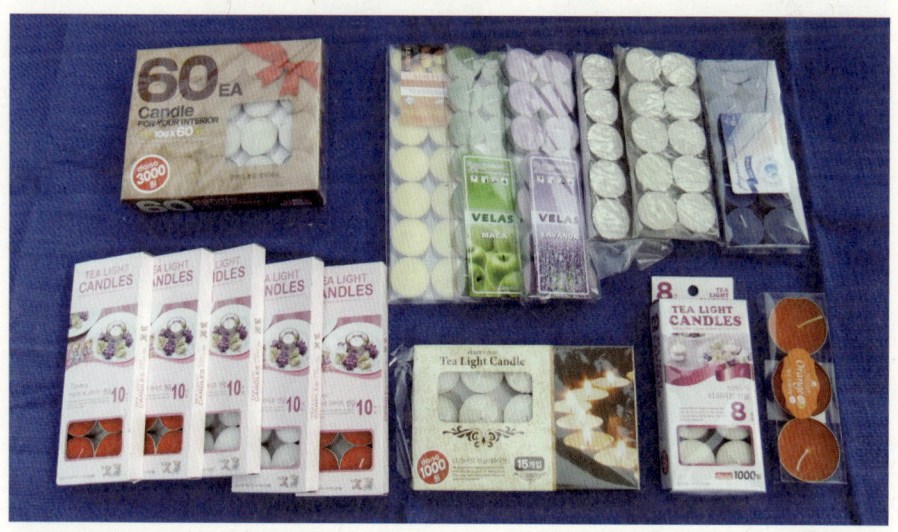

양초와 티라이트 같은 비상용 조명을 준비하자.

밝지 않을 수 있으니 주의하자. 향이 특이하거나 너무 진한 것도 제외해야 한다.

작은 티라이트는 두 개로 방 하나를 하루 동안 밝힐 수 있다. 음식과 달리 유효기간도 없어서 오랫동안 보관할 수 있다. 비상사태 시 가정에서 요긴하게 쓸 수 있다. 어느 집이고 꼭 필요한 물품이다.

파라핀오일 램프

비슷한 제품으로 파라핀오일을 사용하는 등잔도 있다. 주로 카페에서 무드램프로 쓰이며 연기와 그을음이 없다 1.8L 오일 한 통이 6,000~7,000원 선으로 가격대도 저렴한 편이다. 오일만 계속 보충해주면 장시간 이용할 수 있다. 하지만 오일을 담는 용기(램프)가 있어야 하고, 취급이 불편할 수 있다. 이동할 때도 조심해야 한다. 하지만 장시간 사용을 전제한다면 티라이트만큼 괜찮아 보인다. 여유가 된다면 다양한 광원을 확보한다는 측면에서 파라핀오

카페에서 많이 쓰는 파라핀오일 램프는 밝고 깨끗하다.

일과 전용램프, 티라이트를 같이 준비해놓자.

자동차 엔진오일 램프

주위에 버려진 자동차가 있다면 엔진오일을 뽑아내어 등불이나 횃불로 사용할 수 있다. 엔진오일은 석유에서 뽑아낸 물질이어서 인화성이 좋다. 자동차 엔진 밑을 보면 엔진오일 통을 볼 수 있다. 드레인볼트를 돌려서 풀면 바로 오일을 따라낼 수 있다. 평소 카센터에서 오일을 교환할 때 어디에 붙어 있는지 봐두자. 오일필터를 떼는 건 더 쉽다. 엔진 밑이나 앞부분에 달려

있는데 앞부분에 달린 경우 본네트를 열고 필터를 잡아 손으로 돌리면 어렵지 않게 빼낼 수도 있다. 작은 필터에서도 한두 컵 정도 폐오일을 빼낼 수 있다. 준중형 자동차 대부분에는 오일이 4L 들어 있다. 막대기에 천을 감아 오일을 적시면 횃불로 사용할 수 있다. 등잔불로도 좋다. 또한 '폐엔진오일만을 사용하는 전용 난로가 판매되고 있어 공장과 산업현장 등에서도 구매하고 있으니 참고하자.

오일필터 내부에는 폐오일이 두 컵 정도 들어 있다. 오일만 따라내어 쓸 수 있지만, 필터 자체를 바로 등잔으로 이용할 수도 있다. 오일필터를 돌려서 빼낸 다음 가운데 있는 구멍에 휴지나 천을 말아 넣어주면 심지가 된다. 심지에 오일을 충분히 붙이고 나서 불을 붙여보자. 밝은 불꽃을 얻을 수 있다. 생각보다 바람에도 강하고, 그을음도 많지 않아 유용하다.

빼낸 오일은 다음 사용을 위해서 빈 통이나 그릇에 잘 담아둔다. 재난 시엔 폐오일 또한 귀중품이다.

라이터 및 점화도구

 오지에서 조난되었으나 재난상황이 처했을 때 필수 비상장비 중 하나가 바로 라이터 같은 점화기구이다. 어두운 곳에서 불을 밝힐 때, 불을 이용하여 요리를 할 때, 체온을 유지하기 위해 난로 불을 피워야 할 때, 어둠 속의 짐승을 쫓을 때 라이터가 없으면 다 무용지물이다. 일회용 라이터가 너무 흔해져서일까? 사람들은 라이터의 중요성을 잘 깨닫지 못하는 것 같다.

 TV 프로그램 〈정글의 법칙〉나 〈Man vs. Wild〉 덕분에 발화킷인 파이어스타터가 유명해졌다. 그런데 이걸로 불을 필 줄 알아야만 생존전문가가 된 것 같은 분위기이다. 그러한 인식은 재미 이상의 큰 의미를 두긴 힘들다. 파이어스타터는 연필만 한 마그네슘 봉에 쇠톱 같은 금속 끝개로 긁어서 마찰하며 강한 불꽃이 일어난다. 간단하며 내구성도 좋고, 오랫동안 쓸 수 있는 장점이 있다. 하지만 몇 가지 단점이 있다. 먼저 휴지나 마른 풀 같은 불쏘시개가 있어야 한다. 또한 도구와 마찰해서 불꽃을 일으키는 것도 노하우가 필요하다. 당신이 파이어스타터 사용 기술을 익혔지만, 아내와 아이들 모두 사용할 줄 모른다면 어떻게 될까? 당신이 잠시 자리를 비우거나 이탈하게 되면 남은 가족에게 파이어스타터는 무용지물이나 다름없다.

    생존의 도구는 특별한 기술이 필요하거나 특정한 사람만 쓸 수 있어서는 곤란하다. 당신 이외에 아이나 아내, 어르신도 고려하자. 그들도 쉽게 쓸 수 있는 것으로 적당량 준비하는 게 현명하다. 바로 성냥이나 일회용 라이터 등이다.

    더구나 일회용 라이터를 많이 가지고 있으면 비상시 물물교환용으로도 훌륭하게 쓸 수 있다. 1990년대 초 내전을 겪고 있던 보스니아는 모든 사회 질서와 시스템이 무너졌다. 돈은 휴지가 됐다. 필요한 것은 물물교환 등으로만 구할 수밖에 없었다. 당시 LPG 대형가스 통으로 다 쓴 일회용 가스라이터의 가스를 재충전시켜주는 일로 꾸준히 돈(혹은 음식)을 번 사람들이 있다고 한다. 불을 붙이는 데 라이터를 대체할 만한 것이 없었기 때문이다. 평상시는 물론이고 전쟁이나 재난으로 사회 시스템이 붕괴돼도 항상 특정 서비스를 원하는 사람들은 존재하게 마련이다. 그들의 욕구를 채워주면 돈이나 먹을 것을 얻을 수 있는 것이다. 이는 아주 중요한 부분이며 생존에 직접적으로 관계되는 부분이기도 하다. 비축한 재난용품이나 비상식량들이 다 떨어진다면(대부분 눈 깜짝할 사이) 이후로는 이런 무형의 기술과 지식, 서비스로 생존 방법을 찾아나가야 하는 것이다.

준비 가능한 점화도구 및 방법들

    일회용 가스라이터, 지포라이터와 전용 기름통, 성냥, 볼록렌즈나 오목 반사경, 파이어스타터, 차량용 시거잭, 배터리를 이용해서 비상시 점화가 가능하다. 배터리 쇼트 시 발생하는 스파크도 훌륭한 점화도구가 된다.

    일회용 가스라이터도 단점이 있다. 몇 년을 보관해두면 충전된 가스가 조금씩 새서 줄어든다. 또 윗부분 동그란 발화킷을 돌리다 좁쌀만 한 부싯돌이 쉽게 빠지기도 한다. 대부분 이러한 결함 때문에 가스를 다 쓰지 못하고 라이터를 버리

다양한 가스라이터(좌).
다양한 점화도구들(우).

게 된다. 또한 플라스틱 몸체도 약한 편이어서 떨어뜨리거나 밟으면 깨진다. 여름 한낮 차 안에 두면 폭발하기도 한다. 가스를 충전하는 것도 힘들다. 물에 젖으면 마를 때까지 사용할 수 없다. 하지만 시중에는 이러한 단점을 보완한 가스라이터가 판매되고 있다.

크기는 일반 라이터보다 세 배쯤 크고 가스용량도 몇 배 더 많다. 가스 충전이 가능하며, 일반 라이터와 같이 몸체가 플라스틱이지만 훨씬 단단하고 튼튼하다. 이 라이터의 최고 장점은 전기스파크(압전)식이다. 일반 회전 부싯돌 방식은 돌리다 돌이 빠져나가기도 하는데, 전기스파크식은 부싯돌이 빠질 우려도 없고 물에 젖어도 두세 번 털어내면 바로 불을 붙일 수 있다. 역시 생활용품점에서 구입이 가능하다.

성냥도 유용한 점화도구이다. 요즘 성냥을 보기가 어려워졌다. 어린이나 청소년 중 성냥으로 불을 켜는 방법을 낯설어하는 이들이 많다. 개중에는 실물을 한 번도 못 본 이도 있을 수도 있다. 성냥을 보여주고 사용법도 알려주자.

파이어스타터는 몇 천 원부터 몇 만 원대까지 다양하다. 대부분 성능은 비슷하니 마그네슘 봉이 두꺼운 것을 고르자. 불꽃을 일으키는 성능은 봉보다는 쇠

성냥도 한 통쯤 준비해두자(좌).
볼록렌즈나 오목 반사경으로 빛을 모아 불을 붙일 수 있다(우).

긁개에 좌우된다. 기본으로 포함된 작은 것보다는 나이프나 멀티툴, 낫 등으로 하면 훨씬 더 강한 불꽃을 수월하게 만들 수 있다.

약간 요령만 생기면 서너 번만으로도 종이에 불을 붙일 수 있다. 사용법도 간단하며 신뢰할 수 있는 도구인 만큼 비상용으로 준비해두면 좋다.

햇빛이 있다면 볼록렌즈나 오목 반사경으로 빛을 모아 쉽게 불을 붙일 수 있다. 돋보기가 없다면 비상시 망원경이나 디지털카메라의 렌즈를 떼어내 사용해도 된다.

긴급구호용 은박 비상담요

전 세계적으로 재난, 사고 현장에서 필수적으로 쓰이는 것이 긴급구호용 '은박 비상담요'이다. 은박 비상담요는 '호일담요', '써멀블랭킷', '에스시트', '은박보온포' 등 통일된 이름 없이 여러 명칭으로 불린다. 이 담요는 전 세계 각종 사고와 재난 현장에서 환자와 이재민들에게 지급되는 재난 필수품이다. 아주 얇은 비닐(PET) 같은 재질에 금속 진공증착 코팅을 해서 금색이나 은색으로 반짝인다. 펼치면 140×210㎝ 크기로 커져서 온몸을 감싸기에 충분하다. 야외에서 조난됐거나 비상시에 비, 바람, 추위를 막고 체온을 유지할 수 있어 일본, 미국 등 재난이 많이 벌어지는 국가 혹은 지역에서 필수적인 장비이다. 또한 작은 담뱃갑 크기로 접을 수 있어 휴대와 보관이 간편하다.

한여름이라도 야외에서는 새벽녘에 한기를 느끼게 된다. 설상가상 이슬과 비까지 맞고, 바람까지 불면 저체온증으로 심각한 상태에 들 수 있다. 사고환자나 재난 탈출과정에서 체력이 떨어진 사람에게 치명적일 수 있다. 최대한 빨리 보온을 해줘야 살 수 있다.

사용법은 간단하다. 은박 비상담요를 펼쳐 몸에 둘러 외부의 비와 바람을 막

 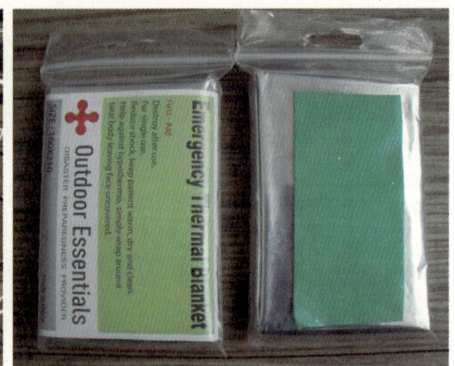

**은박보온시트는 야외 조난 필수품이다.
추운 곳에서는 보온효과, 뜨거운 곳에서는 단열 효과가 있다.**

는다. 몸과 담요 사이에 따뜻한 공기가 보온층을 형성하고, 코팅된 얇은 금속 막은 몸에서 나오는 적외선을 다시 반사시켜주어 몸을 좀 더 따뜻하게 해준다. 사람은 37도의 따뜻한 물 덩어리로 에너지의 상당량으로 체온을 유지하고 방출하는 데 소모한다. 때문에 체온이 조금만 떨어져도 저체온증으로 큰 위기에 빠질 수 있는 것이다.

은박 비상담요의 열반사 능력은 추위뿐만 아니라 사막 같은 뜨거운 햇빛 아래에서도 유용하다. 몸에 두르면 한낮의 강한 햇빛으로부터 몸을 보호하고 탈수 증상을 늦출 수 있다. 추운 곳에선 보온을, 뜨거운 곳에선 단열을 해주는 것이다. 또한 반짝이는 효과를 이용해 조난당했을 때 은박시트를 흔들어 멀리 있는 구조대에 자신의 위치를 알릴 수 있다. 아주 얇은 비닐처럼 보여서 약해 보이지만, PET 재질로 상당히 질기다. 힘을 들여 찢기도 힘들다. 이러한 특성을 고려해 양쪽에 줄을 매달아 띄우면 그늘막이(타프)로도 쓸 수 있다. 또한 텐트 위에 덮거나 침낭에 몇 번 감아두면 야외에서 자는 동안 냉기와 이슬을 막을 수 있다.

금박과 은박의 두 가지 색이 있는데, 금속을 비닐에 진공증착 할 때 알루미늄(은색)을 쓰느냐, 구리(금색)을 쓰느냐에 따라 차이가 난다. 금박 시트가 은박 시트보다 안정성과 접착성이 더 낫고, 야외에서 눈에 잘 띄어서 구조신호용으로 좋다.

등산, 트레킹, 캠핑을 좋아하고 재난대비에 관심이 많다면 반드시 몇 개씩 갖고 있어야 할 품목이다. 나 역시 여러 개를 보유하고 있다. 휴대용 EDC, 가정용 긴급탈출용 가방과 등산배낭, 자동차 안, 트렁크용 EDC 등에 넣어두어 비상시 고립될 것을 대비했다.

한 가지 팁을 주자면 시트 포장지의 뒷면에 청테이프를 잘라서 붙여두자. 비상시 꺼내 사용할 때 손으로 붙잡고 있어야 하는데 불편하고 힘들 것이다. 청테이프를 떼어내 적당하게 잘라서 시트 접합면에 붙여두면 손으로 잡지 않아도 단단하게 고정되고, 양손을 자유로이 쓸 수 있어 유용하다.

은박 비상담요의 보온 효과와 열 반사 효과는 집에서 직접 실험해볼 수 있다. 끓는 물을 똑같은 유리잔에 넣고 한 쪽에만 담요 시트를 잘라서 살짝 두른다. 물 온도를 46도 정도로 맞춘다. 그리고 두 유리잔을 냉장고 안에 넣는다. 30분마다 세 번에 걸쳐 양쪽 유리잔의 온도를 체크해보자.

일반잔과 보온잔 온도 비교

	일반잔	보온잔
7분경과	38도	42도
20분경과	34도	37도
30분경과	28도	34도

처음 양쪽잔 온도: 46도

사람 대신 유리잔과 냉장고를 이용한 간단한 실험이었지만, 확실히 은박시트를 두른 유리잔의 온도가 더 높았다. 30분이 지나고 비교해보니 온도 차가 무려 6도나 났다.

산이나 야외에서 조난을 당하면 낮은 기온과 바람, 이슬, 비 등으로 체온이 급격하게 떨어진다. 2013년 가을, 일본알프스에서 한국인들이 조난을 당해 사망하기도 했다. 만약 보온시트가 있었다면 단 몇 명이라도 살 수 있었을지 모른다. 조난과 구조의 사례를 살펴보면 의외로 추운 지역보다 사막처럼 더운 곳에서 사고와 조난을 당하는 경우가 많다. 더운 곳에서는 차의 엔진이 과열되기 쉽고, 타이어도 펑크 나기 쉽다. 추운 기후보다 더운 기후에서 기계적인 문제가 발생한다. 재난 재연드라마를 보면 '구조대가 올 때까지 가까스로 버텼다. 5~6시간 늦었더라면 살지 못했을 것이다' 하는 가정을 종종 보게 되는데, 그 몇 시간만큼의 체력을 보존해주는 것이 이렇듯 작고 사소해 보이는 용품들이다. 가격도 몇 천 원밖에 되지 않다. 배낭이나 차량에 넣어두면 언젠가 나와 가족이 위기에 빠졌을 때 유용하게 쓸 수 있을 것이다.

손난로 및 보온대책

영하 20도까지 내려간 한겨울, 전기도 끊기고 가스도 차단된 상황에서 난방 없이 야외에서 텐트와 침낭만으로 하룻밤을 버텨야 하는 경우를 상상해보자. 뼛속까지 춥다는 말이 무슨 말인지 톡톡히 실감하게 될 것이다. 한낮의 이동은 몸을 움직이고 햇빛을 쬐기에 버틸 만하다. 하지만 해가 떨어진 저녁에 어느 한 곳에 자리를 잡고, 긴장의 끈을 놓게 되는 순간 한기가 엄습할 것이다. 불을 피우지 못한다면 긴긴 밤을 어떻게 버틸지 암담할 것이다. 군대 경험이 있는 남자는 그나마 요령이 있겠지만, 여자와 어린이들은 추위 속에서 공포와 고통을 호소할 것이다. 건강에 이상이 생길 수도 있다.

추운 밤 따뜻하게 잘 수 있는 건 무엇보다 중요하다. TV에 출연한 야외 서바이벌 전문가들은 모닥불을 피워 큰 돌들을 달구어 바닥을 데우거나 껴안고 자라고 조언한다. 하지만 아파트에 사는 일반인에게 쉽지 않은 방법이다.

추운 겨울 집이 난방이 되지 않는 상황을 이겨내기 위한 보온 대책이 필요하다. 너무 걱정할 필요는 없다. 아파트나 공동주택은 기본적으로 상하좌우에 이웃집이 있어 단열이 좋다. 거실 전면의 통유리로 비치는 한낮의 햇빛은 안정적으로도 큰 도움이 된다.

문제는 낮의 열기가 사라지는 밤이다. 어둠과 한기를 대비하기 위해 거실유리 보온용 비닐과 에어캡, 실내텐트, 오리털 파카, 목도리, 두꺼운 내복과 수면양말, 머리 보온용 비니, 침낭, 뜨거운 물을 넣는 물주머니 등을 준비하자.

효과적인 방법 중에는 작은 손난로를 이용하는 것도 있다. 최근 사용이 쉬운 일회용 핫팩이나 충전용 손난로가 인기리에 판매되고 있다. 추운 겨울 야외에서 꽤 효과적이라는 것은 다 알 것이다. 하지만 그것들은 일회용이거나 발열온도가 낮고, 사용시간도 짧다. 진짜 손난로를 사용해보자. 연료를 넣어 사용하는 손난로가 그 대안이다. 이것은 추위가 1년의 반이라는 군인들의 필수품이기도 하다. 연료를 조금만 넣어주면 손으로 만질 수 없을 정도로 달아오르고 품에 품고 자면 긴긴 밤 동안 따듯하게 지낼 수 있다.

손난로는 크기가 손바닥보다 작아서 휴대도 편리하고 내구성도 좋아 오래 쓸 수 있다. 가족 모두 한 개씩 휴대할 수 있고, 사용법도 간단하다. 연료는 라이터 기름이나 화이트가솔린을 사용하지만 비상시 일반 휘발유를 이용할 수도 있다. 적은 양의 휘발유는 쉽게 구할 수 있다. 주위에 버려진 차들의 연료탱크에서 뽑아서 쓸 수 있다. 평상시에도 겨울산행, 스키장, 겨울캠핑 등에도 요긴하게 쓸 수 있다. 하지만 비상시에는 매일 사용하게 되는, 가장 고마운 장비가 될지도 모른다. 준비하자.

호루라기

 늦은 밤 집으로 가는 퇴근길에 갑자기 치한이나 괴한을 만나면 어떻게 대처해야 할까? 전기충격기, 가스총, 후추 스프레이 등 시중에 판매되는 각종 호신용품이 있으면 안전할 것 같다. 하지만 이러한 제품들이 정말 효과가 있을지 의심스럽다.

 괴한이 나타나면 여자는 자기도 모르게 비명부터 지르게 될 것이다. 하지만 비명이 아니라 고함을 쳐야 한다. "꺄아악!" 하는 비명보다 큰 소리로 명확하게 "사람 살려, 도와주세요. 괴한이다"와 같이 주위 사람들이 한 번만 들으면 상황을 파악할 수 있도록 큰 소리로 외쳐야 한다. 접근하는 괴한에게도 비명은 공격 성향을 일깨워 좋지 않다. 또한 어설프게 호신용품을 사용하면 상대를 자극할 수 있다. 겁에 질리지 않는 단호한 표정을 짓고, 큰 소리로 경고하듯 정확한 어투로 소리를 지르면 괴한은 멈칫하게 된다. 그 사이 피할 수 있는 기회를 얻을 수도 있다.

 우리가 사는 도시에서는 길거리에서 납치되는 위험뿐 아니라 예측할 수 없는 수많은 비상사고가 벌어진다. 길을 가다가 맨홀이나 씽크홀에 빠지거나 아무도 없는 건물에 갇히거나 삼풍백화점 붕괴사건처럼 무너진 건물 안에 갇힐 수도 있다. 산이나 섬이 아닌 일상생활을 영위하는 도시 안에서도 많은 사고와 재난 상황을 겪을 수 있는 것이다.

나의 위험을 알리고, 구조신호를 보내면서도 위험인물에게 경고를 보내야 하는 상황에서 호루라기처럼 간단하고 확실한 도구는 없다. 고함을 질러 큰 소리로 도움을 요청하는 것은 소리도 작을 뿐더러 위해를 받아 몸을 다치면 목소리조차 낼 수 없을 수도 있다. 위험 현장이 시끄러우면 작은 목소리는 묻히기 마련이지만, 고음은 비교적 멀리 퍼져나간다. 영화 「타이타닉」에서도 여주인공은 물에 빠져 생명이 꺼져가는 최후의 순간, 호루라기를 겨우 불어 구조될 수 있었다.

이렇듯 휘슬은 작고 구조도 간단하지만 비상시 가장 큰 효과를 볼 수 있다. 몇 개쯤 준비해두자. 휴대용 EDC 가방뿐만 아니라 자동차 안, 등산배낭, 긴급대피용 백, 열쇠고리 등에 하나씩 묶어놓으면 일생에 딱 한 번 사용할 날이 올 때 생명을 구할지도 모른다.

호루라기는 종류와 모양도 다양한데, 가장 중요하게 살펴봐야 하는 것은 소리이다. 플라스틱으로 만든 호루라기는 상대적으로 부드럽고 작다. 열쇠고리형 호루라기와 사은품으로 받은 장난감 같은 호루라기는 불기도 힘들고, 소리도 너무 작다.

전통적인 모양의 쇠로 된 b자형 호루라기도 의외로 품질이 크게 차이난다. 모양은 비슷하지만 불어보면 바로 차이를 알 수 있다. 이름 없는 중국산은 불어도 소리가 작고 둔탁하다. 반면 국산 호루라기는 걸리는 것 없이 바람이 휘익 하고 시원하게 빠져나가면서 소리도 크다. 부는 사람이 놀랄 정도이다. 가격 차이는 크지 않은데, 소리의 크기와 느낌 등 성능에서 큰 차이를 보인다. 안을 보면 바람구멍의 굵기와 위치, 볼의 크기와 재질 등 미세하게 차이가 난다. 구조와 마감의 작은 차이가 소리에서 큰 차이를 만들어내는 것이다.

건전지를 사용하여 110dB(데시벨) 이상 고음을 지속적으로 내는 전자호루라기도 판매 중인데, 호신용으로 좋다.

라디오 및 TV 수신법

위급상황 시에도 TV는 중요한 역할을 한다. 어느 지역에 어떤 일이 생겼는지 피해 규모가 어떻고, 정부의 구호 계획은 어떠한지 TV를 통해서 자세히 알 수 있을 것이다.

TV를 통한 재난정보 전달의 가장 큰 장점은 생생한 화면을 통해 다른 이에게 정확하게 전달해서 상황을 빨리 파악할 수 있게 해준다는 것이다.

해안에서 10㎞쯤 떨어진 시민들에게 바닷물이 밀려오고 있으니 대피하라고 라디오나 스피커로 경고방송을 한다면 다들 믿지 못할 것이다. 하지만 2011년 일본에서 발생한 10m가 되는 거대한 쓰나미가 방파제를 넘어 집과 자동차를 삼키면서 내륙 10㎞ 안까지 밀고 들어오는 모습을 TV로 보았다면 사태의 심각성을 깨닫고 당장 높은 곳으로 피신했을 것이다.

하지만 이렇게 중요한 TV도 재난 시에는 무용지물이 될 가능성이 있다. 단전이 벌어질 수도 있고, 전송방식 때문에 애를 먹을 수도 있다. 도심에서는 대부분 유선케이블 방송이나 인터넷 IPTV를 이용한다. 유선케이블이나 인터넷 IPTV는 근본적으로 유선이라는 한계가 있다.

실내용 소형 HD수신 안테나도 있다.

　전송선로와 중간 전송기지국에 문제가 생기면 방송을 수신할 수 없다. 자연재난 외에도 최근 디도스공격 등 인터넷상에서 공격이 잦아지고 있다. 인터넷망이 순식간에 다운이 돼버리는 것이다. 따라서 비상시에도 TV를 안정적으로 수신할 수 있는 방법을 준비할 필요가 있다.

　실내용 소형 HD수신 안테나를 이용할 수 있다. 저가에 많이 보급되고 있으며 심지어 철사를 이용해서 간단히 DIY로 만드는 방법도 인터넷엔 올라와 있다. HD 수신 안테나로 메인 공중파 방송을 선명하게 볼 수 있다. 물론 사용료를 다달이 낼 필요도 없다. 무료이고 전국 대부분 지역에서 수신이 가능하다. 집에서 TV를 가끔씩 본다면 평상시에도 활용할 수 있는 좋은 방법이다.

　소형 라디오도 준비하자. 집에 커다란 오디오나 카세트가 있더라도 단전이 되면 사용하지 못한다. 건전지를 사용하는 작은 라디오가 필요한 이유다. 작은 라디오는 휴대하기 좋고, 언제 어디서든 재난 정보 청취가 가능하다. 단파수신까지 되는 라디오는 재난대비용으로 판매되고 있다. 하지만 종류가 몇 개 안 되고,

가격도 고가이다. 단파방송은 재난대비용으로 인식되어왔지만, 우리나라에선 별 의미가 없다. 일반 라디오를 구입해도 무방하다. 참고로 재난주관 방송사는 KBS1라디오이다.

부탄가스 버너

북한의 핵실험이나 로켓 발사, 연평도 포격 같은 일촉즉발의 상황이 뉴스 속보에 뜰 때마다 대형마트에선 쌀과 라면, 생수 그리고 소형 부탄가스 판매량이 폭증한다. 부탄가스 버너는 대부분 가정집에 준비되어 있고, 평상시 조리용은 물론 야외놀이를 갈 때도 자주 사용된다. 재난 시 도시가스나 전기 등 에너지원이 끊긴다면 대부분 가정집에서 쓸 수 있는 유일한 열원일 것이다. 코난, 프리퍼들은 물론 일반인들도 재난상황을 대비해 부탄가스를 많이 사 놓는다. 대체연료로 쓰기에 가장 무난하기 때문이다. 하지만 부탄가스 버너는 간편하게 쓸 수 있는 대신 열효율이 다른 기구에 비해 많이 떨어지는 단점이 있다.

나도 경험상으로 일반적인 220g짜리 가스통 하나로 삼겹살 한 번 겨우 구워 먹을 정도란 건 알고 있다. 대략 한시간 정도 사용이 가능하다. 얼핏 봐도 캔 용기 크기는 1L 정도 되는데, 가스 양은 220g이라 부피에 비해서 충전량이 많이 부족하다. 또 추운 겨울에는 가스가 얼어서 작동이 잘 안 되기도 하고, 평상시에도 사용할수록 점점 통이 냉각되어 가스가 일부 남아 있어도 불이 약해서 못 쓰게 된다. 즉 부탄가스 버너는 임시용이나 나들이용이지 비상시 장기간 사용하기에는 낮은 열효율로 부적합하다. 그렇다 해도 별다른 대안이 없으니 부탄가스를 많이 사놓고 저장해 놓게 된다. 그런데 조심해야 한다.

똑같은 크기와 용량으로 새로 산 것과 2년 전에 사놓고 비축한 걸 꺼내어 비교 테스트를 해보았다. 2년 된 제품은 올해 생산제품보다 무게가 적었다. 대략 10g 이상 차이가 났다. 다른 것들은 모두 약간의 차이는 있지만, 오차를 감안해도 몇 년 지난 제품의 무게가 새 제품보다 가벼웠다. 그동안 가스가 조금씩 새어 나갔다고 볼 수 있다. 상식적으로도 당연하다. 부탄가스 제품은 위쪽의 노즐을 누르면 관이 열려서 가스가 나오는 구조인데 그 안쪽 부분에 고무가스켓이 평상시엔 닫혀 있다. 당연히 고무가스켓은 오랜 시간이 흐르면서 미세하게 가스가 유출이 될 것이고, 몇 년이 지나면 저울에 표시가 될 만큼 가스가 새어나오는 것이다. 물론 평소에는 그 양이 많지 않아 무시할 만하다. 대개 바로 소비되지만 문제는 장기 보관할 경우이다. 비상시 비축용으로 부탄가스를 대량으로 보관하는 경우 장소가 좁은 창고나 서랍 안 등 밀폐된 장소가 대부분이다. 그런 좁은 곳에 부탄가스통을 대량 쌓아놓는 것이 굉장히 위험하다. 더구나 여름에는 기온이 높아져 가스가 팽창하고 내부압력이 올라가게 되어 가스 누출 양은 빠르게 진행될 것이다. 혹시 가스통을 비닐봉지 안에 넣어 봉해서 보관한다면 더 위험할 수 있다. 누출된 가스가 계속 모이다가 임계점에 도달하면 비닐의 정전기로 가스 폭발이 일어날 수 있다.

따라서 부탄가스도 장기 저장 시 비상식량들처럼 선입선출 시스템을 적용하고, 보관장소도 습기가 없고 환기가 잘되는 곳을 선택해야 한다. 또한 한곳에 대량으로 보관해선 안 되며 나눠서 보관해야 한다. 닫힌 공간에 보관 중일 경우 종종 열어서 환기를 해주고, 상태를 확인하자.

무엇보다 비상시 대체할 다른 에너지원 연료들을 알아보고 확보해두는 것이 중요하다. 물론 대안은 많다.

가정용 비상연료 및 취사기구

도시에 사는 일반인들이 혹시 모를 비상사태에 대비해 갖춰둘 만한 가정용 비상연료는 뭐가 있을까? 재난이나 전국적 정전 사태로 전기와 도시가스가 끊긴다면 무엇으로 물을 끓여 밥을 하고, 간단한 요리를 할 수 있을까?

휴대용 소형 가스레인지는 불을 조절하기 쉽고 사용하기가 편하다. 문제는 연료이다(연료에 대한 문제점은 앞에서 다루었다). 부탄가스 통은 그 자체가 사제폭탄을 만들 때 쓰이기도 하는 만큼 대단히 위험하기도 하다. 따라서 부탄가스 통을 대량으로 비축하는 일은 피해야 한다.

필자는 임시용으로 부탄가스를 몇 개 보관하고 있다. 그 외 다양한 비상시의 가정용 조리원을 준비해두었다. 등산용 콜맨버너부터 밤톨만 한 고체연료, 참치 캔처럼 생긴 고체알코올, 연탄화덕, 연탄난로, 나무난로, 석유풍로, 태양열 조리기 등을 구비했다. 연료로 나무(장작용) 팔레트, 연탄, 석유, 알코올까지 약간씩 비축해두었다. 하지만 평상시는 물론 비상시 제일 좋은 것은 단독주택에서 많이 쓰는 LPG 가스레인지이다. 일반적인 중형 가스통 하나면 취사와 물 끓이기 등 일반적인 사용을 해도 석 달은 너끈히 쓸 수 있다. 이 정도면 웬만한 비상상황은

비상시를 대비한 취사기구를 준비하자.

버틸 수 있을 것이다.

최근 도시가스가 보급되면서 일반 단독주택에도 LPG 레인지가 점차 사라지고 있다. 반면 고물상에 가면 멀쩡한 LPG 가스레인지와 가스통을 저렴하게 살 수 있다. 보관장소만 준비된다면 제일 확실한 비상연료원을 저렴하게 준비할 수 있는 셈이다. 차선으론 석유풍로와 석유 몇 통 정도 사놓을 수도 있다.

단독주택에 거주하고 있다면 이처럼 다양한 대안을 마련할 수 있지만, 대다수 국민이 아파트나 공동주택에 사는 현실에서 과연 어떤 에너지원과 조리장비를 준비하는 것이 좋을까?

대형 고체연료가 좋다. 고체연료 혹은 고체알코올이라고 불리는데 주로 참치 통조림만 한 작은 것들로만 알고 있다. 하지만 그것들은 용량이 작고 받침대가 없어서 쓰기가 불편하다. 야외에서 간단히 차를 끓이는 임시용으로는 괜찮지만 화력이 작아 많은 양을 조리하기에 적절하지 않다. 대용량 고체연료통을 쓰면 이 같은 단점을 보완할 수 있다. 3kg 캔인데, 연료통 자체를 취사용기로 쓸 수도 있고, 사용법도 간단하다.

인터넷 마켓 '옥션'에서 3kg 한 캔당 만 원 정도에 구입이 가능하다. 이 캔은 액체가 흐르거나 기화되어 누출될 위험도 없다. 캔 용기에 담겨서 쌓아서 보관해도 좋다. 캔을 개봉하면 파란색 물질이 보인다. 알코올을 고체(젤)로 만든 것으로 특성상 불을 피워도 냄새나 연기, 그을음이 거의 없어 깨끗하다.

바로 조리용으로 쓰기 위해서는 캔 위에 냄비나 그릇을 올려놓을 수 있게 받침대를 만들어 얹어야 한다. 특별할 것 없이 집에서 쓰는 가스레인지의 발판을 떼어내 얹으면 딱 맞는다. 고물상에 가면 버려진 가스레인지가 많은데 한두 개 얻어 올 수도 있다.

젤 위에 불을 붙이면 잠시 뒤 알코올젤이 타오르기 시작한다. 보기보다 화력이 크고 빨리 물을 끓일 수 있다. 불을 끄려면 뚜껑을 덮어 산소를 차단하면 된다. 재사용도 가능하다. 다만 불을 조절할 수가 없다. 처음 물을 끓일 때 큰 화력이 필요한 고체연료캔을 사용하고, 뜸을 들이거나 불 조절이 필요할 때는 부탄가스 버너에 옮겨 조절하는 식으로 응용할 수 있다. 이렇게 하면 값비싼 부탄가스 사용량도 많이 아낄 수 있다.

대용량 고체연료 캔은 평상시에도 야외놀이나 캠핑 등에서 유용하게 사용할 수 있다. 함께 있는 사람 수가 많아 인원에 맞게 국이나 라면을 요리할 때 부피가 큰 가스레인지 장비가 없어도 간편하게 큰 화력을 낼 수 있다. 3L 외에 20L짜리도 있다. 무게와 가격을 비교하면 더 저렴하다. 리필용으로도 쓸 수 있을 것이다. 대용량 고체연료캔은 납득할 만한 가격에 부피당 에너지도 크고, 사용도 쉽다. 집 안에 보관해도 안전하다. 비상상황뿐 아니라 캠핑 등 일상생활에서도 두루 쓰일 수 있는 취사기구이다. 단 너무 화력이 세지며 불 조절이 힘든 단점이 있지만, 다른 장비로 부족한 점을 보완해서 쓰면 된다. 단점보다 장점이 많다. 소형보다 대용량 캔을 사두는 것이 비상용으로 더 유용하다. 물론 작은 건 나름대로 도보로 이동할 때 휴대하기 편하고, 간단하게 취사를 할 때 용이하다. 이 외에도 여건이 허락된다면 다양한 비상조리원과 연료를 준비해두고 필요한 상황에 맞춰 적절히 겸용하며 이용한다면 재난도 그리 두렵지 않을 것이다. 당신의 집에 비상시 취사 시스템으로 무엇이 있을지 생각해보자.

그 외 다른 방법들

주변에 땔나무를 구하기 쉽다면 화덕이나 나무난로도 괜찮다. 폐가구나 가지치기된 나무도 땔감으로 좋다. 공장 주변에는 버려진 나무팔레트도 많은데 이 역시 깔끔하고 다루기 좋은 땔감이다. 주변에 버려진 20L 캔만 있으면 함석가위로 어렵지 않게 오려내서 작은 화덕을 만들 수 있다. 캔 통을 구할 수 없다면 땅을 파내어 화덕을 만들 수 있다.

서점에서 '화덕의 귀환'이라는 책을 찾아보자. 수많은 종류의 다양한 화덕을 그림으로 보면서 쉽게 배울 수 있다.

로켓스토브를 알아보자. 일반 나무난로나 화덕은 땔감의 소모가 심하고 효율이 떨어지지만 로켓스토브는 과학원리로 효율을 극대화했다. 나무를 절반만 사용해서도 비슷한 효과를 얻을 수 있고, 만드는 방법도 그리 어렵지 않다.

지금은 주위에 나무가 흔하지만 비상시에는 너도나도 땔나무를 찾아 헤맬 것이다. 그리고 곧 자취를 감출 것이다. 보스니아 내전 당시 사람들은 집 주변 나무 울타리는 물론, 태울 수 있는 모든 것들을 난로로 집어넣었다. 이후 할머니가

물려준 가구와 자기집 마룻바닥도 쪼개어 넣었다.

참고로 주변에 건축용이나 가구용으로 흔히 볼 수 있는 합판(OSB, MDF)과 방부목(연한 녹색의 야외용 나무구조물)들은 태울 때 극히 주의해야 한다. 본드와 약품을 사용하기에 냄새와 그을음이 심하고 유독가스가 나온다. 실내에서는 사용하지 말고, 난로의 배기와 환기에 신경 써야 한다.

태양열 조리기

햇빛은 엄청난 에너지를 가지고 있다. 가로세로 1m, 즉 1㎡의 태양빛은 1㎾라는 큰 에너지이다. 이를 활용하면 비상시에도 큰 효과를 볼 수 있다. 비상시 전기나 가스가 끊겼을 때의 대처법은 상당히 중요하다. 때문에 각종 재난에서의 생존법을 연구하는 전문가들은 굉장한 관심을 두고 생존법을 연구하고 있다.

불을 켜 밥을 해 먹고, 물을 끓이는 건 인간다운 삶을 위한 가장 기본적인 일에 해당된다. 고체연료나 석유풍로, 부탄가스 버너 등을 비상연료원으로 준비해 놓기도 하지만, 이것들은 부피를 많이 차지하고, 집에서 보관하기에 위험할 수 있다. 그런 점에서 태양열을 이용하는 솔라쿠커, 즉 태양열 조리기는 큰 장점을 지니고 있다. 햇빛만 있다면 반영구적으로 사용할 수 있다. 위험한 연료를 집 안에 보관할 필요도 없고, 연료가 떨어질 일도 없다. 솔라쿠커는 햇빛만 있다면 연료에 대한 걱정 없이 반영구적으로 물을 끓이고 라면이나 달걀을 삶는 등 조리할 수 있다. 그 외 오염된 물을 정수하고, 태양광기기를 빨리 충전하는 데 이용할 수도 있다. 햇빛 좋은 여름에는 1L의 물을 10분 내에 끓일 수도 있다. 부탄가스 버너 등 기존 가정용 비상연료와 병행한다면 가스나 석유 같은 귀한 연료를

솔라쿠커는 햇빛만 있으면 연료 걱정 없이 쓸 수 있다.

크게 절약할 수 있다.

현재 국내에서 구할 수 있는 솔라쿠커는 몇 종류 되지 않는다. 햇빛을 한곳에 모아 열을 내는 특성상 반사판의 크기가 성능의 척도이다. 완구, 교제용으로 조그만 제품도 있다. 하지만 조리용으로 사용하려면 직경 1.5m 이상은 돼야 한다. 이론적인 면과 별도로 현실적으로는 제약이 따른다. 항상 햇빛이 좋으라는 법은 없다. 구름이 지나가거나 안개, 황사가 있고 기온이 낮다면 성능도 많이 떨어진다. 솔라쿠커는 고정식이 있고 이동 가능한 접이식이 있다. 어느 쪽이 좋다고 단정할 수 없다. 둘 다 장단점이 뚜렷하다. 용도에 맞는 사용이 필요하다.

고정식 솔라쿠커

인터넷몰에서 중국산 솔라쿠커를 구입할 수 있다. 직경 1.5m에 10kg이 넘는 무거운 고정식이다. 이 제품의 장점은 반사효율이 좋아 화력과 성능 면에선 최고이다. 무거운 만큼 작은 바람에 흔들리지 않아 안정적이고 빨리 가열할 수 있다. 고정된 장소에서 사용할 때는 이만한 장비도 없을 거라 생각이 들지만, 장비를 들고 이동하기는 힘들다.

이동식 솔라쿠커
국산 이동식 솔라쿠커도 있다. 경량에 우산 같은 접이식이라 이동과 설치가 가볍고 보관도 쉽다. 아파트, 공동주택에 살고 있다면 평소엔 접어서 보관하다가 필요시 펼쳐서 설치한다. 물을 끓이거나 조리기구로 활용하기 좋다. 반면 우산 같은 접이식이라 반사 효율에선 좀 떨어진다. 가벼운 만큼 약한 바람에 흔들거리면 효율은 더 낮아진다.

솔라쿠커로 할 수 있는 것
물 끓이기, 라면 끓이기, 빵 만들기, 감자 및 달걀찌기, '3분요리' 바로 데우기 및 각종 요리, 눈 녹여 식수 만들기, 물 햇빛 소독법(SODIS), 소형 태양광 충전기기 고속충전 등……

나이프

 아웃도어 용품 중 칼(나이프)처럼 수많은 종류와 마니아 그리고 스토리를 거느린 것도 없을 것이다. 가장 단순한 공구이지만 생존에는 필수적이다. 21세기인 지금까지 군용무기(대검)로 엄연히 존재하고, 또 미래에도 그럴 것이다. 나이프를 얘기한다면 고가의 해외명품 칼이나 베어그릴 같은 오지 생존 전문가의 멋진 아웃도어용 나이프를 떠올리게 된다. 하지만 도시에서 어떻게 하면 생존할 수 있을까 하는 관점에서 보면 뾰족하고 날이 서 있는 모든 것이 나이프라 말할 수 있다.
 무기, 특히 나이프는 수만 년 동안 인류와 생사를 함께한 역사와 영혼 때문인지 남자들을 끄는 묘한 원초적 매력이 있다. 이 때문에 아웃도어용 나이프를 두고 수많은 명품과 얘깃거리, 역사, 마니아가 존재한다. 마니아 사이에서는 형태와 재질, 메이커, 기능, 역사, 제조공정, 가격 등이 논의되지만, 일반인에게 그렇게 와닿지 않다. 픽스드나이프, 폴딩나이프, 멀티툴, 낫, 정글도, 나대, 쿠크리, 손도끼, 부엌칼, 과도, 전지가위 등 모든 금속으로 만들어진 흉기가 다 재난 시에 사용되고 무기가 될 수 있으며 위협을 받을 수도 있다.
 군용 대검이든 글로벌 메이커의 명품 나이프이건 생활용품점에서 산 2,000원짜리 칼이건 똑같이 위협적일 수도, 요긴하게 쓰일 수도 있다. 상대방의 갑옷과 칼을 두 동강 내는 청룡언월도나 청홍검 같은 몇몇 전설의 명검은 전설의 이야기일 뿐 「와호장룡」 같은 무협영화 속에서나 존재할 뿐이다.

  도시의 재난 상황에서 칼은 성능보다는 소유하고 있다는 것만으로 충분히 위협이 된다. 방어 혹은 공격용으로 부엌용 식칼과 이를 막대기에 연결한 간이 창이 쓰일 수도 있다. 칼이 없으면 날카로운 쇠붙이를 적당히 가공해서 쓸 수도 있다. 싸움이 있다 해도 대부분 상대방과 영화 같은 칼싸움을 벌일 일은 없을 것이다. 기껏 서로 기 싸움을 하다가 끝날 것이다. 칼을 이용한 싸움이 있다 하더라도 상대의 칼날을 멋지게 피하며 막고 반격한다는 건 거의 불가능이다. 한 번이라도 칼날에 베이면 쓰러진다고 봐야 한다. 상처 부위는 험악하게 벌어지며 내장을 쏟아내거나 과다 출혈로 죽기 쉽다. 보스니아 내전에서 시가전을 벌이던 민병대원들은 자기 집 부엌의 과도와 식칼을 품 안에 넣고 다니며 무기로 쓰기도 했다.

  특정한 칼, 나이프를 선호하고 사용하는 것은 야외에서는 큰 의미가 있다. 하지만 재난 시 생존하는 상황에서 그 의미는 떨어진다. 또한 특정장비 하나에 너무 크게 집착하는 것은 바람직하지 않다. 영화 「127시간」에서 주인공은 오지 계곡 아래로 떨어져 바위에 팔이 끼어 꼼짝할 수 없는 상황에 처한다. 그는 휴대하고 다니던 작은 멀티툴로 돌을 깨나가려 하지만 실패한다. "이래서 중국제 나이프는 안 돼"라고 외치지만, 그 상황에선 스위스나 미국의 유명한 나이프도 별 차이가 없었을 것이다. 칼이란 장비 하나에 의지하기보단 그 상황에서 칼이 생존에 도움이 될 수 있도록 상황을 바꿔나가야 한다.

  내 호주머니나 크로스백 등에 넣어둔 작은 스위스 칼이나 멀티툴은 사고 및 재난에서 유용하게 쓰일 것이다. 그것들은 EDC의 중요 목록으로도 포함된다. 또한 그런 용도라면 고가의 나이프 한 자루보다는 가성비 좋은 저렴한 칼 여러 자루가 더 유용할 수 있다. 휴대용 EDC, 차량용 EDC, 가정용 비상탈출 백, 직장용 재난대비가방, 등산배낭 등 모든 곳에 꼭 필요하다. 하지만 무기란 것은 가지고 있으면 한번 사용해보고 싶은 충동을 유발하는 속성이 있다. 총, 칼, 활, 전자충격기, 삼단봉, 최루가스 분사기, 이 모든 것들이 다 마찬가지이다. 너무 빠지면 안 된다. 단 커다란 재난이 일어나고 사회가 뒤집혀 공권력이 사라졌을 때 스스로를 지키고 가족을 보호하기 위해서 필요하다.

신발 및 의류

영화

영화 「더 로드」는 종말적 상황에서 살아남은 자들의 힘든 생존기를 보여준다. 생존자들은 먹을 걸 찾아 이리저리 떠돌다가 길에서 만난 사람을 약탈하며 안전하다는 바닷가를 찾아서 하루 종일 걸어간다. 인상 깊은 장면 중 하나는 신발을 갖기 위해 서로 싸우는 대목이다. 신발의 중요성은 다른 영화에도 종종 나온다. 「터미네이터1」에서도 미래에서 온 남자가 쇼핑몰에 숨어들어가 제일 먼저 훔치는 게 신발이다. 「다이하드1」에서 뉴욕 경찰 존 맥클레인은 나카토미 빌딩에서 혼자 테러범들과 싸우다 신발이 벗겨져 맨발이 된다. 테러범들은 이 사실을 알고 주위 유리창을 모두 깨서 바닥에 유리조각을 깔아 존에게 고통을 준다. 전쟁영화에서도 종종 죽은 동료의 신발을 벗겨서 자기가 신는 장면도 나온다. 〈Man vs. Wild〉의 베어 그릴스도 칼 하나만 주면 맨몸으로 오지를 헤쳐나가며 벌레를 구워먹는 등 다양한 생존기술을 발휘하며 살아남지만, 처음부터 신발을 뺏어버리면 미션을 성공하지 못할 것이다.

현실

재난 상황에서 차를 타면서 대피하는 일은 좀처럼 힘들 것이다. 몇 시간을 딱딱한 구두와 하이힐을 신고 아스팔트 위를 걸어 집으로 가든가 대피처를 찾아 무거운 짐을 지고 하루 종일 걸어야 할 수 있다. 악몽이 오래 지속되면 신고 있는 신발은 곧 헤지고 닳아 돌부리에 찢겨져 신을 수 없게 된다. 다 떨어진 신발을 신거나 맨발로 다니다 보면 발에 물집이 잡히거나 상처를 입게 된다. 기동성을 잃게 되면 큰 위험에 빠지는 것이다. 평생을 맨발로 살아 온 아프리카 마사이족이나 부시맨이 아니라면 신발은 인간이 가질 수 있는 모든 장비 중 제일 중요하다고 할 수 있다. 심지어 아프리카 오지에 사는 부족도 신발을 신는다. 제대로 된 신발을 구하거나 살 수 없다면 페트병이나 자동차 타이어를 잘라서 슬리퍼로 개조해서 신기도 한다.

6·25전쟁 때를 보자. 여름 1차 후퇴와 이듬해 겨울 1·4후퇴 등 몇 번의 피난을 가야 했던 우리의 조상들은 짚신이나 기껏해야 고무신만을 신고 하루 종일

신발은 가장 중요한 장비이다.

걸어야 했다. 얼마나 힘들었을지 짐작이 가지 않는다. 더구나 등에는 무거운 식량과 옷가지, 이불을 넣은 지게를 멨다. 엄동설한 추운 날씨에 발까지 젖고 얼어붙어 큰 고생을 했을 것이다. 동상의 위험과 물에 젖은 신발을 오래 신고 있으면 '참호족'이라는 심각한 발 질환에 걸릴 수 있다. 이 역시 큰일이다. 지금은 흔하디흔한 방수등산화만 있었더라면 발이 젖지도 않고 훨씬 편하게 피난할 수 있었을 것이다.

이렇듯 각종 사고, 자연재난, 전쟁에서 신발은 생존을 위한 첫 번째로 중요한 장비이다. 재난 시엔 평상시에서보다 그 중요성은 몇 배나 더 높아진다. 군인들조차 기존의 전투화 대신 운동화를 신으면 전투력을 반밖에 발휘하지 못할 것이다. 그렇다고 개인이 군화나 두꺼운 가죽으로 된 워커까지 준비할 필요는 없다. 밑창이 부드러워 충격이 잘 흡수되는 운동화 그리고 튼튼한 등산화, 트래킹화 몇 켤레 정도만 준비해두어도 충분할 것이다. 단 슬리퍼나 샌들, 밑창이 얇고 딱딱한 캔버스화는 피하자.

요즘 젊은 여자들 중에는 등산화나 튼튼한 신발이 없는 사람이 의외로 많다. '뛰기 싫어서', '운동할 일이 없어서' 등 각기 이유는 있을 것이다. 하지만 혹시 모를 돌발 상황과 비상상황을 대비해서 준비해두자. 평소엔 등산 등 운동용으로, 비상시엔 재난 대처용으로 두루 쓸모가 있을 것이다.

약해 보이는 러닝화도 가볍고, 충격 흡수가 잘돼 단기간 걸어야 할 때 유용하다. 블랙아웃이나 어떤 재난으로 회사에서 다섯 시간을 걸어 집까지 가야 한다면 러닝화나 운동화가 제일 좋을 것이다. 오히려 군화나 두꺼운 등산화는 튼튼하지만 무겁고 익숙하지 않아 체력이 약한 사람이 신으면 쉽게 피로해진다. 하지만 산악지대를 걷거나 돌길, 폐허, 잔해 위를 걸을 때는 가장 안전하다. 또한 격투를 할 때도 발을 방어할 수 있고, 들개, 뱀 같은 야생동물에게서 발을 보호하는 데도 든든하다.

어느 하나의 신발이 재난 상황에서 만능인 것은 아니다. 다양한 상황과 조건 속에 각기 맞는 신발이 있다. 신발도 여러 가지 종류별로 가지고 있을 때 좀 더 쓸모가 있고, 상황에 따라 활용할 수 있다. 집 외에도 사무실, 차 안, 자신이 주로 생활하는 곳 등에서 편한 신발을 준비해놓자. 다양한 상황에 대비할 수 있고, 재난에서 탈출하는 데 도움이 될 것이다.

의류

야외생활에서 의류도 무척 중요하다. 자신에게 맞는 걸로 잘 준비해놔야 한다. 황급히 대피 중 각종 사물에 긁히거나 찢길 수 있고 파편이나 화염 등에 상처를 입을 수도 있다. 밤이나 겨울에는 생각지도 못했던 추위에 떨 것이고, 비바람을 맞으면 저체온증으로 위험해질 수도 있다.

요즘 유행인 다리에 딱 달라붙는 청바지를 입고서는 오래 걷지 못하고 장애물을 올라가거나 뛰어넘지 못한다. 땀이 나거나 다리가 부으면 상황은 더 나빠진다. 사타구니가 쓸려서 상처가 나기도 하고 혈액순환이 안 돼서 피곤도 더해진다.

여자라면 남자보다 더 옷차림이 다양할 것이다. 직장에 출근했다가 대피를 해야 하는 상황에 직면했는데 옷차림이 원피스나 미니스커트라면 최악의 조건이라고 할 수 있다. 직장 안 생존박스(Office Edc)에 편한 바지류도 꼭 넣어둬야 한다. 최근 케블라 소재를 덧댄 등산바지가 저렴하게 판매되고 있다. 이러한 등산바지나 약간 헐렁하고 편한 면바지로 준비해두자.

오래 걷는다면 발이 아프고 땀이 차게 된다. 얇은 양말에 두꺼운 등산양말을 겹쳐 신자. 땀이 나면 얇은 양말만 벗어서 갈아 신거나 말리거나 빨면 된다. 이렇게 하면 잘 마르지 않는 등산양말은 며칠 동안 신을 수 있다. 울로 된 등산양말은 젖어도 보온효과가 있다. 울 양말을 신고 있으면 눈밭을 헤치고 갈 때 신발이 젖더라도 발을 냉기에서 보호할 수 있다. 한두 켤레쯤 준비해두면 좋다.

　기능성 재킷도 필수품이다. 바람과 추위, 눈, 약간의 비도 견딜 수 있게 해준다. 두꺼운 것보다는 얇은 것이 여러 모로 유리하다. 평소엔 잘 말아서 배낭 안에 보관하고, 추우면 안에 옷을 더 껴입는다. 후드는 떼지 말고 꼭 붙여서 발수 스프레이를 뿌려 보관해두자. 발수 스프레이는 물을 튕기는 발수 능력을 높여준다(방수가 아님). 쉽게 비에 젖는 일반 면바지나 면 소재 가방, 배낭에 뿌려두어도 꽤 효과를 볼 수 있다. 단 스프레이를 뿌리는 작업은 꼭 실외에서 해야 한다.

손목시계

재난 상황에 처한다면 직장에 갈 필요도 없고, 점심식사 약속을 할 필요도 없을 텐데 왜 시계가 굳이 필요할까 생각할 수도 있다. 하지만 재난 시에도 손목시계는 꼭 필요하다. 만약 해가 일찍 지는 겨울에 야외로 식량과 물건을 구하러 나가거나 사냥하러 나갔다면 빨리 집이나 안전지대로 돌아와야 한다. 특히 산에서는 평지보다 해가 두 시간쯤은 빨리 진다. 영화 「나는 전설이다」에선 대재난에서 홀로 살아남은 주인공은 항상 해가 지는 시간에 시계 알람을 맞춰놓고 위험을 피한다.

1994년 삼풍백화점 붕괴 참사를 생각해보자. 갑자기 건물이 지진이나 폭격 혹은 구조적 문제로 붕괴되어 당신이 그 안에 갇혔다면 낮인지 밤인지 외부의 상황을 전혀 알 수 없을 것이다. 손목시계가 있다면 사고나 재난 이후 며칠이나 지났는지 파악해서 남아 있는 물과 먹을 걸 잘 배분하고 생존 계획을 세울 수 있다. 시계가 없다면 어둠 속에서 며칠이나 지났는지 알 수도 없고, 식량 분배 계획을 세울 수도 없으며, 감각기관이 혼란스러운 가운데 구조대가 오기 전에 빨리 지치고, 지레 포기할 수도 있다.

야외에서는 나침반이 없어도 태양과 시곗바늘을 조합해서 정확한 남쪽 방향을 파악할 수 있다. 야외에서 밤새 노숙을 하더라도 새벽까지 남은 시간을 확인하며 버티는 데 큰 힘이 된다. 또한 수용소나 구호단체 등에서 보통 하루에 한두 번 일정시간에 식량을 배급하게 되는데, 배급시간을 한 번 놓치면 하루를 굶어야 한다. 특히 야외 작업이나 이동 중이라면 정확한 배식 시간을 맞추기 위해서 필요하다. 일행과 잠시 떨어져 나와 이동이나 추적, 사냥을 할 때 생활무전기를 이용해 다른 일행과 통신, 연락을 할 때도 시계는 중요하다. 무전기를 항상 켜놓으면 배터리가 빨리 닳아버리기도 하고, 또한 도청의 위험도 있다. 특정 시각, 정각이나 매 두 시간마다 무전기를 켜고 연락하기로 약속하는 방법이 있다.

최근에는 스마트폰을 가지고 다니기에 시계는 아예 착용하지 않는 이들이 많다. 스마트폰은 배터리 사용시간이 짧고, 작은 충격에도 기기가 파손되어 사용하지 못할 가능성이 크다. 물론 잃어버릴 수도 있다. 같은 손목시계더라도 묵직한 예물시계나 멋스러운 패션 시계 등은 방수기능과 충격에 약하다. 특히 얇은 시곗줄은 당기면 쉽게 끊어져서 야외용으로도 부족하다. 어두운 곳에서는 아예 시간을 볼 수 없는 것들도 많다. 재난 상황을 대비하려면 군용 시계나 스포츠, 등산시계 등이 좋다. 요즘 인터넷에서 많이 파는 저가형 시계들은 디자인이 세련되어 보일지 몰라도, 충격에 약하고 배터리 수명이 너무 짧다. 경험상 대략 2년도 안 돼 배터리가 떨어진다. 만약 재난상황에서 배터리가 떨어져 시계가 멈춘다면 낭패일 것이다. 요즘 전문 등산시계는 각종 충격에 버틸 내구성과 튼튼함은 기본이며 기압계, 고도계, 나침반, 온도계 등이 내장되어 있어 외부 조난 시에도 큰 도움이 될 수 있다. 배터리 또한 자신의 시계에 맞는 것으로 몇 개 예비용으로 준비해두자.

야외에서 손목시계로 동서남북 방향을 찾는 법

1. 시계의 시침이 태양을 보도록 맞춘다.

2. 시계의 시침과 자판상의 12시 부분(윗쪽) 두 사이 정 가운데 방향이 남쪽이다.

◯ 이 방법은 북반구에서 통한다. 남쪽 확인도 계절마다 약간 다를 수 있지만 간단히 쓸 수 있고 대체로 유용하다. 바늘이 없는 디지털시계를 차고 있더라도 왼손의 엄지와 검지를 시계의 시침과 12시 정각으로 대응하면 역시 방향을 파악할 수 있다.

4인 가족용 필수 피난장비

나의 어머니, 할머니 세대는 6·25전쟁이라는 끔찍한 악몽을 겪었다. 무려 3년 이상 전진과 후퇴라는 지리한 공방전으로 전국은 초토화되었다. 국민들은 집을 포기하고 중요한 몇 가지만 챙겨서 지게를 이고, 아이들 손을 이끌며 피난길을 떠났다. 아버지는 지게로, 어머니들은 커다란 보따리에 가족이 덮을 이불과 옷가지, 그릇과 약간의 식량만 겨우 챙길 수 있었다. 형편이 되는 사람들은 소달구지에 그나마 조금 더 실을 수 있을 뿐 큰 차이는 없었다. 당시 나의 외할머니께선 다섯 살 된 어머니를 데리고 평양에서 피난을 오셨다고 한다.

남편이 지게를 이고 가면 뒤따라 아내가 아이를 업고, 보따리를 머리에 이고 간다. 큰아이는 동생 손을 잡고 이끌었다. 아이들조차 작은 등짐을 메어야 했다. 할머니는 식량으로 쌀과 말린 명태 정도만 겨우 챙길 수 있었다고 한다. 이렇게 우리 부모님들은 무겁고 열악한 장비들을 지고 고무신을 신은 채 험한 길을 따라 걸어서 피난을 갔던 것이다.

2013년 11월 초대형 태풍 하이옌이 필리핀을 강타했다. 시속 380km의 강풍이 모든 것을 부숴버리고 침수 피해를 일으켰다. 대재앙이 또다시 벌어졌다. 갑작스러운 대재앙으로 겨우 살아남은 사람들은 옷 하나만 겨우 걸쳤을 뿐, 물과 식량이 없었다. 폐허가 된 거리엔 수많은 시체들이 방치되어 썩기 시작하고, 지독한 냄새로 숨도 쉬기 힘들었다. 조만간 전염병이 돌 것은 확실했고, 생존자들도 아이나 부상자, 면역력이 약한 사람들부터 쓰러지기 시작했다. 상황이 좀 더 낫다는 인근 도시로 피난을 가려 많은 사람들이 준비한다. 하지만 도로는 파괴되어 막혀 걸어서 이동할 수밖에 없다. 탈출행렬이 시작된 것이다. 온전한 길이 없다. 도로는 온통 끊어지고 폐허로 덮여 있어서 자전거 한 대 빠져나가기 힘들다. 피난 중 비까지 오면서 오늘은 어디서 쉬어야 할지 가족들을 어디서 재워야 할지 가장의 눈앞이 캄캄하다.

이렇듯 전쟁과 자연재해는 과거와 현재, 한국, 일본, 필리핀, 중국을 가릴 것 없이 삶을 뿌리째 흔드는 대재앙이 되어 찾아온다. 예고 없이 어느 날 갑자기 다가와 모든 것을 뒤집어놓고 앗아가 버린다. 초기 긴가 민가 할 때 한순간의 판단이 당신과 당신 가족의 목숨을 좌우할 수 있는 것이다. 일본에선 예로부터 전해 내려오는 격언 중에 "쓰나미가 몰려오면 절대로 물건을 챙기지 말고 바로 뛰어라"라는 말이 있다. 바로 대피해야 할 중요한 때에 값나가는 걸 챙기려고 머뭇거리면 그 순간 생사가 갈린다는 뜻이다. 더구나 긴박한 순간에는 중요하거나 값나가는 물건이 뭐가 있는지 어디에 있는지조차 잘 생각나지도 않을 것이다. 여차하면 바로 대피를 하거나 피난을 갈 수 있게끔 평소에 생각하고 준비해놓지 않으면 막상 사건이 터져선 아무런 대처를 할 수가 없다. 아니 아무런 생각도 나지 않을 것이다. 우리가 평소에 잘 알고 있다고 생각하는 112, 119 긴급전화도 막상 비상시에는 기억이 안 난다는 사람도 많다고 한다.

긴급피난 시 꼭 필요한 것은 무엇인지 생각해보자. 차를 이용하여 피난을 갈 수도 있지만, 언제 도로가 파괴되어 차가 움직이지 못할 수 있다. 짐들을 이고, 지고 혹은 카트에 끌고 걸어서 가야 하는 경우도 있다. 이를 대비하여 정말 꼭

한 가족을 위한 최소한의 대피도구.

필요한 최소의 장비를 마련하자. 그리고 이것들만 한 배낭 안에 넣어놓고 비상시 바로 들고 나갈 수 있게 준비해야 한다. 최소화하자면 간이텐트, 침낭, 바닥매트, 코펠, 버너가 최소한의 필수품이 될 것이다.

2장 '일상에서의 생존' 편에서 나온 가정용 '비상식량 캐리어'(53쪽 참조)와 같이 준비하자.

소형텐트

한여름도 새벽녘에는 춥다. 봄, 가을, 겨울은 말할 것도 없다. 걸어서 대피하는데, 비까지 온다면 최악이다. 가족의 건강과 체력을 지키기 위해서는 반드시 숙박 장비가 있어야 한다. 시중에 여러 종류의 텐트가 있다. 크기도 다양한데, 가벼운 2인용 텐트 1~2개가 필요하다. 요즘 캠핑용으로 유행인 대형 7인용 텐트는 한곳에서 오랫동안 편히 쉬기에는 좋지만 이동할 때 좋지 않다. 무게가 11kg 이상 나가서 무겁고, 설치하는 데 복잡하며 시간이 걸린다. 만약 어른 혼자서 하루 몇 번씩 설치, 수거해야 한다면 녹초가 될 것이다. 여자와 아이만 남아 있다면 사용하지 못할 수도 있다. 2인용 텐트는 개당 1.5~2kg 정도로 가볍고, 부피도 작다. 조립하는 시간도 2~3분 정도면 바로 설치할 수 있고 바로 분해해서 이동할 수 있다. 실내가 좁지만 어른과 아이, 두 명이 함께 잘 수 있다. 한 명은 밖에서 망을 보거나 일을 하는 등 교대할 수 있다. 이미 캠핑용으로 대형텐트가 있다고 해도 소형 간이텐트가 필요한 이유다. 가격 또한 2~3만 원대로 저렴하다. 또한 대피처에 와서도 유용하다. 겨울철 난방이 끊긴 실내에서 난방텐트로도 쓸 수 있다. 대형 체육관에 많은 사람들과 같이 수용되어 있을 때도 소형텐트를 치면 좋다. 좀 더 따뜻하게 지낼 수 있고 프라이버시가 보호될 것이다.

침낭

침낭도 필수 품목이다. 밤에 잘 때나 추운 겨울날에는 침낭으로 몸을 덮어야만 체온을 유지하고, 편안한 잠을 잘 수 있다. 6·25전쟁 때처럼 무거운 솜이불을 들고 갈 필요 없이 가볍고 작은 침낭 하나면 된다. 소재는 화학 솜을 쓴 것과 오리털을 쓴 소재가 있으며, 가격은 1만 원대부터 다양하다. 오리털도 크게 비싸지 않다. 만약 처음 구입하는 사람이면 가볍고 보온력이 좋은 오리털 소재를 준비하는 것도 좋다. 얇은 여름용과 두껍고 보온성이 좋은 사계절용이 있는데 약간 무겁더라도 사계절용을 구입하는 것이 좋다. 수량은 가족 수대로 있으면 좋겠지만, 걸어서 이동을 해야 한다면 개수를 최소화해야 한다. 한두 개 정도 빼서 같이 이용하거나 교대로 이용하는 방법을 찾자. 그리고 침낭 하나로 완벽한 성능을 기대하기보다는 은박보온시트를 두르거나 안에 핫팩이나 뜨거운 물통이나 돌을 품는 식으로 보조 보온방법을 찾아보자. 비와 이슬에 침낭이 젖으면 당장 사용하기 힘들기도 하지만 무거워서 들고 이동할 수 없게 된다. 시간이 다급하다면 어쩔 수 없이 버리고 갈 수밖에 없다. 침낭커버도 꼭 필요하다. 고어텍스류도 좋지만 좀 더 저렴한 투습 방수천도 좋다. 커다란 비닐자루도 도움이 된다. 건축용으로 쓰이는 저렴한 투습방수 소재인 타이벡을 얻을 수 있다면 간단히 꿰매거나 테이프로 붙여서 훌륭한 커버로 만들 수 있다.

우레탄 폼 바닥매트

군대에서 야외 훈련을 하거나 캠핑을 하며 밤을 새워본 사람들은 알 것이다. 바닥 냉기가 엄청나게 올라온다. 바닥에 웬만한 장비를 깔지 않고서는 등이 차가워 깰 정도이다. 실제로 체온이 저하된다. 두꺼운 침낭 안에 들어갔어도 바닥면의 침낭이 눌리면서 보온성이 많이 떨어진다. 바닥이 축축하면 물기까지 올라와서 침낭과 등이 젖게 된다. 제대로 먹지 못한 상태에서 겨우겨우 이동하는 중에 제대로 자지 못한다면 체력이 저하되는 것은 당연하다. 그다음 날 일정에 차질이 생길 것이다. 감기에 걸릴 수도 있다.

다행스럽게도 가벼운 접이식 폼매트를 구할 수 있다. 1인용과 2인용 등이 있다. 1인용 매트의 무게는 400g으로 아주 가볍고 개당 만 원에 구입이 가능하다. 가볍지만 부피가 큰 탓에 수량 역시 부족한 듯하게 구비하자. 은박매트와 바닥에 깔고 습기를 막을 커다란 비닐을 접어서 같이 휴대하면 더욱 좋다.

코펠과 버너

6·25 피난 시엔 커다란 무쇠 솥을 들고 다니며 식사 때마다 나무를 구해 와서 불을 지펴 밥을 해 먹었다. 하지만 지금은 가벼운 버너

와 코펠이 대중화되어 비교할 수 없을 만큼 휴대하기가 편해졌다. 층층이 접힌 다양한 크기의 조리그릇과 작은 밥그릇 등으로 꽉 차 있어 일가족이 사용하기에는 더할 나위 없이 좋다. 연질·경질 알루미늄, 스텐리스 제품 등 여러 종류가 있다. 버너도 일반적인 부탄가스용과 콜맨 등으로 일컬어지는 휘발유 버너가 다양하게 판매되고 있다. 편한 대로 준비하면 된다. 가스버너가 사용하기에 편하지만, 오랫동안 써야 한다면 연료를 넣어서 쓰는 콜맨버너류가 좋다. 최근엔 휴대용 조립식 나무버너가 판매되고 있다. 주위에서 구할 수 있는 나뭇조각을 이용해 불을 피울 수 있어 연료 걱정을 덜 수 있다. 구조가 간단하므로 손재주가 있는 사람은 인터넷에 올라온 사진을 보고 직접 만들 수도 있다.

대피 시 우선적으로 자동차를 이용해야 하지만 거리가 황폐화되어 길이 끊겼거나 연료가 없을 때는 짐을 이거나 져야 한다. 카트에 넣어 끌고 가야 할 수도 있다. 최대한 가볍고 부피가 작은 걸로 찾아보자. 기술의 발달과 등산, 캠핑 문화의 보급으로 과거에는 생각지도 못했던 좋은 장비들을 지금은 아주 저렴한 가격에 구입할 수 있다. 이 장비들은 평상시에는 등산과 캠핑을 갈 때 사용할 수 있지만 위급 시에 가족을 위해 제일 중요한 생존용품이 된다. 특히 텐트 1개(1.5~2kg), 폼매트 3개(1.5kg), 침낭 3개(7kg), 코펠·버너·약간의 연료(4kg)만큼은 반드시 준비하자. 가격대도 부담이 없다.

총 14kg도 안 되게 한 가족을 지킬 수 있는 임시 숙소와 침구, 식기구가 준비되었다. 이 정도 무게라면 성인 남자가 배낭 하나에 모두 넣어 짊어지고 이동하는 데도 큰 어려움은 없을 것이다. 대피배낭의 무게가 자기 몸무게의 25%를 넘어서는 안 된다는 걸 명심하자. 많은 것을 넣었다간 하루도 못 가 주저앉고 발과 무릎이 상할 것이다.

창문 보호

미국에 샌디라는 거대한 폭풍이 상륙한 적이 있다. 주민들은 나름대로 강풍에 대비한다고 창에 테이프를 붙이고 준비했지만, 강력한 폭풍 바람에 유리창이 다 깨지고, 나무 벽체도 부서져나갔다. 태풍이 불면 바람 자체도 무섭지만 돌과 각종 파편 및 쓰레기들이 같이 무섭게 날아다니며 흉기가 된다. 작은 나뭇조각이 합판이나 자동차 철판을 관통한 사진을 봐두기 바란다. 아마 그 전까진 위력이 어느 정도인지 못 믿을 것이다.

유리창이 위험하다

2012년 여름 우리나라에 태풍이 닥쳤을 때도 상황은 비슷했다. 태풍이 오기 전 며칠 전부터 방송에서는 강력한 태풍이 접근 중이니 단단히 대비하라고 경고했다. 고층 아파트의 커다란 거실 창은 바람에 쉽게 파손될 수 있으니 신문지를 물에 적셔 붙이거나 테이프를 X자로 붙여놓으라고 홍보했다. 그 때문에 전국의 국민들은 창마다 테이프를 붙이고 잠도 못 자고 밤새도록 신문지에 물을 뿌려댔다. 하지만 두꺼운 거실 창들은 많이 부서졌다.

2013년 새해 초 러시아에 강력한, 지름이 20m 정도 되는 유성이 대기권으로 초고속 낙하하여 폭발하였다. 그 충격으로 주변 십수 만 가정집의 유리창들이 산산조각 났고, 일부 건물들도 부서졌다. 이 때문에 영하 20도 이하의 추운 겨울날, 수십만 시민들은 깨진 유리창을 바로 교체하지 못하고 자신의 집에서 떨면서 지내야 했다. 하루, 이틀 뒤에야 비닐을 구해서 찬바람이 들어오는 걸 겨우 막을 수 있었다.

이렇듯 사고나 전쟁, 자연재해에 의해 집의 유리창이 깨지면 당장 유리를 교체하기도 힘들다. 가격도 폭등한다. 무엇보다 집 안이 바깥 추위와 바람, 비에 그대로 노출되는 것이 가장 위험하다. 자연재해뿐만 아니라 종종 보도되는 시내에서의 가스폭발 사고로도 주위 건물 유리창들이 대규모로 파손된다. 근래에 만들어진 건물들 중에는 외벽 전체가 유리로 된 것도 많다. 시민들이 거주하는 오피스빌딩, 주상복합건물, 심지어 아파트 전면 대부분이 유리창으로 되어 있어 각종 충격에 쉽게 깨져나갈 수 있다. 각지에서 종종 일어나는 가스폭발도 그 일대에 엄청난 피해를 입힌다.

전쟁 시 고폭탄이 터진다면 그 위력과 충격파는 수백 배 더 크고 피해 범위 역시 커진다. 2013년 5월처럼 때때로 전시 분위기가 심각하게 고조되기도 한다. 언론에서는 북한 생화학무기까지 언급하며 비상시 창틀의 틈에 테이프를 꼼꼼이 발라서 바깥공기가 들어오지 못하게 하라고 했다. 하지만 창틀에 테이프로 꼼꼼히 밀봉한다는 것도 쉽지 않거니와 유리창 자체가 깨져버리면 대책이 없다.

창문을 보호할 비닐을 준비하라

이렇듯 비상시 창문 파손을 대비해서 비상장비, 비상

비상시 창에 넓은 비닐을 덮어 보호해야 한다.

용품의 하나로 커다란 비닐을 준비하는 것도 필요하다. 비닐은 비상시 물건을 담거나 화장실 처리용등 많은 용도로 쓸 수 있다. 큰 비닐은 유리창 대용으로 긴급 수리를 요할 때 제격이다. 유리창이 파손되었을 뿐 아니라 난방이 끊긴 재난상황에서 유용하게 쓸 수 있다. 창문이나 문 바깥에 비닐을 치면 이중창 효과로 겨울 찬바람을 막고 추위를 견딜 수 있다. 지금도 시골이나 단열이 약해 추운 오래된 집에선 겨울 추위 대응용으로 자주 쓰이는 방법이기도 하다. 주택 단열 중 외부로 온기가 가장 많이 새나가는 곳이 창호이다. 오래된 집들은 창틀이 얇거나 허술해서 틈새로 찬바람이 바로 들어와 온도를 떨어트린다. 이럴 때 임시로 추위를 막는 제일 간단하고 확실한 방법이 창호와 문 바깥에 비닐을 치는 것이다. 외부 충격으로부터 인한 방호와 수리 그리고 추운 겨울날 냉기를 막기 위해 사용할 수 있는 창문 비닐 처리법을 미리 알아보자.

창문에 긴급하게 비닐을 쳐야 할 때 테이프로 모서리를 둘러 붙이면 빠르고 간단하게 작업할 수 있다. 하지만 바람이 세면 떨어질 수 있고, 비에 약하다. 잠

**나무틀을 만들면
좀 더 튼튼하고 효율적이다.**

깐 동안 사용할 때 추천하는 방법이다. 좀 더 튼튼한 방법은 나무 졸대를 이용하는 것이다. 창틀에 맞게 비닐을 자른 다음 나무졸대를 위에 얹고 못을 박거나 나사를 조이면 된다. 이듬해 잘 떼어 보관한 다음 다시 사용할 수 있어 가장 많이 사용되는 방법이다.

철물점에서 쉽게 구할 수 있는 얇은 졸대를 이용해 비닐을 치는 방법이 비용도 적고 작업도 제일 쉽다. 초보자도 사진처럼 큰 면적의 창호 전체에 비닐을 깔끔하게 덮을 수 있다. 문을 열고 환기를 할 순 없지만 이렇게 비닐을 붙인 쪽은 대개 찬바람이 불어오는 북쪽이다. 겨울 동안의 냉기는 확실히 막을 수 있다.

외부에 비닐을 치는 것보다 효과는 떨어지지만 실내 쪽에 작업하는 방법도 있다. 대형마트나 인터넷 마켓 등에도 3M에서 만든 전용 투명필름이 판매되고 있다. 양면테이프를 이용해 붙인 다음 헤어드라이어기로 열을 가해주면 깔끔하게 붙일 수 있다.

졸대로 처리하는 방법은 작업이 간단하지만 필요시 창을 열 수 없다는 큰 단점이 있다. 이를 보완하는 방법은 좀 더 두꺼운 각목을 이용해 틀을 만드는 것이다. 위의 사진은 각목으로 틀을 만들고 비닐을 붙여 만든 모습니다. 아래쪽이나 가운데에 열고 닫을 수 있는 작은 창을 만들어 필요할 때 열고 환기를 할 수 있게 하여 기존의 단점을 극복했다. 일회용이 아니어서 봄이 되면 잘 보관해두고, 다시 겨울이 되면 그 자리에 붙여서 몇 년을 쓸 수 있다. 약간의 손재주와 시간만 있다면 누구나 할 수 있다.

위 사례와 같이 큰 비닐을 준비해두면 비상시 집에서 여러 모로 쓸모가 있다. 특히 외부 충격과 난방이 끊겼을 때 추위를 대비한 물품으로 유용하다. 지금은 흔한 게 비닐이지만 비상시에는 이조차 구하기 힘들지도 모른다.

투명 렉산과 유리창 방호법

좀 더 강하고 내구성 있게 오래 사용하고 싶다면 투명 폴리카보네이트, 일명 렉산을 사용하면 된다. 방탄 플라스틱이라고도 불리며 CD, 선글라스, 자동차 헤드라이트커버, 지하도 출입구 투명천장용으로 많이 쓰인다. 렉산은 유리만큼 투명하지만 강도는 비교할 수 없을 만큼 커서 사람의 힘으로 깨기 힘들다. 렉산판을 이용하면 추위에 대한 단열에 파편과 외부 침입까지 막는

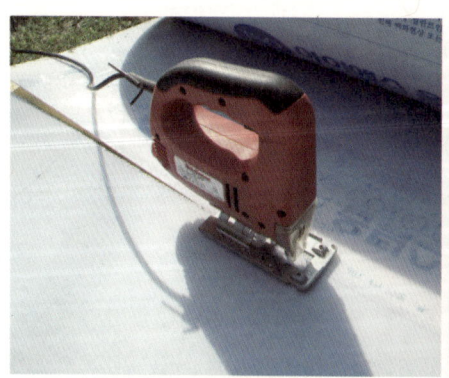 

창 외부에 렉산판을 붙이면 안전하다.

방어기능까지도 겸비하게 된다. 인터넷 마켓에서 크기별로 쉽게 구할 수 있다.

렉산은 전문기업 이름이지만, 지금은 보통명사처럼 쓰인다. 인터넷에서 렉산이나 폴리카보네이트로 검색하면 다양한 크기와 두께대로 구입할 수 있다. 판(1.2× 2.4m)이나 롤로도 구입할 수 있으며 두께는 1~2mm 정도도 충분하다.

구입한 렉산을 창틀 크기에 맞게 줄톱이나 직소를 이용해 절단한다. 충격에는 강하지만 톱으로는 쉽게 잘린다. 재단한 렉산을 창틀에 양면테이프나 나사로 붙여주면 된다. 필요할 경우 각목이나 알루미늄 몰딩으로 틀을 만들어줘도 된다.

창틀이라도 전체가 움직이지 않고 절반 정도는 고정된 면이 있다. 이 면에 항시 붙여두고 움직이는 부분에는 떼어두었다가 위험 시에만 바로 붙일 수도 있다.

현재 건축 외장으로 많이 쓰이는 통창은 너무 약하다. 두꺼운 강화유리라고는 하지만 벽돌 한 장으로도 쉽게 깨진다. 종종 범죄뉴스에도 나온다. 특히나 1층 상가가 통창 유리로 되어 있으면 비상시 아주 큰 문제점이 된다. 전에는 상가 전면에 철제셔터가 있어 그런 대로 보호가 되었지만, 지금은 이마저도 없다. 최신 건물들은 비상사태 시 위에서 열거한 문제점 외에 강도나 폭도들이 침입해도 막을 방법이 없다. 최악의 상황이 아니더라도 사회 불안이 심해지면 우리집 앞 도로가 시위현장이 될 수 있다. 돌과 최루탄, 화염병이 난무하게 되면 당신의 전 재산이나 마찬가지인 상점도 피해를 입게 될지 모른다.

창문이나 상가 통창 방호를 방어할 렉산판이 없다면 나무합판이나 양철판을 이용하자. 비상시 합판을 유리 통창 바깥 면에 붙이면 최소한의 방어가 될 것이다. 굵기가 가는 각목(세목)으로 '날 일(日)' 자로 앵글을 짜서 합판을 붙이면 된다. 좀 더 방어력을 강화하고 싶다면 겉면에 함석판을 잘라서 붙이면 된다. 작업도 간단하고 비용도 저렴하다. 문짝 크기의 나무합판(5mm)이나 함석판은 만 원이 들지 않은 금액으로 일반 철물점에서 쉽게 구할 수 있다.

매시 테이프(유리섬유)를 이용한 창문 보강법

몇 년 전 우리나라에 큰 태풍이 다가오자 모든 언론이 중요한 재난대비법이라며 호들갑을 떤 적이 있다. 거실 유리창에 테이프를 X자로 붙여주거나 물에 적신 신문지를 붙여주면 된다는 것이었다. 국민들이 방송대로 따라 했지만 그다지 효과적이지 못했다. 적신 신문지는 바로 말라서 수많은 아버지들이 잠도 못 자고 밤새도록 물을 뿌려주어야 했다. 유리창에 테이프를 붙인 것도 좋은 성과는 없었다. 큰 유리 통창은 풍압을 못 이겨 부풀어오르다 깨지기 일쑤였다. 태풍이 지나간 다음엔 테이프가 잘 떼어지지 않고 끈끈이가 오랫동안 남아 보기 흉했다.

건축용 메시테이프를 이용해서도 통창을 보강할 수 있다.

일반 가정에서 많이 쓰는 청테이프나 투명테이프는 쉽게 늘어나고 끈끈이가 많이 남는 편이다. 창문방호용으론 별로 효과도 없고, 시야도 차단하며, 보기도 흉하다. 또 끈끈이 때문에 뒤청소도 힘들다.

최근엔 태풍 방재전용 테이프가 마트에서 판매되고 있지만, 가격이 고가이고 시야를 가리는 문제점 또한 여전하다. 하지만 좋은 방법이 있다. 건축용으로 팔리는 유리섬유 망사 테이프를 이용하는 것이다. '화이바테이프'란 명칭으로 건물 외장건축용(드라이비트)으로 팔리고 있다. 유리섬유인 만큼 아주 질기면서 유연하지만, 신축성은 없다. 그러한 특성 덕에 늘어나지 않아서 유리창이 휘는 걸 막아준다. 또한 적당한 접착력이 있어 잘 붙지만 끈끈이가 남지 않는다. 떼어내고 잘 보관하면 한 번쯤 더 다시 사용하는 것도 가능하다.

이 외에도 장점은 많다. 망사로 되어 있는 만큼 유리창에 붙여도 시야가 확보되고, 외부에서 보기에도 크게 표시가 나지 않는다. 개당 몇 천 원 정도로 가격도 부담 없다. 일반 철물점이나 페인트상점에서 판매한다. 앞으로 큰 태풍이 다가온다거나 유리창이 깨질 위험이 있다면 이것을 준비했다가 사용해보자.

여름철 열기 차단

2012년, 2013년 여름은 사상 최고의 무더위가 기승을 부렸다. 지구온난화의 영향으로 여름에는 40도에 육박하고 겨울에는 영하 20도로 내려가는 것이 일상화가 됐다. 무더운 여름 햇빛은 특히 살인적이다. 남쪽에 창이 있는 실내에서 커튼이나 블라인드를 치고, 에어컨을 켜도 실내온도는 순식간에 치솟는다. 최근 건물들은 외벽이 통유리로 되어 있다. 주상복합주택이나 아파트 전면의 전체가 유리로 되어 있어 한여름의 땡볕에 그대로 노출되어 일반건물보다 더위에 훨씬 약하다. 지금도 한여름과 겨울에 전력수급경보가 연일 발령되는데 여름철 재난 시 전력이 끊긴다면 에어컨조차 쓸 수 없어 실내는 찜통이 될 것이다.

문제는 단순히 더위에 한정되지 않는다. 물이 충분히 공급될 수 없다면, 실내에서 탈수증세로 쓰러질 수도 있다. 아이와 노약자에게 치명적이다. 살인적인 햇볕 앞에선 커튼이나 블라인드로 별 효과를 볼 수 없을 경우를 대비해 대체방법을 찾아보자. 재난용품, 응급구호용품으로 자주 쓰이는 은박 보온시트를 창가에 붙여보자. 얇은 PET 재질의 양면에 알루미늄 진공증착을 한 은박보온시트는 열 반사 능력이 크다. 얇고 약해 보이지만 의외로 질기고 바람을 막으며 열을 반사

긴급구호용 은박담요는 보통 조난 시 몸에 둘러 추운 야외에서 비바람을 막고 체온을 유지하는 게 주요 목적이지만, 이렇듯 열반사 능력이 뛰어나 집에서도 뜨거운 햇볕을 막는 데 사용할 수 있다.

하는 성질로 단열과 보온 효과가 있다. 야외 오지나 재난현장에서 중요하게 쓰이지만, 집에서도 이 장점들을 이용할 수 있다. 펼치면 140×210㎝ 정도의 크기로 한쪽 창을 다 덮고도 남는다. 테이프로 햇빛이 들어오는 유리창 모서리에 고정해서 붙여주면 간단히 붙일 수 있다.

거실창이나 사무실 창의 반쪽만 우선 붙여보자. 한여름 정오의 뜨거운 햇볕 열기가 은박시트에 반사되어 실내로 들어오지 못한다. 손등을 갖다 대도 열기를 느낄 수 없을 정도로 효과적이다. 저렴한 은박시트 하나로 여름철 더위의 주범인 햇볕을 차단하고 아울러 온도도 낮춰 실내를 쾌적하게 할 수 있다. 에어컨을 켰을 때도 실내가 좀 더 시원하며 전력사용이 줄어든다.

겨울철 난방이 끊겼을 때

온난화의 역효과로 매해 겨울이 더 추워진다. 어떤 과학자들은 지구가 소빙하기에 들어섰다고 주장하기도 한다. 전력문제는 겨울에도 발목을 잡아서 블랙아웃 경고가 나오기도 한다. 만약에 전국적인 대정전이 일어난다면 추운 겨울날 보일러도 작동이 멈출 것이다. 보일러 연료는 가스지만, 펌프와 콘트롤러는 전기가 있어야 작동하기 때문에 대정전이 일어난다면 꼼짝 없이 추위에 떨 수밖에 없는 것이다. 남향인 아파트라면 낮 동안에는 훈훈하지만 밤이 깊어질수록 급격히 추워질 것이다. 설상가상 도시가스마저 끊어진다면 최악의 상황에 처하게 된다. 성인이라면 그런대로 버틸 수 있지만, 요즘 어린이들은 추위를 경험해보지 못해서 상당히 약하다.

또한 재난상황이 장기화되거나 발전소 자체에 큰 문제가 생기면 가정집의 급박한 사정과는 별개로 전기 복구는 요원하다. 내년 봄까지 어떻게든 버텨야 하는 상황에 마주할 수 있다. 겨울철 아파트 난방이 끊겼을 때 어떤 대처법이 있는지 생각해보자.

유리창 에어캡 단열

집에서 열기가 빠져나가는 제일 큰 곳은 창호이다. 벽체는 단열재와 붙어 있는 이웃집 때문에 온기가 유지되지만 커다란 유리창은 열손실이 크다.

택배물품을 주고받을 때 사용하는 에어캡이 훌륭한 창문단열재가 될 것이다. 택배용은 파손됐거나 작을 수 있으니 좀 더 큰 에어캡을 구해서 준비하자. 최근엔 대형마트와 인터넷 쇼핑몰에서도 난방용 에어캡을 따로 판매하고 있다. 3중 에어캡도 나와서 성능과 내구성에서 많이 좋아졌다. 필요한 것은 에어캡과 물을 뿌릴 분무기 그리고 설탕이다. 설탕 대신 먹다 남은 콜라나 사이다도 좋다.

분무기 안에 물을 넣고, 설탕 혹은 먹다 남은 콜라나 사이다를 조금 넣어주고 흔들어준다. 에어캡과 유리 사이에 붙일 때 물로만 하는 것보다 설탕을 약간 넣어주면 더 잘 달라붙는다. 물로만 하면 시간이 지나면서 모서리 등이 서서히 떨

난방이 끊긴 때 창문 단열은 중요하다.

어지는 경우도 있다. 에어캡을 붙이는 방법은 간단하다. 분무기로 유리창에 물을 분사하고 재단한 에어캡을 바로 붙여주면 된다. 물이 말라도 잘 떨어지지 않는다.

실내 보온텐트

겨울철 난방이 끊긴 상황에서 유리창에 에어캡을 붙여 단열을 해도 한계는 있다. 동지가 지나 겨울이 깊어지면 온기를 잃은 아파트는 초저녁부터 기온이 급격하게 떨어질 것이다. 집 안에서 가만히 버티는 것도 힘들어지는 서바이벌의 세계에 진입하는 셈이다. 영화 「투모로우」의 주인공이 겪은 상황에 처하게 되지만, 그래도 훨씬 낫다. 집 안에 있는 모든 물건들을 이용할 수 있기 때문이다. 두꺼운 이불과 침낭이 요긴하게 사용될 것이다. 촌스럽다고 그동안 안 입었던 두꺼운 옷들과 내복이 필요하다. 유행 지난 두꺼운 오리털파카가 남아 있다면 감사할 것이다. 두꺼운 오리털파카는 꼭 준비해두어야 한다. 겨울철 집 안에서뿐만 아니라 걸어서 이동하는 피난길에 추위를 막고 생존을 좌우할 것이다.

추운 집안에서 견딜 수 있는 방법을 알아보자. 보스니아 내전에서는 겨울이 되면서 먼저 동네 주위의 나무가 다 잘려 난로로 들어갔다. 그다음 울타리가 뜯겨졌으며, 의자와 탁자 같은 집안 가구가 부서져서 거실 난로의 땔감으로 사용됐다. 나중엔 마룻바닥을 뜯어서 넣었다. 폭격으로 옆집이 부서지면 애도도 잠시뿐, 위험을 무릅쓰고 그 집에 들어가 부서진 서까래와 문짝 등 땔감을 수거했다. 하지만 우리나라에선 주택과 아파트는 단열이 우수하고 남향 창문에선 낮 동안 따뜻한 햇볕이 들어오니 두꺼운 옷을 입고 침낭을 사용한다면 견딜 만할 것이다. 그러나 혹독한 추위를 경험해보지 못한 어린이들은 정신적으로나 육체

2~3인용 폴텐트는 추위 시 실내에서도 사용할 수 있다.

적인 충격을 겪게 될 것이다.

　소형 2~3인용 폴텐트는 가볍고 설치가 쉬워 실내에서 추울 때 사용하면 큰 도움이 된다. 거실에 텐트를 치고 그 안에 침낭을 깔고 들어가서 자면 긴 겨울의 추위를 견딜 수 있다. 최근 거실용 난방텐트라고 따로 팔기도 하지만 가격이 꽤 높다. 여러 가지 단점 또한 보인다. 바닥이 뚫린 제품도 있으며, 방수기능이 없는 천도 많다. 그야말로 실내용이다. 굳이 따로 그런 제품을 사기보다는 일반 야외용 2~3인용 폴텐트를 준비하자.

　집 안에서 사용하다 상황이 악화되어 집을 떠나 이동해야 한다면 바로 들고 나갈 수 있다. 실내전용 난방텐트라면 그렇지 못할 것이다.

　또한 텐트만 치는 것보다 그 위에 은박보온담요를 덮으면 난방효과가 더 올라간다. 몸에서 나오는 적외선을 은박보온담요의 금속성분이 다시 반사해주기에 더 따뜻하게 느껴지는 것이다. 은박보온담요는 야외에서 조난당했을 때 사용하지만 이렇듯 아파트 재난상황에서도 요긴하게 사용할 수 있다.

그 외 난방방법들

전기와 가스가 끊겼을 때를 대비한 가정용 난방방법을 알아보자. 아파트보단 주로 단독주택에 활용하기 쉬운 방법이다.

연탄난로

재난 시를 대비한 고전적 난방법이라면 장작난로를 생각할 것이다. 운치 있어 보이지만 나무를 태우는 장작난로는 열효율이 상당히 떨어진다. 화력은 세지만 일명 '나무 먹는 귀신'이라고도 불릴 정도로 나무 소모가 심하다. 주위에서 땔감나무를 구하기는 것도 의외로 어렵다. 현실적으로 제일 좋은 건 연탄난로인데, 전기가 필요 없는 비상 에너지원으로도 연탄은 아주 좋다. 가스, 기름보일러가 작동하려면 전기가 필요하지만 연탄난로는 전기가 없어도 사용할 수 있다. 하루 연탄 세 장이면 난방이 된다. 부가적으로 물을 데우고, 각종 요리까지 가능하다. 보관 장소가 있다면 연탄은 30년이라도 상하지 않고 보관할 수 있다. 요즘도 연탄 쓰는 집이 있는가 싶겠지만 아직도 많은 곳에서

연탄난로는 비상 에너지원으로
좋지만 사용시 주의가 필요하다.

사용한다. 하지만 가스 누출의 위험이 있고 약간의 사용 노하우가 필요하니 주의가 필요하다.

가정용 태양열 온풍기

무한에너지인 태양을 이용해서 난방에 이용할 수 있다. 그렇다고 주위에서 볼 수 있는 태양열온수기는 아니며, 물론 시중에 판매되는 제품도 없다. 약간의 손재주가 있는 사람들이 스스로 만드는 것으로 인터넷에 제작법이 공개되어 있다. 물이 아니라 공기를 햇빛으로 데워 실내의 차가운 공기가 관을 따라 나와 외부의 태양열 온풍기를 거쳐 온도가 상승한 다음 다시 실내로 들어가는 폐쇄형 방식이다. 나도 1.2×2.4m 크기의 태양온풍기를 만들어 집에 장착하고 매년 겨울 그 효과를 보고 있다. 재료들도 일반합판, 각목, 투명렉

태양열 온풍기는 구조가 간단해서 스스로 만들어볼 수 있다.

산판, 요철양철판, 검정스프레이, 배관용 주름파이프 등 일반 철물점에서 쉽게 구할 수 있는 것들이다. 사용 결과 실내의 15도 정도 되는 공기가 외부의 온풍기를 거쳐 가열된 후 다시 실내로 들어오면 60도에 달하게 된다. 영하 5도 정도의 추운 날에도 햇빛만으로 공기가 45도 이상 가열되어 실내를 데우는 것이다. 숙련도에 따라 효율을 더 좋게 만들 수 있고, 창이 작거나 집이 동향이라 겨울철 햇빛을 볼 수 없는 단독주택에서 유용하다.

연탄난로, 태양열온풍기 제작과 설치에 관한 좀 더 자세한 정보는 카페에서도 볼 수 있다(http://cafe.daum.net/push21/MJtb/7).

펠릿난로

몽당연필 같은 나뭇조각들, 일명 '펠릿'이 연료가 되

소형 펠릿난로는 연기와 재가 적다.

는 난로가 있다. 펠릿은 목재 부산물로 만들며, 일반나무와 달리 수분함량이 거의 없다. 이 때문에 연기와 재도 거의 없고, 같은 무게의 나무보다 효율이 더 높다. 보통 보일러용으로 사용되나 최근엔 펠릿 난로가 판매되고 있다. 자동으로 연료도 공급되어 편리하다. 철물점에서도 판매되는데, 가격은 대략 40만 원대이다. 이보다 좀 더 작은 캠핑용 펠릿난로도 있다. 이를 이용해 아파트에서도 연통을 연결해 사용하는 사람이 있다. 기존 나무난로는 연기와 재, 낮은 열효율로 아파트에서 사용하기 힘들었지만, 펠릿난로는 사용이 편리하고 연기와 재가 적어서 사용하기에 가능하다. 필요할 때만 조금씩 쓰는 비상용 열원으로 어느 정도 이점이 있다.

아파트용 태양열(광)기기

　　　　　　태양열 온수기나 태양전지판은 큰 빌딩이나 공장, 단독주택 지붕 위에 설치한다고 알려져 있다. 하지만 아파트 베란다, 난간같이 좁고 한정된 공간에 설치하는 기기도 최근 제작되고 있다. 태양열 온수기는 한낮에 온수를 만들어 저장했다가 해가 진 후에 서서히 온기를 배출시킨다. 온수를 쓸 수도 있다. 태양전지모듈은 대략 150~250W의 출력을 낸다. 가정에서 전등과 휴대기기 충전, 보일러 가동 등에 사용할 수 있다. 초기 설치비가 부담이지만 이사할 때 떼어 갈 수가 있고 지자체에 따라 보조금이 지원되기도 한다. 서울시에서는 매년 시범설치 사업을 실시하며 무료 사용기회를 준다.

아파트 베란다용 소형 태양열(광)기기가 보급 중에 있다.

폐품을 이용한 긴급 구호용품

 몇 년 전 중국의 쓰촨성 대지진과 3·11 일본 쓰나미 대재난은 당사자들에겐 크나큰 아픔이지만, 우리에겐 많은 교훈을 주었다. 평온한 일상을 보내고 있을 때 갑자기 찾아온 대재난은 한순간에 집과 건물을 붕괴시키고, 수많은 사람들을 쓸어가버린다. 살아남은 사람들은 겨우 옷가지만 걸치고 빠져나와 목숨을 부지하지만, 가진 것이 아무것도 없다는 사실을 곧 깨닫게 된다. 살아남은 기쁨도 잠시, 곧 추위와 굶주림, 목마름에 시달리며 악몽과 같은 상황에 치닫게 된다. 일본과 중국처럼 물자가 풍부한 세계 최강대국에서조차 대규모 이재민 발생 시에는 속수무책이다.

 재난 발생 시 정부와 민간 분야에서 물과 라면 등 구호물품들이 전해져온다. 하지만 도로가 파괴되고 통신이 두절된 상태이며 책임지고 배분할 인력과 주체도 명확하지 않다. 이재민들에게 필요한 구호물품이 적재적소에 제대로 배급되기는 거의 불가능하다. 구호품이 간 곳에 같은 물품이 계속 배달되는가 하면 바로 옆 동네는 전혀 배달되지 못할 수도 있다. 생수와 라면은 무더기로 왔는데 이를 조리할 연료와 사람들에게 나눠줄 그릇, 수저 등 식기가 없어서 나눠주지 못하는 경우도 비일비재하다. 수용소를 찾아갈 수 없는 외딴 곳 이재민들은 어쩔 수 없이 폐허 속에서 부서진 나무와 식기들을 주워서 불을 피우고 허기진 배를 채워야 한다.

일회용 간이식기가 필요한 이유

실제 일본 대지진 당시 수용소앞 주차장엔 전국에서 답지한 구호용품들이 가득 쌓여 있었지만 배급이 제대로 이루어지지 못했다. 수용된 인원은 많고 통제하고 요리할 인원은 적었다. 특히 나눠줄 식기가 없어 쓸 수가 없었던 것이다. 물자 부족은 모든 대규모 재난현장에선 거의 필연적인 현상이다. 수용된 인원에 비해 그릇이나 수저 등 식기도 부족하고, 물이 부족해서 매번 깨끗이 씻어 사용하기도 힘들다. 그렇다고 대충 세척하고 썼다간 사람들로 붐비는 좁은 수용소에서 이질이나 설사병 등 각종 전염병이 빠르게 확산될 우려가 크다. 따라서 대규모 이재민수용소에서는 식량의 배분 외에 그 수많은 식기를 어떻게 준비할 것인가를 심각히 생각해야 한다. 비닐봉지나 일회용품들을 사용할 수도 있고, 대량 식기세척방법들을 생각해볼 수 있다. 이마저도 사정상 힘들다면 아쉬운 대로 대안은 있다. 버려지는 깨끗한 폐품을 이용해 일회용 식기 등을 만든다면 쓰레기도 줄이고, 위생적인 식기도 만들어 많은 사람들에게 지급할 수 있다. 1석2조의 효과를 얻는 셈이다. 또한 식기문제만 해결된다면 수용인원들에게 식사를 한 끼라도 더 줄 수 있을 것이다.

1L 종이우유팩을 이용한 일회용 식기

1L 종이우유팩은 재질이 꽤 튼튼하고 안은 방수처리가 되어 있어 일회용 식기로 만들 수 있다. 눕히고 윗부분을 평면으로 잘라내면 음식을 담을 수 있

1리터 종이우유팩으로 일회용 식기와 그릇을 만들 수 있다.

는 일회용 그릇이 된다.

또한 윗부분을 제거한 다음 모서리 부분을 비스듬하게 바닥 쪽으로 잘라내면 쓸 만한 일회용 수저가 된다. 몸통 2/3 지점에서 밑의 바닥쪽으로 잘라내는 것이 중요하다. 우유팩 한 개의 모서리를 잘라내어 일회용 수저 네 개를 만들 수 있다. 두꺼운 종이에 방수코팅이라 가볍게 쓰기에 괜찮다. 잘라내는 크기를 조절하면 작은 스푼부터 큰 수저까지 다양하게 만들어낼 수 있다.

생수통을 이용한 일회용 식기 만들기

또한 간단히 먹고 버려지는 500㎖ 생수통도 윗부분을 따내면 역시 훌륭한 일회용 그릇과 수저로 쓸 수 있다.

재난현장에서는 생수통이 제일 먼저, 그리고 제일 많이 지급되는 품목인데 이렇게 재활용하면 개인용 식기로 요긴하게 쓸 수 있다. 라면이나 죽, 스프 등 국물 있는 음식을 받는 데도 편할 것이다.

재해현장에서 요긴하지만, 그 외 일상생활에서 등산이나 캠핑 등 야외에 나가서 사람 수에 비해 식기가 모자랄 때도 이렇게 활용할 수 있다.

좀 더 큰 2L 페트병으로 밥그릇을 만들기도 쉽다. 또한 500㎖ 소형보다 훨씬 더 쓰임새가 많다. 2L용은 크기가 큰 만큼 가운데를 수직으로 잘라내면 된다. 한 번에 두 개의 식기가 만들어지는 셈이다.

재난 시엔 사람은 많은데, 일일이 배분해 주어야 할 그릇과 수저가 모자라기 마련이다. 평상시에도 야외에서 혼자 혹은 가족들끼리 밥을 해야 할 때 매 끼니마다 반합이나 코펠을 꺼내 사용하고 닦기가 힘들다. 이때 주위에 남아도는 빈 페트병으로 두 사람분 그릇을 아주 간단히 만들 수 있다.

페트병으로 두 사람이 쓸 수 있는 그릇을 만들 수 있다.

인류문명이 사라져도 페트병만큼은 지구상 어디서나 굴러다녀 구하기도 쉬울 것이다. 생수 페트병은 한 번 먹고 마시면 부피가 큰 쓰레기가 되어 환경오염을 일으키고 처리에도 힘이 든다. 하지만 이렇게 간단한 작업만으로 위생적이고 용량도 적당한 두 개의 비상용 그릇으로 만들 수 있다. 1인분으로 각종 먹을 것을 담기에 크기가 적당하다. 사용 후 귀중한 물과 시간을 소비해서 세척할 필요 없이 버려도 되지만, 한 사람이 계속 전용 식기로 가지고 다니면서 끼니마다 세척해 쓴다면 더욱 효율적으로 사용할 수 있다.

비상시 이동·운반 수단, 자전거와 카트

휘발유 부족이 심화되고 있는 일본 대지진 피해 지역에서 자전거 품귀 현상이 벌어지고 있다. 16일 지진 피해가 심각한 후쿠시마 시에선 최근 대부분의 자전거 판매 점포에서 자전거가 전부 매진됐다. 이 도시의 15개 점포의 자전거 판매량은 평소 4배 증가했으며 품귀 현상이 계속되자 낡은 자전거를 수리하는 사람들도 늘고 있다. 출퇴근을 위해 구입하는 이들이 많지만 개중엔 이번 지진으로 실종된 가족이나 친인척을 찾아 나선 이들도 있다. (……중략……) 한 30대 남성은 "연락이 안 되는 아내와 11개월 된 아이를 찾으러 간다"며 약 50km 떨어진 한 도시를 향해 자전거를 타고 떠났다. _〈머니투데이〉, 2011. 03. 16

대형 사고나 대재난으로 시내의 전철이나 자동차를 이용하지 못하게 되면 집에 가려면 걸을 수밖에 없다. 이러한 상황을 미리 대비해서 효율적인 방법을 찾는 것이 중요하다. 직장에서 집까지, 즉 출퇴근 거리가 십수 km라면 걸어서 최소 네다섯 시간 걸릴 것이다. 평소 꾸준히 운동하지 않았던 사람에게는 무척이나 힘든 여정이 될 것이다. 더구나 딱딱한 구두와 하이힐을 신고 있다면 한두 시간

만에 낯선 길거리에서 주저앉을 것이다.

문제는 만약 우리가 사는 도시에 이런 큰 재난이 일어난다면 하루 만에 끝나지 않을 것이라는 점이다. 당신의 바람대로 내일 아침 일어났을 때 거짓말같이 모든 것이 완벽히 정리가 되어 있고, 문제가 사라졌으며, 아침 우유와 신문이 배달되어 있지는 않을 것이다. 여전히 거리는 멈춰선 차들로 오도 가도 못하고, 주유소엔 기름을 넣으려는 차와 사람들로 수백 미터 장사진을 이루고 있으며, 모든 것이 멈춰서 있을 것이다. 시 외곽의 대형할인매장에 아직 살게 남아 있을지라도 차를 이용할 수 없다면 어떻게 가져올 것인가? 이렇듯 단기 혹은 장기적 도시 재난에서 이동과 식량 수송 혹은 대피할 때 요긴하게 쓰일 수 있는 대안은 자전거이다.

물론 오토바이가 더 빠르고, 활용도도 높고, 효율적이다. 하지만 오토바이를 다룰 수 있는 사람은 제한적이며 여분의 휘발유를 가지고 있는 경우도 많지 않을 것이다. 하지만 보유하고 운행이 가능하다면 제일 유용할 것이다. 여유가 된다면 오토바이와 비상용 휘발유를 보유하는 것을 추천한다. 자전거는 인류 최고의 발명품이다. 연료도 필요 없고, 사람의 힘만으로도 하루 수백 킬로미터를 갈 수 있다. 무거운 물통과 약간의 짐도 실을 수 있다. 가격도 싸고, 집집마다 있으며 누구나 탈 줄 안다. 비상시에도 당신을 도울 것이다.

자전거는 과거 전쟁에서 온 가족이 살 길을 찾아 피난할 때에도 중요했다. 60년 전 우리의 부모님들이 피난 갈 때도 자전거에 세간을 싣고 길을 떠났다. 짐을 지게에 지고 가는 옆집보다는 훨씬 수월했을 것이다. 더 많은 식량과 옷가지를 가져갈 수 있었을 것이다. 그 덕에 오랫동안 음식을 먹을 수 있었고, 짐을 들고 가는 이보다 힘을 더 축적할 수 있었을 것이다. 결과적으로 자전거로 이동한 가족의 생존 확률은 더 높았을 것이다. 이렇듯 자전거는 전쟁과 각종 재난 시 중요한 이동수단이 된다. 최근 자전거 열풍이 불어서 수십만 원 수백만 원짜리 고가의 자전거 등도 쉽게 볼 수 있다. 하지만 재난대비용이라고 특별할 것은 없다.

자전거는 비상시에도 아주 중요한 장비이다.

인터넷 마켓에서 주문했든 신문을 구독하고 받았든 일반 자전거도 충분하다. 단 옵션이 없는 기본형 자전거로는 재난 시 활용도가 제한적이고 쓰임새가 아쉬울 것이다. 짐받이, 바구니, 플래시 등 몇 가지 추가 장비가 필요하다.

자전거 재난 활용법

추가장비를 장착하여 활용도를 높인다

짐받이, 바구니, 플래시, 헬멧, 고글, 4관절 자물쇠, 물통꽂이, 거리계, 자전거용 GPS, 캐리어 등을 장착하면 활용도를 몇 배나 높일 수 있다. 특히 바구니와 짐받이는 필수이다. 작은 짐이나 배낭을 묶어놓을 수 있으며 주행이 편해 피로도도 훨씬 덜하다. 단거리로 이동할 때 어린이나 성인 한 사람을 더 태우고 갈 수도 있다. 평소 자전거에 짐받이나 바구니를 달고 다니는 게 마음에 안 든다면 처음 장착 시험만 한 다음 떼어놓고 창고에 잘 보관하다가 필요할 때 다시 장착을 하면 된다. 차체에 연결해 짐을 더 실을 수 있는 자전거용 트레일러도 있으니 자신에게 필요할지 생각해보자. 싸구려 자물쇠로는 조그만 절단기에도 쉽게 잘린다. 혼란스러운 시기엔 자전거 도난 사건도 많을 것이다. 4관절 자물쇠는 웬만해선 끊기 힘들다. 도난을 방지하는 최선의 방법이다. 자전거로 달리면 속도가 빠르든 늦든 눈에 날파리나 모래, 먼지 같은 이물질이 들어간다. 햇빛을 차단하는 목적 외에도 선글라스나 고글은 운전 시 꼭 필요하다. '오클리' 같은 것은 생각하지 말라. 저렴한 스포츠모델도 상관없다. 심지어 산업용 보안경도 사용할 수 있다.

자전거도 식구 수에 맞춰 다수 준비해놓자

고가의 자전거 한 대보다는 10만 원짜리 두세 대가 더 유용하다. 한 대뿐이라면 한 사람이 먼저 타고 나가거나 고장 나거나 도난당하게 될 경우 자전거를 이용할 수 없다. 성인용, 어린이용 여러 대가 있다면 저마다 필요할 때 쓸 수 있으며, 같이 이동할 수도 있다. 혹은 필요한 이에게 비싼 값에 팔 수도 있다.

수리기구와 방법을 준비해두자

건물과 도로가 파괴되어 거리가 난장판이 되고, 길에 갖가지 파편들이 떨어져 있다면 자전거 타이어 펑크도 쉽게 일어날 수 있다. 이를 대비해 작은 펌프와 펑크수리 세트도 준비하자. 자전거로 여행을 하는 사람들이 갖고 다닐 정도로 작고 가벼운 게 많다. 가격도 싸다. 한 번 배우고 준비해두면 평생을 쓸 수 있다. 장비는 싸구려일지라도 상관없다. 장비만 택배로 받아놓고 박스에 넣은 채 잊지 말자. 주위에 자전거를 잘 아는 사람이 있다면 펑크를 수리하는 법을 배워두자. 혹은 인터넷에서도 자전거를 수리하는 방법을 다룬 동영상이 많으니 봐두자. 지금 당장 일부러 해보지 않아도 동영상을 몇 번 봐두는 것도 나중에 도움이 될 것이다.

자주 타서 익숙해지자

자전거를 탈 줄 아는 사람도 오랜만에 자전거를 타면 예상 외로 운전이 불안하고, 생각하지 못한 불편함을 느끼게 된다. 자주 타서 익숙해지는 것이 중요하다. 자전거를 갑자기 타면 엉덩이와 전립선이 아프고, 허벅지가 당긴다. 오르막길에서 기어를 변속하는 법과 페달을 구르는 법을 배워두면 같은 거리를 타도 훨씬 힘이 덜 든다. 또한 주말에는 자전거를 타고 교외로 나가보자. 자전거로 장시간 달리기 위한 노하우를 배워두는 것도 큰 도움이 된다.

물자의 이동: 카트와 캐리어

세상의 모든 살아 움직이는 것들은 하늘과 바다, 땅바닥을 헤매며 먹을 것을 찾고 보금자리로 가져오는 데 하루를 보낸다. 오직 인간만이 이러한 순환에서 벗어나 있다. 하지만 대재난 시엔 당신도 회사에 출근하는 대신 하루 종일 물과 먹을 걸 찾아 헤매는 데 하루를 소모해야 할 수 있다. 수도가 끊겼다면 인근 비상 급수시설이나 약수터에 가서 물을 끙끙대며 길어오고, 먹을 게 없다면 집에서 한참 떨어진 푸드뱅크나 무료배급소에 가야 할 것이다.

자동차를 쓰지 못한다면 어떻게 할 것인가? 일반적으로 쓰이는 20L짜리 물통의 무게는 20kg이다. 쌀 포대도 보통 20kg이며 이 정도 무게의 쌀과 물통을 들어서 100m라도 옮기는 건 웬만한 남자도 힘들어한다.

한참 만에 배급된 쌀과 구호물자를 받았다 해도 몇 십 킬로그램 이상이 되면

카트와 캐리어는 물통이나 무거운 것을 옮길 때 꼭 필요하다. 너무 약하면 파손되기 쉽다.

들고 오기 힘들다. 땀을 뻘뻘 흘리고 고생하기 싫다면 카트나 손수레를 준비해 두자. 업소용, 산업용같이 큰 것도 좋지만 짧은 거리로 짐을 수송해야 한다면 가정용 작은 카트도 무난하다. 이러한 카트가 있다면 굳이 비상시가 아니어도 평상시 종종 쓸 때가 많다. 하지만 싸다고 약하고 조잡한 카트를 사면 안 된다. 프레임이 두껍고 바퀴가 커야 무거운 걸 넣어도 어렵지 않게 끌 수 있다. 바퀴가 작거나 약하면 무거운 걸 운반할 때 파손된다. 심지어 위의 사진에서 보는 바와 같이 바퀴가 파손되어 못 쓰게 되기도 한다.

자작 캐리어

쌀 몇 포대나 20L 물통 등 무거운 짐을 운반하려면 경량 카트로는 안 된다. 산업용 평판캐리어가 제일 좋다. 하지만 크기나 가격 면에

캐리어용 바퀴와 널찍한 판자만 있어도
이동용 캐리어를 만들 수 있다.

서 일반 가정에서 준비해두기는 쉽지 않다. 혹시나 모를 비상사태를 대비해서 캐리어용 바퀴만 따로 준비해두자. 가격은 비교할 수 없을 정도로 저렴하다. 공구상이나 생활용품점에서 캐리어 부착용 혹은 롤러용 소형바퀴만 팔기도 한다. 한 세트에 몇 천 원 안 된다. 널찍한 판자에 나사로 간단히 조이기만 하면 된다. 준비해두었다가 비상시 판자나 간이책상 혹은 밥상 밑에 나사로 조여서 화물 이동용 캐리어로 만들 수 있다. 이것이 있다면 쌀 한두 포대나 몇 통의 물통과 연료도 어렵지 않게 운반할 수 있다. 단 바퀴가 크지 않고 내구성에선 조금 떨어진다. 관심이 있다면 좀 더 비싸지만 큰 전용 롤러바퀴를 구입하면 된다.

바퀴세트와 합판을 준비한다. 합판 아래에 롤러를 나사로 조이면 캐리어가 된다. 바퀴 두 개는 회전식이어서 방향 전환이 자유롭다. 합판 외에 간이 책상이나 심지어 접이식 밥상 밑에 연결할 수도 있다.

양쪽에 손잡이를 달면 들고 이동할 때 수월하다. 줄을 연결하기에도 좋다. 빨랫줄이나 등산용줄, 혁대, 심지어 줄넘기줄까지 이용해서 연결할 수 있다. 줄넘기 줄 안에 쇠와이어가 있는 모델이 가볍고 튼튼하다.

20L 물통 두 개 정도는 쉽게 끌 수 있다. 단 바퀴가 작아서 턱이 있거나 비포장도로라면 끌기가 어려우니 상황에 따라 좀 더 큰 우레탄바퀴 등을 장착하면 된다.

감기

감독 : 김성수
출연 : 장혁(강지구 역), 수애(김인해 역), 박민하(김미르 역)
줄거리 : 수출 컨테이너를 통해 밀입국을 시도하던 불법입국자들을 통해 이상 전염병이 무서운 속도로 퍼지기 시작한다. 감염자는 경기도 성남의 분당으로 숨어들고 치사율 99%의 감기 바이러스가 급속도로 퍼지면서 대재난이 시작된다. 사태의 심각성을 깨달은 정부에서는 더 이상의 확산을 막기 위해 성남으로 통하는 도로를 막고 도시 봉쇄조치를 시행한다. 이로 인해 대도시 성남은 수많은 사람들이 전염병으로 죽어나가며 아수라장 같은 사태에 처하게 된다.

일본과 미국 등은 잦은 지진과 태풍, 산불, 토네이도 등으로 각종 재난이 일상인 나라다. 그런 곳에선 국가와 개인 모두 재난 대처에 많은 노하우가 있고 나름 준비가 되어 있다고 생각했다. 하지만 예상치 못한 큰 재난이 발생했을 때 정부관료들은 우왕좌왕하고 전문가들은 허둥거렸다. 상황이 매뉴얼에서 조금만 벗어나도 감당하지 못하는 걸 봤다. 그렇다면 그동안 재난에서 안전했고, 대비에도 별 관심이 없었던 우리나라는 어떨까? 큰일이 터진다면 아마도 일본이나 미국보다 더 심할 것이다.

몇 년 전 조류독감과 구제역이 대유행할 때 정부는 전국의 소, 돼지, 오리, 닭들을 축사 한쪽에 거대한 구덩이를 파고 산 채로 매몰, 처리하는 데 급급했다. 무조건적인 매몰 처리가 더 큰 피해를 줄 거라는 전문가들의 말을 묵살하고 사태해결에 급급한 정부는 겁에 질려 당황하는 모습을 보여줬다. 만약 인간에게도 비슷한 전염병이 유행하면 소, 돼지에게 지옥 같은 상황이 우리에게도 벌어지지 말라는 법은 없다. 높은 치사율에 강력한 전염성을 지닌 원인 모를 전염병이 인간 세상을 뒤덮고 순식간에 퍼져나간다면 아마 이 영화 같은 상황이 벌어질 것이다.

영화상에선 인구 50만 명이 사는 거대 도시 성남을 군대가 봉쇄하고, 사람들은 감염이 됐든 안 됐든 집에서 끌려나와 수용된다. 재난 발생 후 사람들은 먹을 걸 구하려고 대형마트에서 다투고, 정부는 사망자나 중상자를 신원 확인도 하지 않고 도시 한가운데의 종합운동장 안에서 소각한다. 강력한 전염병이 돌고, 도시가 봉쇄되는 설정은 「레지던트 이블」 등 재난 영화에서 단골로 나오는 소재이다. 하지만 우리나라에서 우리가 자주 보고 다니는 대도시 성남, 그중의 한복판인 분당이 주 무대가 되어 더 현실감 있게 다가오고, 내용 또한 충격적이다.

만약 당신 혼자만 재난 대비에 관심이 있고, 가족 중 이해해주는 사람이 없다면 같이 이 영화를 보는 것도 좋을 것이다. 백 마디 말보다는 영화 한 편이 주위사람을 변화시킬 수도 있다.

자동차 생존법 및 연료

제6장

재난대비?
어떤 차로……

"시리아 난민들 상당수는 하산 씨처럼 대가족 단위로 이불과 옷가지, 식량, 선풍기 등 들고 나올 수 있는 살림살이는 모두 챙겼다. 고작 대여섯 살 된 아이들 손에도 보따리가 하나씩 들려 있었다. 난민들이 탄 5인승 승용차에는 온갖 가재도구가 실려 대부분 트렁크를 닫지도 못했다. 가족 8~9명이 끼어 타는 모습도 흔히 볼 수 있는 광경이었다."_〈연합뉴스〉, 2013. 08. 30

몇 년 전 시작된 중동의 민주화 시위는 빵값 인상에 대한 항의로 시작됐지만, 들불처럼 번지며 중동 전체를 커다란 혼란에 빠트렸다. 이후 이집트, 리비아 등을 거쳐 시리아까지 수년째 벌어지는 내전으로 번졌다. 2013년 8월, 시리아는 자국민을 상대로 화학무기를 사용하여 1,400명이 죽는 참사가 벌어졌다. 희생자 중 어린이가 400명가량이나 되는, 지옥 같은 상황이 벌어졌다. 시리아 주위 국경은 탈출하는 난민들로 아우성쳤다. 작은 승용차 하나에 여덟 명이나 되는 온 가족이 끼어서 이동했다. 돈 있는 사람은 그나마 여권을 만들었지만, 가진 게 없는 사람들은 국경 철조망을 몰래 넘었다. 이런저런 이유로 집을 떠나지 못하는 사람들은 가진 돈을 다 털어 물과 식량을 사다놓고 두려움에 떨었다.

도시 탈출장비: 자동차

어느 날 당신이 사는 곳에 대지진, 홍수, 태풍 같은 자연재해나 전쟁, 폭동 등이 일어난다면 눈앞에 아수라장이 펼쳐질 것이다. 혼란이 빨리 해결될 것 같으면 집에서 문을 닫고 외부를 경계하며 그동안 준비해둔 비상식량과 장비로 버티는 것이 안전하다. 하지만 사태가 장기화될 것으로 보인다면 적당한 기회를 노려 도시를 빠져나가는 것이 현명하다. 목적지는 사전에 미리 마련해둔 시골의 은신처일 수도 있고, 멀리 지방에 있는 처가댁이나 고향의 부모님 댁, 지인의 집일 수도 있다.

그렇다면 다양한 재난상황을 대비해서 어떤 자동차를 준비해야 할까? 재난대비를 시작하면서 누구나 한 번쯤 심각하게 차에 대해 생각해보게 된다. '카니발' 같은 대형 RV? '산타페', '코란도' 같은 4륜구동 SUV? 그러면서 이참에 재난 핑계 대고 차를 바꿔보고 싶은 유혹이 들 것이다. 잘 타던 승용차를 팔고 새 차를 사야만 나의 생존계획이 완벽해질 것 같은 느낌도 들 것이다.

도로가 파괴되고 장애물이 있는 상황에선 큰 차체에 큰 타이어가 달린 대형 SUV가 유리하다. 하지만 재난 상황은 꼭 극단적이지 않을 수도 있다. 사실 우리나라는 대도시만 벗어나면 잘 포장된 고속도로와 간선국도가 많아 의외로 도로상황은 좋을 수도 있다.

재난을 핑계로 고가의 대형 SUV로 바꾼다면 재난도 터지기 이전에 경제적 재난에 먼저 빠질 것이다. 매달 차량 할부금의 압박과 형편없는 연비로 인한 기름값 고지서, 물론 시끄럽고 승차감이 안 좋다고 뒷좌석에서 불만을 쏟아내는 아이들과 부모님의 원망도 덤으로 들어야 할 것이다. 그런데 또 한 가지, 당신이 생각지도 못한 문제가 비상시에 기다리고 있을 것이다. 이런 대형 디젤 SUV, RV 차들을 산다면 아마 전시에 징발된다는 정부통지서를 받을 수도 있다. 피난 가려고 차에 짐을 넣고 있는데 차를 가져가기 위해 군인들이 들이닥치면 얼마나 황망할까? 하늘이 무너지는 심정일 것이다. 따라서 굳이 재난대비용 차라고 대형 SUV, RV 등으로 바꿀 필요는 없다. 물론 경제적 여유가 있고 평소 캠핑 등 취미생활에 쓰려거나 기존에 타던 승용차를 바꿀 때가 되어서 기왕이면 돈을 좀 더 보태서 겸사겸사 구입할 수는 있다. 하지만 재난대비용이란 이유만으로 구입하는 것은 득보다 실이 훨씬 클 것이다. 옆자리에 앉은 아내의 잔소리를 끊임없이 견뎌야 할 것이란 사실을 먼저 알려주고 싶다.

평소 우리가 타고 다니는 일반 승용차는 재난 시에도 유용한 도구이다. 비포장 험로를 주행하기는 힘들지만 평소 매일 타고 다니기에 본인과 배우자 모두 운전에 능숙하다는 것은 장점이다. 차의 구조와 특성은 물론 어디가 잘 고장 나는지에 대해서도 잘 알고, 추가적인 비용 또한 들지도 않는다. 집을 떠나 대피할 정도의 대재난이 언제 터질지는 모르지만 차는 매일 타야 하기에 안락함과 승차감은 중요하다. 따라서 지금 우리가 갖고 있는 일반세단을 재난 시에도 유용하게 쓸 수 있도록 생각해보자.

문제점: 짐 공간

일반 승용차의 가장 큰 문제점은 역시 적재공간이 부족하다는 점이다. 차 안에 일가족(어른과 아이 등) 네 명에 애완견까지 태우고, 트렁크에 필수품들을 우겨넣어봐도 턱없이 부족하다. 식량, 물, 취사도구, 텐트, 담요 등 기본적인 것들만 넣어도 시리아 탈출 난민의 차처럼 트렁크는 닫히지 않을 것이다. 2013년 봄, 개성공단을 철수하고 남쪽으로 향하던 차량행렬같이 지붕 위에 바리바리 짐을 쌓아올리고 테이프로 고정하려 할지도 모른다.

대체 방법

1. 차 뒤에 트레일러를 매다는 방법. 리어카만 한 작은 것부터 차보다 큰 것도 있다. 많은 짐을 필요할 때만 쓸 수 있다는 장점이 있다. 하지만 승용차에 연결부분을 개조해야 하고 트레일러 구입에 비용이 꽤 들어간다. 면허를 따야 할 수도 있다. 아파트에 산다면 평소 트레일러를 보관하는 데 신경 써야 한다.
2. 개성공단을 철수하던 승용차처럼 차 지붕 위에 필요한 짐을 얹는 방법. 현재 중동의 피난민들도 활용하는 이 방법은 우리에게도 가장 현실적이다. 추천할 만한 방법이다. 요즘 차량지붕에 커다란 플라스틱 박스를 얹고 다니는 차들을 많이 볼 수 있는데, 이를 루프박스 혹은 루프캐리어라고도 한다. 세련되기도 하고 많은 짐을 넣을 수 있으며 사용이 간편하다. 박스를 열고 짐을 넣으면 된다. 방수도 거의 완벽하다. 하지만 고정식 플라스틱 루프박스는 가격대가 꽤 비싸다. 또한 공기저항이 심해서 고속주행 시 연비가 저하되고, 옆바람에도 영향을 받아 휘청거린다. 시내 빌딩형 주차장에 들어가야 할 때 관리인이 거부할 수도 있다. 즉 매주 캠핑 가는 것이 아니라면 장점보다 단점들이 더 크다.
3. 플라스틱 루프박스와 비슷하지만 천으로 된 루프백이 있다. 방수 천 재질에 평소엔 작게 접어 트렁크에 넣어두었다가 필요할 때만 펼쳐서 지붕에 올릴 수 있는 장비이다. 플라스틱 루프캐리어보다는 폼이 좀 덜나지만 가격도 10만 원 이하로 싸고, 캠핑이나 피난 혹은 짐을 옮기는 등 필요할 때만 쓰려는 실속파들에겐 최고의 선택이 될 수 있다. 보통 차 지붕에 지지대, 즉 루프랙이 있는 SUV나 경차에서 쓰지만 루프랙이 없는 일반 승용차에서도 실내손잡이에 연결하면 장착할 수 있다. 물론 백 안에 무거운 짐을 넣어서는 안 되고 방수가 약간 떨어지는 등 단점이 조금 있다. 하지만 단거리로 오가면서 필요할 때마다 잠깐씩 쓰기에 좋다.

루프백 활용법

무엇을 넣을 것인가?

1. 가볍고 부피가 큰 물건들(침낭, 매트리스, 담요, 코펠, 텐트 등)을 우선 채운다.
2. 잃거나 도난을 당해도 덜 영향을 받는 것들(식량, 물, 귀중품, 장비 등 중요한 것들은 꼭 실내에 보관하자. 야영지에서 아무것도 못 챙기고 긴급히 떠나야 할 상황이 있을 수 있다).
3. 냄새 나는 물질 혹은 위험물질들(추가 연료통, 취사연료, 오랫동안 씻지 못한 그릇이나 빨래거리).

아래 사진은 어른 둘과 아이 둘, 즉 한 가족이 야외에서 밤새 지낼 때 꼭 필요한 장비들로 채워진 루프백의 모습이다. 침낭 세 개, 매트리스 두 개, 담요 두 개 등을 넣었는데, 이 위에 코펠, 버너, 텐트 등을 더 넣을 수 있다.

4인 가족 기준 야외에서 밤을 샐 때 필요한 장비를 루프백에 채워 넣은 모습.

일반 승용차도 훌륭한 생존장비이다.

이렇게 당신의 평범한 승용차도 루프백이라는 간단한 장비로 능력과 활용도를 업그레이드할 수 있다. 훨씬 많은 짐을 실을 수 있다. 그 덕에 생존능력은 훨씬 더 높아진 것이다. 굳이 수천만 원을 들여 새 차(RV, SUV)를 구입하지 않아도 다른 보완 가능한 방법이 많다.

위의 사진은 내 소형승용차에 루프백을 올린 모습이다. 트렁크 하나만큼의 짐 공간이 더 생긴 셈이다. 이후 외부에 백을 좀 더 단단하게 고정하기 위해 연결고리를 부착하는 등 튜닝을 진행했는데, 이에 대해서는 뒤에서 설명하겠다. 또한 차로 대피할 때 필요할 여러 생존법들, 즉 경정비, 타이어 조치법(수리,교체), 차 부품을 이용한 생존물품 만들기 등도 다룰 예정이다. 이런 기술들을 습득한다면 아무도 도와주는 이 없는 비상상황에서 스스로의 힘으로 험로를 극복해나갈 수 있을 것이다.

도시 탈출장비: 자동차 개조

천으로 된 루프백은 평소 캠핑 갈 때도 요긴하지만 대피할 때도 부족한 수납 공간을 보충하는 등 요긴하게 쓰일 것이다. 필요할 때만 꺼내서 승용차에 장착할 수 있으면서도 가격도 싸서 비상장비로 갖고 있기에 부담이 없다. 한 가지 문제라면 구조상 승용차엔 고정이 단단하게 안 되는 점이다. 짐이 커지고 무거울수록 임시적 방법은 불안정해진다. 반면 SUV나 RV 차종에는 지붕에 루프랙이나 가로 바 등이 있어서 백을 단단히 고정할 수 있다. 루프랙이나 가로 바 등이 있다면 루프백은 물론 전용 대형 캐리어나 철망 바스켓, 자전거, 냄새 나는 물질, 위험물(연료), 부피가 큰 장비 등을 쉽고 단단하게 얹을 수 있다. 즉 대피용품을 실어야 할 때 공간을 확보하고, 활용할 수 있는 등 확장성을 높이는 장점이 있다.

승용차도 약간 개조를 할 수 있고 SUV, RV처럼 차 지붕에 캐리어나 가로 바 등 여러 장비를 달고 확장성을 더 높일 수 있다.

자동차 순정 루프랙부품 이용법

SUV나 경차 등에 장착되는 루프랙은 인터넷 자동차 부품점에서 단품으로 판매된다. '엑스트랙', '마티즈', '코란도' 스포츠용 루프랙이며 디자인도 메이커 완성품답게 깔끔하다. 판매되는 해당 차종들 중 제일 하위 등급엔 루프랙이 없는 차종들이 있는데, 이들 부품을 구입해서 장착할 수 있다. 꼭 해당 차종이 아니더라도 다른 차에 어울리기도 한다.

산업용품 이용법

좀 더 간단하고 저렴한 방법이 있다. 철물점에서 천 원에 살 수 있는 U자형 철판 클램프를 이용할 수도 있다. 앞뒤로 나사만 조이면 꽤 단단하게 붙일 수 있고, 차 지붕 위 네 곳에 고정하여 루프백이나 장비 등을 고정할 때 이용할 수 있다. 다만 보기가 좋지 않으니 부품만 준비했다가 비상시 대피해야 할 때 바로 장착하는 방법을 추천한다.

다른 방법으로는 실내문짝용 알루미늄 손잡이를 장착하는 방법이 있다. 인터넷몰 중엔 문짝용 금속 손잡이만 전문적으로 파는 업체가 있다. 다양한 모양과 크기로 수백 종류 이상을 볼 수 있는데 그중 마음에 드는 모델을 찾자. 내가 찾은 것은 길이 20㎝에 알루미늄으로 되어 있고, 나사 네 개로 조일 수 있어서 튼튼하다.

구입한 알루미늄 손잡이를 차 지붕 위에 잘 맞춰서 줄자로 정확히 재어 줄을 맞추고 자리를 가늠한다. 좀 떨어져 차 뒤에서도 체크하여 앞뒤 손잡이의 위치가 비례해서 맞는지 확인해야 한다.

위치를 확정했다면 천장 면 모서리 쪽에 위치를 잘 잡고 펜으로 살짝 표시해

알루미늄 손잡이를 장착하는 방법.

승용차 지붕 위에 화물 고박장치를
설치할 수 있다.

준다. 손잡이 접착 면에 양면 폼테이프를 붙인 다음 차체에 붙여준다. 3M 양면 테이프로만 붙여줘도 일반 주행 중에는 흔들리거나 떨어지지 않으니 처음 당분간은 이렇게 다녀보자. 이후 위치를 변경하려 할 때나 떼어버릴 때도 손쉽게 분리할 수 있다.

 더 튼튼하게 장착하고 싶다면 전동드릴로 나사를 조여준다. 한쪽에 앞뒤 두 개씩 총 피스 네 개로 단단하게 고정할 수 있다. 고정이 완료되면 무겁지 않은 장비나 루프백를 매달아도 된다. 나사를 조이기 전 투명 실리콘을 살짝 바르고 조이면 방수처리가 된다. 나사를 조인 이후에도 실리콘을 조금 발라준다.

 위의 왼쪽 사진은 장착이 완료된 모습이다. 커다란 루프백도 손쉽고 단단하게 달 수 있다. 크기도 작아서 고속으로 주행을 하더라도 바람 저항이나 소음도 없고 필요하면 루프백, 루프랙을 달 수 있어 실용적이다. 가로 바를 연결해서 더 튼튼하고 멋있게 꾸밀 수도 있다.

 다음 페이지의 사진은 중형차에 장착한 모습이다. 승용차 지붕 위에 장착하는 것이 부담된다면 트렁크 위에 장착할 수도 있다. 트렁크 위의 넓은 공간을 이용하기에 주행 중에도 바람 저항도 없다. 손잡이를 이용해서 부착하는 방법은

세단에는 트렁크 위에도
손잡이를 장착하는 것이 가능하다.

차체에 구멍을 뚫어야 한다. 디자인에 대한 개인의 판단도 다를 것이다. 이런 방법이 있다는 것으로 알아두자. 이러한 사실을 알고 있다면 평소 부착은 하지 않더라도 비상시 바로 붙여서 이용할 수 있을 것이다.

장착할 때 조금만 신경 쓴다면 방수로 인한 큰 문제는 벌어지지 않을 것이다. 이렇게 대비를 해놓으면 자동차로 대피할 때 큰 도움을 얻을 수 있다. 하지만 나중에 중고차로 내놓을 때 차 값 하락이 염려될 수도 있다. 선택은 개인의 판단이다.

캠핑 체험을 통한 재난대비 훈련

인터넷에서 '생존21C' 카페를 운영하면서 자신은 재난대비에 관심을 갖고 준비하지만 무관심한 가족들 때문에 고민이라고 말하는 이들을 많이 보게 된다. 나 혼자 살자고 하는 일도 아닌데 야속하기도 하고, 진짜 대재난이 터진다면 저렇게 태평한 사람들이 크게 놀라거나 겁먹지 않을지, 큰 화를 당하지는 않을지 걱정된다고 한다. 훈계나 설교도 강압적인 자세로 큰 목소리로 하면 효과가 없듯이 재난대비도 강요하고 압박하면 안 된다. 부모가 같이 장난감을 가지고 어린아이와 놀아주면서 자연스럽게 가르치듯이 재난대비 교육도 그렇게 하면 된다.

온 가족이 안락한 집을 떠나 야외에서 캠핑을 체험해보는 것도 비상시 생존에 도움이 된다. 요즘 캠핑이 굉장히 유행인데, 이를 활용하면 생존에 대한 느낌과 방법을 흥미 있게 알려줄 수 있다. 1박2일 캠핑을 위해서 어떤 장비가 필요한지 아이들과 배우자를 모아놓고 이야기해보자. 작은 차 안에 넣을 수 있으면서도 꼭 필요한 장비는 무엇인지 스스로 생각하고 선택해서 준비하게 하라. 가족들도 재미를 느끼면서 준비할 것이다. 캠핑장에 가선 아이들이 아빠를 도와 텐트와 타프를 치기도 하고, 가족이 함께 여러 장비들 꺼내놓고 설치하면 협동정신을 기르면서도 사용기술을 익힐 수 있다. 캠핑을 통해 가족과 어울리며 이러한 기술을 익혀놓으면 비상시나 재난 시 대피하는 것도 훨씬 쉬울 것이다. 또한 장작을 모아 어렵게 불을 피우고 요리를 하는 법을 배우고, 딱딱한 잠자리와 달려드는 모기와 파리를 견디고, 새벽녘의 추위를 이겨내고 불편한 화장실을 사용하고, 산에서 들려오는 이상한 소리를 듣는 등 낯설고 불편한 것들을 경험하면서 야외 생존기술의 중요성도 스스로 느끼게 될 것이다.

전쟁 시 SUV 자동차는 강제 징발되나

차량동원령은 '비상대비자원 관리법' 등에 의거 정규전이나 국지도발과 같은 전시(戰時) 비상사태에 국가가 민간인 차량에 동원령을 선포, 군·관이 사용하도록 하는 것을 말한다. 동원령이 선포되면 대상 차량 소유자에게 동원 영장이 전달되며 정해진 기간 내에 집결 장소에 차를 갖다줘야 한다. 이를 어기면 전시 관련법에 의거 7년 이하의 징역 또는 2천만 원 이하의 벌금형에 처해질 수 있다. (……중략……) 특정 차종이나 특정 지역 거주자인 경우 동원대상이 될 확률이 높은 게 사실이다. 국토부 관계자는 "무작위로 각종 조건을 입력해 동원 대상을 정한다"며 "전시 효용성을 위해 승용차량보다는 화물차나 사륜구동 SUV가, 출고된 지 오래된 차량보다는 새 차가 동원 대상이 될 확률이 높다"고 말했다. _〈연합뉴스〉, 2013. 04. 04

오래전부터 출처가 불확실하지만 SUV, RV 자동차는 전쟁이 터지면 강제 징발된다는 이야기가 있었다. 2013년 4월 북한의 전쟁위협이 현실화되면서 이에 대한 정확한 기사가 보도되었다.

새 차이고 SUV일수록 동원지정 확률이 높다고 한다. 더구나 특정지역(전방지역)에 사는 남자운전자 또한 징발될 확률이 높다고 한다. 고가의 외제 SUV 소유자가 동원 대상으로 통지서를 받기도 했다고 한다.

개인적으로 험로주행이 가능한 4륜구동차 외에 9인승 등 '스타렉스' 같은 RV 차종과 많은 병력을 수송할 수 있는 미니버스 등도 해당될 것 같다. 재난대비용으로 대형 디젤차 혹은 민간용 험비나 특수차량들을 생각하는 이들도 많을 텐데, 오히려 전시에는 공출 1순위라는 아이러니한 사실을 기억해두자.

비상용 자동차 연료 보관

연료가 몇 리터만 더 있었더라면!

영화 「미스트」는 안개와 함께 찾아온 미지의 외계생명체에게 습격을 받은 마을사람들의 공포와 생존 과정을 다룬다. 무엇보다 이해할 수 없는 공포와 위험 앞에 사람들이 얼마나 쉽게 광기에 휩싸이고 허물어지는지를 잘 보여준다. 영화 후반 위험지대에서 겨우 탈출한 주인공 일행이 자동차를 잡아타고 도로를 따라 마을 밖으로 도망간다. 하지만 잠시 뒤 자동차의 기름이 떨어지고 차는 멈춰서고 만다. 뿌연 안개 속 너머, 미지의 생명체가 다가오는 소리가 들리자 공포와 절망에 빠진 남자는 권총으로 일행을 쏘고 자신도 죽으려 한다. 하지만 탄환이 부족해서 자살은 실패하고, 곧 그가 본 것은 사태를 수습하러 오는 군인들과 탱크이다. 어이없는 상황에 절규하는 남자의 장면이 인상적이다. 만약 그때 일행의 차에 몇 리터 연료만 남아 있었더라면 그들은 좀 더 나아가서 군인들과 만나 살 수 있었을 것이다.

현실은 영화보다 험악하다

2011년 3월 11일, 강력한 대지진과 쓰나미가 동일본을 강타했다. 하루 뒤 후쿠시마 원전이 연쇄 폭발을 일으키며 붕괴되고 전무후무한 대재난이 벌어졌다. 평생 각종 재난에 익숙한 일본인들조차 이 무시무시한 사태 앞에선 공포에 질렸다. 도시를 탈출하려는 행렬이 이어졌다. 주유소엔 기름통을 들고 몰려든 사람들과 피난 자동차의 행렬로 길게 줄이 이어졌다. 새벽부터 줄을 서 열 시간을 기다려도 겨우 20L 한 통분만 받을 수 있을 뿐이었다. 곧 거의 모든 주유소에서 휘발유가 떨어졌다. 조금 남아 있는 주유소도 일반인들에게 판매가 금지됐다. 피난민 대신 재해지역으로 들어가는 경찰차, 소방차, 긴급 복구 인원이 탄 트럭, 언론사의 차 등에만 지원이 되고 일반인들은 사고 싶어도 살 수 없는 상황이 됐다.

그 당시 주유소에서 멀리 떨어진 곳에 자동차를 세우고 하염없이 줄을 기다리는 한 사람의 인터뷰이다.

"언제 또다시 2차 지진과 쓰나미가 몰려올지 모르고 방사능에 피폭될 수도 있다. 서둘러 가족과 대피해야 하는데 차에 기름이 없어서 피난 갈 수가 없다. 절망적이다."

중년의 가장은 수심이 가득한 얼굴로 답변했다. 강력한 여진이 올지 모르고 설상가상 원자력 발전소가 폭파되면서 방사능 먼지바람이 다가오는데 자신은 집에서 가족을 챙기지도 못하고 피난도 가지 못하게 되어 안타깝고 절박한 심정이 고스란히 느껴졌다. 큰 위험이 뻔히 다가오는 걸 알면서도 피하지 못하는 심정은 어떨까? 더구나 자신만 바라보는 가족을 책임지는 가장이라면? 주유소에서 한참을 기다려도 구하지 못하자 쓰나미에 파괴된 자동차를 부수고 연료탱크에 남은 기름을 뽑아가는 사람도 생겨났다.

몇 년 전 미국의 카타리나 허리케인 피해 때도 마찬가지였다. 사상 최대급 허리케인이 다가오고 있고 위력도 점점 더 커지고 있으니 서둘러 대피하라는 정부의 대피경고가 연이어 이어졌다. 그 전까지만 해도 설마 설마 하던 많은 사람들은 점점 경고 강도가 높아지고 외지로 피난을 떠나는 사람들이 많아지자 순식간에 동요하기 시작했다. 많은 사람들이 주유소와 할인매장으로 몰려들어 기름과 비상식량 물, 장비 등을 사들였다. 주유소에 기나긴 줄이 늘어섰다. 급하다며 새치기하는 사람이 생기면서 다툼이 벌어졌다. 저마다 자동차 연료가 가족의 대피와 생존에 제일 중요하다는 것을 알게 되었기에 조금의 양보나 관용도 없었다. 분위기는 험악했지만 주유소의 기름은 얼마 못 되어 바닥을 드러내고 폐쇄됐다.

평상시 연료 잔량을 절반 이상 유지하자

현재 기름 시세는 20L 휘발유 한 통에 4만 원 정도 한다. 하지만 만약 안절부절못하며 주유소 앞에서 기다리는 가장에게 다가가 정가의 다섯 배인 20만 원에 한 통을 판다고 하면 어땠을까? 아니면 그가 가진 금반지를 달라고 했다면……. 그는 분명 산다고 했을 것이다. 문제는 20만 원이 아니라 '연료를 구할 수 있느냐 없느냐'이다. 연료는 자신과 가족의 생명을 좌우할 수 있는 중요한 생필품이기 때문이다.

어쩌면 50만 원, 100만 원이라고 해도 자신의 가족이 자동차를 타고 안전지역까지 탈출할 수 있다고 한다면 기꺼이 지불할지도 모른다. 과거엔 전쟁이나 재난이 발생했을 때는 먹을 것과 약간의 옷가지 등만 챙기고 아이를 포함한 가족 모두 등짐을 지거나 수레를 끌고 피난을 갔다. 하지만 지금은 챙겨야 할 짐들도 많아졌고, 체력이 약해져서 대피를 하더라도 일단 자동차를 타고 갈 수밖에 없을 것이다.

대피하기 위한 것뿐 아니라 블랙아웃이나 질병, 폭동 등으로 온 시내가 마비되고 아비귀환이 되면 물과 먹을 걸 구하기 위해서 자동차는 필수품이다. 20L 물 한 통이나 쌀 한 포대를 들고 걸어서 이동하는 것은 거의 불가능하다. 몇 백 미터도 못 가서 지칠 것이다. 이처럼 자동차 연료는 식량이나 물만큼 소중하고 필수적인 장비이다. 상황에 따라 식량보다 더 큰 가치를 지니게 된다. 하지만 평상시 대부분의 자동차 연료 잔량들은 생존의 관점에서 보면 위험 수준이다. 운전자들은 연료경고등이 들어올 때나 마지못해 주유소에 가서 3~4만 원어치만 넣는다. 이는 평상시엔 효율적일지 모르나 비상시에는 돌이킬 수 없는 사태를 불러올 수 있다. 현재 제일 위험 가능성이 큰 블랙아웃(대정전)이 일어나는 것만으로도 주유소에서 기름을 구하지 못할 것이다. 지하 유류고에서 기름을 뽑아 올릴 펌프와 신용카드 결제시스템이 모두 작동하지 않을 것이기 때문이다.

각종 재난과 비상시를 고려한다면 자신의 차 연료탱크에 연료 잔량을 절반 이상 유지하자. 하지만 더 확실한 것은 집이나 직장에서 비상시에 쓸 차량 연료를 보관하는 것이다. 보통 차의 기름탱크에 50~60L 정도의 양이 들어간다. 20L 통으로 두세 통 정도 연료를 보관한다면 내 차의 연료를 가득 채울 수 있다. 또한 500~600km 이상 갈 수 있기에 웬만한 재난, 분쟁 지역을 벗어날 수 있다. 물론 대피가 아니라 만약 자신의 집에서 장기간 버텨야 하고 종종 물과 식량을 구하러 다니며 끊어진 대중교통 대신 승용차를 이용해야 하는 상황이라면 차량용 연료는 이것보다 좀 더 많이 필요할 것이다.

하지만 연료의 특성상 휘발하기 쉽고 화기에 약하기 때문에 여러 가지 주의할 점이 있다. 보관도 조심히 해야 한다. 이 때문에 가정에서 연료 비축량은 법으로 정해져 있다. 휘발유는 200L, 디젤용 경유는 400L까지 허가 없이 보관할 수 있다. 시골이나 단독주택에 살며 창고나 옥상 등 여유 공간이 있으면 통풍이 잘 되는 곳에 분산 보관하자. 비상식량을 한 달치 보관하는 것 이상 든든할 것이다. 또 재난이 닥쳤을 때 유용할 것이다. 이제 비상용 연료를 안전하게 보관하는 방법을 알아보자. 연료 보관은 안전을 전제할 때 가능한 것이며 이를 지키지 않을 땐 대재난이 오기 전에 당신의 집부터 재난에 휩싸이게 될 것이다.

집에서 연료를 보관하는 방법

석유통

보통 기름통이라 하면 철물점에서 파는 물이나 석유 등을 담아 보관할 수 있는 하얀색 플라스틱통을 떠올릴 것이다. 통 자체는 비슷하지만 주입구 모양과 호스의 유무에 따라 생수용과 연료용으로 나뉘며 한 통에 보통 4,000원대에 판매한다. 디젤용 경유나 석유를 보관하기에는 무난하며, 휘발유도 단기간 보관할 용도라면 큰 문제는 없다. 하지만 비상시를 대비한 장기간 보존 용도라면 철물점표 기름통은 너무 얇고 약하다. 재질 자체가 얇으며 윗부분에 주입구

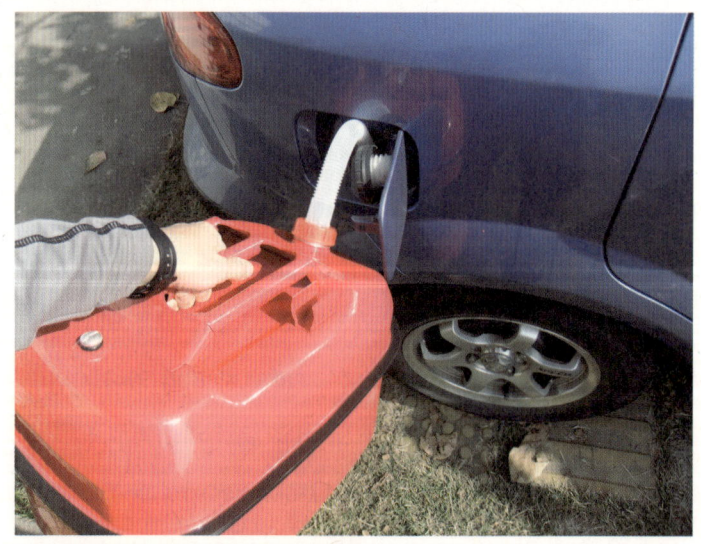

비상시에는 자동차 연료가 식량보다 더 중요해진다.

와 배출구가 따로 있어 이곳을 통해 휘발유가 미세하게 새나간다. 가장 큰 문제는 기화압력에 뚜껑이 깨지기 쉽다는 것이다.

이를 보완한 전용 제품들이 '제리캔'이라는 이름으로 아웃도어 용품점에서 판매되고 있다. 플라스틱과 철제로 된 제품들인데, 가격이 꽤 비싼 편이다. 하지만 아파트 베란다에서 한 통만 꼭 보관하려고 할 때는 유일한 대안이 될 수 있다.

폐플라스틱통

마당이 있는 단독주택이나 전원주택에 살고, 통풍이 잘되는 창고나 장소가 있다면 쓰고 버린 플라스틱통들을 재활용해서 쓸 수 있다. 업소용 전용 세척제같이 주위에서 쓰고 버려지는 대용량 플라스틱통들은 의외로 보관에 좋다. 이 통들은 재질 자체가 두껍고 튼튼하다. 용량도 20L, 25L 등으로 충분하다. 공단이나 식당가 등을 돌아다니거나 회사식당이나 수위에게 부탁하면 어렵지 않게 얻을 수 있다. 물론 안에 내용물이 조금 남아 있을 수 있기에 물로 잘

주위에 버려지는 폐플라스틱통도 좋은 보관용기가 된다.

헹구고 말려서 사용해야 한다.

철캔

인테리어나 공사현장에서 페인트 작업을 하고 나서 버려지는 시너용 18L 철제 캔을 이용할 수도 있다. 휘발유보다 기화성이 강한 시너를 보관하는 용기여서 휘발유를 보관하기에 좋다. 통 자체도 가볍고, 무더운 여름에도 부풀어 오르지 않아 좀 더 안전하게 보관할 수 있다. 페인트가게나 현장 작업자에게 구멍을 뚫지 않은 깨끗한 시너캔을 부탁하면 얻을 수 있거나 저렴하게 구입할 수 있다. 단 겉면은 도장이 얇아 녹이 슬기 쉬우므로 스프레이 락카를 사서 전체를 칠해줘야 한다. 또한 재질이 얇아 충격에 약하고 못이나 날카로운 것에 구멍이 나기 쉽다는 점을 주의해야 한다.

버려지는 시너캔을 이용해서도 연료를 보관할 수 있다.

오래된 비상용 휘발유 사용

장기비축

비상용 휘발유를 실제로 장기간 보관하면 어떻게 될까? 인터넷에는 휘발유도 오래되면 상하거나 썩는다는 말이 있다. 미국에선 연료를 오래 보관할 때 쓰는 용도로 연료안정제(STA-BIL)가 시중에 판매되고 있다. 정말로 휘발유를 오래 보관하다가 성분이 변하거나 변질된다면 기껏 위험하게 비축할 필요가 없을 것이다. 이는 중요한 문제이며 가장 확실한 건 직접 확인해 보는 것이다.

나는 2008년부터 집에 비상용 휘발유를 비축해오고 있다. 3년이 지나고서는 매년 창고에서 보관 중인 휘발유를 꺼내 상태를 확인하고 직접 차에 주유해서 운행하며 테스트를 해오고 있다. 이 기록을 인터넷 카페 '생존21C'에 매년 올리고 있다.

다음 페이지의 사진은 마당 한쪽 바람이 잘 통하는 헛간에 보관해오던 5년 전에 비축해둔 비상휘발유들이다. 세 통을 자세히 보면 각 통마다 저장된 휘발유의 수위가 다르다. 왼쪽은 20%가량, 가운데는 60% 정도, 오른쪽은

비상연료 역시 시간이 지나면서 증발해 줄어든다.

70% 정도만 남았다. 5년이란 기간 동안 휘발유가 조금씩 기화하여 빠져나간 것이다.

처음 휘발유를 비축하기 시작한 건 2008년 5월이었다. 당시는 국제 원유가가 배럴당 150달러까지 급상승하기 시작하여 오일 피크를 경고하던 때였다. 환율이

입구 주위에 실리콘을 발라주면 증발되는 것을 줄여준다.

급상승하고 경제가 불안해지기 시작하면서 미래에 대한 대비를 시작했던 것이다. 구입 후 통 윗면에 라벨을 붙여두었다.

　대부분 통 뚜껑을 꽉 닫아놓고 말았지만 일부 통들의 뚜껑 접촉면에 실리콘을 발랐다. 미세한 틈마저 봉하며 여름철 휘발유가 기화되는 걸 최대한 막으려고 했다. 5년 뒤에 확인한 결과는 예상과 달랐다. 이렇게 처리한 통들은 휘발유 증발량이 다른 통에 비해 확실히 적었다. 이 사실은 사진에서 나타난다.

장기보관 시 문제점

　휘발유를 오래 보관하면 증발이 일어난다. 이때 통 아래에 뭉치는 것들이 생겨난다. 적갈색의 걸쭉한 기름처럼 보이기도 하며 색소나 첨가제가 고형화된 것처럼 보이기도 한다. 오래된 통 안의 기름을 차에 주유할 때 이것들이 딸려 들어가면 연료필터가 막힐 수 있기 때문에 주의해야 한다.

　플라스틱 통을 이용한 비상휘발유 보관에서 제일 위험한 계절은 의외로 봄이다. 30도 중반을 웃도는 한여름에는 증발이 심하기는 하지만 통 상태가 심각하

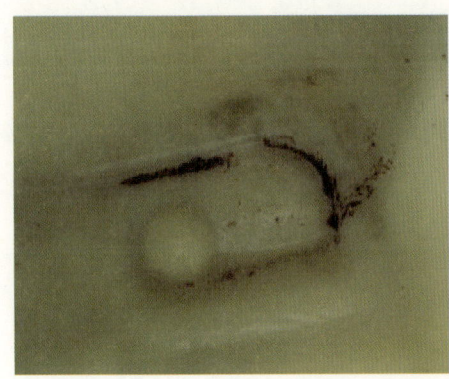 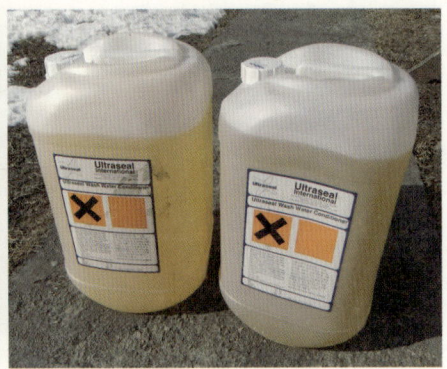

연료를 오래 보관하면
바닥에 침전물이 생긴다.

지는 않다. 하지만 추운 겨울에서 날이 갑자기 풀리는 봄철에는 휘발유 기화가 심해진다. 특히 아침과 낮의 기온 차이가 커지면 통들이 심하게 부풀어 오르고 주위에는 휘발유 냄새가 진동하게 된다. 밤과 낮의 기온 차이가 클 때 통도 큰 스트레스를 받는 것이다.

기화압력이 높아지면 통이 부풀어 오르다 상대적으로 약한 뚜껑이 먼저 깨져 나간다. 만약 밀폐된 창고 안에서 보관 중이라면 새어나온 휘발유 증기로 화재의 위험성도 있다. 이 때문에 플라스틱 연료통을 아파트 베란다 등에서 보관하기에는 위험하다. 어쩔 수 없이 휘발유통을 보관할 때는 철제 용기를 사용하고 그늘지고 바람이 잘 통하는 곳에 분산해서 저장해야 한다. 또한 가능한 한 서로 떨어뜨려놔야 안전하다.

보관 중 뚜껑이 깨진 통들

단독주택이라도 집 가까이에 연소물질인 휘발유를 보관하는 것은 위험하다. 따라서 마당이 있다면 현관에서 떨어져 그늘지고 바람

 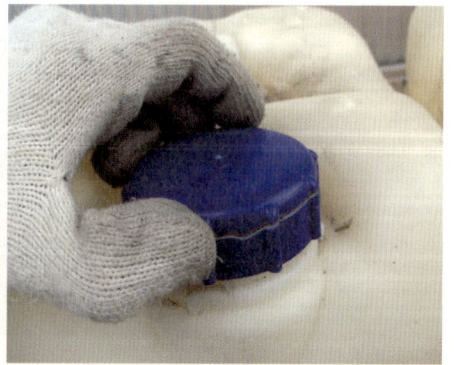

재질이 약한 가벼운 플라스틱통은 연료의 기화 압력에 뚜껑이 깨진다.

철제캔을 이용하거나 땅속에 묻으면
좀 더 안전하게 보관할 수 있다.

이 잘 통하는 창고에 필히 보관해야 하며, 플라스틱통보다는 철제캔 용기가 좀 더 안전하다.

위의 왼쪽 사진은 18L 시너 캔을 이용하는 방법이다. 습기를 막기 위해 캔 겉면에 페인트를 칠했다.

만약 집 가까이에 어쩔 수 없이 플라스틱 통으로 연료를 보관해야 한다면 땅을 파고 보관하는 것이 보다 안전하다. 물기가 없는 그늘진 곳에 구멍을 파고 통의 상단이 나올 정도로 묻어 보관하면 화재나 충격, 증발로부터 훨씬 더 안전하다.

경유나 등유는 휘발유보다 보관성이 훨씬 낫다. 다음 페이지의 사진은 만 5년이 된 석유인데, 증발량이 훨씬 덜하다. 디젤 차를 소유한 사람들은 연료를 보관하는 데도 훨씬 더 유리한 셈이다. 그러나 휘발유뿐만 아니라 등유도 오래 보관하면 바닥에 색소가 뭉치고 덩어리가 가라앉는다. 특히 추운 날씨에는 더하다. 연료를 주입할 때 주의해야 한다.

많은 준비를 하고 신경을 써도 집 안에 연료를 많이 보관하는 것은 위험하다. 하지만 재난 시에는 제일 큰 도움이 될 것이다. 가족과 차를 타고 대피할 때 필

경유나 석유는 장기간 보관에 유리하다.

수적이다. 따라서 보관의 위험성과 재난대비 필요성을 잘 가늠하고 숙고한 뒤 여건이 되는 이들만 참고하길 바란다.

일반 가정집에서 법적인 보관 허용량은 휘발유 200L, 등유 400L이다. 휘발유라면 20L 열 통에 해당한다. 플라스틱 휘발유 보관통도 안전하게 오랫동안 보관하려면 정기적인 관리와 교체가 필요하다. 햇빛(반사광 포함)에 노출되면 플라스틱 재질이 약해진다. 봄과 여름에 기화압이 증가하면서 압력이 높아지면 큰 스트레스를 받다가 순식간에 깨질 수도 있다.

연료 자체도 3년 이상 보관하지 말고 순환소비를 하며 교체해줘야 한다. 또한 보관통 자체를 너무 믿지 않는 것 또한 중요하다.

연료를 보관하는 다른 방법들

아파트에서 꼭 연료를 보관해야 한다면 전용 철제연

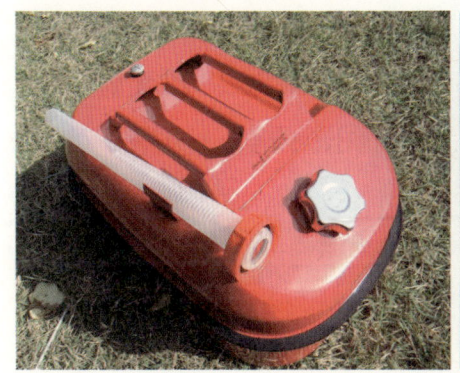

연료를 대량으로 보관하는 데에는 200L 철제 드럼통이 제격이다.

료통을 사용하자. 튼튼하고 안전하다 5, 10, 20L용으로 나와 있지만 가격 차이가 크지 않으니 20L용을 구입하면 된다. 주유에 필요한 연료주입 호스까지 달려 있어 편리하다. 인터넷 공동구매 사이트에서 종종 3~4만 원대에 판매된다.

연료를 대량 보관하는 제일 좋은 방법은 대용량 전용 철제용기, 즉 철제 200L 드럼통을 이용하는 것이다. 공장에서나 일반 고물상에서도 저가에 깨끗한 것을 구입할 수 있다. 일반 준중형 승용차 뒷좌석에 실어서 가져오거나 이동할 수 있다.

200L 드럼통은 철제캡이 있어 연료가 기화되는 양도 최소화할 수 있고 튼튼해서 장기 보관에 좋다. 이렇게 승용차에도 연료를 많이 실을 수 있다면 재난이 발생했을 때 연료가 필요한 사람들에게 공급해줄 수도 있고, 큰 도움이 될 수 있을 것이다.

재난상황에서는 휘발유와 경유 같은 자동차 연료는 돈보다 큰 가치를 띤다. 일본에서 대지진 사태가 발생했을 때 수많은 차와 사람들이 밤새도록 차분히 주유소 앞에서 기다렸지만, 겨우 15L만 받을 수 있었다. 2013년 필리핀 태풍재난 때는 생존자들이 인근 주유소로 달려가 어쩔 수 없이 약탈을 했다. 펌프가 작동하지 않아 플라스틱 파이프를 지하 유류 저장고 안에 넣어 올리는 방식으로 조금씩 퍼올린 다음 마을사람들에게 나누어주었다. 그들은 그렇게 조금씩 얻은 귀한 휘발유를 오토바이에 넣고 파괴된 도시를 떠나 인근 마을로 가서 물과 식량을 구해올 수 있었다.

비상급유 및 주행

2차대전을 다룬 명화「발지대전투」를 기억하는 사람이라면 연료가 떨어진 전차병들이 얼마나 고초를 겪는지 알 것이다. 전투 중 포탄보다 연료가 먼저 떨어질 지경이었고, 멈춰 선 전차들은 바로 적의 포탄을 맞아 불타올랐다. 목숨처럼 귀한 연료를 넣기 위해 전차병들은 전장 한쪽에 탱크를 세우고 고무호스를 드럼통에 연결한 다음 입으로 휘발유를 뽑아올려 급유를 해야 했다. 당신도 살기 위해서 스스로 주유를 해야 할 날이 올지도 모른다. 지금은 주유원이 차에 기름을 넣는 동안 음악을 들으면서 카드전표에 사인만 하면 되지만 재난 시 주유소의 깔끔한 서비스는 없을 것이다. 비상시를 대비한 연료를 비축한다면 이를 넣을 수 있는 도구, 즉 손펌프나 연료주입용 깔때기를 준비하라. 비상시에 기름이 있어도 이런 수동펌프나 깔때기가 없으면 연료를 넣을 수가 없다.

그런 상황에서 당신도 영화처럼 휘발유 통에 호스를 넣고 입으로 뽑아올리려 할지 모른다. 하지만 호스를 기름통에 넣고 입으로 빨아올리는 건 무척이나 위험하다. 자칫 잘못해 폐에 연료가 들어가면 심각해진다. 아웃도어 자동차클럽의 고참 회원들이나 전문가들도 강력히 만류하는 방식이다.

주유용 깔때기나 펌프는 평소에 준비해둬야 할 품목 중 하나이다. 20L 기름통의 무게는 20kg 정도이며, 한 손으로 들고 펌프질하기가 어렵다. 주유구보다 기

비상시 급유가 필요한 상황을 대비하여
깔때기와 펌프를 준비하라.

름통을 높게 자리 잡고 펌프질을 하면 사이펀 원리로 작동되어 그 뒤로 손을 놓아도 자동으로 연료가 들어간다.

  오래되고 증발되어 반쯤 남은 휘발유통 안에는 이물질이나 적갈색 오일 같은 것들이 가라앉는데, 이를 피해 조심스럽게 주유하자. 미국에선 오래된 휘발유를 위해 연료안정제도 판다. 실제로 그것 없이도 주행에 문제가 없을까? 5년 된 휘발유를 연료탱크에 가득 채우고 주행해보면 정차 중에는 진동이나 소음에서 별 차이가 없는 듯하다. 다만 가속할 때 약간의 노킹음이 미세하게 들리는데 주행 중에는 별 이상을 느낄 수준은 아니다. 오래된 휘발유를 비상시에 사용할 때는 실질적인 문제는 없다. 다만 증발되지 않게 철제캔에 보관해놓은 연료들은 좀 더 양호할 것이다. 그렇다고 해도 비상시 비축연료를 너무 오랫동안 보관하기보다는 2~3년 내에 소비하고 새로 교체해주는 순환소비를 해주는 게 바람직하다.

대체연료

만약 국가적 비상상황이 발생하면 피난수단인 자동차의 연료를 채우고자 다들 주유소로 몰려갈 것이다. 주유소의 기름 또한 금방 바닥 날 것이다. 우리나라는 근래에 이런 경우가 없지만 전 세계적으로 지진이나 폭동 혹은 내전 등으로 난리가 터졌을 때 연료를 채우려는 차들이 순식간에 주유소로 몰려들었다.

　재난 시에는 자동차와 연료통을 든 사람들의 긴긴 줄이 생겨나고 반나절씩 기다려 겨우 한 통도 안 되는 분량을 제한적으로 구입할 수 있을 것이다. 심지어 재고가 바닥 나서 사지 못할 수도 있다. 하지만 이러한 현상은 질서의식이 철저하고, 남에게 폐를 끼치는 것을 철저히 금하는 일본에서의 이야기이다. 성격 급한 사람들이 많은 우리나라에서 재난이 벌어졌다면 얌전히 자기 차례를 기다리는 사람은 드물 것이다. 급하다고 새치기하는 사람들로 분위기가 험악해지고, 싸움이 벌어질 수도 있다. 만약 줄을 선 곳곳에서 다툼이 생기고 사람들이 몰려든다면 순번 줄이라는 건 순식간에 깨지며 모든 사람들이 주유소로 돌진해 들어가는 난장판이 벌어질 수 있다. 위험물질 취급소에 수많은 사람들이 모여들고 폭동상황까지 이르게 된다면 그곳이 새로운 재난현장이 되는 것이다.

그러한 상황에서 기름을 구할 수 없다면 가족을 놔두고 얌전히 주유소 앞에서 몇 시간이고 기다릴 것인가? 아니면 다른 대체 방법을 찾을 것인가? 빠른 판단을 해야 한다. 좀 기다려서라도 살 수만 있다면 다행이지만, 대부분 사정은 한가하지 않을 것이다. 일본처럼 방사능이 몰려오거나 여진, 쓰나미, 화산분진이 몰려올 수도 있다. 자연재해 외에 시가전이나 폭동이 벌어져서 내가 살고 있는 동네 쪽으로 전장이 형성된다면 최대한 빨리 가족을 차에 태우고 위험 지역을 빠져나가야 한다. 다른 주유소들도 상황은 마찬가지일 것이다. 이미 주요도로는 피난 가는 차들로 막히기 시작했을 것이며 군경이나 시위대가 도로를 통제하기 시작할 수도 있다.

휘발유를 구하지 못하고 비상용 연료도 준비하지 못했다면 이를 대체할 수 있는 유일한 방법은 대체연료를 이용하는 것이다. 10년 전에는 세녹스 같은 유사휘발유 열풍이 불고, 이를 전문으로 판매하던 주유소가 각지에 생겼다. 큰 인기를 끌자 이를 다시 모방해 길거리 한쪽에서 세녹스, LP파워 등 통에 담아 파는 노점상들이 우후죽순으로 생겼다. 유사휘발유의 주요성분이 솔벤트, 톨루엔 등 일명 시너였던 것이다.

만약 비상상황이 발생하고 당신 차에 휘발유가 떨어져 경고등이 켜졌는데 인근 주유소에서 기름도 구할 수 없다면 지체 말고 페인트상점으로 달려가라. 휘발유 자동차의 경우 연료가 25% 이상 남았다면 페인트용 시너를 사 와 섞어 넣으면 운행이 가능하다. 휘발유와 유사휘발유는 구성 성분과 노킹방지제 등 첨가제가 조금 다르며 오랫동안 사용할 때 엔진에 이상이 생길 수도 있지만 비상용으로 단기간 사용할 수는 있다. 참고로 유사휘발유는 소부시너와 에나멜시너를 섞어 만든다. 두 종류의 시너는 페인트상점에서 18L 캔으로 쉽게 구입할 수 있다. 인터넷에서는 에나멜시너 두 통에 소부시너 한 통을 넣으라는 공식도 나돈다. 하지만 연료 전부를 유사휘발유로 채우기보단 휘발유가 25% 정도 남아 있을 때 시너를 넣어 채우는 방식이 좋다. 나도 과거 십수 년 전 테스트를 위해 세녹스 등 길거리에서 파는 걸 넣고 장거리 주행을 해봤다. 심지어 페인트 상점에서 시너를 직접 사서 휘발유에 섞어 넣고 운행하기도 했다. 차종의 엔진은 SOHC, DOHC 등이었는데, 유사휘발유를 이용할 땐 평소보다 출력이 약간 떨어졌다. 가끔 진동도 올라오며, 노킹도 생기고, 연비도 1L당 1㎞ 정도는 떨어졌다. 하지만 상당기간 엔진에 별 문제는 보이지 않았다. 심지어 정기 자동차검사까지 통과하기도 했다. 엔진에는 노킹센서 등이 있어서 연료와 점화시기에 약간의 문제가 있어도 이를 어느 정도 보정해준다. 하지만 오토바이나 휘발유 예초기에 넣고 사용하면 굉장히 위험하다. 예초기엔 노킹센서도 없고, 유사휘발유엔 노킹방지제도 첨가되어 있지 않다. 회전수가 폭발적으로 증가하고 엔진조절기도 말을 듣지 않게 되면 엔진이 깨질 위험이 있다.

잊지 말아야 할 것은 유사휘발유를 사용하는 것은 불법이며 장기간 사용하게 되면 차에 문제가 일어날 가능성이 크다. 차종도 다양하고 엔진 구조와 특성이 다르기 때문에 빨리 고장 날 수 있다. 또한 유사휘발유는 그리 경제적이지도 않다. 기본적으로 휘발유보다 연비는 떨어지고 통 안에 넣어 파는 것들은 통에 표기된 용량보다 좀 적게 들어가 있는 경우가 많다. 18L 캔이라면 17L만 들어 있는 식이며, 순도도 낮다. 또한 시너 등의 가격도 최근엔 그리 싸지 않다. 즉 평소에는 유사휘발유를 사용할 필요가 없다. 이 방법들은 평소에 절대 실행하지 말고 글의 취지대로 국가적 비상사태 시 자동차용 연료를 구하지 못할 때 위험지대를 서둘러 대피하는 데 단기간 쓸 수 있다는 정도로만 알아두자.

LPG 전용차 대비법

앞서 보듯 휘발유와 경유 차종은 비상연료를 보관할

수 있다. 하지만 현재 자동차의 상당수가 LPG전용차들이다. 재난대비 관점에서 보면 여러 가지 중요한 단점이 보인다. 때문에 피해야 할 차이기도 하다.

우선 단점을 알아보자. 연료가격이 약간 싸지만, 연비가 나쁘고, 혹한기 겨울에는 시동 불량이 있기도 하다. 같은 배기량의 동일 휘발유 차종에 비해 출력이 떨어지고, 안전을 위해서 정해진 가스탱크 용량을 100% 다 충전할 수 없다. 설상가상 충전소 숫자도 주유소에 비하면 확실히 적다. 가스차단 버튼 등 LPG 차의 구조에 대해서 잘 알지 못하는 사람은 처음에 시동을 걸지 못하고 당황할 수도 있다. 제일 큰 문제는 예비연료를 준비하거나 가져올 수 없다는 것이다. 일반 자동차라면 주행 중 연료가 떨어져서 멈춰서더라도 인근 주유소로 달려가 연료를 한 통 사 와서 넣고 움직일 수 있지만 LPG는 근본적으로 불가능하다.

만약 재난 시 대피하는 과정에서 도로가 막히고 지체, 정체로 얼마 못 가 연료가 떨어진다면 막막할 뿐이다. 단 최소한의 대처방법은 있다. 가스 충전구에 어댑터를 끼우고 휴대용 소형 부탄가스통을 연결하면 얼마간 달릴 수 있다. 대략 몇 킬로미터 수준이어서 없는 것보다는 낫지만 주행 중 수시로 멈춰 가스통을 갈아주거나 소진하기 전에 충전소를 찾아야 한다. 또한 차 안에 폭발물인 가스통을 넣어둔다는 것도 위험하다. 비상시엔 구하기 힘들지도 모른다. 그래도 연결어댑터는 인터넷이나 '천원샵'과 같은 생활용품점 등에서 쉽게 살 수 있으니 당신의 차가 LPG 전용이라면 최소한의 비상장비로 준비하자.

좀 더 쓸 만한 장비로는 가정용 대형 LPG통을 호스로 충전구에 바로 연결해서 주행할 수 있는 어댑터 장치가 있다. 일반적으로 보기는 힘들다. LPG가스 배달차들이 주로 사용한다. 인근 가스 배달업소에 전화하여 어디서 구입이 가능한지 알아보자. 가스통과 연결어댑터는 LPG 전용차에게 유일한 대처방법이 될 것이다.

다른 차량에서 뽑아쓰기

2013년 일본 대지진 사태에서 사람들이 폐허 속에 방치된 차에서 기름을 뽑아내는 장면이 사진으로 보도되었다. 최악의 상황에서 도둑이나 강도는 없었지만, 자동차 연료만큼은 중요하고 절박했던 것이다. 어디서든 자동차 연료를 구할 수 없다면 파괴되어 버려진 자동차에서 연료를 뽑아 쓸 수 있다. 하지만 차가 정상적으로 주차돼 있다면 외부에서 연료를 뺄 수 없다. 차문을 열고 뒷좌석 시트를 힘껏 당겨보자. 어렵지 않게 시트를 분리해낼 수 있을 것이다.

시트를 들어낸 가운데 부분, 동그란 부분이 보일 것이다. 그 안에 연료펌프가 들어가 있으며 드라이버나 칼로도 간단히 실리콘을 벗겨내고 부품을 들어올릴 수 있다. 그 구멍을 통해 연료를 바로 빼낼 수 있다. 일부는 흡음제로 덮여 있기도 하지만 이를 제거하면 보일 것이다. 대부분 차량에서 가능하지만 'YF소나타'

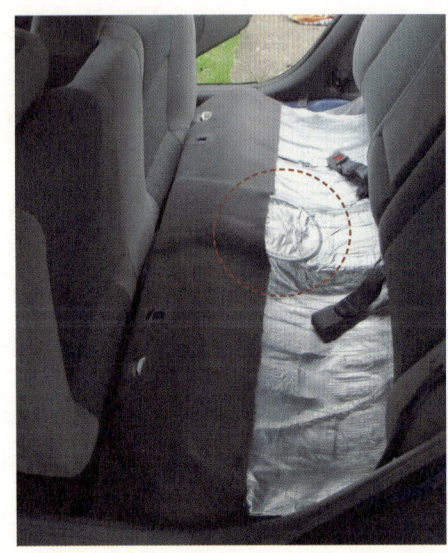 

연료가 떨어져 멈춘 차에도 연료탱크 바닥과 라인에는 몇 L의 연료가 남아 있다.

등 최신차종들은 실내에서 확인이 안 되는 것도 있다. 당신의 차는 어느 쪽인지 확인해둘 필요가 있다.

만약 차가 뒤집혀 있다면 뒤타이어 사이에 있는 연료통에서 바로 뽑아낼 수 있다. 연료통 밑에 배수볼트가 있으면 볼트를 풀면 된다. 없다면 그 부근 연료가 빠져나오는 파이프를 찾아 중간을 끊어내면 된다. 많은 차종들은 연료통 옆에 연료필터가 있어 클램프를 누르면 쉽게 파이프 분리가 되어 연료를 받을 수 있다.

자동차 긴급 수리법

비상시 집을 떠나 밖으로 대피 중일 때 자동차는 코난, 프리퍼가 유일하게 의지할 수 있는 제2의 베이스캠프이며 야전기지이다. 또한 외부의 공격을 막아주는 벙커이자 장갑차가 된다. 자동차가 없거나 고장 나 걸어서 안전지대로 이동한다는 것은 생존능력과 희망이 절반 이하로 떨어진다는 것을 의미한다. 아이를 포함한 가족과 부상자까지 있다면 당신 혼자서 이끌 수 없다.

평소 출퇴근, 가족 나들이에 쓰이는 자동차는 비상시 식량과 물의 수송, 가족의 대피와 피난에 쓰일 제일 중요한 생존장비이다. 지금은 주행 중 이상이 생기거나 연료가 떨어져 멈춰 서면 전화 한 통으로 보험사의 긴급출동서비스를 요청할 수 있지만 큰 재난이 벌어지면 당신을 도와주는 사람은 없을 것이다. 스스로 모든 것을 알아서 해야 한다. 지금부터라도 자동차의 구조와 간단한 이상시 조치법을 배우자. 서점엔 자가정비에 관한 서적도 여러 권 나와 있고, 인터넷 자동차 동호회 등에서도 특정 차종에 관한 정비 방법을 배울 수 있다. 이렇게 배우고 익힌 자동차 자가정비의 기술들은 평소에는 수리비 절감과 사고 예방으로, 재난 시에는 비상상황에서 응급조치와 탈출기술로 중요하게 활용될 것이다.

간단한 펑크 조치법

확실한 건 각종 재난상황은 도로를 엉망으로 만들 것이란 사실이다. 어제까지 말끔했던 포장도로가 내일은 각종 파편과 건물의 잔해물, 벽돌조각, 깨진 유리조각들로 뒤덮일지도 모른다. 심지어 바리케이드가 있거나 포탄화구가 생겼을 수도 있고, 홍수나 쓰나미가 지나가면서 진흙 밭을 만들어놓았을지도 모른다. 어떤 경우든 도로 상태는 심각하게 불안정하며 위험물투성이일 것이다. 자동차의 차체 중에서도 땅과 맞닿는 타이어가 제일 먼저 문제를 일으킬 것이다. 네 개의 타이어 중 한 개만 문제가 생겨도 주행은 힘들다. 당신은 스스로 고칠 것인지 아니면 차를 버리고 걸어서 이동할 것인지를 선택해야 한다. 물론 타이어 수리기술을 알고 있다면 선택의 기회가 있지만, 모른다면 기회조차 없다는 것을 명심해야 한다. 능력을 갖춘다는 것은 스스로가 선택할 수 있는 생존의 기회를 그만큼 늘리는 것이다. 그러한 능력이 없다면 선택의 폭이 줄어들 수밖에 없다.

타이어 문제시 응급조치하는 방법을 알아보자.

타이어에 작은 못이 박혔다면 빼고 나사를 박으면 응급조치가 된다.

도로에서 작은 파편들은 놓치기 쉽다. 모르고 지나가다 못이나 나사, 철사조각이 타이어에 박힐 수 있다. 저속으로 운전하면 규칙적인 소리로 타이어의 이상을 쉽게 파악할 수 있다. 못이 박힌 상황에서 잠시 주행은 괜찮지만 어느 순간 흔들리던 못이 타이어 공기 압력으로 튀어나가면 순식간에 타이어가 주저앉는다. 더 위험한 상황에 접어드는 것이다. 바로 수리할 수 없는 상황이라면 임시조치를 해야 한다. 작은 나사 서너 개를 갖고 다니자. 만약 못이 박혔다면 못을 빼낸 다음 바로 그 자리에 나사못을 돌려서 끝까지 넣어주자. 나사산이 타이어와 단단히 결합되면서 빠지지 않고 임시운행이 가능할 것이다. 물론 타이어 교체나 수리가 가능한 안전지대로 신속히 이동해서 바로 정비해야 한다.

타이어 교체

만약 타이어가 이상하다는 것을 뒤늦게 발견해서 공기가 모두 빠지고 주저앉았다면 어떻게 해야 할까? 제일 쉬운 방법은 액체주입형 펑크수리세트를 사용하는 것이다. 펑크수리세트와 연결된 호스를 타이어 공

 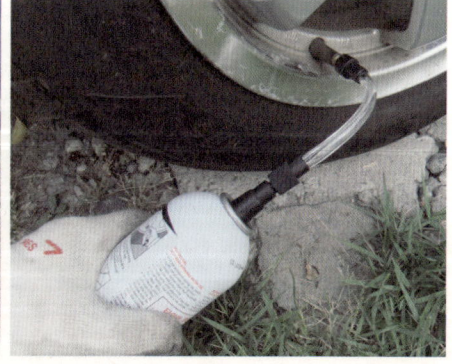

펑크난 타이어 수리는 중요한 생존기술이다.

기주입구에 끼우고 액체를 주입하면 못 때문에 뚫린 작은 구멍 정도는 봉합하고 임시로 운행이 가능하다. 대형마트에서 만 원대에 구입이 가능하다. 최근엔 자동차 메이커에서 스페어타이어 대신 응급 수리세트에 포함되어 판매되고 있다.

타이어가 찢어지는 등 파손 상태가 심해 수리가 힘들면 스페어타이어로 교체해야 한다. 트렁크를 열고 매트를 들어 스페어타이어 및 작키와 관련 공구도 함께 꺼낸다. 수년 전부터 스페어타이어 대신 리어카 바퀴처럼 생긴 얇은 템포러리 타이어가 쓰이고 있는 추세인데, 이 타이어로는 최소한 가까운 거리만 운행할 수 있다.

최근 출시되는 차에는 스페어타이어조차 없고 응급수리키트가 대신 있기도 하다. 가볍고 연비가 좋은 장점도 있지만, 재난 시는 물론 평상시에도 타이어 파손이 심하다면 아무런 쓸모가 없다. 또한 차 무게를 가볍게 한다는 이유로 일부러 빼고 다니시는 사람들도 있는데, 역시 위험하다. 비상상황을 대비해서 스페어타이어를 갖고 다니는 것이 가장 안전을 보장할 수 있다. 스페어타이어가 없다면 휠볼트 규격에 맞는 걸 카센터에서 찾자. 인터넷 자동차카페에서 중고라도 구입해두자.

타이어 교체법은 다음과 같다. 트렁크에서 스페어타이어와 관련공구를 꺼낸다. 렌치를 휠너트에 수평이 되게 끼우고 체중을 실어 돌린다. 슬리퍼나 하이힐을 신고 했다가는 미끄러져서 발목에 부상을 입을 수도 있다. 튼튼한 신발을 신고 양손으로 차체를 꽉 잡은 채 렌치 위에 올라서서 조심스럽게 흔들어야 한다. 하지만 대부분 꿈쩍도 안 할 것이다.

보통 카센터에서 작업할 때 에어임펙 렌치로 필요 이상 강하게 조이면 시간이 지나면서 더욱 고착된다.

렌치 위에 강철파이프를 끼우고 올라가야 겨우 돈다. 심지어 그렇게 해도 꼼짝도 안 한다. 렌치가 휘는 경우가 있다. 위 사진의 렌치가 휜 것도 그 때문이다.

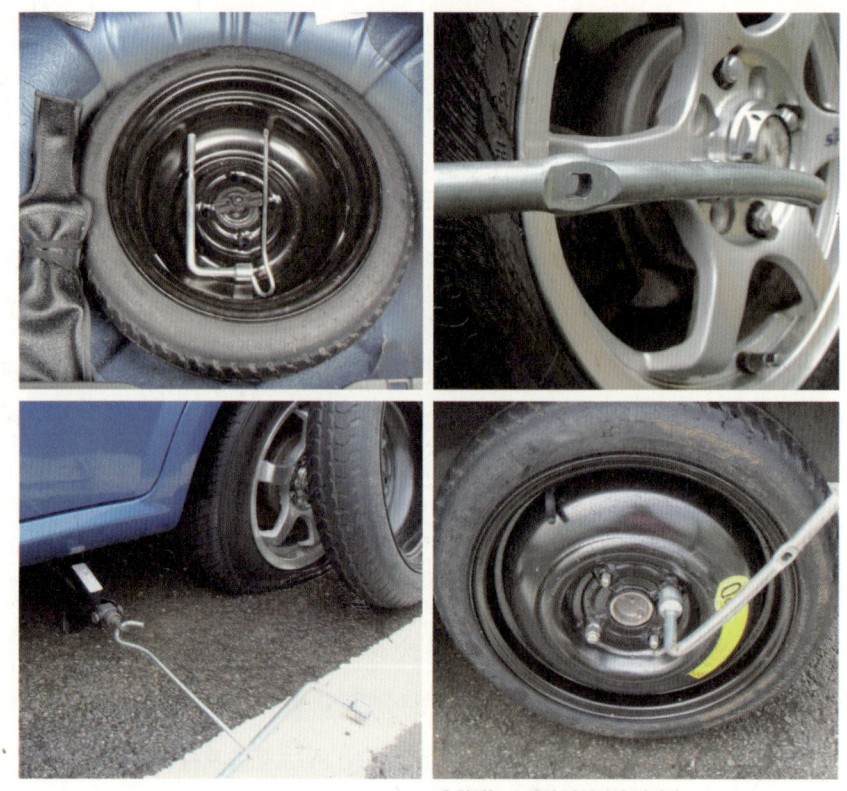

내 차에는 스페어 타이어와 장비가
잘 보관되어 있는지 확인하자.

평소 카센터에서 휠탈부착 작업을 할 때는 너무 꽉 조이지 말 것을 반드시 요구해야 한다. "다음 주에 집에서 휠을 뺄 일이 있으니 살짝만 조여주세요"라고 꼭 말하라. 그렇게 말해도 기계로 작업을 하면 강하게 조여진다. 집에 와서 공구를 꺼내 휠너트가 돌아가는지 직접 확인해보라. 잘 안 되면 WD40스프레이를 뿌리고 놔두면 된다. 잠시 후에는 가능할 것이다. 휠너트가 풀리는 것을 확인하면 나중에 쉽게 풀 수 있도록 다시 시계 방향으로 살짝 밟아서 조여주면 된다.

휠에서 휠너트가 돌아가는 것을 확인했다면 작키를 차체에 받히고 손잡이를 돌려서 차를 들어올려야 한다. 휠을 빼낼 수 있을 만큼 들어올렸다면 휠너트를 뺀 후 펑크 난 바퀴를 떼내어 스페어타이어와 교체한 후 마무리 작업을 한다.

몇 년을 잊고 재내다가 막상 필요해서 스페어타이어나 템포러리타이어를 쓰려고 하면 공기압이 부족해서 타이어가 제 성능을 못 내는 경우가 많다. 특히 굵기가 좁은 템포러리타이어의 공기압이 부족하면 조금만 주행해도 뜨거워지며 위험해지는 경우가 있다. 일반 타이어는 공기압이 35PSI 정도인데, 스페어타이어는 폭이 좁은 대신 압력이 높기에 50PSI까지 채워야 한다. 꼭 1년에 한 번 이상 공기압을 확인해주어야 하는 이유다.

펑크 난 타이어를 교체했다 하더라도 노면 상태가 좋지 않으면 계속 문제가 생길 수 있다. 또한 수리할 수 있는 카센터를 바로 찾기 힘들 수도 있다. 펑크 난 타이어를 수리하는 법을 배우자. 충분히 혼자서도 할 수 있다.

그러기 위해선 펌프와 펑크수리세트가 필요하다. 요즘 신형차들 중 차량수리 키트에 전동펌프가 기본으로 들어 있는 차도 있는데, 이 전동펌프를 활용하면 된다. 없다면 압력게이지가 달린 수동식 제품을 구입하면 된다. 전동식은 소리도 크고 고장의 위험이 있다. 하지만 발로 밟는 수동식 제품은 단순해서 믿음직하며 쓸 만하다. 펑크 수리세트는 대형할인매장 자동차 용품코너나 생활용품점에서 저렴하게 판매하고 있다. 한 번 구입하면 몇 번이나 쓸 수 있다. 유튜브 등을 통해 활용방법을 익혀두면 큰 무형 자산이 될 것이다.

타이어가 펑크 났을 때 간단히 응급조치하는 법을 알아보았다. 한 번 방법을 익혀두고 장비를 구해두면 자동차 타이어 문제에 직면하더라도 스스로 해결할 수 있을 것이다. 요즘 보험사 광고에선 강원도 산골짜기에서 차량 이상이 생겨도 긴급출동이 잘 찾아와서 문제를 해결해준다.

하지만 전국적 대재난이나 비상시엔 당신만을 위해 바로 달려오기는 힘들 것이다. 광범위한 지역에 재난이 닥치면 위기에 처한 차량이 폭증하고, 심지어 길이 막히거나 휴드폰이 끊길 수도 있다. 언제 올지 모를 구조대를 기다리기보다는

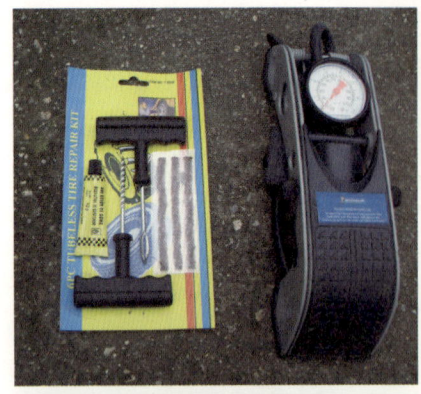

펑크 수리세트를 준비해두자.

  스스로 문제를 정확히 인식한 다음 혼자서 해결해야만 위험지대에서의 탈출이 가능할 것이다.
  평상시 주말에 시간이 된다면 스페어타이어 교체 및 스노우체인 탈·부착을 한 번씩 해보자. 책으로만 본 것과 자기 차의 장비를 가지고 직접 하는 것은 확연히 다르다. 여자라면 좀 힘들 수 있으니 남편이나 애인에게 해봤냐고 넌지시 물어보고 한 번 정도 시켜보며 옆에서 잘 지켜보자.
  재난상황에서 뛰어난 생존능력이란 뭘까? 베어 그릴스나 김병만처럼 오지에선 활과 창으로 야생동물을 사냥하며, 벌레나 굼벵이도 잘 먹고, 파이어 스타터로 나무에 불을 척척 붙이는 것도 중요하다. 하지만 내가 사는 도시에선 자동차 문제해결 능력을 높이는 것도 중요한 생존능력의 하나이다.

험로 돌파

겨울철 큰 눈이 왔을 때 타이어에 채우는 스노우체인(보통 우레탄체인)은 비상시에도 도움이 된다. 건물잔해와 유리파편이 널브러진 도로에서 타이어는 금방 펑크 나고 찢어질 것이다. 스페어타이어로 교체한다 해도 얼마 못 가서 똑같은 사태를 겪게 되면 더 이상 예비타이어도 없어 난감해질 것이다. 장애물 지대를 건너야 할 때 스노우체인을 장착하자. 날카로운 돌조각, 유리조각으로부터 어느 정도 타이어를 보호해줄 것이다. 또한 홍수, 쓰나미의 여파로 모래밭이나 뻘밭이 생겼더라도 바퀴 견인력을 키워 이를 돌파하는 데 훨씬 수월할 것이다.

단 비상시에 활용하려면 간단한 저가의 우레탄체인보다는 바퀴 전체를 감싸

스노우체인은 눈길에서뿐만 아니라 험로에서도 요긴하다.

는 타입의 고가 모델로 구입하자. 승차감도 훨씬 나을 것이다. 비상시 자동차로 이동할 때 스노우체인도 잊지 말고 꼭 챙기자.

    만약 이런 장비가 없다면 밧줄이나 체인, 와이어, 청바지 등 주변에서 구할 수 있는 것들을 휠을 통해 감아놓으면 비슷한 효과를 얻을 수 있을 것이다.

차량 휴대용 호신용품

2013년 필리핀을 강타한 초강력 태풍은 도시의 모든 것을 무너뜨렸다. 혼란에 빠진 사람들은 곧 식량과 물을 찾아 헤매게 되었으며, 상당수는 상점을 약탈하기도 했다. 이때 지역경찰도 약탈에 가담했다는 주민의 증언도 있다.

당신에게 문제가 생길 때마다 경찰이 언제고 바로 달려와 위험에 빠진 당신을 도와주고 조치를 취해줄 수는 없다. '오원춘 사건'처럼 위협을 느껴 신고를 해도 경찰은 신고를 무시하거나 엉뚱한 곳에서 찾고 있을지도 모른다. 대재난이 일어나 치안이 무너진 상황에서라면 경찰들조차 가족을 보호하기 위해 자신의 집에 있을지도 모른다.

평상시뿐 아니라 집을 떠나 여행 중이든 대피 중이든 차를 이용하는 시간이 많다면 자신의 자동차 안에도 약간의 도움이 될 만한 것들을 준비해놓는 것이 현명하다. 무기처럼 쓸 만한 것들과 비상장비들이다. 몇몇 장비를 준비해 트렁크에 넣어놓는 것만으로도 혹시나 모를 비상사태와 사고, 조난을 당할 때 큰 도움이 된다. 그렇다고 트렁크에 식칼이나 장검, 손도끼, 쇠파이프, 공기총이나 엽총 같은 걸 넣고 다니면 절대로 안 된다. 진짜 무기를 넣고 다니면 오히려 더 위험해질 수 있다. 불심검문에서 경찰에게 발견되면 당신은 왜 이런 걸 차에 넣고 다느냐는 추궁을 받을 수도 있다. 혹은 주위사람과 사소한 다툼에서 나도 모르게 연장을 꺼내 위협할 수도 있다. 더 큰 사고가 벌어질 수도 있고, 법적으로 불리해진다.

알다시피 우리나라는 적극적인 정당방위가 인정이 안 되는 나라이며 자신과 가족을 보호하기 위한 의도라고 해도 과도한 반격은 인정되지 않는다. 트렁크에 야구방망이나 검도용 진검을 넣고 다닌다는 사람도 있지만, 이 정도도 경찰의 단속이나 사고 시 법적 다툼에서 불리할 수 있다. 또한 단품으로 갖고 다니기보단 글로브나 유니폼, 호구 등을 같이 넣고 다니며 순수한 스포츠 용품이라는 것을 보여야 한다.

다행히 최근 등산과 캠핑이 유행하면서 저렴하고 좋은 스포츠 용품들이 많이 판매되고 있다. 개중에는 만약의 사태에서 무기로도 충분히 사용할 만한 것들도 많다. 일상용품 중 평소 가지고 다녀도 주위에서 경계하거나 뭐라고 하지 않을 만한 것 중 좋은 것은 기다란 우산이다. 장우산으로도 찌르기와 휘두르기 등

차 트렁크에 비상시 호신용으로 쓸 만한 것들을 갖고 다니자.

을 할 수 있어 웬만한 경우에는 괜찮은 호신무기가 된다. 미국에서는 무기급 전용 호신우산이 판매되기도 한다. 겉모습은 일반 장우산이지만 두꺼운 파이프로 만들어져 휘두르면 콘크리트 블록도 파괴할 만한 위력이 있다. 그 외 등산스틱이나 골프채도 트렁크에 아무런 의심을 사지 않고 휴대하고 다닐 수 있고, 위기 시에는 막강한 전투력을 발휘할 수 있다. 모두 철제로 만들어졌고 찌르거나 휘두를 때 큰 타격을 줄 수 있다. 골프공 몇 개와 비상용품들을 채운 배낭을 같이 넣고 다니자.

옆 페이지의 사진은 내 차의 트렁크 모습이다 장우산, 등산스틱은 항상 갖고 다니며 그 외 골프채, 빙벽용 스틱 등 스포츠용품은 차고에 호신용으로 보관하고 있다. 만약 비상사태가 발생하고 차를 타고 어디를 가야 한다면 이 모든 물품이 차 안에 추가될 것이다. 사람뿐만 아니라 들개 같은 야생화된 동물들이 접근할 때도 쓸모 있을 것이다. 골프채와 등산·빙벽용 스틱이지만 이 정도만 갖고 자세만 절도 있게 취해도 웬만해서는 상대가 쉽게 싸울 의지를 보이지 못할 것이다.

물론 평소 이런 것을 들고 휘둘러보고 타격법 등을 연습한다면 상대 인원이 늘어나도 맞설 수 있을 것이다. 검도나 해동검도 등을 배운다면 효과를 극대화할 수 있다.

이런 타격무기로 상대를 쉽게 제압하는 방법은 허벅지를 강하게 치는 것이다. 머리나 다른 곳은 상대가 큰 부상을 입을 수 있고, 큰 사고로 번질 수 있다. 자칫하면 나중에 법적으로 불리할 수도 있다. 허벅지를 제대로 때리면 상대는 힘이 빠져서 제대로 일어나지도 못하는 전투불능 상태가 된다.

끝에 쇠꼬챙이가 달린 빙벽용 스틱도 위협적인 무기이다. 무게감이 있지만 길지 않고 적당한 길이는 휘두를 때 더 빠르게 타격이 가능하고 상대방에게 큰 피해를 줄 것이다. 앞에서 달려드는 게 사람이 아니라 들개나 짐승이라면 제일 확실할 것이다.

비슷하게 생긴 T자형 등산스틱도 좋은 장비다. 휘두를 때는 물론 아랫면은 뾰족해서 찌르기에도 좋다. 그런 면에선 요즘 유행인 일자형 스틱보다는 예전 타입인 T자형 스틱이 좋다. 또한 고가의 경량 카본 스틱보다는 저가의 무거운 스틱이 싸움하기에 더 낫다.

등산스틱은 싸움뿐만 아니라 걸어서 이동할 때 사용하면 체력을 30% 정도 아낄 수 있어서 여러 모로 유용하다.

차 안 손 닿는 곳에 3단봉을 넣어놓았다. 평소에는 짧게 접혀 있지만, 버튼을 누르거나 아래로 휘두르면 3단으로 접힌 쇠봉이 빠지면서 긴 파이프가 된다. 사설경비원이나 경찰들도 휴대하는 위력적인 둔기이다. 무게감도 적당해서 상대에

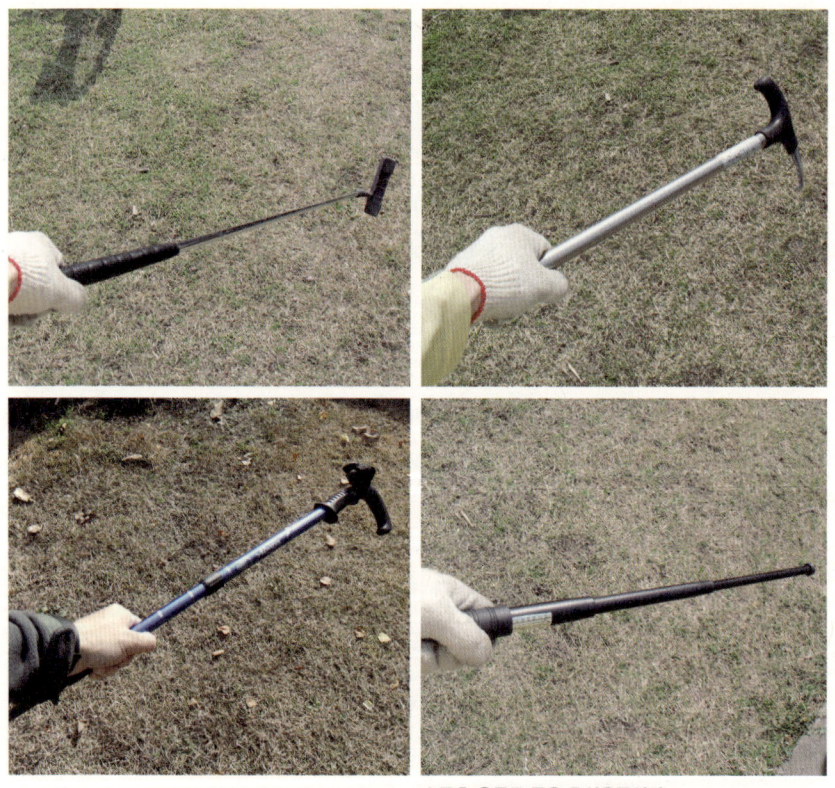

스포츠 용품도 좋은 호신용품이다.

게 강한 타격을 입힐 수 있고, 휴대하기도 좋다. 사설 경비원들은 고가의 제품을 갖고 있다. 저가형은 타격할 때 충격에 휘어지기 쉽다. 하지만 만약의 사태에서 상대를 위협할 목적이니 만 원 미만의 값싼 제품도 무난하다. 충격에 휘어져서 안 들어간다 하더라도 싸움에는 전혀 문제가 없으며 다시 집어넣을 필요도 없을 것이다. 당신은 견자단이 아니기 때문이다.

이런 호신 장비들을 차에 준비해두는 것은 혹시 모를 만약의 사태를 대비하기 위함이다. 평생 단 한 번의 쓸 일도 없을지 모르지만 한 번이라도 쓸 일이 있으면 당신 자신과 연인, 가족을 지킬 수도 있다. 이러한 호신장비류는 평소엔 전혀 무기답게 보이지 않고 경찰 검문에서도 자유로울 수 있으니 보유 위험은 최소한이지만 사용 이익은 극대화한 장비라고 할 수 있다.

차량 비상용품

지금까지 비상시를 대비해 차 안에 구비해놓을 만한 몇 가지 호신용품과 72시간 생존백(Car EDC)을 살펴보았다. 이제부터는 차에 넣고 다닐 수 있는 상비 비상용품들을 알아보자. 당신의 차 트렁크에 쓰지 않는 볼링공세트, 세차용품, 운동용품, 안 보는 책, 넣어놓고 뭔지 잊어버린 박스 등 많은 것이 있다면 그것들을 치우고 비상용품 박스 혹은 배낭을 만들어서 보관하자. 이렇게 준비한 작은 대비가 평생 쓸 일이 없을지도 모르지만 평생에 한 번 있을지 모를 위험에서 당신의 목숨을 구하고 가족을 지켜줄 생명가방이 될 것이다.

실내 보관용 비상용품들

차 실내에서 물건을 보관할 곳을 떠올리면 우선 조수석 앞의 사물함(글로브박스)을 떠올리게 된다. 하지만 이곳 외에도 몇 곳이 더 있다. 센터콘솔, 시트 밑 공간, 시트 천이 겹치는 부분, 카 매트 아래, 뒤 선반, 실내 퓨즈박스, 뒷좌석 팔걸이 수납함, 선글라스함, 뒷좌석 시트 스펀지 아래, 발밑 비

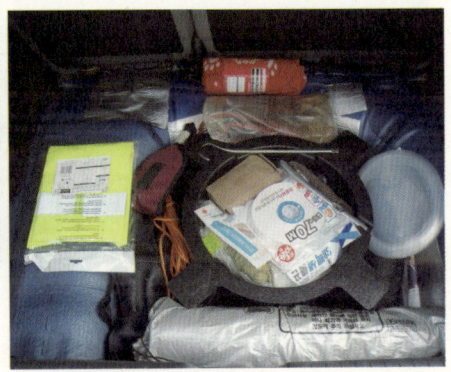

트렁크 매트 아래에도 의외로 많은 생존용품들을 넣어둘수 있다.

밀서랍, 대시보드 안 시크릿박스 등이 있다. 이런 다양한 곳에 크기에 맞는 적당한 비상용품들을 보관할 수 있다. 칼이나 3단봉, 가스총, 전기충격기 같은 비상시 바로 꺼낼 수 있는 호신용품일 수도 있고, 위급할 때 사용하려고 준비해둔 각종 장비와 현금, 여권, 신용카드, 중요문서일 수도 있다.

차량용 비상품을 좀 더 살펴보자. 지도책, 3단봉, 멀티툴, 호루라기, 나침반, LED 플래시, 예비배터리, 시거잭용 휴대폰 충전기, 휴지, 물휴지, 비닐지퍼백, 마스크, 미니방독면, 붕대, 연고, 진통제, 사탕이나 포도당캔디, 장우산, 접이우산, 스프레이 미니소화기, 무릎담요, 모자, 선글라스, 고무코팅 장갑, 필기구, 커터칼, 작은 세면도구세트 등이 있다. 부드러운 신발도 반드시 따로 상비해둬야 하는 품목이다. 3·11 일본 지진에서처럼 갑작스러운 재난으로 버스, 전철 등이 끊기고 도로가 막히면 걸어서 퇴근해야 한다. 회사에서 집까지 서너 시간을 걸어서 가야 하는 거리라면 가죽구두와 하이힐로는 얼마 걷지 못한다. 운동화나 트래킹화 혹은 경등산화 등을 가지고 있으면 만약의 사태를 대비할 수 있다.

나는 시간적으로 여유가 있고 몸 상태가 좋다면 가끔 회사에서 집까지 13km 정도 되는 거리를 걸어간다. 빠른 걸음으로 2시간 20분 정도 걸린다. 처음에는 다리가 뻐근했지만, 익숙해지고 나니 크게 힘들지 않다. 하지만 평소에 걷지 않던 사람들이 갑자기 장시간 걸어야 한다면 많이 힘들 것이다. 따라서 평소 전철이나 버스에서 한두 정거장 미리 내려서 걷는 연습은 체력강화와 걷기 능력 향상, 자신감에 도움이 될 것이다.

트렁크 보관용 비상용품들

트렁크엔 차량 회사에서 제공하는 기본적 비상용품인 스페어타이어와 교환기구, 삼각대가 있다. 최근 차량들은 임시타이어가 빠지고 펌프랑 패치키트가 제공되기도 하는데, 바로 이곳에 많은 비상장비들을 넣어둘 수 있다. 매트만 다시 덮으면 눈에 띄지도 않고 깔끔하다.

넣어둘 만한 비상용품들을 보자. 점프케이블, 은박매트, 접이식 미니삽, 야광봉, 고체알콜올캔, 나일론줄, 10m용 줄자(간이 구조용), 낙하산줄(얇으면서 질김. 인터넷에서 구매 가능), 은박냄비나 종이냄비(비상시 취사용), 자바라 물통 및 6L 비닐 물통(물이나 연료 운반용), 10분용 불꽃 신호탄, 장시간용 LED 플래시, 가제, 붕대, 일회용 수저와 젓가락, 위생용품, 은박보온담요, 파이어스타터, 과도, 장갑, 핫팩, 생활무전기, 니퍼 및 간이공구, 중형 김장비닐, 발열팩, 정수제, 서바이벌 가스라이터, 석유펌프 및 깔때기, 타이어 발펌프 및 수리키트, 중형 스프레이소화기, 접이식 톱, 청테이프, 바늘세트, 소형쌍안경, 야광조끼, 경광봉, 휴대용라디오, 신문지, 차량용 전구 및 휴즈 그리고 비상용 의류보관 백이다.

다음 페이지의 사진은 비상용 의류보관 백이다. 양말, 반바지, 티셔츠, 수건, 속옷 등을 비닐에 넣어 밀봉한 것이다. 보통 군대에서는 비상 출동할 때 바로 전투배낭에 넣을 수 있도록 스스로 만들어 관물대에 준비해둔다. 투명 비닐에 양말과 속옷류의 의류를 넣어서 밀봉해 보관하는 것으로 조난이나 재난 시 물과

비닐로 밀봉한 의류보관 백.

땀에 젖었을 때 바로 갈아입을 수 있도록 준비하는 것이다.

야외에서는 갑자기 비를 만나거나 계곡을 건너야 할 때도 있다. 이때 옷과 속옷이 젖어서 빨리 마르지 않으면 곧 저체온증을 겪거나 속살이 쓸려서 상처가 나고 활동성이 떨어진다. 이때 위의 의류팩을 이용해 마른 옷과 속옷, 양말로 바로 갈아입으면 된다. 비상시뿐만 아니라 평소 캠핑 등 야외에 놀러 가서 뜻하지 않게 반팔, 반바지 등이 필요할 때 꺼내 입을 수 있다.

보통 집에선 잘 안 쓰는 반바지나 반팔 옷, 수건, 양말, 속옷 등이 있다. 이런 걸 모아서 팩킹을 하면 의류보관백이 완성된다. 사진의 것은 만들어놓은 지가 13년이 넘은 것이다. 군대에서 배웠던 내용을 바로 응용한 것이며 차는 바뀌었어도 자리를 바꿔 계속 트렁크에서 보관하고 있다.

자동차를 이용한 생존장비

전국적인 재난 이후에는 모든 게 부족하고 귀해질 것이다. 하지만 단 하나 길거리에서 흔한 게 있다면 쓰레기와 버려진 자동차들일 것이다. 현재 우리나라에만 2,000만 대 이상의 자동차가 도로와 주택가를 가득 메우고 있다. 첨단문명의 집약체인 자동차가 대재난 이후에는 길거리를 막는, 처치하기 곤란한 쓰레기가 될지도 모른다. 그런 절대적 재난 상황에서 아무것도 가진 것 없이 살아남았다면 무엇이든지 확보해야 생존할 수 있다. 이때 버려지고 파괴된 자동차를 쓰레기로만 생각하고 지나칠 것인지 아니면 생존장비를 얻을 수 있는 귀중한 자원의 보고로 재활용할 것인지에 따라 생사가 결정될 수 있다. 어떻게 하면 폐자동차를 이용해 다양한 생존장비를 만들 수 있는지 연구해보자.

문 잠긴 차 열기

버려진 자동차라도 대부분 문이 잠겨 있을 것이다. 가장 손쉽게 문 여는 방법은 유리창을 깨는 것이지만, 차 안에서 하룻밤을 보내

와이퍼 안에는 강한 스텐레스 철사가 들어 있다.

야 하거나 주인이 다시 돌아올 경우 등 유리창을 깨지 말아야 할 때가 있다. 이때 이용할 수 있는 것이 전면 유리창 아래에 달린 와이퍼를 이용하는 것이다.

와이퍼는 앞 유리에 보통 두 개씩 달려 있으며 일단 와이퍼암에서 와이퍼를 분리해야 한다. 와이퍼암을 세우고 가운데 걸쇠를 당겨서 밑으로 살짝 내리면 분리된다.

당신이 와이퍼에서 중요하게 쓸 부분은 와이퍼 고무를 지지해주는 스텐리스 철사 부분이다. 한쪽에 두 개씩 총 네 개를 얻을 수 있다.

와이퍼 끝부분의 고무를 젖혀 보면 두 개의 스텐리스 철사를 찾을 수 있다. 녹슬지 않는 스텐리스 철사는 아주 강하면서도 탄력성이 좋아 유용하게 쓸 수 있다. 스텐리스 철사를 잡아당기면 쉽게 빼낼 수 있다. 와이퍼의 길이는 차종에 따라 다르지만 최대 65cm까지 있다.

이제 이것들을 활용해 다양한 장비를 만들어보자. 평소 와이퍼를 교환할 때 기존 것을 버리지 말고 따로 떼어내면 된다. 스텐리스 철사는 얇지만 의외로 강해서 휘기도 쉽지 않다. 그만큼 내구성이 좋아서 여러 곳에 쓸 수 있다. 다음 페이지의 사진처럼 한쪽을 강하게 힘을 주어 꺾어놓자. 공구가 없다면 돌로 쳐서

철사끝을 휘어 고리를 만들면
다양한 용도로 쓸 수 있다.

만들 수 있다.

첫 번째 활용법은 잠긴 차의 문을 여는 것이다. 만약 차에서 하룻밤을 자야 한다면 유리가 제대로 다 달려 있어야 한다. 한여름에도 새벽녘에는 잠을 깰 정도로 춥다. 겨울은 말할 것도 없다. 추위 외에도 비를 피할 수도, 주위를 서성대는 들개, 위험인물, 벌레, 연기, 모래바람으로부터도 보호할 수 있다.

사진처럼 끝이 구부러진 스텐리스 철사를 문틀과 유리 사이에 넣어 영화에서 보던 대로 위아래로 흔들어보면 어느 순간 걸리는 부분이 있다. 그대로 당기면 차 문이 열린다. 차 문이 닫혔을 때 긴급출동 기사들이 예전부터 써오던 방식이다. 물론 한 번에 되는 건 아니고 경험이 필요하다.

지혈대 만둘기

두 번째 방법으로는 묶고 풀기 쉬운 지혈대를 만드는 것이다. 대피 과정 중 날카로운 파편에 상처를 입고 팔다리에 피를 흘릴 수 있다. 혹은 당신이 가진 식량과 물을 노리는 강도와 싸우다가 흉기에 상처를 입을

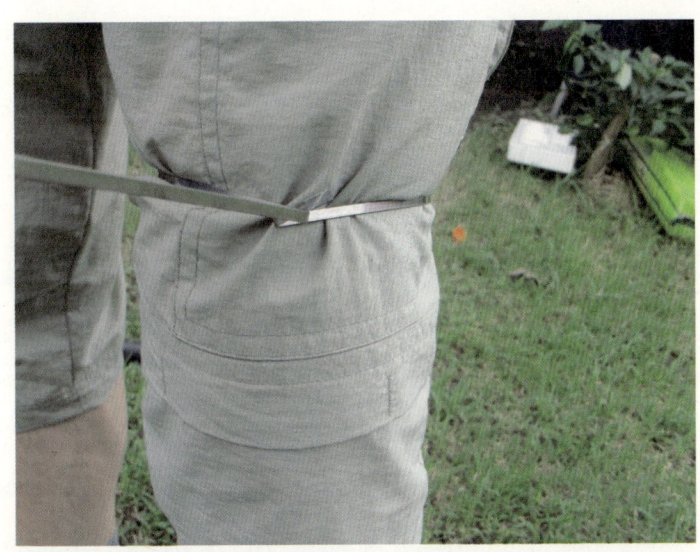
철사 양쪽을 휘어 고리를 만들어주면 필요시 묶고 풀기가 쉽다.

수도 있다. 피가 난다고 영화에서처럼 입고 있는 티셔츠를 찢어서 묶을 수도 있지만 좋은 방법은 아니다. 입고 있는 티셔츠나 옷은 땀이나 이런저런 오염물에 이미 오염되어 더럽기 십상이다. 또한 옷을 걸쳐서 한낮의 뜨거운 태양과 밤의 냉기를 막아주어야 한다.

　천은 물을 먹으면 딱딱해지고 신축성이 없어진다. 만약 천으로 된 지혈대가 피에 젖으면 묶은 곳을 다시 풀러내기가 힘들어진다. 상처를 지혈대로 묶어놔도 일정 시간마다 풀어주어 잠시라도 피가 통하게 해야 하는데, 묶어놓은 채로 놔두기만 한다면 괴사가 진행되어 묶은 곳을 통째로 잘라내야 할 지경에 이를 수도 있다. 따라서 일정시간 간격으로 지혈대를 풀었다가 조이기를 반복해야 한다. 피에 젖은 천보다는 스텐리스 철사를 말아서 다리를 묶어보자. 다리나 팔 크기에 맞춰 양쪽 끝을 접어준다면 고리처럼 걸 수 있다. 지혈대로 좋고, 주기적으로 다시 풀고 감기도 아주 쉬워진다.

수렵도구

우리나라의 큰 도시는 대부분 큰 강이나 바다 혹은 지천을 끼고 있어서 주위에서 쉽게 물을 볼 수가 있다. 만약 대재난을 겪고 살아남았다면 끼니를 때우는 것이 우선 과제가 될 가능성이 높다. 얼마 동안은 집에 있는 비상식량이나 상점에 쌓인 가공식품들을 구해서 먹을 수도 있겠지만, 조만간 그 식량들도 떨어지고 만다. 그럴 땐 주위의 강가나 바닷가, 저수지 등 물가로 가서 직접 고기를 잡아보자. 이전에 낚시 경험이 없다면 처음에는 시간이 오래 걸리고 하루 종일 물가를 뒤져봐도 몇 마리 수확을 못할 수도 있다. 하지만 모든 일은 얼마간의 실패를 견디고 나면 숙달되고 요령이 생겨서 능숙하게 할 수 있다. 특히 그 일에 자신과 가족의 하루 먹을거리가 달려 있다면 더욱 그럴 것이다.

낚시도구 만들기

먼저 물가로 가서 살펴보자. 물고기가 많이 있을 것 같은 지점을 탐색해둔다. 물 위로 고기들이 뛰어오르는 장소나 수풀 주위, 방류구 주위 등을 살펴본다. 낚시는 기술이 필요하다. 주위에 낚시를 좋아하는 사람이 있다면 평소 낚시법

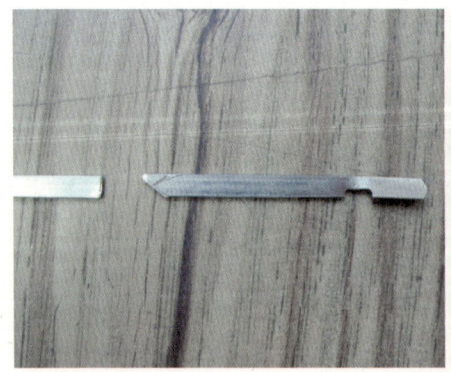 

자동차 부품으로 간단하게나마 수렵도구를 만들 수 있다.

을 물어보고 종종 따라가서 배워두자. 고기를 잡는 법뿐만 아니라 펄떡이는 고기를 해체하고 종류를 구별하는 더 중요한 법을 알아두면 좋다.

재난상황에서는 제대로 된 낚시도구를 갖고 있기 힘들 것이다. 또한 이동 중일 때도 마찬가지이다. 하지만 주위에 버려진 자동차 부품으로 간단하게나마 대용품을 만들 수 있다.

역시 와이퍼에 들어 있는 두 개의 고강도 스텐리스 철사를 이용할 수 있다. 와이퍼에서 떼어낸 철사를 5cm 길이로 잘라낸다. 보기보다 꽤 강도가 세기 때문에 펜치나 멀티툴 같은 장비를 써야 한다. 떼어낸 철사 한쪽 끝을 돌에 갈거나 멀티툴로 잘라내어 날카롭게 다듬는다. 낚시바늘을 만드는 것이다. 날카롭게 하는 작업이 끝나면 끝을 구부려놓는다.

낚싯바늘 외에도 낚싯줄이 필요하다. 이 역시 차에서 구할 수 있다. 운전자 좌석 쪽 아래 문짝 밑의 플라스틱 커버를 일자드라이버나 칼로 들어서 간단하게 떼어내면 엔진룸에서 후방램프로 가는 전선다발을 볼 수 있다. 전선은 얇으면

운전석쪽 발판 플라스틱 커버를 떼내면 전선다발을 얻을수 있다.

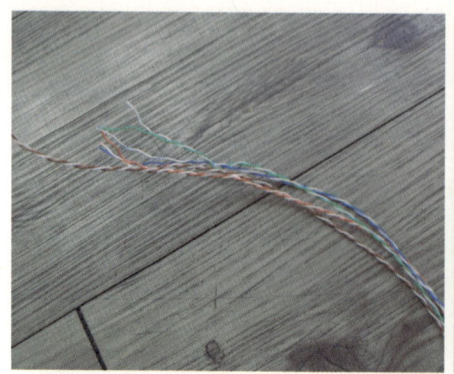 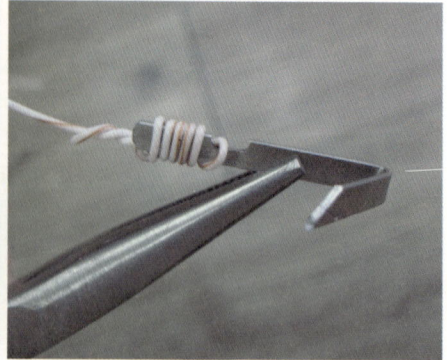

자동차 부품으로 만든
간이 낚시 바늘.

서도 장력이 꽤 강하기에 낚싯줄을 비롯해 여러 용도로 사용이 가능하다.
차에서 떼어낸 전선을 이용해 낚싯줄을 만들어 놓는다. 미리 만들어둔 낚시고리와 전선줄을 서로 연결한다. 인터넷에는 낚시고리와 줄을 튼튼하게 연결하는 다양한 방법이 있으니 평소 보아두고 한 번씩 줄로 묶는 예행연습 등을 해보자.

낚싯바늘은 고강도 스텐리스 철사여서 구부리는 것도 쉽지 않지만 그만큼 튼튼해서 웬만큼 큰 고기도 잡을 수 있다. 물론 시간이 있다면 돌에 놓고 때리거나 좀 더 갈고 다듬어서 날카롭게 하자. 기껏 바늘을 문 고기가 도망갈 수 있다.

낚시용 투창을 만드는 방법

얕은 물가나 계곡 상류에서는 직접 걸어 들어가 투창으로 물고기를 잡는 방법이 더 빠르고 효율적이다. 투창 혹은 작살로 잡는 방법은 낚시에 대한 기술이 없는 초보자들도 할 수 있을 만큼 큰 기술이 필요하지 않다. 낚시용 투창을 만드는 방법 역시 와이퍼용 스텐리스 철사 하나면 된다. 철

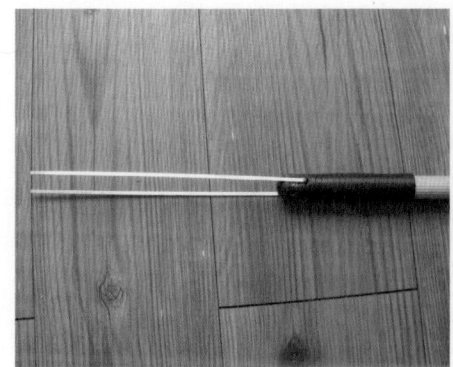 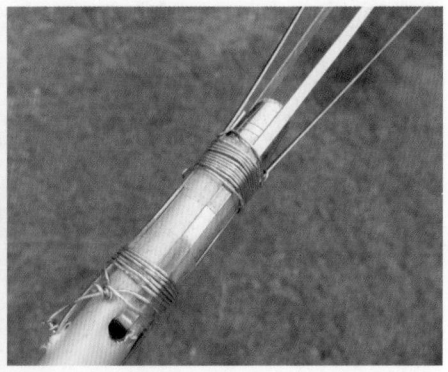

스텐레스 철사를 반으로
꺾어 봉에 끼운다.

사 하나를 반으로 접어서 주위에서 쉽게 구할 수 있는 나무막대기나 우산대, 청소용 대걸레봉 등에 끼워서 만들 수 있다.

　자동차용 와이퍼의 크기는 최대 65cm까지 되어 반으로 접어도 충분하게 사용할 수 있다. 봉끝 5cm 정도 되는 곳에 구멍을 뚫어 철사를 통과시키면 뒤로 밀리지 않는다. 그리고 앞쪽으로 양쪽 철사를 꺾어 놓는다. 철사와 봉이 만나는 부분에 철사나 전선으로 잘 감아주어 이탈하지 않게 한다.

　철사 하나로 두 개의 탄성 있는 날이 된다. 약간 아래쪽에 구멍 하나를 더 뚫고 철사 하나를 똑같은 방식으로 더 끼워준다면 네 개의 날이 만들어진다. 날이 많을수록 고기를 잡기 쉬워진다. 맞아도 쉽게 빠져나가거나 도망가지 못한다. 차 안에 장우산대가 있다면 이를 이용하면 더욱 좋다. 대가 알루미늄이라 가볍고 구멍을 뚫어 작업하기도 쉽다. 길이 또한 여러 모로 쓰기에 적절하며 손잡이가 달려 있어 더 안정적이다.

　이 낚시용 투창의 최대 장점은 스텐리스 철사여서 강하면서도 유연성이 아주 좋다는 것이다. 얕은 강가에 서서 바닥의 고기를 찍거나 투창을 던져서 고기를 잡는다면 금속날은 금방 상하게 된다. 심지어 창머리 전체가 휘거나 반으로 부

이렇게 만든 투창은 강하고 유연성이 좋아 파손되지 않는다.

러질 수도 있다.

하지만 이렇게 만든 것은 강바닥 돌에 강하게 부딪히거나 튕길지라도 날이 상하지 않고 다시 복구된다. 반복적인 투창질에 내구성이 좋기에 한 번 만들어두면 오랫동안 사용할 수 있다. 물고기 사냥 외에도 호신용으로도 유용하다. 작은 동물이나 낯선 사람이 다가올 때 찌르기 등으로 충분히 위협을 줄 수 있다. 또한 이 방법을 응용하면 강하고 탄력 있는 화살촉으로도 만들 수 있을 것이다.

낚시와 수렵은 인류의 기원과 같이하는 가장 오래되고 식량 확보에 효과적인 방법이다. 꼭 기억해두자. 평생 이 방법들이 쓸 일이 없다 해도 좋다. 하지만 만약 단 한 번이라도 그런 일이 생긴다면 이 책에서 익힌 이 방법 덕에 당신은 굶주림을 면하고 남보다 더 오래 살 수 있을지 모른다.

과일 채집도구

작살이나 낚시도구 외에 과일 채집도구를 만들 수도 있다. 가을에는 산과 들에 지천으로 여러 과일들이 매달린다. 사과, 배 등 주인이 있는 것도 있지만 시골 길가에 서 있는 감나무는 주인이 없는 경우도 많다. 식량이 부족하고 굶주린다면 따먹어야 한다. 재난상황에서 먹을거리가 없어 배가 고플 때 맛있게 익은 감은 포만감을 준다. 양이 많으면 먹고 남는 것은 얇게 썰거나 껍질을 벗기고 말려 반건조로 만들거나 곶감으로 만들어놓아도 된다. 이렇게 만든 것은 그다음 해까지 특별한 시설이 없어도 저장할 수 있다. 겨울철 식량을 구하기 힘들 때 큰 도움이 될 것이다. 맛도 좋아 노인과 아이들이 좋아하며 부족한 열량과 비타민을 보충해준다. 때문에 가을철 감은 어떤 수고를 해서라도 많이 확보해놔야 한다. 밤이나 기타 먹을 수 있는 과실도 마찬가지다.

사과나 배 등은 나무가 높지 않아서 손으로 바로 딸 수 있지만, 시골에서 제일 흔한 감나무는 높아서 따기가 힘들다. 감나무에 올라가는 것도 위험하다. 감나무 가지는 약해서 올라가면 부러지기 쉽다. 감나무에 올라가지 않고도 밑에서 따는 방법으로 감을 채집해야 한다. 그렇다고 장대로 휘둘러서는 감이 땅에 떨어지자마자 터져서 제대로 수확을 할 수 없다. 장대 끝에 채집도구를 붙여 감을 따야 한다.

보통 감나무 열매를 따는 도구는 양파망 등에 굵은 철사를 넣어 만들지만 몇 번 감을 따다 보면 철사도 뒤로 꺾여서 수시로 다시 철사를 펴줘야 하는 등 불편하다. 앞서 살펴봤던 스텐리스 철사를 이용하면 잘 휘지 않으면서도 크기도 딱 맞는 감나무 따는 도구를 만들 수 있다.

와이퍼에 붙어 있는 스텐리스 철사를 뽑아낸다. 철사를 양파망에 끼운다. 양파망 안쪽으로 철사를 끼워넣고 돌려서 둥그렇게 만든다. 양파망이 없다면 양말이나 모자, 비닐봉지, 헝겊을 말아서 만들 수도 있다.

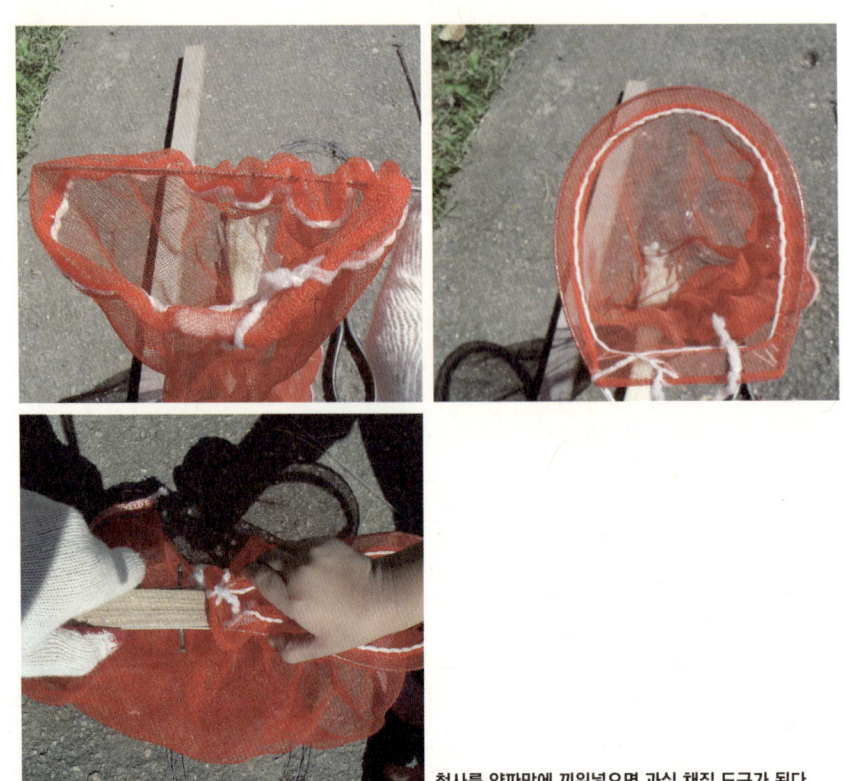

철사를 양파망에 끼워넣으면 과실 채집 도구가 된다.

　입구 부분에 스텐리스 철사를 넣어서 둥그렇게 뼈대를 만드는 것으로 나뭇가지에 걸리지 않고 감만 들어갈 수 있는 크기로 하면 된다. 이렇게 하면 철사의 상당 부분이 빠져나오는데 그 부분을 장대 끝에 고정해준다.

　장대 끝에 두 개의 못을 박아 철사가 잘 고정될 수 있게 한다. 앞뒤로 흔들거리거나 밀리지 않게 하는 것이 포인트다. 그런 다음 장대에 망을 잘 고정해준다. 줄이나 철사, 케이블 타이로 꽉 조여 맨다. 이렇게 하면 내구성이 좋아 양파망이 뒤로 넘어가지 않아서 편하게 열매를 딸 수 있다.

　다음 페이지의 사진(위 왼쪽)은 완성된 모습이다. 튀어나온 못은 정리하고 양파망이 너무 길게 늘어지지 않도록 중간에 한 번 묶어 놓았다. 이렇게 만들어진

따놓은 감을 말려서 잘 가공하면 오랫동안 먹을 수 있다.

도구로 감나무 가지와 잎이 무성하더라도 힘들이지 않고 감을 딸 수 있다. 자동차 부품을 이용해서 만든 감 따기 도구는 비상시에 아무런 준비가 없어도 주위에 버려진 폐자동차를 이용해서 어렵지 않게 만들 수 있다. 평상시에도 이를 응용하면 감 따기가 한결 쉬워질 것이다.

 수확한 감을 얇게 잘라서 반만 건조시키거나 껍질을 까서 곶감을 만드는 것도 좋은 장기비상식량 저장법이다.

최종 생존장비: 서바이벌 자동차

아래 사진은 2014년 코엑스 '기후변화 방재산업전'에 출품된 둠스데이 서바이벌 머신이다. 일명 '좀비카'라고도 한다.

최종 생존장비: 서바이벌 자동차(좀비카).

자신의 차를 약간만 튜닝하면 훌륭한 생존장비가 된다.

　자동차는 최종 생존장비라 할 수 있다. 많은 재난영화에서도 주인공과 생존자들은 수많은 난관을 극복하고 결국 자동차를 이용해 위험지대를 벗어나 안전지대로 탈출한다. 재난·좀비 영화에서 시작된 재난을 가정한 자동차 튜닝은 서바이벌 머신, 일명 '좀비카'로 불리며 외국 프리퍼들의 큰 관심사로 떠올랐다.

　파괴된 거리를 지나 먼 길을 가기 위해 자신의 차에 갖가지 생존용품을 탑재한다. 위험대상(폭도, 강도, 맹수, 좀비)의 접근을 막기 위해 유리창엔 철망, 쇠파이프, 쇠 바 등을 달고 눈에 띄지 않도록 어두운 색 도장을 하기도 한다. 차체엔 스파이크, 못, 칼날, 무기 등을 장착하기도 한다. 최근에는 좀비영화를 넘어서 큰 재난이나 전쟁, 비상시 안전지대로 탈출하기 위한 자동차 개조의 한 분야로 인식되고 있다. 모터쇼나 전시 이벤트 쪽으로도 발전하여 관람객들의 흥미를 끌고 있다.

　비상대피시 자신의 차를 어떻게 개조하면 좀 더 효과적인 대피수단으로 바꿀 수 있는지 참고할 만하다.

재난체험 영화 6

투모로우
(The Day After Tomorrow)

감독 : 롤랜드 에머리히
출연 : 데니스 퀘이드(잭 홀 역), 제이크 질렌할(샘 홀 역), 에미 로섬 (로라 채프먼 역)
줄거리 : 급격한 지구 온난화로 인한 기후 변화는 생각지도 못한 대재앙이 되어 찾아온다. 북극의 빙하가 녹아 차가워진 바닷물이 연안으로 흘러들어가자 해류의 흐름이 갑자기 바뀌게 된다. 지구의 70%를 덮고 순환하던 해류의 흐름에 큰 혼란이 찾아오자 기후는 우려하던 온난화와는 정반대로 급격한 냉각화가 시작된다.
전 세계에 갖가지 기상이변이 시작되고 성층권의 초저온 기류가 하강하면서 순식간에 모든 걸 얼려버리는 신빙하시대가 도래한다. 북반구 대부분은 수 미터 폭설에 덮이고 기온이 급강하면서 생존자들은 추위와 폭설에서 살아남기 위해 사투를 벌인다.

급격한 지구 온난화로 인한 기후 변화가 대재앙이 되어 찾아온다. 전 세계에 갖가지 기상이변이 시작되고 성층권의 초저온 기류가 하강하면서 순식간에 모든 걸 얼려버리는 신빙하시대가 도래한다. 북반구 대부분은 수 미터 폭설에 덮이고 기온이 급강하면서 생존자들은 추위와 폭설에서 살아남기 위해 사투를 벌인다. 디스커버리 채널 다큐멘터리를 보는 것 같은 느낌이 들 정도로 사실적인 블록버스터 재난영화이다. 수많은 언론에서 지구 온난화를 이야기하고 있지만, 다른 한편에선 과학자들이 이로 인한 새로운 소빙하기를 말한다. 이 영화도 그와 같은 주장과 맥을 같이한다.
지구의 기후가 갑자기 바뀌고 순식간에 빙하기가 시작되자 눈이 수 미터나 쌓여버린다. 공포에 질린 미국인들은 통제를 뚫고 무단으로 국경을 넘어 남쪽 멕시코로 허겁지겁 대피해간다. 피난 가지 못해 집에 갇힌 사람들은 영하 70도의 초저온 기류에 휩싸여 순식간에 얼어 죽는다.

영화는 대도시 뉴욕을 배경으로 생존자들의 갈등을 흥미롭게 보여준다. 잠시 상황이 좋아지자 도시의 생존자들은 눈밭을 걸으며 서둘러 남쪽으로 피난을 떠난다. 주인공 일행도 다른 이들을 따라 밖으로 나갈 것이냐, 정확한 정보가 확인될 때까지 그나마 안전한 도서관에서 추위를 대비하고 버틸 것인가 고민하게 된다.

조난 후 어느 정도의 장비와 쉼터가 있는 원점에서 계속 구조를 기다릴 것이냐, 힘이 빠지고 상황이 악화되어 더 늦기 전에 떠날 것이냐 하는 선택은 대부분 재난영화나 실제 조난자의 구조기록 등 생존상황에서 반드시 겪게 되는 중요한 문제다. 어느 쪽이 나을 것인가? 떠날 것인가, 구조를 기다릴 것인가? 정답은 없다. 상황과 장소에 따라 다를 것이다. 하지만 대부분의 경우 사고 원점에서 에너지를 아껴가며 기다리는 편이 더 오래 버틸 수도 있고, 구조되기도 쉽다. 전체 상황을 모른 채 섣불리 떠나는 것은 더 위험하다. 하지만 구조대가 구조를 포기했다는 것을 확실히 알게 되거나(라디오 수신) 익숙한 지형이거나 꼭 떠나야 할 상황이거나 지형과 짐승 등 위험 요소가 있다면 과감히 원점을 벗어나라.

이 영화는 당신이 저 상황에 처하면 어떻게 해야 살아남을까 하는 생존에 대한 몇 가지 물음과 숙제를 던져준다. 영화 같은 빙하기가 실제 시작된다면 우리는 어떻게 대비해야 할까? 인류는 과연 종말을 고하게 될까? 영화에 나오는 생존자들의 대화에 그 답이 있다.

"과거 인류는 더 열악한 환경 속에서도 살아남았고 이번에도 그럴 것이다."

SURVIVE

재난상황에서의 휴대폰

산에서 가장 잘 터지는 휴대폰은?

산악사고 발생 시 통화 가능여부는 생사를 결정짓는 중요한 문제다. 그러나 최근 등산객들 사이에 "폰은 점점 좋아지는데 산에서는 더 안 터진다"는 말이 돌고 있다. 2G방식이던 휴대폰이 3G, 4G로 진화하며 산에서의 통화품질은 떨어졌다는 것이다. (……중략……)

전국 21개 산에서 조사한 결과 2G와 3G폰의 통화품질에 차이가 있음을 알 수 있었다. 21개 산 중에서 능선의 경우 2G폰은 11곳이 통화 가능했는데 3G폰은 6곳이 가능했다. 같은 산이라도 능선 위치에 따라 통화 가능여부가 갈렸다. 2G폰은 수신율을 알리는 안테나가 1~2개인 상태에서 통화가 가능한 반면, 3G 스마트폰은 1~2개 안테나가 뜨더라도 통화가 안 되는 경우가 4번 있었다. 3G 스마트폰의 경우 통신사별 차이는 적어 통화가 안 되는 곳에선 다 안 되는 경우가 많았다. 또 탁 트인 능선이라고 해서 반드시 통화가 되는 것은 아니어서 가로막는 산이나 나무가 없어도 수신이 안 되는 곳이 있었다. 통화가 안 되는 곳에선 데이터통신도 안 되었고 통화가 가능한 곳에서도 데이터 통신이 안 되거나 느린 곳이 많았다. (……중략……) 영하 10도 이하의 악천후 시 스마트폰 터치가 제대로 안 되는 경우가 갤럭시와 아이폰 모두 잦았다. 비교적 혹독한 설산 비박 상황에서 여러 번 테스트한 결과, 2G폰에 비해 스마트폰이 사용하기에는 불편한 점이 많았다. 같은 3G 스마트폰이며 통신사가 다를 경우 미세한 차이가 있었지만 큰 차이는 없었다. 안 되는 곳에선 같이 안 되는 경우가 많았다. 계곡의 경우 능선보다 통화가 더 안 됐다. 3G는 말할 것도 없고 2G폰도 안 터지는 곳이 많았다. 계곡도 능선과 마찬가지로 2G폰이 통화 가능한 곳이 3G보다는 많았다. 4G의 경우 테스트 횟수가 적어 단정적으로 평가할 수 없지만 한 안내산악회 대장의 말에 따르면 "3G를 쓰다 4G로 바꾸고 나서 산에서 통화가 더 어려워졌다"고 했다. _〈월간산〉, 2013년 5월호

    당신이 화장실을 갈 때나 외출할 때나 대중교통을 이용해 출퇴근을 할 때나 항상 지니고 다니는 것은 무엇인가? 깜빡해서 집에 놓고 나오면 하루 종일 불안하고 안절부절못하며 신경을 곤두세우게 하는 것은 무엇인가? 사람들과 소통하고 얘기를 나누기도 하고 업무를 볼 때에도 종종 꼭 필요한 것은 무엇인가? 그리고 밤늦게 일을 마치고 어두운 골목길을 홀로 걸어갈 때 손에 꼭 쥐고 의지하게 되는 것은 무엇인가? 바로 휴대폰일 것이다. 당신이 멀리 떨어진 가족, 친구들과 얘기를 나누고, 업무상 대화를 나누기도 하고, 불안전한 상황에서도 수호신처럼 든든하게 곁에서 함께하는 휴대폰은 재난상황에서도 당신을 지켜주고 구조를 요청하는 것을 가능하게 해준다.

    3·11 일본 대지진 때 건물이 심하게 흔들려 붕괴되기 직전 공포에 질린 주민이 집에서 겨우 챙겨 나온 건 휴대폰이었다고 한다. 평소 재난이 잦았기에 대피

가방 등을 미리 준비해놨지만 갑작스러운 대재난 앞에선 그걸 찾아 꺼내들 시간도, 정신도 없었다. 그저 무의식적으로 근처에 있던 휴대폰만 들고 서둘러 빠져나왔던 것이다.

2004년 크리스마스 무렵 동남아를 강타한 거대 쓰나미에 30만 명이란 수많은 사람들이 사망했다. 당시 휴양 차 태국의 한 리조트에 머물렀던 헨리 가족은 갑작스러운 쓰나미에 어린 두 아들을 비롯해 온 가족이 휩쓸려 헤어지고 만다. 겨우 생존한 가장 헨리는 가족의 생사를 확인하기 위해 고군분투하며 재난현장을 뛰어다닌다. 그의 이야기는 이완 맥그리거의 「더 임파서블」이라는 재난영화로 개봉되었다. 영화 중 본국의 부모님에게 전화를 해서 자신의 무사함을 알리려 하는 장면이 나온다. 하지만 가지고 있던 휴대폰의 배터리가 다 떨어져 절망하는데, 살아남은 관광객들이 휴대폰 한 대를 돌려가면서 서로 조금씩 아껴가며 전화하는 장면이 뭉클하고 감동적이었다.

이처럼 대재난 현장 속에서 휴대폰은 자신의 생존을 알리고 구조를 요청할 수 있는 거의 유일한 도구이다. 꼭 대재난이 아니더라도 등산 중 길을 잃고 조난을 당했거나 아파트 엘리베이터에 갇혔거나 인적이 드문 오지, 시골길에서 차에 이상이 생겨 낭패를 겪을 때도 당신 손 안의 휴대폰만이 유일한 구원의 동아줄이 될 수 있는 것이다. 단 휴대폰 같은 무선통신망은 전적으로 통신망과 전기에 의존하므로 재난발생 시 쉽게 끊길 수 있다는 것을 알아야 한다. 통신망과 전기에 문제가 없다 해도 서로의 안전을 확인하려는 사람들로 일시에 통화량이 몰리면 기지국의 과부하로 통신망이 마비될 수 있다.

그렇다면 유선전화는 어떨까? 전화기는 비슷해 보여도 선의 종류에 따라 다르다. 요즘 집이나 사무실에서도 기존 유선전화기 대신 070 인터넷전화기만 쓰는 경우도 많다. 하지만 인터넷전화기는 통화료가 저렴한 대신 비상시 안전성 면에선 오히려 떨어질 수도 있다. 전기가 나가거나 인터넷 통신망이 끊기거나 둘 중 어느 한쪽에만 문제가 생겨도 인터넷전화는 무용지물이 된다. 하지만 그 상황에서도 기존 유선전화는 작동된다. 전화선 자체가 전원을 포함하고 있기 때문이다. 재난영화 「투모로우」가 이를 잘 보여주었다. 이처럼 신기술은 작고 가볍고 빠르며 기능도 많지만 연약하다. 오히려 구식 기술과 단순한 것이 재난 시나 비상시에는 오히려 더 듬직하고 안전성이 있다.

이런 면에서 비상시를 대비해 기존 유선전화를 유지하는 것도 좋다. 요즘은 거의 휴대폰(그것도 무제한 요금제)을 사용해서 필요 없어 보이기도 하지만, 약간의 기본료를 지급하는 것만으로 비상시 듬직한 안전망을 얻게 되는 것이다.

비상시 휴대폰 이용법

휴대폰 배터리는 항상 80% 이상 충전해둔다

사고와 재난은 언제 어디서 갑자기 찾아올지 모른다. 당신이 밤늦게 친구들의 호출을 받고 동네 호프집에 슬리퍼를 신고 나갔을 때도 일어날 수 있다. 집 밖을 나가기 전 항상 휴대폰 배터리를 80% 이상 충전하고 되도록 예비 배터리를 여유분으로 넣고 다니자. 이를 위해선 소형 크로스백 등 EDC용 작은 백 등을 지정해 들고 다니면 된다. 휴대폰이 쏙 들어갈 만한 작은 비닐 지퍼백도 준비하자. 비상시 예기치 않게 침수되거나 물을 건너야 할 때 휴대폰을 보호할 것이다. 말아두면 크기도 작고 그 안에 다른 EDC 용품들을 사전에 넣어둘 수도 있다(휴대용 EDC백, 36쪽 참조). EDC 백과 대피가방은 차량 안에 준비해두면 된다.

당신의 자동차는 생존 전쟁터에서 당신을 구할 벙커이자 야전기지이다. 자동차를 최대한 이용하자. 차 내 사물함에 시거잭용 휴대폰 충전기와 케이블을 항상 준비해두자. 꼭 당신의 차가 아니더라도 다른 이의 차나 버려진 차의 배터리를 이용해서 충전할 수 있다. 휴대폰 배터리만 든든하다면 통화와 구조요청은 물론 내장 라디오나 DMB TV 등을 이용해서 현재의 재난 상황을 정확히 알 수 있다. 교체해서 쓸모없는 폐휴대폰도 배터리를 충전해서 차 트렁크 비상가방 안에 넣어둘 수 있다. 계약이 해지된 휴대폰도 112, 119 등은 비상통화로 연결된다. 단 휴대폰마다 다르니 사전에 미리 확인해야 한다.

재난소식을 듣는 즉시 가족(지인)에게 연락하라

큰 재난이 터졌다는 소식을 들으면 최대한 빨리 가족과 중요 사람에게 전화를 걸자. 현재 나의 무사함과 위치, 앞으로의 계획과 이동할 곳, 만날 곳 등을 알려야 한다. 다른 가족의 소재도 파악해야 한다. 집에서 수돗물을 받아야 하거나 어린이집에 간 아이를 찾아야 하는 등 가족에게 지시사항을 간단하고 명료하게 전달하라. 이 모든 게 몇 초 차이로 통화가 안 될 수도 있다. 다른 사람들의 통화가 몰리기 전에 최대한 빨리 해야 한다. 흥분해서 통화 중 나눈 얘기를 잊을 수 있다. 다시 한 번 간단히 정리해서 문자로 전달하라. 중요한 것은 평소 이런 상황들을 가정해서 비상시 어떤 말을 할지 어떤 일을 서둘러 해야 할지 생각해두는 것이다. 계획1, 계획2 등 가족에게도 비상시 각자 할 일들을 얘기해놓고 문서화해놓는 것도 좋다.

통화연결이 안 된다면 몇 번 더 시도한 후 곧바로 다른 방법으로 바꾸어야 한다. 안테나 신호가 약한 곳에서도 문자는 전송될 수 있다. 도시 안이라면 무선인터넷망을 이용한 '트위터'나 '카카오톡' 같은 SNS를 이용하라. 무전기 앱을 이용할 수도 있다. 물론 그 사이사이에도 음성전화를 계속 시도하라. 최신 스마트폰이나 3G폰보다는 구형 2G 폴더폰이 통화 송수신 거리가 더 길고 사용자가 적어 통화에 유리하다. 아직 2G폰을 쓰고 있고 조만간 새 폰으로 바꿀 것이라면 기존 폰은 부모님 명의로 이전하고, 서브폰으로 유지하라. 65세 이상 노인전용

'실버', '효' 요금제로 바꾸면 월 몇 천 원이면 되고 비상시에 큰 힘이 될 수 있다. 물론 월 몇 십 분가량의 무료통화도 제공된다.

일행 중 다른 사람들의 휴대폰이 통화되지 않는다고 나도 지레 포기할 필요는 없다. 다른 사람들의 휴대폰이 안 되도 내 것은 될 수 있다. 몇 년 전 강원도의 큰 산에 화재가 났을 때나 3·11 일본 대지진이 발생했을 때 기지국이 파괴되어 대부분의 휴대폰이 안 될 때도 어느 통신사의 휴대폰은 연결이 됐다. 주위에 유선전화나 공중전화기가 있으면 빨리 달려가서 전화해보라. 그러기 위해선 평상시 차 안이나 호주머니, 지갑에 전화카드나 백 원짜리 동전을 몇 개 넣어놓는 것도 좋다. 수신자부담으로 전화를 거는 방법도 확인해두자.

중요 연락처 및 정보를 따로 적어서 보관하라

당신은 사람들의 휴대폰 전화번호를 몇 개나 외우는가? 휴대폰 배터리가 다 됐거나 침수됐거나 액정이 깨졌다면 그 안에 저장된 가족과 지인들의 전화번호를 볼 수 없을 것이다. 번호를 모른다면 근처에 공중전화나 유선전화가 된다 해도 지금 당장 그들에게 전화를 걸 수 없다. 가족과 중요 인물, 비상대피처의 전화번호를 따로 적어두자. 통장번호나 카드번호도 필요할 수 있다. 휴대폰 배터리커버 안쪽에 적을 수도 있고, 플립케이스나 제리케이스 안쪽에 적어둘 수 있다. 적어둘 양이 많다면 레이저프린터로 글꼴을 최대한 작게 해서 인쇄해 투명테이프로 코팅하듯 붙여두자. 잉크젯 프린터는 물에 젖으면 잉크가 번져서 알아보기 힘들다.

블랙아웃 발발 시 휴대폰 통화

DANGER 이동통신업계에 따르면 이동통신사들은 정전이나 수해 등이 발생하더라도 이동통신 서비스에 지장이 없도록 각 기지국에 예비 배터리를 갖춰놓고 있다. 대규모 정전으로 전력이 끊길 경우 예비 배터리로 기지국을 정상 가동할 수 있는 시간은 3~6시간 정도다. 이동통신사들은 이동식 기지국이나 비상발전차량도 각 지역에 배치하고 있어 예비 배터리가 소진되더라도 한동안은 기지국을 운영할 수 있다. 문제는 이동식 기지국이나 발전차량 역시 배터리나 석유 같은 전력원이 필요한 만큼 전력 없이 버티는 데 한계가 있다는 점이다. 업계에서는 정전 발생 시 예비 전력으로 기지국을 운영할 수 있는 한계시간을 24시간가량으로 보고 있다. 물론 기지국이 정상적으로 가동되는 동안에도 곳곳에서 통신 불통 사태가 발생할 수 있다. 소형 이동통신 중계기, 와이파이 중계기 등은 전력으로 작동하는 까닭에 정전과 동시에 사실상 불통 상태가 될 수밖에 없다. 동일 지역에서도 곳곳에서 통신 장애가 벌어질 수 있다. 실제로 2011년 9월 전국 곳곳에서 발생한 대규모 정전 사태 당시에는 지역별 순환 정전이 실시돼 기지국 불능 사태는 막을 수 있었지만, 지역별로 통화 음질이 저하되거나 통화 자체가 안

되는 지역이 적지 않았다. _〈연합뉴스〉, 2013. 06. 04

천재지변, 전쟁 등 우리가 생각하던 재난에 요즘은 원전 이상으로 인한 방사능 유출, 전력수급 문제로 인한 블랙아웃(대정전), 태양폭풍의 위험이 추가됐다. 블랙아웃(대정전)은 계절 가릴 것 없이 이제 여름과 겨울철마다 연이어 경보가 나오는 상황이 됐고, 흑점 이상으로 유발된 강력한 태양폭풍 경보도 연달아 울리고 있다. 태양폭풍은 일반인에겐 낯설 수도 있지만, 19세기 말 북미와 1980년대 캐나다를 강타해 전력망과 통신망에 큰 타격을 입히고 화재를 유발해 무서움을 일깨워주었다. 이런 재난은 휴대폰 같은 무선통신망을 붕괴시킬 수 있는데, 정말 블랙아웃이나 통신망 붕괴가 일어난다면 당장 생활에서 엄청난 대혼란과 충격을 줄 것이다. 기사에서 보듯 정전 시에 기지국 자체 전원으로는 기기 운영시간이 불과 서너 시간 작동이 한계이며, 통신량이 폭증하면 혼란 초기에 다운될 것이다.

재난상황에서의 스마트폰

이제 스마트폰은 남녀노소 할 것 없이 국민 대부분이 사용하는 '국민 휴대폰'이 됐다. 화면액정은 5인치를 넘어 점점 커지고 기능은 많아지는데, 재난대비 및 생존의 관점에서 보면 몇 가지 장단점이 있다. 단점이라면 덩치가 커지면서 액정도 따라 커지고 파손의 위험이 커졌다는 것이다. 인체공학적 한계를 넘어 한 손에 잡기도 힘들고, 그립감은 낮아졌는데 잘못해서 떨어뜨리면 액정이 너무 쉽게 깨진다. '설탕폰'이라고 할 정도다. 지하철에서 깨진 스마트폰을 사용하는 사람들을 보는 건 너무 흔한 일이 되었다. 폴더폰이었다면 웬만한 곳에서 떨어뜨려도 큰 문제가 되는 일은 없었을 것이다.

대화면으로 인한 전력 소모와 액정 깨짐 외에 터치로 인한 문제점도 생겼다. 영하의 날씨에서는 배터리가 남아 있는데도 터치가 제대로 작동하지 않기도 한다. 일부 폰은 영하 5도만 되도 종종 제대로 작동되지 않는다고 보고되기도 한다.

제일 큰 문제는 배터리 사용시간이 엄청나게 짧아졌다는 점이다. 스마트폰 성능과 화면, 전력 사용량은 점점 커지는데 배터리는 얼마 안 되어 바닥을 드러내고 만다. 2G 폴더폰은 간간이 전화하고, 문자를 보내도 일주일은 거뜬하게 배터리가 버텨냈는데, 요즘 배터리는 심각한 문제가 되고 있다. 재난 상황뿐 아니라 여행 중이거나 등산과 캠핑 중 위급상황에 맞부딪쳤을 때 배터리 부족으로 휴대폰으로 통화를 못해 낭패를 볼 수 있다. 그나마 안드로이드폰들은 배터리를 교체할 수 있어 예비 배터리를 챙길 수 있지만, 아이폰이나 일부 안드로이드폰들은 배터리 분리가 안 되는 일체형이라 더욱 문제가 될 수 있다. 하지만 스마트폰은 장점도 많이 있다. 내장 GPS와 네비게이션을 이용하면 낯선 곳에서 길을 찾거나 등산 중 조난을 당해도 위치를 찾을 수 있다. 현 위치를 바로 파악하고 위도와 경도 등 정확한 좌표를 알려주면 신속하게 구조될 수 있다.

앱스토어에서 무료로 사용할 수 있는 여러 앱 중에는 생존과 사고에서 도움을 받을 수 있는 것들이 많다. 이들 중 필요한 것들을 적절히 설치하면 사고와 재난 시에도 큰 도움을 받을 수 있다. '트위터', '카카오톡' 같은 SNS가 대표적이다. 3·11 일본 대지진 때도 지역 기지국이 파괴되고 통화량이 급증한 탓에 음성통화가 안 되었지만, 인터넷 데이터통신망을 이용해서 SNS로 연락이 가능했다고 한다.

보통 전자기기들은 야외에 노출되면 물과 먼지 진동 등에 아주 약하며 고장 나기 쉽다. 실내에서는 잘되던 게 야외에선 쉽게 고장이 나거나 작동이 안 되는 상황을 마주할 수도 있다. 특히 휴대폰과 스마트폰은 잠시만 물에 젖어도 작동이 안 되는데, 이를 보완해 야외에서도 강한 재난대비용 스마트폰, 일명 아웃도어용 스마트폰들이 국내에도 소수이지만 출시되고 있다.

이들 제품은 본체 및 액정이 충격에 강하며 방수와 방진 기능이 있다. 잠시 동안 물에 빠트려도 기기엔 문제가 없다. 수시로 재난을 경험하는 일본에서는 상당수 스마트폰들이 이런 방수, 방진 기능을 지원하고 있다. 국내에서도 맷집 좋은 돌쇠 같은 스마트폰들이 점차 출시되고 있다. 이런 스마트폰들은 1.5m 내 충격 완화, 1.5m 방수 가능의 기능이 있다.

하지만 방수가 된다고 완벽한 것은 아니다. 잠시 동안에나 가능할 뿐이다. 너무 믿고 있다간 낭패를 볼 수 있다.

다만 가격 차이가 별로 안 난다. 야외활동을 많이 하거나 재난대비에 필요할 것 같다고 생각한다면 우선적으로 선택하자. 중고라도 구입해서 유심칩을 바꿔가면서 서브폰으로 사용하면 좋을 것이다.

스마트폰 생존 관련 추천 앱들

집에서든 밖에서든 24시간 내내 스마트폰을 뗄 수 없는 게 현실이라면 이것을 휴대용 생존용품, 즉 EDC(Every Day Carry)로 이용해보자. 따로 들고 다녀야 할 장비들 몇 가지는 줄일 수 있을 것이다. 앱스토어에서 생존 관련 앱들을 찾아보면 비상상황이나 사고, 재난 등 위기를 탈출하는 데 도움이 될 만한 것들이 많이 있다. 무료이지만, 요긴한 것들이다.

제일 먼저 필요한 것은 플래시 앱이다. 어두운 곳에서 스마트폰에 내장된 플래시를 바로 켤 수 있게 하는 것으로 잠깐씩 사용하기에는 충분하다. 따로 소형 LED 플래시를 갖고 다니는 것도 좋지만 스마트폰 플래시를 사용하는 것도 의외로 밝고 쓸 만하다. 좀 더 밝은 걸 원한다면 휴대폰 충전단자에 꽂아 쓰는 미니 LED 플래시들을 따로 액세서리처럼 갖고 다니면 더 밝다. 단 배터리 사용시간이 빨리 줄어들 수 있다는 것을 명심해야 한다.

무전기 앱도 요긴할 것이다. 재난 시 기지국 다운이나 음성통화가 몰려서 통화가 일시적으로 안 될 때 데이터 통신망을 이용해 무전기처럼 음성통화를 할 수 있다.

무선 통신망 안에서는 국내든 해외든 거리에 상관없이 무료로 통화가 가능하다. 이미 외국에서는 많이 보급된 앱이다. 또한 다섯 명까지 동시통화가 가능해서 일행이 있을 때 단체 통제용으로도 좋다. 단 같은 앱이 깔려 있어야 서로 쓸 수 있는 만큼 사람들이 많이 사용하는 것으로 설치하는 것이 좋다.

그 외에도 사이렌발생기나 나침반, 기울기측정, 지진계(진동측정기), 고도계 등이 있어 상황에 따라 유용하게 쓸 수 있다. 2012년 1월, 이탈리아 해안에서 '코스타 콩코르디아' 호 여객선이 좌초하는 사고로 30명이 넘는 사망자가 발생했다. 배 옆구리가 암초에 찢기어 배 안으로 물이 차오르는 비상상황에서도 승무원과 선장은 배에 아무 일 없으니 선실에 그대로 있으라고 거짓말을 해서 승객들이 대피할 시간을 빼앗고, 상황을 악화시켰다. 하지만 선실에 있던 몇몇 한국 학생들이 기울기측정 앱으로 배가 서서히 기우는 것을 확인하고 비상상황임을 파악한 후 서둘러 탈출준비를 해서 무사할 수 있었다는 일화도 있다.

 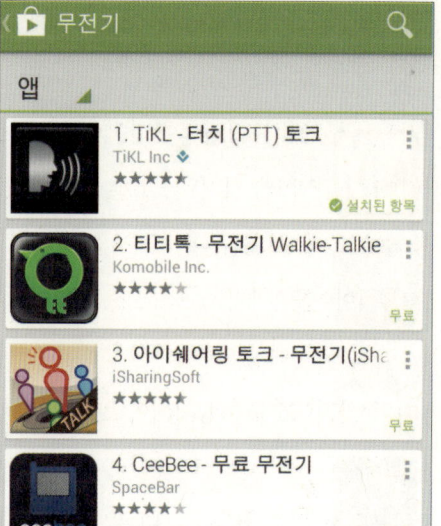

다양한 종류의 플래시앱과 무전기앱.

단 이런 측정기 앱들은 스마트폰 자체의 센서를 이용하는 것이기에 정확도에선 좀 낮을 수 있다는 것을 감안해야 한다. 나침반 앱도 방위가 안 맞는 경우도 있으니 평소에 확인해서 오차를 확인해둬야 한다.

요즘에는 비상상황 시 경찰서와 소방서 혹은 지정된 번호로 자신의 위치와 구조신호를 자동으로 전달하는 앱들도 많이 나와 있다. 하지만 사용후기를 보니 아직 안정화되지 못한 것이 보인다. 어떤 앱들은 인증 후 성인남자는 쓸 수 없게 만든 황당한 앱들도 있다. 위험신고에 성인남자가 빠져야 할 이유를 모르겠다. 개인적으로 이런 관 주도로 만든 것들은 추천하기 힘들다. 최적화되지 않아 무겁기도 하고 소비자의 요구를 반영한 업데이트가 제대로 되지 않거나 휴대폰 기종별로 버그가 생기는 것들이 많은 것 같다. 따라서 이런 앱들을 설치하기 전에 평가와 사용기를 잘 보고 설치해야 한다.

 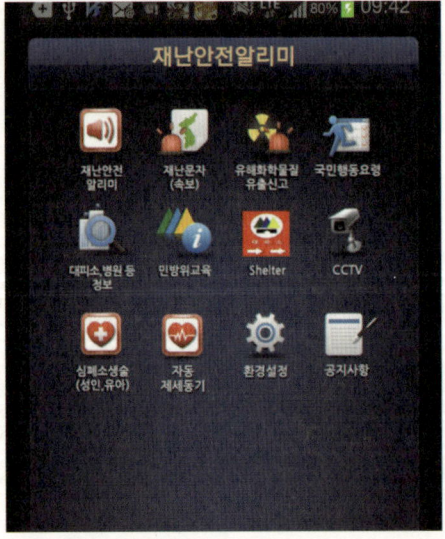

다양한 종류의 재난안전앱.

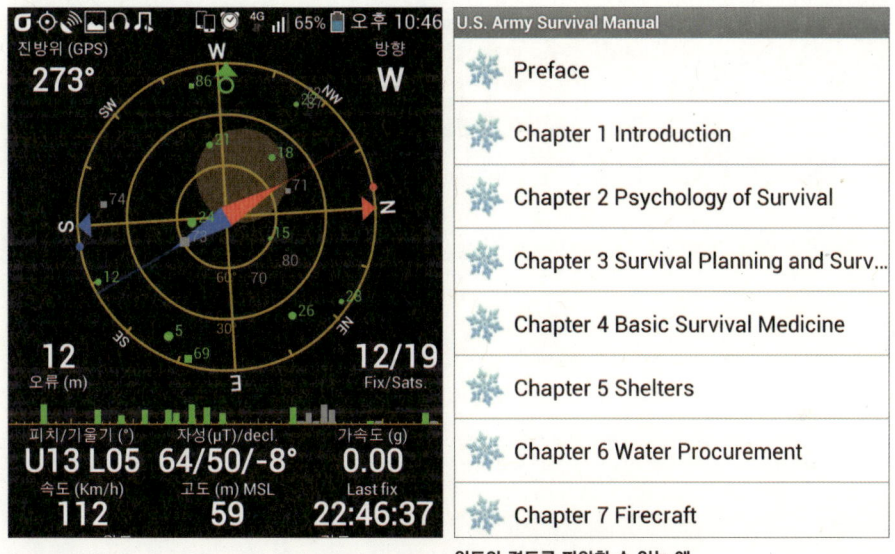

위도와 경도를 파악할 수 있는 앱.

　개인적으론 단순하고 가벼운 것을 선호하는데 'GPS STATUS'라는 앱도 유용하다. 기본적으로 나침반과 수평계가 있고 밑으로 기울기측정, 자성, 속도, 고도, 현 위치의 위도와 경도, 배터리 잔량, 밝기측정 등이 가능하다.

　만약 등산과정 중 악천후나 예기치 않은 사고로 조난을 당해 현 위치를 알기 힘들다면 이 앱으로 위도와 경도를 파악한 다음 119에 좌표를 알려주면 신속하게 구조가 이뤄질 수 있을 것이다.

　그 외에도 '조난', '사고', '서바이벌' 등으로 검색하면 비상상황에서 어떻게 대처해야 할지 알려주는 문서화된 앱들도 많이 있다. 이들도 참고해 봐두면 좋을 것이다. 안전한 쉘터를 만들고 더러운 물을 정수하며 불을 피우는 방법들을 알 수 있다. 단 다운만 받아두고 나중에 조난당했을 때 볼 생각을 해선 안 된다. 평소에 조금씩 보고 익혀둬야 한다.

최악의 상황에서 통신법

유선전화와 휴대폰망은 비상시 쉽게 붕괴될 수 있다. 이를 대체할 수 있는 다른 통신수단을 미리 준비해두자. 통신망은 휴대폰만 있는 것이 아니다. 공용 무선 통신망 외에 비상시 집이나 멀리 떨어진 이웃과 소통할 수 있는 전용 통신수단을 찾아볼 수 있다. HAM, CB, 생활용 무전기, 업무용 무전기, 위성전화기 등 통신망은 의외로 다양하다. 이것들 중 상당수가 레포츠나 등산 등에도 쓰이니 자신에게 맞는 것을 고르면 평상시에도 다양하게 사용할 수 있다. 재난 시엔? 캄캄한 밤, 당신이 늪에 빠지지 않고 무사히 낯선 길을 안전하게 지나가게 해줄 지팡이가 될 것이다.

HAM(아마추어 무선): 초장거리 통신용

'아마추어 무선', 일명 'HAM'이라고 부르는 것은 수십 년 전부터 민간인들이 초장거리 통신을 할 때 주로 쓰던 것이다. 초장파를 이용해서 지평선 너머까지 전파가 도달할 수 있고, 다른 나라 사람들과 통신도 가능하다. 이 때문에 「콘텍트」, 「동감」 같은 영화에서도 멀리 떨어진 사람과 연락하는 용도로 종종 나온다. 하지만 HAM은 아마추어무선 자격증을 따야 사용할 수 있다. 분단국가인 우리나라에선 이를 어기면 처벌받는다. 또한 자격증을 딴 후에도 전파관리소에 아마추어 무선국 개설 신청을 하여 허가를 받아야 하는 등 절차가 까다롭다. 참고로 자격증 없는 사람이 HAM 장비로 수신하는 것 자체는 불법이 아니다. 다만 송신이 불법이다. 그 외 유지비(전파사용료)는 없다. 이런 규정과 다른 대체장비 때문에 현재는 사용자가 줄어들고 있는 실정이다. 하지만 전 지구적 대재난이 닥쳐왔고 휴대폰은 물론 인터넷과 국가 간 통신마저 붕괴됐을 때 HAM만 한 장거리 통신장비는 없을 것이다.

CB(Citizen Band): 중거리 통신용

지나가는 차들 중 트렁크나 지붕 위에 기다란 안테나를 장착한 차들을 종종 보았을 것이다. 이것이 CB이며 중거리 통신용으로 쓸 수 있는 무선장비이다. HAM과 달리 자격증을 딸 필요도 없고 신고나 허가가 없이 구입 즉시 사용할 수 있다. 27MHz대의 주파수를 사용하여 5~10㎞ 정도 거리에서 통신할 수 있다. 이 때문에 차량 등에 장착하여 동호회용으로 많이 사용되고 있다.

보통 1단 카오디오와 비슷한 크기와 모양이며 차량에 장착하는 방식 외에 들고 다닐 수 있는 휴대용도 있다. CB는 우리나라에서도 좋은 제품을 만들고 수출하기에 저렴하게 구할 수 있다. 'WIDE PRO' 제품군이 유명하며 차량용이나 핸디용 모두 20만 원 정도에 구할 수 있다. 40개 정도의 채널 중 한 채널을 맞춰서 여러 명이 동시에 통화할 수 있고, 채널만 돌리면 전혀 알지 못하는 사람들과도 통신을 할 수 있다. 대화 내용이 다 노출될 수 있고 보안성이 없다는 단점도 있지만 다른 지방에 가서도 CB를 통해 대화를 하고 도움을 받을 수 있기에 재난과 비상상황에서 구조 요청을 하는 데도 적합하다. 참고로 9번 채널이 긴급사태나 비상시 구조 요청할 때 사용된다. 기본적으로 차량장착형이라 전원이나 배터리 제한이 없는 것이 큰 장점이다. 또 핸디형을 따로 추가 구입해서 차량을 벗어나 이동할 때 쓴다면 유용할 것이다.

업무용 무전기: 지역 내 통신용

대규모 조선소 현장이나 건설현장에서 지정된 사람들만 사용하는 무전기이다. 출력이 높아 통신도달 거리도 CB만큼 길지만 신고를 하고 전파사용료를 내야 쓸 수 있기에 일반 개인은 사용하기 힘들다. 하지만 성능이 강력한 만큼 재난 시를 대비해 구입 후 밀봉하여 보관하였다가 비상시 팀원들끼리 잠깐씩 쓸 수는 있을 것이다.

생활무전기: 단거리 통신용

생활무전기는 현재 우리 주변에서도 널리 쓰이는 만큼 구하기가 쉽다. 재난상황을 대비한 통신장비로 가장 현실적이다. 극초단파를 이용해 통신거리가 3km 이내로 짧지만 통화 품질이 좋다. 가볍고 크기도 작다. 재난 시에도 요긴하지만 등산, 캠핑장, 야유회, 놀이터, 행사장, 고속도로에서 차와 차가 서로 연락하며 이동할 때 등 일상에서도 여러 모로 유용한 장비이다. 아이가 아파트 앞 상가나 놀이터에 혼자 나갈 때도 무전기를 쥐어주면 안심이 될 것이다.

생활무전기는 주위에 사용 인원도 많고 개방 통신망으로 보안이 취약해 가끔

가스배달 차나 택시 호출 등 다른 사람들의 통화가 들리기도 한다. 대부분 기본 설정인 1, 2번 채널을 그대로 쓰기 때문에 더 그러하다. 당신이 하는 말 또한 다른 사람이 들을 수 있다는 것을 항상 신경 써야 한다. 대신 안 쓰는 다른 채널(총 25개)로 바꾸어서 사용하면 약간이나마 보완할 수 있다. 역으로 채널이 같다면 두 대 이상 몇 대든 동시 통화가 가능하다. 보통 다른 메이커 생활무전기들도 채널이 같으면 서로 통화가 된다(사전 확인 필요). 따라서 여러 대를 구입해두면 비상시나 평상시 모두 다양하게 사용할 수 있어 유용하다. 기왕이면 가족 수대로 생활용 무전기를 구비하길 추천한다. 두고두고 잘 쓸 수 있을 것이다.

무전기는 어떤 걸로 사야 할까? 이름 있는 브랜드? 비싼 제품? 생활무전기는 법으로 출력이 제한되어(0.5w) 있기에 저가의 제품이나 고가의 모토롤라 제품이나 통신거리는 거의 같다. 서로 말을 주고받는 기본기능은 비슷하기 때문에 저가의 기종이 하더라도 충분한 수량을(가족 수대로) 구입하는 게 더 낫다. 물론 여유가 된다면 디자인이나 세부기능, 내구성, 액세서리 등에서 좀 더 우위에 있는 고가 제품을 사는 것도 좋다.

제조사에서 말하는 통신거리는 3km라고 하나 실험해본 결과 3km 거리에서는 많이 끊긴다. 비가 오거나 습도가 높고 혹은 황사나 먼지가 있다면 2km 정도로 짧아진다. 또한 건물이 많은 시내에서는 100~500m 정도로 통신거리가 급격히 줄어든다. 이는 대부분의 생활무전기가 동일하다. 또한 무전기를 살 때 중요하게 살펴봐야 할 것이 있다. 어떤 제품들(주로 고가품)은 전용 배터리를 쓰는데 평소 수시로 충전하고 자주 사용할 때는 편하고 좋지만, 전기가 끊기면 충전을 제때 하기가 어려울 것이다. 비상시를 고려한다면 전용배터리 방식보다는 일반 범용 AA건전지를 사용할 수 있는 것으로 고르자. 개중에 좀 더 작은 AAA건전지가 들어가는 것도 있는데 이것들은 전기용량이 절반에 불과하다.

비상시 휴대폰 충전법

최신 스마트폰들은 배터리 용량이 기존보다 몇 배는 커졌으면서도 사용시간은 짧아졌다. 심지어 하루 쓰기도 빠듯하다. 사고나 재난 시 급히 구조신고를 하거나 가족과 지인에게 소식을 전해야 하는데, 휴대폰 배터리가 다 되어 통화를 못 하면 암담할 것이다. 겨우 전원단자를 찾았다 하더라도 이미 앞사람의 전원잭이 꽂혀 있다면 어떻게 할 것인가? 대안을 생각해보자.

배터리 뱅크 및 시거잭 충전기 이용

예비 배터리를 들고 다니는 사람이 많다. 하지만 이 역시 배터리 용량이 제한되어 있다. 최근에는 초대용량 배터리 뱅크들이 쏟아져 나오고 있다. 최신 스마트폰 배터리의 용량이 2,000~3,000ma 정도인데 반해 배터리 뱅크들은 수천 혹은 1~2만ma에 달한다. 어떤 배터리 뱅크제품들은 자체 배터리 대신 AA건전지 타입을 지원한다. 일반 '알카라인' 건전지도 쓸 수 있는데, 대중화된 고용량 니켈수소 충전지를 쓰면 더 효과적이다. 사무실 서랍에 배

자동차 시거잭용 충전기들.

터리 뱅크를 준비해둔다면 단전 시 도움이 될 것이다.

　이동 중 충전할 수 있는 기구도 필요하다. 소형 시거잭용 충전기와 케이블을 가방 안에 넣고 다니자. 어디서든 자동차 시거잭에 꽂아 연결해 충전이 가능하다. 최근 스마트폰들은 USB 타입을 충전단자로 쓰면서 다양한 곳에서 충전이 가능해졌다. 심지어 버스 안의 교통카드 인식기 밑면의 USB단자에 케이블을 꽂아 충전할 수도 있다.

자동차 배터리 직결 충전법

　　　　　　　　자동차 시거잭으로 충전을 하려면 차 열쇠를 꽂고 'ACC ON' 상태로 한 단계 이상 돌려야 전원이 공급된다. 상시 전원이 아니라면 차 열쇠가 없는 상태에선 시거잭용 충전기도 무용지물이라는 이야기이다. 하지만 시거잭을 이용하지 않고 바로 차 엔진룸 안의 배터리에 직결하여 충전하는

7장 비상 통신　453

시거잭용 USB충전기와 짧은 케이블을 갖고 다니면 어디서든 충전할 수 있다.

방법이 있다. 이 방법을 알고 있다면 어느 재난상황에서든 주위의 버려지거나 파괴된 자동차의 배터리를 이용해서 휴대폰 충전을 간단하고도 쉽게 할 수 있다. 국내에만 2,000만 대의 자동차가 있다. 어떤 극심한 재난상황이 닥쳐 모든 게 폐허가 되더라도 주위에 자동차는 남아 있을 것이다. 부서졌다고 해도 상관없다. 잘 충전된 차량 배터리는 1년이 지나도 휴대폰을 충전하는 데 충분한 전기가 남아 있다.

악어클립으로 연결된 전선세트 한 쌍을 준비하자. 길이는 50㎝도 충분하다. 각 전선은 빨간색과 검정색 등 같은 색으로 전선 양쪽에 연결되어 있어야 한다.

이 장비가 없더라도 차 안에 있는 전선을 끊어내서 사용할 수 있다.(6장 '자동차 생존법 및 연료'에서 소개된 전선 뜯는 법(419쪽)을 참고)

시거잭용 충전기단자를 보자. 맨 앞쪽 튀어나온 부분이 플러스 단자이며 양 옆으로 빠져나온 두 개의 단자는 마이너스 단자이다. 전선의 반대편을 자동차 배터리단자에 물려준다. 빨간색 악어클립은 배터리 플러스 단자(빨간색)에, 검정

시거잭을 이용하지 않고도 배터리와
직결해서 충전할 수 있다.

색 악어클립은 배터리 마이너스 단자(검정색)에 물려준다. 순서가 틀리지 않게끔 조심하라. 배터리의 +, – 단자를 시거잭충전기에 연결하는 과정이다.

자동차의 배터리 +, – 단자에 물린 전선이 시거잭 충전기에 연결되고, 그곳을 통해서 휴대폰이 충전되는 것이다.

아주 간단하며 효과적이다. 차 안의 시거잭에 다른 사람의 충전기나 장비가 꽂혀 있다 하더라도 당신은 이 방법으로 충전할 수 있다. 꼭 자동차 배터리가 아

배터리와 USB충전기가 플러스 마이너스 단자에
맞게 연결해야 한다.

7장 비상 통신   455

니더라도 주위에 오토바이나 UPS가 있으면 같은 방법으로 이용할 수 있다. 배터리를 떼어내 단자에 물리면 충전할 수 있다.

이 충전방식을 위해서는 단지 작은 시거잭용 충전기와 악어클립 전선 한 쌍만 있으면 된다. 크기도 작고 휴대도 간편하기에 자신의 차나 휴대용 EDC 혹은 대피가방에 넣어두어도 도움이 될 것이다.

꼭 준비해두자. 재난 시 휴대폰 전원을 확보하는 것은 무엇보다 중요하다.

오토바이나 UPS 배터리가 있어도 응용이 가능하다.

둠스데이 통신 보안법

앞에서 소개한 무선장비들은 보안이 안 되는 것들이다. 이 때문에 일부 사람들은 무용론을 제기하기도 한다. 심지어 2차대전 때 나치의 게슈타포처럼 국가나 어떤 단체가 전파를 탐지해서 찾아올 거라고도 한다. 하지만 과도한 우려이다. 배터리나 건전지 또한 미리 준비한 당신은 여유분이 있지만, 상대는 없어서 사용하지 못할 수도 있다. 또한 국가시스템이 붕괴될 정도의 아수라장에서 누군가 내가 쓰는 전파를 탐지해서 찾아온다는 것도 너무 앞서 나간 듯싶다.

다음의 몇 가지 규칙만 지킨다면 공개 무선통신망을 쓰더라도 그리 걱정할 것은 없고 어느 정도의 보안성을 유지할 수 있을 것이다. 단점도 있지만 장점이 훨씬 크니 지레 피할 이유가 없다. 하지만 정말로 모든 것이 붕괴되고 최악의 상황(둠스데이)이 도래했다면 다음 지시대로 하면 될 것이다. 평소에 가족들과 함께 비상시에 암호처럼 사용할 수 있는 문장, 표현, 단어 등을 정리해두자. 그리고 가급적 그 내용을 암기해두라.

재난 상황 시 무전기는 유용한 통신수단이다.

통신보안 요령

1. 무전기의 채널은 되도록 잘 안 쓰는 채널로 설정한다.
2. 사용시간을 최소화한다. 꼬리가 길면 밟힌다. 통화를 길게 하다 보면 우연치 않게 내용이 유출될 수 있으니 필요한 내용만 최소한도로 이야기하자.
3. 사용시간을 지정하자. 평소 무전기를 꺼놓았다가 지정된 시간에만 서로 켜서 통화를 하는 것도 좋은 방법이다. 가령 2시, 4시 등 두 시간 간격이나 낮 12시, 저녁 6시 등 식사시간에 맞춰서 그때만 전원을 켜서 통화한다면 노출을 최소화할 수 있다. 덤으로 배터리도 아낄 수 있다.
4. 암호로 말한다. 집, 아지트, 식량, 돈, 함정, 서로의 이름 등 중요한 것들은 미리 다른 낱말로 바꾸어서 부르자. 만약 대화내용이 유출된다 해도 듣는 쪽에선 당장 내용을 파악하지 못하고 혼란스러울 것이다. 가령 "식량 2인분을 구했고, 지금 아지트로 돌아가는 길인데, 손님과 같이 갈 것이다"는 "껌 두 개를 주웠다. 놀이터에 가는데 강아지도 데려간다"라는 식으로 가능할

것이다.

5. 사인을 만든다. 무전기를 통해 목소리는 들을 수 있지만 현장 상황은 정확히 알 수 없다. 어쩔 수 없이 거짓말을 말해야 하는 상황이라면 말끝에 진실과 거짓임을 알 수 있는 사인을 만들자. 가령 지금까지 말하는 것이 아무런 문제가 없다면 말 뒤에 "~오버"를, 반대로 거짓말이나 상황이 안 좋다면 "~이상" 등으로 사전 약속을 하자.

위성전화

 이전의 아마추어적인 장비보다 좀 더 전문적인 것들이 필요하다는 생각이 든다면 위성전화을 준비두는 방법이 있다. 재난영화 「2012」, 「투모로우」에서도 세상이 뒤집어진 때에 위성전화로 통신장면이 나온다. 이처럼 위성전화는 지상의 기지국을 사용하지 않으며 국내뿐만 아니라 지구 어디에 있든 위성을 통해서 통화 연결이 가능하다. 그동안 에베레스트 원정길이나 남극 탐험 혹은 내전현장에서 사용하는 정도였지만 지금은 크기도 많이 작아졌고, 기본료와 사용료도 많이 낮아졌다. 하지만 경제적으로 부유하거나 특수직종 종사자가 아니라면 일반인은 구입과 유지가 힘들다. 기본적으로 사용하는 휴대폰 외에 무전기만 한 위성전화를 따로 갖고 다녀야 한다는 것도 부담이다. 그런데 최근 이를 보완한 혁신적인 제품들이 등장하고 있다.

 재난이 많은 일본에서 최근 아이폰에 케이스식으로 씌운 뒤 연결해서 쓸 수 있는 위성전화가 개발되어 시판 중이다. 애드온식 케이스에 아이폰을 부착해 연결하면 즉각 위성전화기로 사용이 가능하며 아이폰 내 연락처를 이용해 지인들에게 바로 전화를 걸거나 문자를 보낼 수 있다. 물론 인터넷 같은 데이터 통신서

스마트폰을 위성전화기로도 이용할 수 있다.

비스도 이용할 수 있다. 상황에 따라 지역 이동통신과 위성전화를 선택해 쓸 수 있는 것이다.

우리나라에서도 이와 같은 휴대폰 케이스식 위성전화기가 개발되었다. AP 위성통신의 '샛 슬리브(SAT-SLEEVE)' 등이며 역시 아이폰용이 먼저 나와 있다. 다만 안드로이드폰은 회사와 폰 종류가 워낙 많기에 쓸 수 있는 스마트폰은 아주 한정적일 것으로 보인다.

산간 오지나 국가를 가리지 않고 각종 재난 발생이나 인명 구호 때 효과적으로 사용할 수 있는 스마트폰 부착형 위성전화는 이제 시작이다. 지진이나 쓰나미, 블랙아웃 등 자연재해로 통신시설이 망가져 휴대폰을 사용할 수 없을 때 비상통신으로서 매우 유용하다. 초기 가격은 고가지만 대중화되고 많이 보급되면 더 싸질 것이다. 물론 아직까지는 개인보다는 단체나 정부관리, 기업인에게 유용하다. 그렇지만 이런 장비가 있다는 것을 꼭 알아두자. 원활한 통신은 모든 재난구호작업에서 가장 기본적인 것이다.

재난체험 영화 7

마지막 한 걸음까지
(So weit die Füße tragen)

감독 : 하디 마틴스 줄
출연 : 벤하드 베터맨, 마이클 멘들
줄거리 : 2차대전 당시 소련군의 포로가 되어 시베리아 강제수용소로 끌려간 한 독일병사의 이야기이다. 목숨을 건 탈출과 갖은 고생 끝에 중앙아시아를 거쳐 장장 10여 년의 세월이 지난 후에 가족의 품으로 돌아올 수 있었던 실화를 영화로 만든 작품이다. 2차대전 당시 소련군의 포로가 된 포렐은 동쪽 끝 시베리아 강제노동수용소로 끌려가지만 4년을 기다린 끝에 탈출에 성공해 고국으로 돌아가려 한다. 하지만 이후 탈출과정은 위험의 연속에 험난하기만 하다. 특히 탈출 수용소의 소장이 뒤를 계속해서 쫓아오고 도중에 만난 사람들의 위협에 처하기도 한다.

2차대전 중 러시아군에게 포로가 된 독일병사는 전범이라는 이유로 전쟁이 끝나도 석방도 안 되고 시베리아 오지의 강제수용소로 끌려가 강제노역형에 처해진다. 집에 사랑하는 가족들은 그가 죽은 줄만 알고 있다. 주인공은 러시아의 추운 오지 형무소에 끌려가 아무런 희망도 없이 갇혀 있어야만 한다. 어떻게 해서든 사랑하는 가족의 품으로 가야 한다는 일념으로 차근차근 탈출 준비를 하고 4년 만에 드디어 수용소에서 탈출한다. 하지만 사방은 북극의 차가운 시베리아, 별다른 장비도 없이 혹한의 추위에 몸이 떨린다. 먹을 것도 없고, 생존이 위협받는 상황이다. 더구나 교도소에서부터 괴롭히는 악랄한 소장은 그가 분명 살아 있을 거라 확신하고 추적을 해온다.

하지만 탈출하는 과정 중 그를 원수로 여길 만한 유대인으로부터도 도움을 받고, 갖은 고생을 하며 걸어서 중앙아시아 대륙을 횡단한 끝에 10년 만에 그리운 고국으로 돌아갈 수 있었다고 한다. 마지막 가족을 만나는 장면에선 진한 감동을 준다. 대부분 포기할 것 같은 극한의 생존환경에서도 그를 일으켜 세우고 공포를 견디며 걷게 하는 이유는 아마도 가족에 대한 사랑, 그리움 때문이었을 것이다.

여러 재난영화가 있지만 이렇게 실화를 바탕으로 개인의 처절한 생존기가 심금을 울리는 이유는 '나라면 저 상황에서 어떻게 헤쳐 나왔을까', '견뎌낼 수 있었을까' 하는 생각할 거리를 던져주기 때문이다. 희망도 없고 고되고 힘들기만 한 최악의 환경에서 생존하려는 이유를 다시 한 번 생각하게 하는 영화이다. 그리고 혼자보다 가족과 내가 지킬 사람이 있다는 게 얼마나 큰 힘이 되는지도 보여준다.

비상시 호신무기와 대처

제8장

실전 호신술 및 싸움

많은 책과 인터넷에서 호신술을 소개한다. 어두운 밤 길에서 누군가 다가와서 손목을 잡을 때, 어깨를 잡을 때, 앞에서 껴안을 때, 뒤에서 껴안을 때, 멱살을 잡을 때, 칼을 들고 있을 때 등등 상황별로 상세하다. 상대가 이렇게 잡으면 당신은 저런 식으로 팔을 들어 쳐내고 몸을 굽히며 돌면서 발로 어느 곳을 차라는 등 그림이나 동영상으로 보여주면서 참 쉽다고 얘기한다. 평소 무술이란 것에 관심도 없던 일반인들이 갑자기 어둠 속에서 비상상황에 닥치면 그런 호신술을 발휘할 수 있을까? 심지어 상대가 칼을 들고 위협을 해와도 교본이 시키는 대로 살짝 쳐내면서 칼을 쳐내고 반격을 할 수 있을까?

확실한 건 당신은 황비홍이나 추성훈 같은 무술의 고수가 아니란 사실이다. 당신은 평소에 비슷한 연습도 거의 안 해봤을 것이다. 그런 위험한 상황이 닥치면 말을 더듬을 정도로 크게 놀랄 것이다. 더구나 상대가 코앞에서 멱살을 잡거나 칼을 들이대고 있다면 아무 생각도 안 나고 주저앉을지도 모른다. 많은 곳에서 호신술을 얘기하지만, 무술 고수들은 무용론을 말한다. 오랫동안 무술 수련을 하지 않은 이상 웬만한 여자들은 보통 남자들을 힘으로 이기지 못한다. 여자

고수라도 스피드와 오랜 대련과 연습의 반복 그리고 어떤 순간에서도 놀라거나 당황하지 않은 강한 마음가짐이 있어야 괴한과 맞설 수 있다.

사회가 불안해지고 살기가 힘들어지면 폭행, 약탈, 도둑, 강도, 강간, 납치, 화풀이 범죄와 테러들이 급증한다. 지금도 브라질, 멕시코, 필리핀 등 전 세계 수많은 곳에서 밤낮을 가리지 않고 강력사건이 벌어지고 있다. 대낮 인파로 혼잡한 길에서도 버젓이 강도가 설치고, 심지어 신호를 기다리고 있는 차 안으로도 창문을 깨고 들어와 위협하거나 차를 빼앗아 도망 간다. 대규모 재난이나 전쟁, 내전으로 사회공권력이 붕괴되고 치안이 불안해진다면 당신도 경험하게 될 수 있다.

싸움을 피하라

2013년에도 대낮 서울 시내 한복판에서 몇 건의 '묻지마' 칼부림 사건이 일어났다. 당신이 그 현장에 있다면 당장 피해야 한다. 놀이터에서 담배 피는 청소년들을 발견하게 되어 훈계를 하다가 분위기가 험악해지면 주먹질을 하기보단 빠져나와라. 운전 중 시비가 붙어서 앞차가 급정거를 하고 폭언을 하거나 심지어 운전자가 차 문을 열고 씩씩대고 나오면 절대 맞서지 말라. 사람들 중 일부는 세상에 대한 미움과 증오로 가득 차 있을 수 있다. 혹은 거의 폭발 직전일 수 있다. 삶을 거의 자포자기해서 화풀이할 대상을 고르고 있을 수도 있다. 남의 아픔에 전혀 공감하지 못하거나 오히려 즐기는 사이코패스도 있다는 것을 잊지 말아야 한다.

도둑이나 강도가 눈앞에 와 있을 땐 자극하지 말고 천천히 행동하며 시키는 대로 하라. 특별한 물건이 아니거나 큰돈이 아니면 내주는 것이 좋다. 원하는 것을 얻고 목적을 이뤘다는 안도감을 줘야 한다. 상대가 누구인지 잘 모르면서 어설픈 훈계나 대화 시도, 설득, 자수 권유는 위험하다. 현장을 빠져나와 빨리 경찰에 신고를 하라. 순간적으로 욱해서 시비가 붙으면 사랑하는 사람이나 가족의 얼굴을 떠올리고 분위기를 가라앉혀야 한다. 어떤 식으로든 싸움은 당신에게 상처와 피해를 입히고 긴 후유증을 남길 것이다. 제일 좋은 것은 도망가는 것이다.

싸워야 한다면

어쩔 수 없이 싸워야 할 때가 있다. 최소한 반항을 하거나 몸부림이라도 쳐야 하는 순간이 있을지도 모른다. 주위에 도움을 줄 만한 사람이 없거나 경찰에 신고를 하기 힘들거나 신고를 해도 경찰이 현장에 도착하기까지 시간이 걸릴 때다. 혹은 꼭 지켜야 할 무언가가 있을 때도 그렇다. 그 순간에는 감정이 아니라 이성적으로 상황을 직시해야 한다. 상대가 원하는 것을 주면 상황이 종료될지 아니면 더 악화될지, 상대가 몇 명인지, 무기는 들었는지, 얼마나 강한지 등등을 파악해야 한다.

무기가 될 만한 것들을 준비한다

맨손보다는 무엇이라도 들고 있는 것이 절대적으로 유리하다. 주변에서 무엇이든 도구가 될 만한 것을 찾아보라. 나무 막대기, 파이프, 우산, 지팡이, 등산 스틱, 삽이나 농기구, 간이의자, 골프채, 돌멩이, 가죽혁대, 자동차 수리공구, 연장(망치, 톱) 같은 것들이다. 심지어 신문을 단단히 말아서 쥐거나 손수건이라도 접어서 손에 말아쥘 수 있다. 아무것도 없는 방 안에서라면 옷걸이를 들거나 열쇠라도 단단히 쥘 수 있다. 주먹질을 할 때 차 열쇠를 꼭 쥐면 위력이 훨씬 커지고, 손도 덜 아프다. 물론 열쇠 날로 찍을 수도 있다. 그 외 립스틱이나 라이터, 소형플래시, 볼펜을 쥐고 해도 마찬가지이다. 평소 자기 주변에 호신용으로 쓸 수 있는 장비들을 몇 개씩 준비해두자. 차 트렁크 안에 등산 스틱이나 골프채가 있어도 누가 지적하지 않을 것이다. 단 흉기류는 절대 안 된다.

기선 제압을 한다

나를 건드리면 너도 크게 다칠 것이란 걸 보여줘야 한다. 눈빛이나 강한 말로 경고하자. 무기로 쓸 만한 장비를 꺼내서 보여주는 것도 효과가 크다. 휴대폰을 꺼내 어딘가 통화하는 것처럼 시늉하라. 상대는 당신이 경찰에 신고를 하거나 근처의 일행을 부른다고 생각할 것이다. 당신과 마찬가지로 상대도 대부분 전문 싸움꾼이 아닐 것이다. 이 정도로만 해도 대부분 싸움을 사전에 막을 수 있을 것이다.

한 방에 끝낸다

싸움이 벌어지면 쿵후영화나 호신술 교본에서처럼 당신이 상대와 펀치를 착착 주고받는 일은 없을 것이다. 처음 몇 번의 펀치나 발길질로 승패는 결정 난다. 또 그럴 각오로 독하게 마음먹고 싸워야 한다. 살기를 지녀라. 상대를 봐주거나 측은한 마음 같은 건 버려야 한다. 급소를 노려라. '내가 먼저 치지 않으면 내가 당한다'고 생각하라. 대부분 제대로 된 펀치 두세 방을 맞으면 전의를 상실한다. 당신이 여자라면 상대의 요구를 들어주는 듯하면서 긴장을 풀고 방심하게 만든 뒤 딱 한 방이라는 생각으로 강하게 급소를 치고 도망가야 한다.

흉기를 조심하라

상대가 칼이나 흉기를 들었다면 최대한 싸움을 피해야 한다. 주먹질하는 것과는 차원이 다르다. 도망 칠 수 있으면 도망가라. 혹은 상대보다 더 크고 위협적인 흉기로 대적하라. 상대가 아무리 키가 작고 비실비실해 보여도 칼을 들고 있으면 내가 추성훈이라도 피해야 한다. 무술의 고수라도 맨손으로 칼을 상대하는 것은 극히 위험하다. 심지어 내가 총을 들고 있다 해도 상대가 칼을 잡고 뛰어들면 10m 정도의 가까운 거리에서는 막기 힘들다. 방어는 힘들고 무조건 찔린다고 봐야 한다. 한 번 찔리면 상처 부위가 벌어지면서 피가 쏟아지고 악화되면 내장이 빠져나온다. 더 이상은 반격은 물론 회피나 도주도 어려워진다. 1분 안에 쓰러질 수밖에 없다. 인터넷 카페와 유튜브엔 이에 관한 많은 영상이 있다. 그 무서움을 간접적으로라도 느껴보자. 대처방법은 상대보다 더 길거나 위협적인 흉기를 갖는 것이다. 상대가 잭나이프를 가졌다면 회칼이나 급조창 같은 것이 필요하다. 아무것도 없다면 누워서 등을 대고 발길질이라도 해라. 상대도 쉽게 접근하기 힘들다.

호신무기

2013년 가을 초강력 태풍으로 인한 대재앙이 필리핀에 벌어졌을 때 지역경찰조차 약탈에 가담했다는 증언이 나왔다. 도시가 날아가고 치안이 붕괴된 상황에서 전화도, 전기도, 도로도 끊겨버려 누구에게도 도움을 요청할 수 없게 된다. 주위 경찰조차 자기 가족을 보호하기 위해 집에 가거나 약탈꾼이 된 것이다. 생존의 기쁨도 잠시, 당신의 집 문 밖에서 약탈과 방화가 시작되고, 낯선 이들이 당신의 집을 노려보기 시작한다면 어떻게 할 것인가? 당신은 미리 준비한 덕에 큰 피해를 입지 않고 집에 당분간 먹을 물과 식량도 있다. 외부에서 구조대나 치안유지대가 오기까지 일주일가량만 버티면 무사할 수 있을 것이다. 당신이 평생 이룩한 재산과 집, 그리고 소중한 가족을 지킬 것인가? 아니면 순순히 약탈꾼들에게 문을 열어줄 것인가? 1992년 LA폭동사태 때 현지 한인동포들은 목숨을 걸고 상점을 지켰다. 현지 언론과 경찰이 외면하고 한국인과 흑인 사이의 갈등으로 몰아갈 때 한인들은 군 제대자를 중심으로 모여 건물 앞에 바리케이드를 치고, 부비트랩을 설치하고, 옥상에 올라가 폭도들을 막아냈다. 남자들이 옥상에서 사격을 할 동안 여자들은 탄약을 나르고 물에 젖은 담요와 밀가루봉지 폭탄을 만들어

날아들어온 화염병을 껐다. 그렇게 일주일가량을 버티고, 겨우 주방위군과 경찰이 들어와 사태는 마무리되었다. 그들은 재산과 가족을 지킬 수 있었다.

당신도 언젠가 지금 살고 있는 아파트나 운영 중인 상점에서 이와 비슷한 재난을 당할 수도 있다. 외국처럼 총기는 없지만, 오히려 그러한 상황이 다행이다. 상대방들도 없을 것이기 때문이다. 조금만 창의성을 발휘한다면 호신용으로 쓸 만한 것들이 많다는 것을 알게 될 것이다. 약간의 무기 우위는 그 몇 배의 효과를 낸다. '란체스터의 법칙'대로 상대방의 기세를 꺾어놓고 불필요한 싸움과 전투까지 막는 효과가 있다. 주위에 비록 일상용품이지만 무기처럼 사용하고 방어할 수 있는 것들을 미리 찾아보자.

스포츠용품 및 일상용품

길쭉하고 묵직한 것을 찾아라. 금속으로 되어 있으면 더 좋다. 스포츠용품과 등산용품, 골프용품 등도 좋다. 이런 것들은 평소 운동할 때도 사용할 수 있고, 비상시엔 효과적인 방어 호신 무기가 된다. 등산스틱, 빙벽

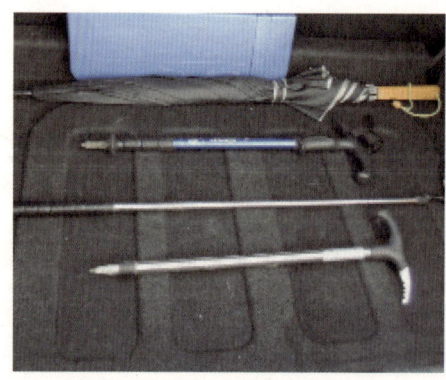 

스포츠용품 및 일상용품이
비상시엔 호신무기들이 된다.

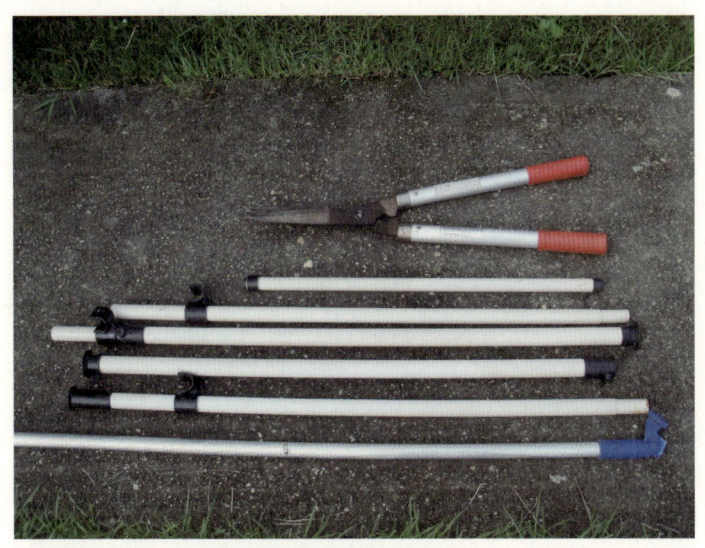
행거 파이프나 예초기 역시 비상시엔 위협적인 물건이 된다.

용 스틱, 골프채, 목검, 수련용 장봉, 야구배트, 지팡이 등이다. 스포츠용품이기에 현관 한쪽에 세워놓거나 차 트렁크에 넣고 다녀도 의심할 사람은 없다. 농사와 임업에 연관이 있다면 낫이나 톱, 삽, 나대, 손도끼도 해당될 것이다.

일반인이 훈련 없이 이것들을 잘 사용하기는 힘들지만 들고 있는 모습 자체만으로도 충분히 위협적이다. 당신을 건들면 상대도 큰 피해를 입을 것이란 것을 보여주자.

스포츠용품 외에 집 안에 있는 것들도 무기류로 사용할 수 있다는 것을 알면 놀랄 것이다. 건넌방에 걸린 옷걸이용 행거도 아주 좋은 기구이다. 행거용 쇠파이프를 분해하면 길이도, 무게감도 휘두르기에 적당하다. 바닥에 치거나 긁어서 쇳소리를 내면 누구나 움찔할 것이다. 끝에 칼이나 흉기를 단다면 창이 되기도 한다.

청소용 마대자루도 좋다. 길이가 충분히 길고 가벼워서 휘두르기 좋다. 끝에 칼이나 흉기를 묶어 매단다면 훨씬 더 위력적이다. 알루미늄이나 나무로 되어 있

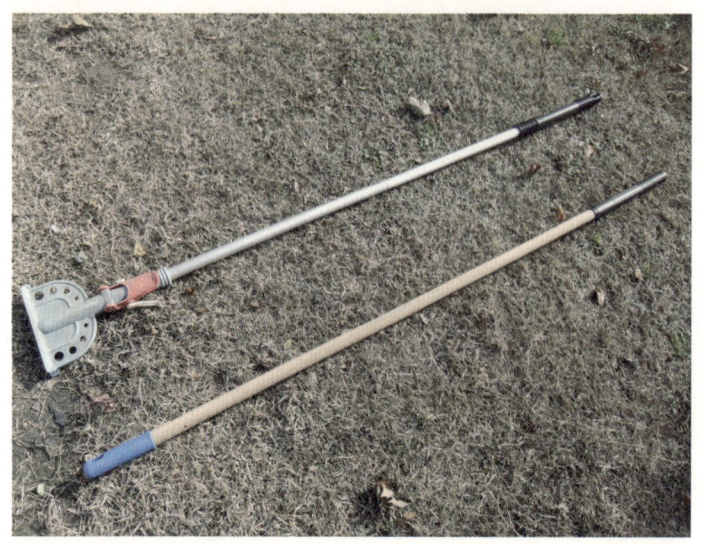

청소용 마대자루의 긴 봉도 유용하다.

어 가볍고, 들고 다니기도 편하다. 걸어서 이동할 때 지팡이나 들것 혹은 텐트 지주대로도 사용할 수 있다. 목봉은 일반 철물점에서도 개당 3,000원 정도에 쉽게 구할 수 있다. 스포츠 용품점에선 훨씬 더 단단한 수련용 목봉을 구입할 수 있다.

목봉에 메시테이프를
감아주면 좀 더 강해진다.

목봉은 가볍고 긴 만큼 부러지기 쉽다. 이때는 건축용 유리섬유 메시테이프를 구입해서 붙여 감아주면 더 강화할 수 있다. 유리섬유 재질로 메시(그물) 형태로 된 테이프는 접착성이 있어 어디에나 잘 붙는다. 주로 건축용으로 사용되며 그 특성상 아주 질기면서도 유연하지만 늘어나지는 않는다. 이 테이프를 표면에 붙여주면 목봉을 강화하여 휘거나 부러지는 현상을 줄여준다. 인근 철물점이나 페인트상점에서 몇 천 원에 구입할 수 있다. 또한 이 특성을 이용해서 창문 유리에 붙여주면 강풍과 외부 충격에서도 어느 정도 보강이 된다. 나중에 제거할 때도 쉽고 끈끈이가 남지 않는다.

메시테이프를 붙인 후 풀어지지 않게 청테이프로 한 번만 더 감아주면 된다.

새총 및 쇠구슬들

프리퍼의 세계에서 비상물품으로 새총이 언급되는 건 야외에서 작은 동물이나 새를 사냥할 수 있기 때문이다. 우리나라에서 새총은 어렸을 때 잠시 갖고 노는 장난감이라고 치부하지만, 외국에선 엄연한 성인들의 취미로 총기와 활에 이어 준무기급으로 대우받고 있다. 슬링샷이라고 하며 손목받침대와 조준기를 부착하고 고무줄을 개량해 강력한 성능을 자랑한다.

누구나 어릴 적 새총을 갖고 놀았던 경험이 있을 것이다. 전봇대 위의 참새를 새총으로 맞히려면 힘들지만은 않다. 〈정글의 법칙〉에서 김병만이 급조한 새총으로 야자수 위의 새를 쏘아 떨어뜨렸듯이 연습을 한다면 명중률을 크게 높일 수 있다.

새총에서 명중률과 파괴력의 상당 부분을 탄환이 차지하는데 도시에서는 새총에 맞는 적당한 작은 돌을 구하기가 쉽지 않다. 크기와 무게가 적당하더라도 모양이 제각각이면 발사해도 휘어져 나간다. 때문에 쇠구슬이 적합하다.

베어링으로 구입할 수 있으며 수백 개가 포함된 한 봉지를 몇 천 원 선에서 저렴하게 구입할 수 있다. 구경별로 다양한 크기가 있지만 새총용으로 사용한다면

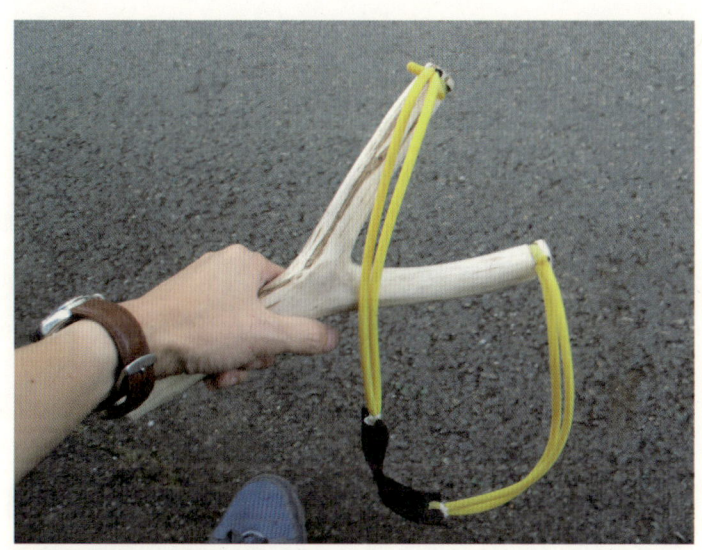

새총은 생존용품 및 호신무기가 될 수 있다.

9~10㎜ 정도가 적당하다. 안정된 탄도와 파괴력으로 작은 동물을 사냥하기에 제격이다. 물론 쇠구슬이 아니더라도 비상시에는 작은 돌멩이나 볼트 등을 사용할 수 있다. 고무줄 역시 소모품이라 시간이 지나면 끊어지거나 삭아버리는데 예비로 준비해두어야 한다. 인터넷에선 외국 슬링샷용 고무줄을 몇 만 원에 팔기도 하는데 의료용 라텍스 고무줄을 한 묶음 구입하는 편이 더 낫다. 그리고 명중률 역시 얼마나 연습을 하느냐에 따라 크게 차이가 나므로 평소에 꾸준히 연습을 해야 한다. 캠핑장에 가족과 놀러 갔을 때 아이들과 함께 하는 방법을 추천한다. 아이들도 재미있어 하고 생존교육에도 도움이 될 것이다. 이에 관한 인터넷 동호회도 있어 마음만 먹으면 배울 수도 있다.

　새총은 가볍고 저렴하며 누구나 쓸 수 있다. 사용이 간편하다. 비상시 작은 동물이나 새 사냥용으로 쓸 수 있지만 자위 무기의 하나로도 쓸 수 있다. 쇠구슬을 쓴다면 살상력은 없지만 머리 부분을 맞히면 큰 부상을 입히고 상대방의 전의를 꺾을 수 있다. 만약 아파트에서 대피 중에 아래층에서 낯선 사람이나 들개, 짐승들이 접근할 수 있는데 새총으로 볼트를 쏘아 경고한다면 대부분 흠칫 하며 돌아설 것이다.

실제 이스라엘군에 대항하는 팔레스타인 사람들이 커다란 새총을 이용하고, 시리아 내전에서 반군들은 쇠파이프를 용접해 만든 커다란 새총으로 수류탄을 발사했다. 새총이라고 한 손으로 만드는 작은 것도 있지만 쇠파이프로 Y자 프레임을 만들어 온몸을 이용해 당겨 발사하는 것도 있다. 밤톨만 한 볼트나 너트 등을 발사할 경우 산업용 플라스틱 안전모는 간단히 관통할 수 있는 수준이다.

비상시를 대비한다면 새총도 일정단계까지는 효과가 있다. 적당한 작은 돌들을 주워다 베란다 화분 주위에 깔아두자. 비상시 베란다 아래에서 다가오는 위협대상에게 약간의 효과를 볼 수 있을 것이다. 돌멩이 외에 쇠구슬이나 볼트, 너트 등을 이용한다면 훨씬 강력한 위력을 얻을 수 있다.

가난한 자의 무기: 돌팔매꾼

비상시 무기로 쓸 만한 것들을 찾아보고 소개하는 이유는 평소에 내가 호전적이거나 폭력적이거나 사회 부적응자이기 때문이 아니다. 혹시라도 전쟁이나 심각한 자연재해가 일어나 대재앙에 닥쳤을 때 사회시스템이 붕괴되고 공권력이 무너진 상황에서 어떠한 위기가 당신과 당신의 가족에게 닥칠지 모르기 때문이다.

광범위한 국가적 재난이 일어난다면 한정된 구조인력으로는 당신이 있는 곳까지 빨리 와주기 힘들 것이다. 이 책을 읽는 코난족, 즉 우리는 재난에 대해 준비하고 비상식량을 비축하였지만, 그렇지 못한 사람들은 금방 먹을 게 떨어져 굶주리기 시작할 것이다. 아무리 양반이라도 3일 굶으면 눈에 보이는 게 없고, 특히 가족과 아이들이 배고파 한다면 구걸이라도 할 것이다. 하지만 그것마저 여의치 않다면 남의 것을 빼앗으려 남의 집에 침입하거나 강도로 돌변하는 건 순식간이다.

몇 년 전 캐나다와 런던 폭동사태에서 보았듯이 굳이 배고프지 않더라도 사람은 재미로 약탈과 방화, 폭행을 할 수 있다. 오히려 그 점이 더 무섭다. 최악의 상황을 가정하고 대비한다면 스스로를 방어할 수 있는 자위 무기를 생각해보는 것이 중요하다.

하지만 그렇다고 기다란 장검이나 스쿠버나이프를 사놓는다거나 청계천상가에서 "총기 있어요?" 하고 물어보고 다닌다면 정말 곤란하다. 평소 나이프나 전기충격기, 가스총 등을 호신용이란 이유로 휴대하고 다니는 것도 위험하다. 호신용, 방어용으로만 쓴다는 생각과 다르게 예기치 않은 사고로 번질 수도 있거니와 경찰의 검문에 걸린다면 꽤 골치 아파질 것이다. 또한 사람은 누구나 그런 무기류를 가지고 있다면 과시하고 쓰고 싶어지는 심리가 있기 마련이다.

따라서 평소에는 전혀 무기가 아니지만 비상시 간단히 무기로 변형될 수 있는 것들을 찾아보는 것이 현명하다. 등산용 스틱이나 아이스스틱, 장우산, 골프채, 야구배트 등이 떠오를 것이다.

그중에 가난한 자의 무기라는 돌팔매끈이란 게 있다. 성경에서 다윗이 골리앗을 쓰러트릴 때 사용했고, 현재는 이스라엘군 탱크를 상대로 팔레스타인 사람들이 돌을 보다 멀리 던질 때 사용한다. 돌팔매란 것은 가죽(천)과 끈으로 되어 원심력을 이용해 돌을 멀리 던질 수 있는 기구이다. 중동지역은 모래사막보다 초목이 듬성듬성 자라는 황야가 많은데, 양치기들이 양을 돌보면서 늑대들의 습격에 대비하기 위해 돌팔매끈이란 걸 휴대하고 다닌다. 가볍고 휴대하기 쉽지만 그 위력은 늑대들을 쫓는 데 부족하지 않다고 한다. 그런데 아이러니하게도 목동의 무기, 가난한 자의 무기라는 돌팔매끈이 21세기인 지금도 여전히 목숨을 건 전투현장에서 사용 중이다. 총과 대포, 탱크 앞에서.

그냥 돌을 던진다면 얼마나 던질 수 있을까? 사람마다 체격, 체력이 다르고 던지는 연습을 많이 해본 사람이 아니라면 거리는 대략 20~30m 남짓이다. 야구에서 투수의 모습에서도 볼 수 있듯이 무엇을 전력으로 던지기 위해서는 팔뿐 아니라 다리와 골반, 허리 등 온몸의 근육을 사용해야 한다. 따라서 무거운 것이나 체력이 떨어질수록, 몸에 배낭이나 이것저것 장비들이

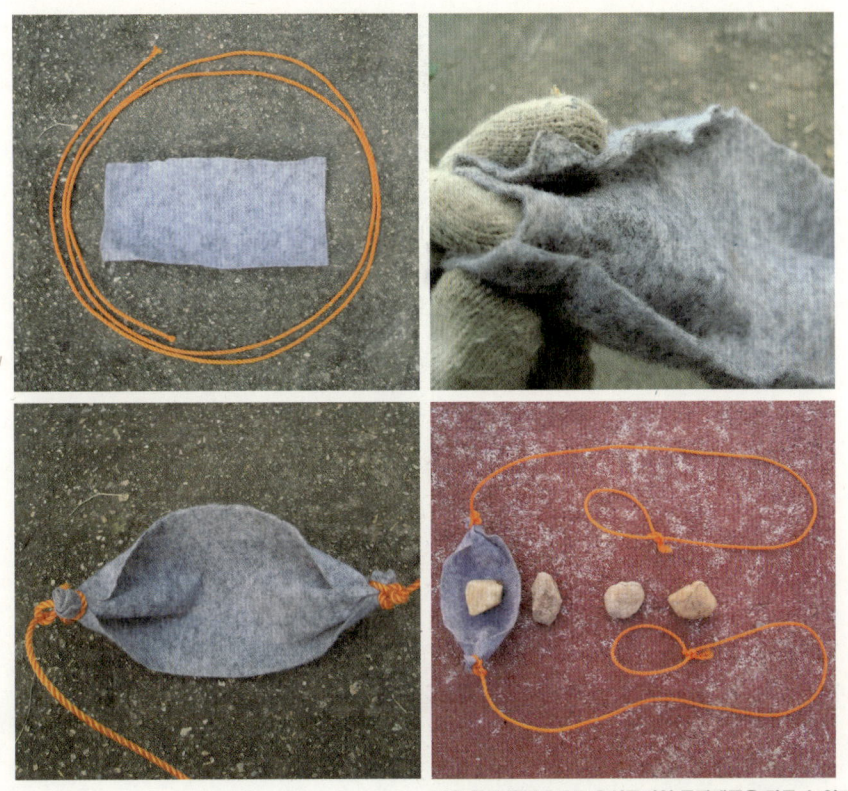

작은 천과 줄만으로도 호신무기인 돌팔매끈을 만들 수 있다.

달려 있을수록 던질 수 있는 거리도 급격히 떨어진다. 또한 컨트롤 능력까지 저하되면서 엉뚱한 방향으로 날아가기 쉽다.

하지만 가죽(천)과 줄로 이루어진 간단한 돌팔매끈은 온몸을 이용하지 않고도 줄의 원심력을 이용해 적은 힘으로 보다 멀리 던질 수 있기에 아주 효과적인 원거리 무기이다. 만약 40~50m 담장 밖에서 경계해야 할 사람들이 있거나 야생동물들이 다가온다면 돌팔매끈을 이용해 큰 돌을 날리자. 돌뿐 아니라 화염병, 똥주머니까지 가능하다. 안심하던 상대방을 놀라게 하고 기를 꺾을 수 있을 것이다. 공격뿐만 아니라 방어에도 효과적일 수 있다.

돌팔매끈 만드는 법

마스크만 한 천이나 가죽에 1.5m 정도 되는 끈만 있으면 된다. 빨랫줄, 낙하산줄, 줄넘기줄 등 모든 끈 종류를 사용할 수 있다. 필요한 것은 약간의 천 조각과 줄이다. 가죽이 있으면 좋지만 없어도 무방하고 찢어져서 못 쓰는 청바지나 천 조각을 이용할 수도 있다.

천을 마스크 크기로 잘라서 양끝을 이와 같이 접는다. 천을 접을 때는 손가락을 넣어 양쪽을 접으면 천이 가운데를 향해 오목하게 접힌다. 돌을 넣기 쉽지만, 잘 빠지지 않아 편리하게 쓸 수 있다. 천 양쪽 끈을 잘라놓은 줄을 묶어 연결한다. 줄이 빠지지 않게 케이블타이나 철사로 고정한다. 꿰매거나 라이터 불로 지져 단단히 할 수도 있다.

끈의 길이는 사람의 키나 체력 등에 따라 다르다. 길면 원심력을 키울 수 있지만, 힘이 들고 땅에 닿거나 컨트롤이 어렵다. 반대로 짧으면 위력이 약해진다. 몇 번 테스트하면 줄의 길이를 자신에게 맞게 조절할 수 있을 것이다. 줄 반대편 쪽에는 손에 걸 수 있도록 고리를 만든다.

사용법은 한쪽 끈고리를 오른손바닥 혹은 손목에 고정하고 한쪽은 손가락부

고리를 잡는 방법

분에 걸친다. 이후 돌팔매에 돌을 넣어 빙빙 돌려 가속을 시킨 후 적당한 타이밍에 바깥쪽 끈을 놓으면 돌을 원하는 곳으로 날려 보낼 수 있다.

급조 칼 및 창

 총기류가 불법이고 별도의 무기류가 없는 우리나라에서 재난으로 인한 서로 간의 싸움과 전투가 일어난다면 어떻게 진행될까? 몽둥이나 쇠파이프, 기껏해야 부엌칼, 회칼 정도만 갖고 나올 수 있을 것이다. 당신은 상대가 보유한 무기보다 조금이라도 더 길거나 큰, 섬뜩해 보이는 무기를 갖고 있다면 기선을 제압할 수 있다. 대부분 사람들은 싸움이나 무술에 능통하지 않다. 생계를 위한 일시적인 약탈을 하는 상황을 감안하면 기선 제압만으로 싸움을 방지할 수도 있다. 하지만 유념해야 할 것은 무술 유단자도 아닌 일반인이 평상시에 진검이나 긴 칼을 집이나 자동차에 갖고 다닌다면 단속에 걸릴 수도 있을 뿐만 아니라 사고의 위험이 높을 수밖에 없다. 따라서 그러한 무기를 보유하기보다 일상용품 중 비상시 무기로 대용할 수 있는 것을 찾는 것이 더 현명하고 좋은 방법이다.

 많은 이들이 이러한 물품을 집에 보유하고 있고, 종종 사용한다. 그중 간단한 조작이나 분해만으로 충분히 위협적인 흉기가 되는 것이 대형 예초가위이다. 평상시에는 원예용이나 명절 제초용으로 쓰는 장비이지만 비상시 가운데 볼트만 풀면 쉽게 두 개의 긴 칼이 된다. 자루를 포함한 전체 길이는 60cm 정도로, 부엌칼보다 훨씬 더 길다. 날부분이 날카롭지는 않지만 그 자체는 별 문제가 되지 않는다.

필요 시 날을 갈 수도 있지만 상대가 갑옷을 입거나 「와호장룡」의 고수들처럼 수십 분씩 불꽃 튀는 칼싸움을 할 것이 아니라면 얼마나 더 날카로운가는 의미가 없다. 또한 진검승부에서조차 몇 번 휘두르지 않고 승부는 결판난다. 상대가 휘두르는 칼을 내 칼로 멋지게 막아내는 것은 영화에서나 가능하다. 군인의 전투용 대검조차 날이 거의 없으며 구소련권 소총용 대검은 날 없이 긴 꼬챙이(스파이크)이다. 일반인은 베는 것보다 찌르는 것이 더 낫다. 관통력, 살상력, 날을 유지하고 보수하는 것에 훨씬 더 유리하기 때문이다.

전지가위 개조법

정원의 나무를 자르거나 다듬을 때 사용하는 전지가위도 비상시에는 훌륭한 무기가 될 수 있다. 전지가위를 이용해서 칼을 만들어보자. 방법은 다음과 같다.

1. 전지가위의 가운데 나사를 돌려서 푼다.
2. 날이 휘어져 있으니 계단에 날을 올려놓고 왼발로 밟은 후 오른발로 자루를 밟아서 일직선이 되게 편다.
3. 볼트를 풀 수 있는 도구인 펜치나 스패너를 미리 준비해두자. 없다면 빌려서 볼트를 살짝 풀어두고 보관하다 위급 시 손으로 돌려서 바로 분해할 수도 있다.

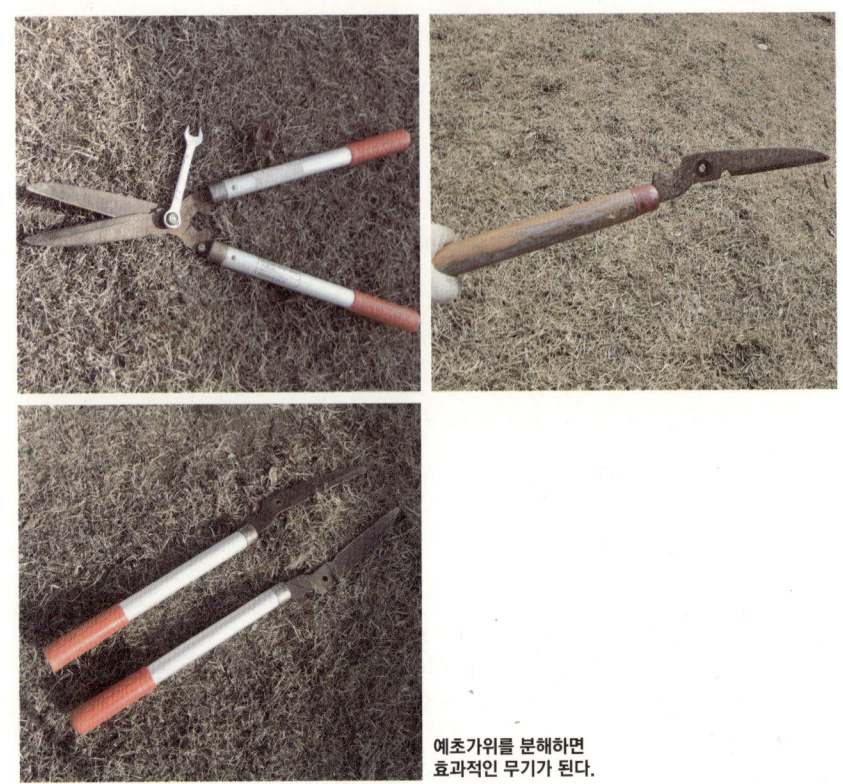

**예초가위를 분해하면
효과적인 무기가 된다.**

　하지만 절대 명심해야 한다. 평상시에는 전지가위 그대로 두어야 하며 비상시에 응용할 수 있다는 점만 알기 바란다. 평상시에 분해해두고 날을 갈아놓는 등 무기 상태로 만들어놓아선 절대 안 된다. 그런 상태로 만들어둔 것만으로 법적인 문제를 일으킬 수 있고, 적발될 수 있다.

장창 만들기

　예초가위의 볼트를 풀어 분해하면 즉흥적으로 긴 칼 무기가 된다. 이 자체도 위력적인 무기이지만 손잡이 부분에 나무봉이나 행거

파이프를 끼우면 아래 사진과 같이 긴 창이 된다. 모든 작업이 단 1분 만에 완료된다. 칼과 긴 창을 만들어 보유한다면 상대방이 총이나 활이 없는 한 섣불리 덤비지 못할 것이다. 작은 칼에 자루를 연결한 것은 무술에 숙련되지 못한 일반인에게 제일 효과적인 무기이다. 과거 승병이나 의용병들이 주로 사용했고, 검의 나라 일본에선 '나기나타'라고 하여 주요 무기로 대우 받는다. 여자의 무기라고도 불리는데, 그만큼 힘이 약한 일반인들도 검을 든 전사와 효과적으로 맞설수 있다는 것이다. 평화를 얻으려면 전쟁을 준비하라는 말이 있다. 비상시 나와 가족의 생명을 지키고 집과 식량 재산을 보호하려면 무엇보다 상대를 압도하는 무기류를 준비하는 것이 가장 효과적일 것이다.

행거 파이프나 마대자루를 끼워 길이를 늘릴 수 있다.

원거리 공격무기와 활

코난, 프리퍼들이라면 원거리무기를 생각해볼 것이다. 외국 프리퍼들이 집 안에 소총, 산탄총, 권총 수십 종류를 모으고 탄약도 수천, 수만 발을 쌓아놓은 사진을 보면 부러움을 느끼게 된다. 외국에선 총기 구입이 자유롭지만 우리나라에선 공기총 하나 집에 두기 힘들다. 그러나 총기 허용이 안 되기 때문에 더 안전한 것이다. 누구나 총을 가지고 있으면 비상시 더 큰 혼란과 참사가 일어날 수 있다. 내가 아무리 여러 가지 총기로 무장을 했다 하더라도 상대 무리가 똑같이 무장을 하고 온다면 당해낼 수 없다. 우리나라가 총기를 규제하고 있다는 점은 다행스럽다. 이 덕에 우리나라에선 약간의 준비만으로도 훨씬 더 우위에 설 수 있고, 안전을 지킬 수 있다.

엽총, 공기총

우리나라에서 원거리무기로 구입할 수 있는 엽총, 공기총은 많은 제약이 따른다. 평소 경찰서에 보관해야 하며 구경이 낮은 공기총만 집에 보관할 수 있다. 구경이 작은 공기총은 위력이 작아 작은 야생동물 정도만 사냥이 가능하고, 에어탱크를 충전해주어야만 연속으로 사용할 수 있다. 따로 대용량 에어탱크를 준비할 수도 있지만 한계가 있다. 그러나 납 탄환을 쓰기 때문에 대량으로 구입할 수 있으며, 위력에 상관없이 총소리만으로도 상대방에게 겁을 주고 접근을 막을 수 있다. 또한 초보자는 물론, 여자도 간단한 교육과 훈련만으로 사격능력을 키울 수 있다. 에어컴프레셔 등을 이용할 수 있다면 제일 좋은 방법이 될 수 있다.

활, 석궁

남자라면 어렸을 적 대나무 등을 잘라서 활과 화살을 만들고 놀았던 추억이 있을 것이다. 남자아이의 로망인 활과 화살은 수만 년 원시시대를 살아오면서 유전자에 깊이 새겨진 생존과 사냥본능의 발현일 듯싶다. 총기 구입이 쉬운 미국에서도 '활 마니아'가 많다. 그만큼 나름대로 장점이 많다. 우리나라에서 일반인이 구입할 수 있는 활이 원거리무기로 가장 현실성이 있어 보인다. 평소엔 취미와 건강을 위한 운동으로, 비상시엔 수렵과 방어용 무기가 될 수 있다. 그러나 영화에서 보듯 수십 미터 밖의 움직이는 사람이나 야생동물을 활로 쏘아 맞히는 것은 무척이나 어렵다. 오랫동안 연습하지 않으면 야외에서 귀중한 화살을 잃어버리게 될 것이다. 활은 조준도 힘들고, 화살도 종류가 다양하다. 또한 얼마나 시위를 당기느냐에 따라 위력과 탄도도 다르다. 일반적인 생각과 달리 활쏘기에 대한 많은 환상이 있었다는 걸 바로 알게 될 것이다. 표준화된 사격법만 따르면 여자와 초보자도 일정수준 이상 효과를 낼 수 있는 총기사격과 다른 것이다.

그럼에도 활은 많은 장점이 있다. 구입허가와 경찰서 영치가 필요 없고, 구조가 간단해서 고장 없이 오랫동안 사용이 가능하다. 화살은 재활용이 가능하며

활은 스포츠, 수렵, 호신무기로도 쓸 수 있다.

비상시 직접 만들어서 사용할 수 있다. 최근엔 접는 활, 조립식 활 등이 나와서 가볍고 휴대도 편해졌다.

활의 종류

리커브활

우리가 일반적으로 알고 있는 활이다. 손잡이와 활대인 림으로 구성되어 있다. 구조가 간단하고 고장 나거나 유지·보수할 부분이 별로 없다. 기계식 컴파운드활처럼 특별한 액세서리가 필요 없는 것도 장점이다. 화살도 다른 종류에 비해 저렴하다(개당 4,000~5,000원). 물론 비상시 나무나 갈대 기타 산업용품 등을 이용해서 직접 만들어 쓸 수가 있다. 하지만 위력이 상대적으로 떨어지고 조준이 어렵다. 접는 활, 조립식 활들은 평소 작게 보관하다 필요한 경

화살은 재활용이 가능하고 직접 만들 수도 있다.

우 펼치거나 조립해서 사용한다. 요즘은 미제, 중국제 활도 들어와서 많이 싸졌다. 10만 원대에 구입이 가능하다. 위력이 30~40파운드대로 약하지만 비상시 직접 나무를 가지고 만들어 쓰는 것에 비교할 수 없이 강하고 안정적이다. 직접 나무를 깎아서 활을 만들고자 한다면 많은 시간 힘과 노력이 필요하다. 물론 위력도 낮고 성능이 일정치 않다. 무엇보다 안전을 장담할 수 없다. 활을 당기다 부러져서 큰 부상을 입을 수도 있다.

컴파운드활

기존 활의 개념과 성능을 극적으로 뛰어넘은 첨단 활이다. 활 양 끝단에 도르래를 장착하여 사람의 힘을 몇 배로 증폭하여 강하게 쏠 수 있다. 활 크기는 기존 활의 절반 정도까지 작지만, 위력은 몇 배나 더 세다. 강한 만큼 사거리와 명중률도 수십 미터 안의 목표물을 명중시킬 수 있을 만큼 높아졌다. 총기와 버금가는 명중률과 살상력을 갖게 된 것이다.

하지만 컴파운드활은 장점 못지않게 단점도 많다. 기본세트가 대략 수십만 원에서 백만 원 정도로 고가이며, 값이 제법 나가는 전용 카본화살만 사용해야 한다. 일반 활(리커브)에 사용되는 FRP 화살은 4,000~5,000원대부터 구입할 수 있을 뿐 아니라 비상시 갈대나 나무를 가공해서 쓸 수 있다. 이에 반해 카본화살은 만 원대 이상이다.

다른 저가 화살들은 파손될 가능성이 있어 사용하기 위험하다. 화살을 대량으로 비축하기 힘들고 비상시에 추가로 융통하거나 조달하기도 어렵다. 또한 도르래가 있고 구조가 복잡한 탓에 한 번 파손 시 전용 기구 없이는 수리하기가 힘들어진다. 그리고 구조상 활줄을 맨손으로는 당겨 쏠 수가 없고, 꼭 활줄손잡이(릴리즈)가 있어야 한다. 전용 활에 전용 화살, 전용 액세서리가 있어야 하고, 모두 휴대하고 있어야 활을 당길 수 있다. 평상시 취미로 쓸 때는 좋지만 비상시엔 이런 단점이 크게 부각될 것이다.

석궁

석궁은 총 사격법과 비슷해 초보자도 쉽게 다룰 수 있다. 하지만 우리나라 현행법상 방아쇠장치가 있는 것은 불법이며 개인이 소지할 수 없다. 재난대비용으로는 큰 결격사유다.

화살 대량 준비

우리나라에서 개인이 준비할 수 있는 원거리 무기로 활이 현실적이란 것을 언급했다. 하지만 활은 화살이 있어야 한다. 미국에선 총기를 준비하면 그에 맞는 총탄을 수천수만 발을 쉽게 구하고, 쌓아놓기도 한다. 화살 역시 최소한 수십 발 정도는 준비돼 있어야 비상시에 제대로 쓸 수가 있을 것이다. 일반활(리커브)에 주로 쓰는 연습용 FRP화살은 카본화살보다 절반 정도 저렴하지만 많은 수를 준비하기에 부담스러울 수 있다. 또한 종종 목표물을 빗나가면 잃어버리기도 하고, 돌에 맞아 부러지기도 한다. 비축분이 손실되는 것이다. 나무나 갈대 등을 이용해 화살을 만들 수도 있지만, 현실적이지 않다. 곧게 뻗은 적당한 굵기의 나무를 구해서 다듬고 가공하여 화살을 만드는 것은 너무나 많은 시간과 노동력이 필요하다. 우리가 사는 도시적 환경에서는 자연적인 재료들 역시 쉽게 보기 힘들다.

하지만 제갈량의 화살 10만 대 만들기 같은 비법이 있다. 주변에서 쉽게 구할 수 있는 농업용·산업용품들을 이용하는 것이다. 만들기도 대체적으로 쉽고 가격 또한 저렴해서 하루에 수백 발을 만드는 것도 가능하다.

텐트 폴대 이용하기

폴텐트 혹은 그늘막이의 접철식 폴대가 FRP 화살과 거의 비슷하다. 굵기와 무게, 속이 빈 구조 등이 닮았다. 단지 길이만 약간 짧다. 텐트나 그늘막이의 폴대를 분해하면 몇 개의 대를 얻을 수 있다. 약간 짧지만 다른 것을 잘라 붙여 이으면 된다. 인터넷 마켓인 '옥션'에서는 폴대만 따로 팔기도 한다.

반대의 관점에서 보자면 대피 중 텐트 폴대가 부러진 상황에서 화살대를 잘라 부러진 부분을 교체할 수 있다는 이야기다.

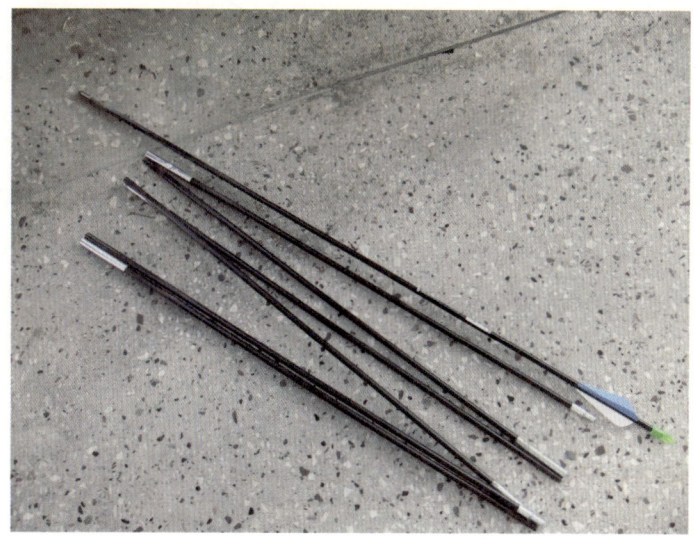

텐트 폴대로 화살을 만들 수 있다.

농업용품(지주대) 이용하기

'옥션'이나 활 전문 쇼핑몰엔 화살 부품만 따로 판매한다. 화살촉, 날개깃, 줄잡이(녹크) 등으로 화살촉은 800원 선, 나머지는 개당

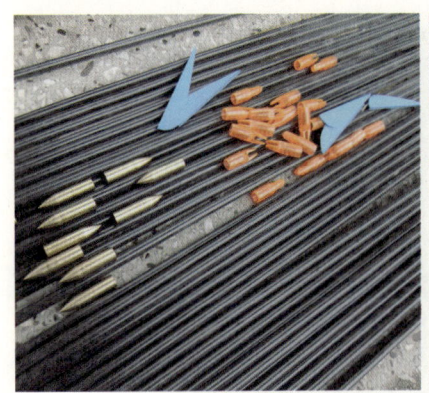 

농자재와 낱개 구입한 화살부품으로
화살을 만들 수 있다.

200~300원이면 구입할 수 있다. 제일 중요한 화살대는 농업용품 사이트를 이용하여 구할 수 있다. '농자재닷컴' 같은 농자재만을 전문적으로 파는 사이트에서 지주대를 개당 300원 선에 구입할 수 있다. 주로 고추대로 사용되지만 FRP 재질로 화살로 사용하기에 아주 적합하다. 확인해본 결과 화살과 두께(7㎜)도 같고 화살촉과 줄잡이와도 딱 들어맞았다. 탄성이나 튼튼함 역시 간이로 쓰기에는 충분해 보이며 길이 또한 넉넉하다. 시중에 판매되는 저가형 화살이 이 제품으로 만들어지는 건 아닌지 생각이 들 정도다. 필요한 만큼 구입하자. 화살촉, 날개깃, 줄잡이는 있으면 좋지만 없어도 다른 대체 가능한 방법들이 있다. FRP 지주대 확보는 여유 있게 하자.

FRP 지주대를 구입하면 1/4 정도는 휘어 있다. 사전에 살펴보고 휘지 않고 곧게 뻗은 것들만 추려내자(A급). 약간 휜 것도 B급으로 분류해놓자. 탄도가 일정하지 않아도 위협용이나 근거리용으로 사용하는 데 지장이 없다. 1cm 이상 휜 것들은 C급으로 분류해놓자. 열과 무게를 가해서 펴거나 위협용으로 날릴 수 있을 것이다.

경험상 대략 A, B급은 60~70% 이상 확보할 수 있었다.

DIY로 만든 화살은
일반활용으로만 사용해야 한다.

지주대를 이용한 화살 만들기

1. 길이는 사용하는 활에 따라 바뀔 수 있지만 대략 71~75cm가 무난하다. 직소를 이용해 작업하면 쉽게 가공이 가능하다.

2. FRP 지주대의 지름은 6.9mm로 시중에서 판매하는 화살촉, 줄잡이(녹크)와 정확히 맞는다. 양쪽에 끼우면 된다. 헐렁하지도 않고 정확히 맞으며 굳이 본드작업도 필요 없다.

3. 접착제로 발라주면 돌에 맞아 튀거나 혹시 모를 돌발상황에서도 빠지지 않고 강력하게 고정된다. 반면 본딩 작업을 하지 않고 꽉 끼운 상태라면 이후 활대가 부러졌을 때 간단히 빼내 다른 활대에 쉽게 이식이 가능하다.

4. 화살 끝단에는 줄잡이(녹크, 주황색)를 끼운다. 없다면 홈을 파서 가공할 수 있지만 발사 시 활시위에서 빠지거나 화살이 엉뚱한 방향으로 날아갈 수도 있다. 더 큰 문제는 사수가 다칠 수도 있다. 안정된 사격을 위해서 있는 편이 훨씬 낫다. 가격도 저렴하다.
5. 화살깃은 구입한 고무깃이나 깃털을 접착제로 붙이면 된다. 그러나 이 역시 대체가 가능하다. 청테이프를 붙여 3면 화살깃을 손쉽게 만들 수 있다. 단거리 사격 시 탄도에 별다른 영향을 주지 않는다. 비상시를 대비한 대량 보관용이라면 청테이프를 이용한 방법도 좋다.

이렇게 마련한 많은 화살들은 큰 재난이 발생하여 공권력과 치안이 무너진 상황에서 스스로를 방어하고 지키는 데 사용할 수 있다. 장거리 정확도는 조금 떨어질지라도 근거리 사격이나 위협용, 군집에 대한 지향 사격용, 가까운 짐승 사냥용 등으로 유용하게 쓸 수 있다. 그러나 반드시 일반활을 사용해야 하며 컴파운드활용으로는 사용해선 안 된다.

군대와 총기 경험

 1992년 LA 대폭동 때 영화처럼 믿기 힘든 일들이 일어났다. 흑인들이 무장을 하고 한인촌을 습격하며 시작된 광란의 난동은 일주일 이상 지속되었다. 그동안 미 당국과 언론, 경찰은 흑인과 한인들 간의 대결로 몰아가며 수수방관을 하는 사이 수많은 한인 상점들이 불타고 약탈당했다. 외국 땅에 가서 힘들게 이룩한 모든 것들이 약탈당하고 아무도 도와주는 이 없자 교민들은 함께 모여 폭도들과 대항하기 시작했다. 군 제대자 남자들을 중심으로 자경단을 조직하여 총기를 들고 상점 옥상에 올라가 진지를 만들었다. 이들은 곧 흑인 무장폭도들과 총격전을 며칠간 벌여야 했고 군대 경험을 바탕으로 조직적으로 대응하여 더 큰 피해를 막을 수 있었다. 자신의 가족과 집, 직장을 꼭 지켜야 한다는 신념에 젊었을 적 군대에서 겪은 체험을 발휘하여 성공적으로 생존한 것이다. 만약 이들에게 능숙한 군대 경험 없이 총기만 있었다면 효율적으로 조직화되어 싸우지도, 성공적으로 지켜내기도 힘들었을 것이다.

 시간이 지나고 보니 예전 군대에서 많은 걸 배웠다고 느끼게 된다. 여러 종류의 총기 사격과 무기 사용법, 화생방 교육법, 야전전술법, 지휘통솔 등 사회에서

M16A4.

는 알기 힘든 것을 알게 되었다. 좋은 경험이었다. 하지만 그런 기술적인 면 외에 다른 중요한 것들도 있다. 바로 내장까지 뒤흔드는 발사음과 폭음, 공포 어린 교전상황에서 눈을 감거나 귀를 막지 않고 문제를 똑바로 쳐다볼 수 있는 대담함이다. 머리조차 들기 힘든 때라도 내가 먼저 눈뜨고 조준해야 살 수 있는 것이다. 그리고 갖가지 악조건에서 사람들을 다독이고 통솔하며 눈앞의 적뿐만 아니라 멀리 뒤편까지 내다보는 능력이 필요하다. LA 대폭동 때 교민들도 사명감 외에 이런 능력과 경험이 있었기에 수적 열세에도 전투를 효과적으로 이끌 수 있었던 것이다.

우리나라는 아직 휴전으로 전쟁의 위험이 존재한다. 영화 같은 재난상황이 현실에서 일어난다면 총기를 다룰 수 있느냐, 없느냐도 생존에 큰 영향을 미칠 것이다. 총기 사용 경험이 없는데 총기만 쥐어준다고 제대로 사용할 수가 없다. 영화처럼 총격전이 일어난 상황에선 친구나 애인 등 무경험자에게 총 한 자루 쥐어주며 "적이 나타나면 방아쇠를 당겨"라고 말하는 건 소용없는 짓이다. 영화

사격에서는 조준이 가장 중요하다.

와 달리 고막이 터질 듯한 총소리에 기겁하거나 방아쇠를 당기고 나서 총의 반동에 다칠 수도 있다. 군대에서처럼 몇 년을 낮이고 밤이고 서서쏴, 누워쏴 등 다양한 상황에서 많은 사격을 해봐야 숙달되는 것이다.

미국에선 초등학생에게도 자기 몸은 스스로 지킬 줄 알아야 한다며 아버지가 직접 사격법을 가르친다. 또한 각 지역에 사격클럽이 있어 총기에 낯선 여자나 아이들에게 올바른 총기 사격을 교육한다. 총이 있어서 약한 여자도 남자와 맞설 수 있게 된 셈이다. 우리나라에선 총기 보유가 허용되지 않는다. 어쩌면 다행이기도 하다. 하지만 여성들이나 총기 경험이 없는 사람이라면 한 번쯤 총소리, 불꽃, 반동, 위압감 등 그 느낌을 직접 느껴볼 필요가 있다. 총기가 금지된 우리나라에서도 민간인들이 실총을 쏴볼 수 있다. 부산과 경주 서울 몇몇 곳에선 실내사격장이 있고, 권총 수십 종류를 쏴볼 수 있다.

인근 실내사격장을 찾아가보자. 반자동 리볼버나 자동권총 등 실제 권총들이 다양하게 있다. 사격장에 가면 자기가 원하는 총기류를 선택하고 교관의 지도하

인근 실내사격장에서 사격연습을 해보자.

에 사격할 수 있다. 총기마다 가격이 조금 다르지만 열 발에 1만5천~2만 원 정도이다. 총을 잡아보면 생각 외로 묵직하고 사격 시 반동도 심해서 영화처럼 잘 맞지 않는다는 것을 알 수 있다. 하지만 몇 번의 경험을 통해 총이란 살상무기의 위압감을 느껴볼 수도 있고, 익숙해질 수 있다. 권총 사격뿐만 아니라 야외 클레이사격을 해보는 것도 좋은 경험이다. 클레이사격장은 전국 각지에 있으며 인터넷을 통해 쉽게 찾을 수 있다. 가격도 권총과 거의 동일하다. 일반인이 접하기 힘든 권총과 엽총사격을 해보면서 총기에 대한 막연한 두려움을 떨치고 사용법을 교육받는다면 이 역시 생존기술 향상에 도움이 될 것이다.

재난체험 영화 8

웨이 백
(The Way Back)

감독 : 피터 위어

출연 : 에드 해리스(미스터 스미스 역), 짐 스터게스(아누스 역), 콜린 파렐(발카 역), 시얼샤 로넌(이레나 역)

줄거리 : 1940년 시베리아의 강제수용소에 수용된 7인의 탈출 실화영화이다. 갖은 누명을 쓰고 시베리아의 오지 수용소에 갇힌 사람들. 그 수용소엔 울타리도 없지만 대신 혹한의 날씨와 주위의 사나운 짐승들, 광활한 대자연이 울타리고 철책 역할을 한다. 누구도 탈출할 엄두를 내지 못한다. 하지만 가족에 대한 사랑과 보고 싶은 간절함으로 일곱 남자는 탈출을 감행한다. 이들은 오직 걸어서 시베리아를 횡단한다. 이후 바이칼 호수를 거쳐 사막과 티베트를 거쳐 인도까지 6,500km를 걸어서 탈출을 시도한다.

탈주자들이 처음으로 마주치고 겪게 된 혹한의 시베리아는 영하 40도까지 떨어진다. 동사자가 속출한다. 이들은 나무껍질을 벗겨 안면 마스크로 사용해 찬바람을 막는다. 영화는 생존을 소재로 삼은 이야기로 아무것도 없는 황무지에서 먹을 걸 구하는 극한상황과 사막에서 갈증의 고통을 보여준다. 결국 이들도 사람을 먹을 것인가를 논의하기도 한다. 이들은 시베리아에서 바이칼 호를 거쳐 몽골까지 겨우 내려오지만 이미 몽골마저 공산화가 되어 그곳에서도 머물 수가 없다. 결국 다시 길을 걷기 시작하고 혹한의 사막을 거쳐 티베트로 향한다. 극한에서의 생존을 다룬 영화이다. 영화는 아무것도 없는 광활한 숲에서 어떻게 해야 방향을 찾고, 불을 피우며 먹을 걸 찾을 수 있는지 보여준다. 극한의 환경에서 배고픔과 갈증,

과연 살아서 탈출할 수 있을 것인가에 대한 의문과 불안은 일곱 명뿐인 작은 일행에서도 갈등을 일으킨다. 거친 야생에서 소수의 일행이라도 협동이 생존에 필수적인 요소란 것을 보여준다.

이들은 추위와 더위, 갈증과 목마름, 지친 몸과 맘으로 삶을 끝내고 싶은 욕망을 끊임없이 느낀다. 그래도 그들을 일으키고 걷게 하는 건 가족에 대한 사랑과 보고픔이다. 이 과정이 실화라는 게 놀랍다.

혹시 미래의 어느 때에 당신이 오지에 떨어져 홀로 살아남고 조난된다면 이 영화를 기억하는 게 생존에 도움이 될 것이다.

SURVIVE

위생 및 응급처치

제9장

물과 인간성의 관계

우리에겐 마실 물만 필요한 게 아니다. 요리할 때나 씻을 때, 다쳐서 상처를 소독할 때 그 외 설거지, 세탁, 변기 물까지 생각 외로 필요할 때가 많다. 지금 우리가 누리는 풍요로운 삶은 전적으로 풍요로운 물이 있어 가능하다. 재난 시에는 마실 물이 부족한 것보다 초췌하고 거지꼴과 별다를 것 없는 자신과 주위 사람들의 모습에 정신적 충격을 더 크게 받을지도 모르겠다. 잘 다려진 멋진 옷, 따뜻한 샤워 물, 깨끗한 변기, 향기로운 각종 로션과 화장품은 인간성을 높여주고 다른 이들에게서 대우받고 존중받는다는 느낌을 준다. 이러한 준비과정을 통해 나를 남들과 구별하기도 한다. 옷이나 제복을 통해서도 사람의 기분과 행동, 성품이 쉽게 바뀌기도 한다.

만약 당신이 월요일 아침, 한껏 멋을 내 멋진 정장 차림으로 도도하고 자신감 있게 출근했는데, 생각지 못했던 재난과 사고를 겪었다고 가정해보자. 겨우 살아남았지만 금요일 오후엔 생판 모르는 수많은 사람들과 난민수용소에 이끌려 와 있다. 입은 옷들은 군데군데 찢어지고 오물이 묻었으며 온몸은 땀과 흙탕물에 젖었다가 마르기를 반복해서 몸에서는 냄새가 난다. 머리는 헝클어졌고, 얼굴은 화장품과 마스카라가 번져서 얼룩덜룩하다. 가만 보니 나뿐만 아니라 대피소에 모인 많은 사람들의 몰골이 모두 비슷하다. 월요일 오전까지 당신이 어떤 모습이고 사회에서 직위가 어떠했으며, 어떤 집에서 살았다는 사실은 금요일 오후, 수용소 안에서는 의미가 없다. 수많은 다른 사람들과 전혀 다를 것 없는 그저 배고프고 불쌍한 수많은 이재민 중 하나일 뿐이다. 사람들도 당신을 주목하지 않을 것이다. 주먹밥 하나, 바나나 하나, 빵 하나를 더 받기 위해 남과 똑같이 긴 줄에 서서 배급을 기다려야 할 뿐이다.

서양에서는 역사적으로 턱수염이나 구레나룻을 기른 이들을 점잖지 못한, 심지어 하층민으로 보는 경향이 있다. 먹고 살기에 바빠 자신을 관리하지 못하는, 지저분한 노동자계급이라는 것이다. 1930년대 대공황시기 상당수가 일자리가 없어 힘들 때에도 먹을 것과 일자리를 구하기 위해 길을 나선 사람들은 새 옷을 입고 깔끔하게 치장해서 배급 줄과 일자리 줄에 섰다. 2차대전이 배경이 되는 기록사진이나 영화를 보면 피난 가는 사람들 중 많은 이들이 험한 여정에 어울리지 않는 고급 옷이나 드레스를 입었다. 내일 길에서 폭격을 받아 죽을지 모르지만 혼란스러운 상황에서도 깔끔하고 품위 있는 옷차림은 다른 이들과 나를 구별하고 좀 더 나은 대접을 받을 수 있을 거라고 생각했던 것이다.

당신은 이 생각에 동의하는가? 그 정도까지는 아니더라도 악조건에서 위생과 옷차림에 신경 쓰는 것은 나와 다른 이들을 위해서도 중요할 것이다. 그리고 남으로부터도 조금이나마 주목받고 인간적 대우를 받을 수 있을 것이다.

화장실과 위생처리

재난을 대비할 때 화장실이나 위생에 관련된 것은 뒷전으로 밀리기 쉽다. 먹는 것과 물, 장비 등에 비해 마땅히 눈에 띄는 멋진 장비도 보이지 않고, 평소에도 언급하는 것을 꺼리는 경향이 있다. 어떻게든 대충 해결되겠지 하는 마음도 들기 때문이다. 하지만 재난 첫날부터 화장실과 위생 문제는 당신과 가족을 괴롭힐 것이다. 이에 대한 준비를 소홀히 했다간 화장실 변기에 고약한 오물이 쌓여 넘치는 모습은 물론 피부병과 각종 질병의 위험에 시달릴 것이다. 대재난까지는 아니더라도 대정전(블랙아웃)이나 수도에 문제가 생겨서 며칠 동안 물이 나오지 않는 상황에서도 마찬가지일 것이다.

화장실

수도가 끊기면 당장 변기를 사용할 수 없게 된다. 건물 지하에 물탱크가 있어도 전기까지 단전된다면 위층까지 보낼 수 없다. 세수나 샤워는 일주일쯤 안 하고 버틸 수 있지만, 변기에 오물이 꽉 차 있으면 냄새는 물론, 보기만 해도 끔찍할 것이다. 사는 곳이 아파트 저층이라면 바깥으로 나가 비상급수시설, 여건이 된다면 강물에서라도 물을 퍼 올 수 있을 것이다. 하지만 고층이라면 이러한 방법을 실행하기 힘들다. 20L짜리 물통조차 구비되어 있지 않은 가정이 대다수일 것이다.

차량휴대용 혹은 야외용 간이변기

차량휴대용 혹은 야외용 간이변기가 시중에 판매되고 있다. 어떤 것은 두꺼운 종이박스로 돼 있어 평소에는 접혀 있고, 사용 시 설명서대로 펴놓으면 앉을 수 있는 작은 변기가 된다. 안에는 응고제가 있어서 어느 정도의 대소변을 흡수하고 처리할 수 있다. 한두 개 정도는 사볼 수 있지만, 가격이 비싸고 처리할 수 있는 양 역시 장기재난 시에는 역부족이다.

단독주택용 간이 화장실

마당이나 야외 빈 공간이 있는 단독주택에서 제일 좋은 방법은 간이 화장실을 만드는 것이다. 땅을 파고 항아리나 큰 플라스틱 통을 묻은 다음 판자나 천 등으로 주변에 가림막을 만들면 된다.

공동주택용 비상 화장실

아파트 같은 공동주택이라면 비닐봉투나 쓰레기봉투를 이용해야 한다. 20L 플라스틱 통 위에 변기커버를 떼서 올리고 안쪽에 크기에 맞는 비닐봉투를 접어서 붙여준다. 양변기 자체에 이런 식으로 비닐봉투를 붙여서 사용할 수도 있다. 단 대변과 소변을 같이 모이게 해선 안 된다. 부패가 더 빨리 진행되고 냄새가 심해지기에 비닐을 따로 사용해서 모아야 한다.

외국 책에선 볼일을 보고 이 위에 흙이나 재, 석회가루를 뿌리라고 하지만, 쉽게 동의하기 어렵다. 도시에선 이러한 재료를 구하기도 어렵고, 흙을 뿌리면 비닐내용물의 무게만 무거워질 것이다. 차라리 적당히 자른 신문지를 위에 덮어주어 냄새를 흡수하게 하고 작은 비닐봉투를 계속 바꿔가면서 이용하는 게 나을 것이다. 남자라면 비닐지퍼백을 살짝 열고 소변 보는 데 몇 번 사용할 수 있다. 이렇게 대소변이 모인 비닐은 너무 많이 담지 말고 잘 묶어서 다시 큰 비닐주머니나 비닐쓰레기봉투에 모아둔다.

아파트 1, 2층에 사는 주민들은 위층에서 던진 똥주머니가 집 앞에 떨어져 터질 수 있다는 걸 감수해야 한다(17세기까지만 해도 파리에선 매일 아침 2, 3층 주택에서 창문 밖으로 대소변이든 양동이를 부었다고 한다). 크고 작은 비닐봉투, 김장 비닐, 쓰레기 봉투 등을 잘 모아두자. 생활용품점에서 2,000원에 살 수 있는 큰 지퍼백이나 위생 비닐팩도 요긴할 것이다.

위생 대처

재난은 항상 사람을 추하고 더럽고 냄새가 나게 만든다. 비상시에 씻는 것보다 굶지 않고 춥지 않게 지내는 게 먼저이기도 하지만, 1차 충격이 지나가고 사태가 장기화되면 생존자들에게 위생은 제일 큰 문제가 된다. 지진과 홍수, 전쟁 등이 끝난 다음 많은 사람들이 질병으로 죽는다. 수질 상태가 나쁘고, 위생을 챙기지 못한 것이 주요한 원인이 된다. 특히 재난 초기 현장 구조시스템이 아직 만들어지지 않았거나 피해 지역이 광범위해서 빨리 수습되지 못하면 피해는 급격하게 커진다. 유아나 아동은 위생 관련 질병에 훨씬 취약하다. 깨끗한 물이 아예 없거나 부족하고, 소독할 수 없다면 약한 어린아이부터 쓰러지기 시작한다. 설사조차도 간단한 약이나 깨끗한 물을 주지 않으면 며칠 이내 죽게 된다. 감염도 흔하고, 피부병도 문제다.

사방 여기저기에 오물과 배설물이 있고, 심지어 사망자가 다수 발생하면 집과 도시 가까운 곳에 묻히거나 공터 빈 곳에 임시로 대충 묻힐지도 모른다(영화 「감기」에선 도시 안 종합운동장에서 수많은 시체를 쌓아놓고 소각했다). 그리고 언제일지는 모르지만 전쟁이나 재난이 끝난 다음에야 다시 파내서 정식으로 매장하게 될 것이다. 아이티 대지진, 쓰촨성 대지진, 남아시아 쓰나미 등 대재앙이 벌어진 한순간에 수만, 수십만 명의 사람들이 희생되면서 이런 일들이 현실에서 벌어졌다.

전쟁과 내전에서도 많은 사람들이 총상이 아니라 작은 상처의 감염 때문에 죽는다. 정말 사소한 것이 사람을 죽인다. 식중독, 설사 같은 증상들이다. 어린이부터 시작해서 노인, 환자, 부상자, 그리고 체력과 면역력, 정신력이 약한 사람들이 그 뒤를 이을 것이다. 단체 위생을 철저히 지키기 힘들면 개인이라도 최소한 신경 써야 하는 이유다.

비상시엔 위생에 관련된 모든 것의 가치가 폭등한다. 휴지, 비닐봉투, 비닐롤, 마스크, 세정제, 일회용 위생용품 등 역시 아주 많이 필요하며 비싸게 거래될 것이다.

대처법

1. 휴지, 종이컵과 그릇, 일회용 식기(종이, 은박, 플라스틱으로 만든 그릇 등), 비누, 락스 등 살균제, 세척제, 파리모기약, 모기장, 장갑(면, 비닐), 김장비닐, 소형비닐팩, 쓰레기비닐봉투, 마스크, 오염방지복, 손소독제, 알코올, 신문지, 물티슈, 여성용품, 기저귀, 일회용속옷 같은 것들은 많을수록 좋다.
2. 물이 없거나 귀해서 씻지 못한다면 최소한이나마 청결을 유지해야 한다. 물 한 바가지로도 세수와 겨드랑이, 사타구니 등을 씻을 수 있다. 그마저도 없다면 물수건이라도 만들어 닦자. 얼굴, 목, 손, 사타구니와 항문 순으로 할 수 있다.

속옷이 더럽고 냄새가 심한데, 빨래하기가 힘들다면 주위의 깨끗한 면 옷을 잘라서 꿰매어 만들어 입자. 시중에는 부직포로 만든 저가형 속옷도 있다. 생활용품점에선 2,000원짜리 면 팬티도 판매한다. 미리 구입해놓으면 비상시에 큰 도움이 된다.

3. 집 안의 가장이나 피난민, 생존자들을 책임진 리더, 수용소의 책임자라면 위에 열거한 사항들을 꼭 잊지 말고 신경 써야 한다. 다른 게 급하다고 위생에 소홀했다간 얼마 후 많은 사람들이 쓰러져갈 것이다. 사람들이 급하다고 아무 데서나 함부로 배변을 하지 못하게 하며, 지정된 장소와 방식을 지키게 해야 한다. 야외라면 화장실과 생활장소를 떨어뜨려 분리하고 쥐나 파리, 짐승들이 오지 못하게 막아야 한다. 할 수 있는 만큼 살균소독을 실시하고 사람들에게도 최소한도의 위생용품과 물을 지급해줘야 한다.

저체온증 생존

일반인이 야외에서 조난을 당하거나 대피 중일 때 가장 위험한 신체 증상이 저체온증이다. 저체온증은 어떤 재난이든 초기부터 필수적으로 맞닥트리게 된다. 철저히 대비를 해야 한다. 물과 먹을 것을 못 먹더라도 며칠은 견딜 수 있다. 하지만 저체온증에 걸려 대처하지 못하면 어이없이 죽을 수도 있다. 특히 비에 젖거나 물에 빠져 옷이 흠뻑 젖으면 서둘러 조치를 해야 한다. 이 상태에서 바람이 세게 불거나 기온이 낮거나 제대로 보온을 못해주면 체온은 급격히 떨어진다. 불과 몇 시간 안에 쇼크사할 수 있다. 심지어 찬물에 빠지면 한 시간 이내에 죽을 수도 있다.

저체온증은 체온이 34~35도 이하로 떨어진 상태를 말한다. 외부적 요인으로 체온이 급격히 낮아지면 혈액순환과 호흡, 신경계의 기능이 느려지며 심하게 떨리고 피부에 '닭살'로 불리는 수축 현상이 일어난다. 좀 더 체온이 떨어지면 피부 혈관은 수축해 창백해지고, 입술도 청색을 띤다. 이때 서둘러 응급조치를 해야 한다 체온이 28~30도 이하의 중증 저체온증 상태가 되면 심장정지가 일어나거나 혈압이 떨어지며 의식을 잃게 된다.

영화 「투모로우」에서 주인공은 친구들과 도서관에 대피하고 구조전화를 걸기 위해 찬물에 뛰어든다. 겨우 통화를 마치지만 저체온증으로 쓰러지는데 이때 여자친구가 옷을 벗기고 알몸으로 감싸주며 체온을 나눠주는 장면이 나온다. 이처럼 주위에 저체온증 환자가 발생하면 최대한 빨리 보온 조치를 해줘야 한다. 젖은 옷은 벗기고, 담요나 침낭으로 감싸주어야 한다. 이런 조치를 할 수 없는 상황이거나 상태가 심각하면 영화에서처럼 사람이 직접 알몸으로 껴안는 것도 좋은 방법이다. 차도 있으면 초콜릿 등 단것과 따뜻한 물을 먹여라. 곧 회복될 것이다.

꼭 젖거나 물에 빠지지 않아도 긴 시간 동안 찬 기운에 노출되면 노약자들은 쉽게 저체온증에 빠질 수 있다. 노인들은 추위를 견딜 수 있는 체지방이 낮고, 대사율이 떨어져 열을 잘 만들어내지 못한다. 피를 많이 흘린 부상자는 세심하게 살펴봐야 한다. 내분비계 이상이 있는 환자들 또한 체온을 유지하기가 어려울 수 있어 각별히 주의해야 한다. 의사는 물론 팀의 리더나 지휘자도 약자나 부상자들의 체온 관리에 신경을 써야 한다.

대처법

1. 준비물품: 배낭이나 긴급 대피가방 혹은 차량에 갈아입을 마른 옷가지(속옷, 양말), 방수재킷(우비)이나 방수 모자, 체온이 제일 많이 빠져나가는 머리 보온 대책물품(겨울용 비니, 방풍고글, 안면두건 등), 개인 보온장치(핫팩, 손난로, 뜨거운 물을 넣는 탕파, 유단포 등), 고열량 음식(설탕이나 초콜릿류), 항상 젖지 않은 상태로 침낭을 유지해줄 물품(방수커버 준비), 소형 전열기
2. 이동할 때 최대한 비를 맞지 않거나 물에 빠지지 않게 주의하자. 리더는 열원(난로, 모닥불)이나 따뜻한 곳, 바람이 덜 부는 곳에 어린이, 여자, 노약자부터 먼저 자리를 배치하여 보호해야 한다.

설사병 응급조치

설사병은 왜 위험한가?

홍수, 지진, 전쟁 같은 큰 재난이 있는 곳에선 설사병이 쉽게 유행한다. 수용소 등 이재민이나 많은 사람들이 모여든 곳에서 쓰레기와 대소변이 잘 처리되지 않아 위생이 제대로 유지되지 않고, 깨끗한 물이 부족해질 때 주로 발병한다. 하지만 오염된 환경 외에도 음식 자체가 조리과정 중에 설익거나 각자의 입맛에 맞지 않아도 그러하다. 재난 이후 겪은 심한 스트레스 때문에 장 앓이를 동반한 설사가 생기기도 한다. 양분을 섭취하지 못한 상태에서 설사가 계속되면 체력이 심각하게 저하된다. 앓아눕게 되고, 탈수증까지 동반하여 최악의 상황에 직면할 수도 있다. 만약 당신이 1차 재난에서 겨우 살아남았지만 곧 설사병을 앓아 몸속 모든 걸 쏟아내고 탈진한다면 아무것도 할 수가 없다. 가족을 위해 음식을 찾거나 은신처의 안전을 확고히 하는 작업을 하거나 침입자를 막는 사주경계 혹은 더 큰 위험을 피해 당장 피신하는 등의 행동을 할 수 없다는 것을 의미한다.

각종 재난사례를 보면 재난에서 살아남은 수많은 사람들이 설사병에 걸려 앓

아픔다가 결국 제대로 된 치료도 받지 못한 채 줄줄이 죽어나가는 지경에 이르게 된다. 그래서 재난 시에 제일 주의해야 하는 것이 바로 설사병에 걸리지 않도록 주의하는 것이다.

설사병과 탈수증

사람이 설사(또는 구토)를 하면 신체는 급격하게 많은 물과 소금기 같은 전해질을 잃기 시작한다. 만약 물과 소금이 빨리 보충되지 않으면 신체는 수분 농도가 떨어지고 몸의 불균형이 생기게 되면서 탈수증이 시작된다. 탈수증 증상으론 어지럼증, 무기력, 정신 이상, 불면, 불안, 환각, 체온 상승을 겪게 되고, 눈이 흐릿하거나 입술과 혀가 마르기도 하고, 소변이 나오지 않거나 나오더라도 소량에 진한 빛을 띠게 되는 등 정신증세와 신경증세가 나타난다.

설사 응급 조치제 ORS(Oral Rehydration Solution)

심각한 탈수는 죽음의 원인이 될 수 있다. 탈수증 초기에 즉각 물을 마시게 해야 한다. 조치를 취하지 못한 상태로 한참 동안 진행되었다면 링거액이나 정맥주사를 투여한다. 사정상 제대로 된 의료치료를 할 수 없을 때는 직접 ORS(Oral Rehydration Solution, 설사 응급 조치제) 용액을 만들어 먹여야 한다.

ORS는 제3세계의 수많은 사람들이 설사와 탈수로 고통 받고 죽어가는 걸 막기 위해 2002년 세계보건기구와 유니세프가 ORS 권장 제조법을 발표했다. 구성물은 비싸지도, 특별한 것도 아니다. 주위에서 쉽게 구할 수 있는 소금과 설탕 등을 적절한 비율로 첨가해서 만든 것으로, 보다 자세한 내용은 다음 웹사이트

ORS의 재료.

에서 확인할 수 있다(http://rehydrate.org/index.html).

ORS는 염화나트륨 3.5g, 구연산염 2.9g, 염화칼륨 1.5g, 포도당 20g으로 구성되어 있다. 하지만 물자가 부족한 곳이나 가정에서는 소금과 설탕만으로도 사용이 가능하다. 끓인 물 1L에 소금 3g(반스푼), 설탕 18g(4~6스푼), 물은 반드시 깨끗한 물(정수·살균·소독되거나 끓인 물)을 이용해야 한다.

또한 오렌지주스 반 컵이나 바나나, 비타민 알약을 갈아 넣어주면 더 효과가 좋다. 다 만들어진 ORS 용액은 오래두면 상할 우려가 있기 때문에 24시간 안에 다 복용해야 한다. ORS 용액도 한 번에 다 먹기보단 조금씩 시간을 두고 먹고, 설사 한 번에 ORS 두 잔 분량을 먹는다. 어린이는 한 잔만 먹인다. 그 외 미음도 좋다. 하지만 콜라 같은 음료수나 이온음료는 너무 달아서 탈수와 설사를 재유발할 수 있다. 정 먹이려면 물을 타 농도를 연하게 한다. 진한 소금물도 몸속에 들어가면 내부 탈수를 일으킬 수 있기 때문에 주의해야 한다.

명심해야 할 것이 있다. 바로 ORS는 설사를 멈추게 하지 않는다는 사실이다. 설사치료제가 아니다. 대부분 설사는 2~3일 만에 자연적으로 낫는데, ORS는 이 기간 동안 몸속에 수분과 전해질을 보충해주어 빨리 회복할 수 있도록 역할

ORS는 시판제품도 있지만 직접 간단히 만들 수도 있다.

을 한다.

해외에는 알약 형태로 파는 것도 있는데(대략 6달러), 국내에선 없고 비슷하게 전해질 보충용으로 이온음료 가루가 판매되고 있다. 하지만 유통기한이 무척 짧고 가격도 만만치 않아서 굳이 사기보다는 ORS를 만드는 법(비율)을 잊지 않는 것이 낫다.

재난대비에 관심이 있다면 깨끗한 소금과 설탕, 비타민알약을 식용과 별도로 ORS용으로 조금 나누어 가지고 있는 것이 좋다. 만약 국가적 대재난이 생기고 많은 곳에 시민들이 수용되어야 한다면 현지 관리자도 이러한 방법이 있다는 것을 꼭 사전에 인지하고 준비해야 할 것이다.

휴대용 ORS백 만들기

ORS(설사 응급 조치제)는 재난상황에서 설사와 탈수증으로 고통 받지만 제대로 된 치료를 받지 못할 때 유용하게 쓰일 것이다. 누구나 스스로 만들 수 있는 ORS는 약간의 설탕과 소금이 필요하다. 하지만 비상시에는 이것조차 쉽게 구하지 못할 수도 있다. 특히나 몸만 겨우 빠져나와 다른 곳으로 이동했다면 더욱 그럴 것이다. 따로 준비해야하는 이유다. 이 역시 효과적으로 보관하며 휴대할 수 있는 방법이 있다.

휴대용 ORS백 만들기

1. 쓰고 남은 믹스커피 봉지, 비타민 한 알, 소금 반스푼, 설탕 4~6스푼을 준비한다. 이 재료들은 물 1L 기준으로 ORS 용액을 만들 때 필요한 것이다. 쓰고 버린 믹스커피 봉지는 아주 좋은 보관 용기가 된다. 사람들은 대부분 하루에 믹스커피 두세 잔을 마시고 봉지를 버린다. 하지만 이것은 공기와 수분을 차단해주면서 크기가 적당해 휴대가 간편하다. 또한 작업하는 방식도 쉽다. 버리지 말고 유용하게 재활용하도록 하자.

2. 믹스커피 봉지는 절반 혹은 2/3 정도가 필요하다. 반으로 자르면 두 개도 사용할 수 있다. 먼저 안에 묻은 프림이 상하기 쉬운 탓에 물로 깨끗하게 씻어 말린다. 그리고 비타민 한 알 또는 반 알, 소금 반 스푼, 설탕 4~6스푼을 준비한다.

3. 이것들을 준비한 믹스봉지 안에 잘 밀어 넣는다.

4. 믹스봉지 안에 내용물이 충전되면 끝을 잘 봉한다. 시중에서 구할 수 있는 비닐 밀봉기로 여러 번 그어주자. 없다면 집에 있는 고데기를 이용하면 된다. 충분히 달궈준 후 고데기로 끝부분을 눌러주면 된다. 비닐밀봉기는 선으로 밀봉이 되지만 고데기는 넓은 면으로 밀봉이 되어 더 튼튼하다.

이렇게 준비한 소형 ORS 백은 대피가방이나 의료상자에 넣어두자. 휴대하기도 쉽고 장기적으로 보관할 수 있다. 물론 라벨을 붙여서 다른 사람도 쓸 수 있도록 해야 한다. 필요할 때 봉지를 뜯어서 물 1L에 섞어주면 바로 이용할 수 있다.

구급 의약품 준비

오지여행가 한비야 씨는 아프리카나 중동 등 오지로 갈 때 마이신 같은 항생제를 꼭 다량으로 준비한다고 한다. 본인이 먹어도 되지만 그곳 사람들은 그 흔한 마이신조차 없어서 제때 치료받지 못해 어이없이 죽는 경우를 많이 봤기 때문이다. 한국에서 3,000원에 산 마이신 한 박스, 소독약이 현지인들의 목숨을 구한 것이다. 문제는 우리가 사는 이 도시도 어느 한순간에 난리 통이 벌어져 상처소독약이나 감기약 하나 구하지 못해 생사의 갈림길에 설 수 있다는 것이다. 작은 감기나 몸살기를 제때 치료하지 못하면 폐렴으로, 작은 상처가 파상풍으로 위급해질 수 있다. 일본과 중국의 대지진, 필리핀의 태풍수해 재난현장이 이를 잘 보여줬다.

대재난은 슈퍼마켓, 약국, 병원 등 가리지 않고 당신에게 꼭 필요한 것들까지 다 부숴놓는다. 자연재난에 무사했다고 해도 뒤따라온 사람들에게 조만간 털릴 것이다. 의료 인력이 있다 해도 다친 사람들이 밀려오면 재고의약품과 장비는 곧 동이 날 것이다. 다친 아이를 안고 몇 시간 동안 폐허 속을 걸어 병원에 도착했다 하더라도 병원 입구 앞에 가득 모인 수많은 환자와 보호자들이 먼저 순서를 기다릴 것이다.

　이러한 현상은 대재난 현장에만 벌어지지 않는다. 태풍이나 지진, 폭동, 전쟁이 없어도 벌어지기도 한다. 금융위기가 터지고 남부 유럽으로 불꽃이 튄 2012년 스페인, 그리스, 포르투갈에서 실제로 벌어졌다. 강력한 긴축을 시작한 이들 남유럽 국가들은 공무원, 교사, 경찰, 우체국 인원을 정리하며 병원 인력까지 절반 가량 강제로 해고했다. 의사, 간호사를 비롯해 사무 인력들이 모두 거리에 나와 시위에 참가했다. 시위는 몇 달 동안 이어졌다. 예산 부족으로 의약품을 수입하지 못하자 기존 재고 약품 값들도 몇 배로 폭등했다. 병에 걸리거나 다친 사람들이 인근 대형 병원에 가도 치료받지 못하는 사태가 벌어졌다. 문을 연 병원, 의사가 있는 병원, 약품이 남아 있는 병원을 찾아 몇 시간을 헤매게 되었다. 겨우 찾아간 병원은 수많은 환자들로 인산인해를 이루었고, 약값 및 치료비는 몇 배로 폭등했다. 나중에는 약과 주사기마저 떨어져 환자가 구해온 주사기를 받아 놔주는 일까지 벌어졌다. 대재난이 아니더라도 국가 기능의 마비는 식량과 물 공급, 통신, 치안, 의료까지 모든 것을 붕괴시켰던 것이다.

　의료보험으로 악명 높은 미국에선 스스로 상처를 꿰매는 의료키트 등을 마트에서 판매한다. 사람들은 유튜브 등을 통해서 치료법을 서로 공유하기도 한다. 중국에선 어느 가난한 사람이 폐품 등을 재활용해 신장투석기를 만들어 사용하기도 하고, 아프리카에선 폐차부품을 이용해 인큐베이터를 만들기도 한다. 살고 싶다는 생존 욕구가 불가능을 가능케 한 것이다.

　제대로 된 의료기술과 경험이 없다면 개인이 할 수 있는 것은 별로 없다. 하지만 최소한의 준비는 할 수 있다. 이러한 준비는 위급상황에서 도움이 될 것이다. 몇 가지 필수의약품과 붕대 등 의료장비 정도라도 구비해두면 든든하다. 단 모든 약들은 유효기간이 있으니 구입할 때 유효기간을 잘 살펴보고 진공포장이나 유리병 등에 담아 약효가 좀 더 오래 유지되도록 해야 한다.

지금 해야 할 일들

평소 "이 정도는 참을 수 있다", "나중에 시간이 되면 치료 받아야지" 하고 미뤄두었던 일들을 지금 당장 해결한다. 갑자기 재난이 닥치면 평소 사소해 보이던 증상들이 당신을 죽음으로 몰아가는 요인이 될 수도 있다.

병원을 찾아가 진료 시작하기

치아, 두통, 변비, 치질, 위장병, 자가면역질환, 신경성 각종 증상, 상처 등 아픈 곳이 있거나 치료할 예정이라면 최대한 빨리 치료해놓자. 치과치료처럼 오래 걸리는 것은 지금 바로 병원을 찾아서 치료하자. 지금은 의료보험으로 수준 높은 시설에서 값싸고 여유 있게 치료할 수 있지만 비상시에는 쉽지 않을 것이다. 당신이 바닥을 뒹굴 만큼 치통을 앓는다고 해도 상태가 더 위급한 외상환자를 치료하느라 당신은 한참 밀려날지도 모른다. 몸 어딘가가 이상하고 언젠가 치료할 생각이라면 지금 당장 병원을 찾아서 진료를 시작하라. 평소 지병이 있어 약을 먹거나 정기 치료를 받는 사람이라면 재난 시 제때 치료 받기 어려울 것이다. 먹는 약이라도 몇 달간 여유분을 비축해놓자. 외국 여행이나 출장을 가야 한다거나 친분이 있는 의사에게 부탁하거나 혹은 의료분업화 제외 지역인 시골의 약국을 가서도 구할 수 있을 것이다. 준비한 약은 세척한 '박카스' 병 등 작은 유리병 안에 공기가 들어가지 않게 포장하여 겉면에 약품명과 유효기간 등 라벨을 써 붙이고 냉장고 한쪽에 보관한다. 물론 유효기간이 되기 전에 새로 받은 약 대신 먹으며 순환소비를 하면 된다.

적절한 운동과 건강한 식습관 유지하기

평소에는 운동과 적절한 식습관을 유지하고 건강에 신경을 써야 한다. 술, 담배도 끊거나 최소한으로 줄여나간다. 집이나 직장에 도착하기 전 한 정거장 먼저 내려서 걷는 연습, 엘리베이터를 타지 않고 계단을 오르는 등 생활 속에 작은 노력만으로도 건강을 유지할 수 있다. 중국의 쓰촨성 대지진 때 초등학교가 붕괴되어 외동딸을 잃은 한 중국인 40대 가장은 이후 새 아이를 가졌고, 그때부터 술과 담배를 끊고 매일 저녁 달리기를 한다는 사연이 TV에 보도되었다. 언제고 또다시 대지진이 올 수도 있다. 그는 그때를 대비해서 지금 자신의 건강을 지키고 체력을 비축하는 것이 갓 난 딸아이와 가족을 책임진 가장의 의무라는 걸 느꼈다고 했다.

예방주사 접종

각종 예방주사도 챙겨서 맞아두자. 파상풍, 디프테리아, 백일해(3종단일제제), 간염, 홍역, 유행성출혈열, 수두, 독감, 일본뇌염, 대상포진, 인유두종바이러스 등 성인이 맞아야 하는 것도 많다. 접종했더라도 시간이 오래되었다면 효과가 없다. 또한 주기적으로 맞아줘야 하는 것도 있다. 자신에게 맞는 것을 찾아서 접종해두자. 그리고 의료기록이나 진단서를 복사해두자.

비상약품 준비

평소 집 안팎에서 일어날 수 있는 크고 작은 각종 사고 그리고 태풍이나 지진 등 갑작스러운 재난에서 대처하기 위해 상비의약품과 의료용품, 긴급 구급용품이 필요하다. 단 증상 정도와 성인, 아이, 임산부, 체중에 따른 적절한 약 복용이 다르니 주의해야 한다. 약품의 준비는 가족 수가 얼마나 되느냐와 건강 상태에 따라 다르다. 또한 특정 약을 복용하면 피로를 느끼거나 오한, 발열, 식욕부진, 소화장애, 변비나 설사와 같은 이상증세나 알레르기 반응이 나타날 수 있다. 이 때문에 평소 먹어보고 문제가 없는 의약품들로 준비해놔야 한다.

약품은 어린이들의 손이 닿지 않는 곳에 보관하거나 간단한 잠금장치를 해놓고, 한편으로 단단히 교육을 시켜야 한다. 습기가 많거나 온도가 높거나 햇빛이 닿는 곳도 약이 변질될 우려가 있으니 피해야 한다. 세척된 '박카스' 병 등에 넣거나 진공포장을 한 다음 정확한 용도를 알 수 있도록 라벨을 붙여서 큰 플라스틱 통에 넣어 잘 안 쓰는 건넌방, 보조냉장고 등에 넣어 보관하면 된다. 재포장을 한다고 알약만 떼어 넣으면 나중에 무엇인지 잊을 수 있으니 제품설명서나 제품포장 겉면을 잘라 병 속에 같이 넣거나 겉면에 투명테이프로 붙이면 나중에 쉽게 알아볼 수 있다. 규정된 용량과 복용 회수를 같이 표시해두자. 아이들은 과잉 복용으로 부작용이 일어날 수 있다. 성인은 용량 미달로 효과는 적고, 면역성만 증가시킬 수도 있으니 주의하자.

구급함이 당신의 가족을 구한다

지금까진 서랍 안이나 종이상자 안에 대충 약들을 넣어놨다면 제대로 된 구급함을 준비하자. 튼튼하며 잘 정리된 구급함은 사용하기도 쉽고 비상시 바로 들고 나가기도 쉽다. 플라스틱으로 된 가정용과 천으로 된 야외용 구급함이 있다. 무리가 안 된다면 두 가지 다 준비하라. 작은 플라스틱 구급함은 인근 생활용품점에서도 저렴하게 구입할 수 있다. 하지만 반드시 튼튼한지, 쉽게 상자가 열리는지 확인해봐야 한다. 상자만 구입해서 다음에 나올 약품과 용품들을 하나하나 사서 채워 넣으면 된다. 하지만 잘 모르거나 시간이 없다면 상자 안에 기초 의약품과 용품이 모두 다 들어가 있는 올인원 구급품 킷을 구할 수도 있을 것이다. 붕대, 연고, 거즈, 탈지면, 가위, 소독약 등이 들어 있으며 인터넷 전문 사이트에는 크기별(대·중·소), 용도별(가정용, 야외용), 가격대별로 다양하게 판매하고 있다. 구성품 대비 조금 비싼 듯하기도 하지만 한 번에 중요 물품들을 구입할 수 있다는 장점이 있다.

붕대와 반창고

붕대와 반창고는 반드시 구급함에 챙겨넣어야 할 필수 의약 외품에 속한다. 자연재난이나 전쟁 등에선 외상을 입기 쉽다. 총탄 상처부터 무너지는 파편에 다치거나 찔린 상처, 지나가다가 긁힌 발가락의 작은 상처까지 다양하다. 오염되고 열악한 상황에서 바로 치료해주지 못하면 작은 상처로도 어이없이 죽을 수 있다. 붕대와 반창고를 이용해 서둘러 상처를 봉하고 2차 감염을 차단해야 한다. 작은 상처는 일회용 반창고를 붙이지만, 저가형 반창고는 얼마 못가 떨어질 수도 있다. 넓은 상처 부위에는 붕대나 거즈를 이용하며 상처가 심하게 벌어진다면 청테이프 등을 이용해 고정시켜야 한다. 압박붕대는 출혈이 있을 때 단단하게 감아주면 지혈에 효과가 있다. 하지만 너무 오랫동안 감아두면 피가 통하지 않아 그 부위 세포가 괴사할 수 있다. 사용시간을 짧게 하고 가끔 풀어주어 피를 통하게 해야 한다.

소독약과 바르는 항생제를 준비하라

칼이나 쇳조각, 콘크리트나 유리 파편에 피부가 찢기면 지혈 후 바로 소독해야 한다. 소독용 의약품으로는 소독용 알코올, 포비돈 요오드액이 있는데, 대형마트에서도 구하기 쉽다. 그러나 손가락이 잘렸을 때 소독약을 사용하면 접합수술을 할 수 없게 된다. 깨끗한 물로 닦아낸 비닐에 넣어 얼음에 채워서 병원으로 서둘러 옮긴다. 감염을 막고 상처가 얕을 때 사용하는 바르는 항생제도 준비하자. '후시딘', '마데카솔', '박트로반' 연고 등을 쉽게 살 수 있다. 주요성분은 푸시딘산, 무피로신, 겐타마이신, 바시트라신, 네오마이신, 폴리믹신B 등이며 성분이 들어가 있는지 확인하자. 다만 눈 부위나 너무 넓은 부위에 발라서는 안 된다. 최근에는 좀 더 간편한 젤타입 밴드가 나와 있다.

진통제와 해열제 준비

다쳐서 간이치료만 겨우 받았다면 얼마 안 있어 진통에 시달릴 것이다. 외상이 없더라도 생존과정에서 극심한 스트레스를 겪고 처참한 광경을 목격한다면 신경성 통증에 시달릴 수 있다. 증세는 두통, 치통, 복통으로 나타날 수 있다. 일시적으로 나타날 수도 있지만, 간헐적으로 지속될 수도 있다. 진통제는 이때 통증을 완화시키는 데 사용할 수 있다. 가벼운 진통에는 시중에서 파는 아스피린, '펜잘', '타이레놀' 등을 이용하면 된다. 구하기도 쉬우니 적당히 준비해두길 추천한다. 하지만 강한 진통에는 마약성 진통제가 필요하다. 코데인, 트라마돌, 모르핀, 페타닐, 옥시코돈, 하이드로몰폰 등이 있다. 하지만 개인은 구하기 어려울 것이다. 참고로 출혈환자에게 아스피린은 위험할 수 있다. 진통제는 아플수록 정량을 초과하여 복용하기 쉬운데 꼭 정량을 지켜야 한다. 진통제를 과다 복용하는 것은 위험을 초래하므로 주의해야 하고 서둘러 병원을 찾아 근본적인 치료를 받도록 한다.

어린이가 있는 가정이라면 해열제를 꼭 비치해야 한다. 면역력이 약한 아이들은 원인 모르게 고열이 나서 위험한 상황에 처할 수 있다. 열 발생은 감기 치료에 도움이 되지만 과도한 열은 기타 합병증을 유발한다.

감기약 및 알레르기 비염약

집이 아닌 야외에서, 게다가 옷도 제대로 입지 못하고 심지어 젖어 있기까지 한다면 감기에 걸리기 쉽다. 생존에 대한 큰 스트레스는 면역력을 떨어뜨려 쉽게 병에 걸리기도 한다. 오한과 발열, 콧물 등 감기증세가 심해지면 체력이 저하는 되는 것은 물론 병으로 진행될 수 있다. 감기기운을 초기에 막아야 하는 이유다. 종합감기약도 좋지만 증상별 감기약도 비치해두자. 발열, 콧물, 목통증, 기침, 가래 등 전문 감기약들이 많이 나와 있다. 이들 약은 효과도 좋다. 아이가 있는 집에서는 아이 전용 감기약을 따로 준비해놓자. 시럽으로 되어 있고 맛이 달콤해 아이들도 거부하지 않을 것이다. 또한 알레르기성 비염이 있는 사람도 관련 약을 준비해두자. 갑자기 야외에서 찬바람과 꽃가루 흙먼지 등을 맡으면 알레르기성 비염이 도져서 정신을 차리지 못할 수 있다.

지사제 및 변비약

이재민수용소에서 제일 우려하는 것이 수인성 전염병이다. 지급되는 물과 식량도 불결하기 쉽고 쓰레기 및 오폐수도 바로 앞에 버려지기 때문에 설사에 걸리기도 쉽다. 설사가 계속되면 탈수를 일으키고 체력이 급격하게 고갈된다. 잘 먹지도 못하는데 설사까지 지속된다면 치명적이다. 오래 버티기 힘들어진다. 앞서 설명한 ORS 용액을 만들어 복용하면 회복에 도움이 된다. 지사제는 설사를 멈추게 하는 약으로 중요하다. 반대로 변비약도 필요하다. 큰 충격을 받고 앞으로의 생존 고민은 장에 문제를 일으킨다. 음식물도 양이 적거나 라면 같은 인스턴트식품만 섭취하게 되면 변비에 걸린다. 변비 자체가 해롭지는 않지만, 기간이 길어진다면 음식 먹기가 힘들어지고 가스가 차서 장이 아파오며 탈장, 치질, 혈변의 우려가 있다. 이런 질병은 이동할 때도 악영향을 미친다.

이동시 필요한 모기약 준비

잠은 인간이 다음 날 정상적인 생활을 할 수 있게 해주는 가장 중요하며 기초적인 생리작용이다. 만약 재난으로 대피를 하거나 야외에서 잠을 잘 때 모기에 시달리면 잠도 설치고 피로한 육체를 회복할 수가 없다. 그 여파로 다음 날까지 피로가 풀리지 않아 피난이나 대피에도 제 힘을 발휘할 수 없고, 주의력 결핍으로 위험에 빠질 확률이 높아진다. 또한 말라리아나 일본뇌염 같은 모기로 인한 감염도 우려된다. 모기약을 준비하자. 어린아이들은 특히 물리기 쉬우니 유의하자. 물렸을 때 바르는 것과 쫓을 때 쓰는 것 모두 필요하다. 바르는 모기약은 효과도 좋아 금방 진정된다. 퇴치제도 바르는 것, 붙이는 것, 태우는 것, 뿌리는 것 등 다양하게 나와 있다. 모기장 망을 따로 준비하는 것이 제일 효과가 좋다.

기타 필요한 것들

수면제, 안약, 가위 및 집게, 핀셋, 칼, 체온계, 혈압계, 부목, 비누, 손세정제, 고무장갑, 비닐장갑, 선크림, 바늘과 실, 비닐지퍼백(크기별로), 비닐주머니, 물티슈, 붙이는 파스, 물파스, 우황청심환, 알코올, 주시기 및 바늘, 수액주머니, 뜸 및 사혈침, 무릎·발목 보호대, 근육테이프, 혈당계, 비타민제, 포도당캔디…….

재난 시 응급처치

재난영화는 생존에 관한 아주 좋은 교재다. 재난상황이 일어날 때 벌어질 수 있는 상황을 현실감 있게 보여준다. 「투모로우」라는 재난영화에 다음과 같은 장면이 나온다.

지구에 갑작스럽게 빙하기가 닥쳐오고 주인공 일행은 도서관에 갇힌다. 그런데 여자친구가 대피과정 중 다리를 다치고 정신을 잃고 쓰러지더니 순식간에 열이 펄펄 끓어오른다. 심각한 상태인 것 같은데 의학지식이 없는 사람들은 무슨 병인지 몰라 우왕좌왕할 뿐이다. 먼저 병명을 알아야 치료가 가능한데 그들은 일반인이기에 아무런 의학 지식이 없다. 그때 도서관 사서가 이런저런 증상을 종합해보고 파상풍인 것 같다고 말한다. 도서관 한쪽에 있던 의학 서적을 찾아서 증상을 확인하고 병명을 알아낸 것이다. 그리고 파상풍을 치료하기 위해 페니실린 같은 강력항생제가 필요하다는 것도 책에서 알아낸다.

지금까지 우리는 재난대비에 필요한 이런저런 비상식량과 장비, 물을 정수하는 방법 등 여러 생존법을 살펴보았다. 각 분야로 테스트를 거친 실전적인 좋은 자료들이지만 뭔가 빠진 듯한 느낌이 들 것이다. 그게 뭔지를 알지만 당신의 실력, 노력으론 크게 어쩔 수 없는 것 바로 의료분야이다. 비상시 당신과 당신의 가족, 주위 사람들이 대피하는 도중 다칠 수도 있지만 병원에 가거나 의사에게 보이기 힘든 때가 있을 것이다. 제대로 된 의료적 치료를 받을 수 없다면 작은 상처나 부상, 감염이 악화되어 생사를 좌우하고 어이없는 죽음으로 몰 수도 있는 크나큰 문제인 것이다.

재난 시 닥칠 수 있는 응급상황들

- 폐허 속을 헤쳐 나가다 쇠 파편이나 못에 상처를 입었다. 그 치료법은?
- 칼에 베어 큰 상처를 입고 피부가 벌어졌다. 어떻게 해야 하나?
- 신체 중 눈이 제일 예민하고 다치기 쉬운데, 눈에 대한 간이치료법은?
- 팔과 다리가 찢어졌을 때 붕대 감는 법은?
- 뱃속 어느 부위가 아프다. 그곳에 어떤 장기가 있는가?
- 팔이 부러졌을 때 가지고 있는 옷가지로 고정시킬 수 있을까?
- 산이나 들판 등 야외에선 뱀에 물렸다. 독사인지 아닌지 모르겠다. 확인하는 방법과 대처법은?
- 성인이라면 보통 60~70kg 이상이다. 성인 환자를 부축해 이동하는 법은?(운전자가 제대로 자세를 잡지 못하면 힘만 들고 금세 지치거나 허리를 다칠 수 있다)
- 당뇨병이 있는 가족이 저혈당 쇼크에 빠졌다면?(가지고 있는 단것들, 즉 음료수나 주스, 사탕, 건포도와 같은 견과류 혹은 분유를 타 먹여서 한시라도 빨리 쇼크에서 벗어나게 해야 한다.)
- 눈밭을 헤치고 축축 젖은 신발과 양말을 신은 채로 며칠째 이동 중인데 발 느낌이 이상하다면?(동상이나 참호족 같은 손발 상처치료법들을 정확히 구별해 치료해야 한다)
- 어깨가 탈골되어 아프다. 어떻게 다시 붙여야 할까?

- 응급처치의 기본인 심폐소생술은 조금 안다. 그런데 체구가 작은 어린이에게도 같은 방식을 해야 할까?(유아용 심폐소생술은 따로 있다.)
- 대형빌딩이나 지하철에 비치되어 있는 심박 제세동기의 사용법은?
- 불길에 화상을 입었다. 어떻게 해야 하나?
- 급한 상황에 아내의 출산통증이 시작됐다. 어떻게 아이를 받을 건가?(소설과 영화를 보면 재난 시 의사나 산파 도움 없이 혼자 애기를 낳는 장면이 나온다. 수십 년 전에는 집에서 아이를 낳았고, 할머니들도 애 받는 것에 대략적인 경험이나 지식이 있었다. 하지만 21세기 대한민국은 웬만한 노인들은 산파 역할에 대해 모르는 사회가 되었다. 아기가 자궁에서 나온다 해도 탯줄을 어디쯤에서 잘라야 하는지, 다리가 먼저 나오면 어떻게 해야 하는지에 대해 아주 작은 지식조차 없다. 지금은 다른 모든 분야와 마찬가지로 의료도 전문 고급화됐고, 일반인들에겐 상당히 낯선 분야가 되었다.)

    이러한 응급 상황들이 지금 벌어진다면 바로 119에 전화해서 구급차를 타고 병원으로 가면 된다. 각 분야의 숙련된 전문 인력들이 문제를 해결해줄 것이다. 그러나 오지에서, 재난으로 아수라장이 된 도시에서 혹은 의료기관이 파업 중인 도시에 있다면 그러지 못할 것이다. 스스로 혹은 가족끼리 힘을 모아 응급처치를 해야 하는 상황이 올 수도 있다. 가족이나 일행 중에 의사나 간호사 등 의료 인력이 있다면 다행이지만 대부분 그렇진 못할 것이다. 부상의 심각성 정도는 물론 영화에서처럼 병명조차도 모를 것이며 어떤 약이나 치료장비를 구해야 하는지도 모를 것이다. 심지어 잘못된 민간요법을 적용하다가 다른 피해나 상처가 악화될 여지도 많다.

    최소한의 대비는 영화처럼 책을 준비하는 것이다. 전문적 치료나 근본적 치료는 안 되지만 간단한 응급처치나 병명, 최소한 어떻게 상태를 유지해야 하는지 알 수는 있다. 어쩔 수 없는 최악의 상황이라면 한 손으로 책을 들춰보며 상처를 봉합하고 인공호흡을 하는 등 앞서 열거한 부상사례의 치료에 온 신경을 써야 한다. 심지어 아기를 받아야 할 수도 있다. 의사나 간호사라도 자기 전문분야 이외에는 잘 모르는 경우가 많은데, 이때에도 책이 있다면 큰 도움이 될 것이다.

우리나라에도 생각 외로 응급처치와 각종 의료분야에 민간인들이 참고할 만한 책들이 많이 있다. 인터넷서점에서 검색해보면 관련 분야로 수십 종의 책을 볼 수 있다. 하지만 구비해놓으면 도움이 될 것 같은데, 가격도 만만치 않고 수준이 일반인에게 너무 낮거나 높으면 효용성이 떨어질 수 있다. 대형서점에 나가서 책을 찾아 직접 읽어보며 확인해보자. 인터넷서점에서도 '미리보기'로 수십 페이지씩 살펴볼 수 있는 책이 있으니 참고하면 된다. 관련 카페에서 후기나 추천기 등을 찾을 수도 있다. 나는 『기본응급처치학』이란 책을 가지고 있는데, 가격도 좀 비싸고 일반인들을 위한 책이라기보다는 관련 분야의 교재로 쓰이는 듯 적나라한 상처사진도 많다. 그래도 일반인이 재난상황에서 최소한도의 의학적 지식을 얻기에는 괜찮은 자료들이 많으며 수준도 꽤 높다. 몇 권의 연관 시리즈가 있지만 이 한 권이라도 구비하길 추천한다. 관심이 있다면 다른 관련 책들을 구입할 수 있을 것이다. 지금 당장 책을 읽고 시험공부 하듯 모든 내용을 익힐 필요는 없다. 다만 최소한 증상별 관련 자료가 책에 있다는 것만 알아도 될 것이다. 환자를 치료할 때 2차감염을 막기 위해 라텍스 장갑을 끼고 벗는 법부터 시작하며 인체에 대한 간단한 해부학적 지식도 알 수 있다. 필자는 한쪽 무릎인대가 좋지 않은데, 관련 부위 근육이 어떻게 분포되었는지 책을 통해서 알 수 있었다.

또한 지금은 인터넷을 통해서도 많은 의료정보들을 찾을 수 있다. '구글', '유튜브' 등에선 친절하게 영상으로 치료방법을 보여주고 설명해준다. 미국 등에선 스스로 상처를 꿰매고 치료하는 사람들이 적지 않고, 관련 의료키트도 마트에서 많이 팔리고 있다.

응급처치 서적에 흥미를 느꼈다면 다른 분야의 의료 서적들도 관심이 갈 것이다. 역시 찾아보면 많은 종류의 책들이 있다. 구조현장응급처치, 고등응급처

비상시 의료에 관한 최소한의 준비는 관련 책을 준비해두는 것이다.

치, 심폐소생술, 유아 및 어린이 응급처치, 치과응급처치, 지압, 테이핑요법, 파스요법, 수지침, 뜸과 사혈침, 마사지, 그리고 야생의 약초관련 서적들까지 찾을 수 있을 것이다.

의약품이 부족한 북한에선 약초를 이용한 각종 재래 민간치료법이 발달해왔다. 우리 또한 산과 들판에 널린 약초를 필요에 따라 이용할 수 있다. 단 보통 사람은 약초를 구별하기 힘들고 헷갈리기 쉽다. 책이 필요한 이유다. 지금은 별로 관심이 없더라도 책이라도 준비해두자. 유튜브의 좋은 자료도 비상시에는 다시 찾지 못하거나 삭제됐거나 인터넷에 문제가 있을 수도 있다. 링크를 복사해두거나 컴퓨터에 파일로 다운받아놓자.

생존자 트라우마 심리치료

생존자의 다친 몸을 치료하는 것은 중요하다. 하지만, 다친 마음을 치료하는 것은 더욱 중요하다. 마음의 상처를 간과하고 치료하지 않으면 몸까지 파괴되기 쉽다.

전쟁터에서 귀국한 군인이나 큰 사고나 재난을 겪은 사람들에게서 PTSD(Post Traumatic Stress Disorder), 일명 '외상 후 스트레스 장애'를 보이는 경우가 많다. 우리나라에선 그동안 영화를 통해서만 대략 인식되다가 대구 지하철 방화참사 사건과 최근 세월호 참사사건으로 전 국민에게 일순간 각인되었다.

세월호 참사 후 남성들에 비해 유독 여성들이 더 마음 아파했다. 심리치료 상담도 급증했다. 이것은 '거울 효과'로 공감력이 뛰어난 여성들이 피해자들의 아픔과 고통을 이심전심하여 그대로 느꼈기 때문이다. 특히 어머니로서 자녀를 낳고 키운 경험을 토대로 남의 심정을 헤아릴 줄 아는 동화능력이 큰 여성인 경우 내적 트라우마, 즉 심리적 상처를 더 심하게 입는다는 사실을 증명했다. 생존자들의 심리적 아픔과 고통(트라우마, PTSD)이 그저 개인적인 문제일까? 그렇게 보기엔 너무 무책임하다. 재난의 종류, 특히 자연재해보다는 인위적 재난, 그리고 대규모의 사망자가 발발한 경우에 트라우마(PTSD)의 위험이 더 높다. 또 그 경험이 강렬하고 오래 지속될수록 더하다. 외상 후 스트레스 장애를 치료하지 않고 놔두면 어떻게 될까? 대부분 정상으로 되돌아가거나 때때로 가벼운 증상만 나타나지만 10~20%는 중증으로 악화된다.

트라우마는 마음이 나약하기에 생기는 것일까? 결코 그렇지 않다. 그렇게 말하는 이는 트라우마의 심각성을 인지하지 못하는 사람이다. 특수전 훈련을 거치면서 몸과 마음을 인간의 한계까지 끌어올린 '람보' 같은 특수부대원들조차 전쟁터에서 심리트라우마에 쉽게 시달린다. 미국에선 제대군인들의 PTSD 때문에 큰 사회문제가 되고 있다. 술, 마약 중독, 폭력적 성향, 우울증 등을 넘어서 총기 난사 사건으로까지 번지고 있는 것이다.

트라우마(PTSD)를 인정하지 않거나 제대로 대처하지 못하면 당사자는 각종 문제를 일으킨다. 자기 파괴적인 행동까지도 감행한다. 소속 단체나 사회에도 불안감과 갈등을 야기하고, 폭력 문제 등 각종 악영향을 끼칠 수 있다.

트라우마(PTSD) 증상

- 필요 이상의 불안, 초조, 분노 성향을 보임.
- 우울증, 말이 없거나 반대로 말이 많아짐.
- 자살 충동이나 자해, 자기 파괴 성향, 히스테리
- 강박 관념 혹은 자포자기
- 어둠 속에 혼자 있거나 자는 것을 무서워함, 병적인 공포
- 소화 장애나 위장병 같은 배앓이, 두통, 악몽, 불면증, 설사
- 약물과 알코올 남용
- 슬픔이나 극단적인 엄숙함 등 다른 이들의 감정에 대한 강요와 비난
- 친한 사람조차 믿지 않고 경계함.
- 죄책감, 수치, 자기 비하

치료 및 대처방법

트라우마(PTSD)는 마음이 나약하기에 생기는 게 아니라는 것을 인정하는 것이 중요하다. 그렇지 못하면 환자에 대한 조롱과 비웃음 분노, 차별로 이어지고 치료할 수 없다. 사실 지금도 그렇지만, 전쟁이나 재난 같은 비상시에는 특별한 치료방법도 없다.

다만 환자가 외상 후 스트레스 장애 증상을 보이거나 이를 호소한다면 받아들이고 인정해주어야 한다. 섣불리 "별것 아니니 빨리 잊어라", "마음이 약해서 그러니 강하게 먹어라", "시간이 약이다. 조금 더 인내심을 가지고 기다리면 언젠가 잊힐 것이다" 등의 이야기를 하는 것은 좋지 않다. 피해자들에게는 하나마나 한 이야기이기 때문이다. 치료라기보다는 개인 스스로 잊거나 극복할 수 있도록 도와줘야 한다. 이때 친분을 유지하고 있는 사람이나 가족들의 도움이 절실히 필요하다. 혼자 두기보다는 동료들이 함께 어울려 이야기를 들어주고, 공감하고 있음을 느끼게 해줘야 한다. 그리고 현재 처한 상황과 목적(생존, 위기 극복)을 상

큰 재난에서 살아남은 사람은 트라우마에 시달릴 수 있다.

기시켜야 한다.

　개인뿐만 아니라 큰 집단이나 국가 전체적으로도 감당하기 힘든 재앙(전쟁이나 재난, 사고)이 일어날 경우 수많은 사람들이 집단 트라우마(PTSD)에 시달릴 수도 있다. 세월호 참사같이 생존자뿐만 아니라 사건을 지켜본 많은 사람들까지 영향을 받는다. 지도자 및 구호기관에서도 이를 중요하게 여기고 전담 상담팀을 두어 사전에 PTSD 증상 확산을 막아야 한다.

더 로드
(The Road)

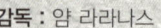

감독 : 얌 라라나스
출연 : 카르미나 빌라로엘, 리안 라모스, TJ 트리니대드
줄거리 : 어느 날 갑자기 잿더미로 변해버린 세계, 살아남은 아버지와 아들은 굶주림과 혹한을 피해 남쪽으로 떠난다. 공포에 질린 아들 때문에 아버지는 카트에 실린 약간의 물과 기름, 식량을 누군가에게 뺏기지 않을까 한순간도 긴장을 늦추지 못한다. 인간사냥꾼이 되어 버린 생존자들에게 쫓기던 아버지는 마침내 아들 앞에서 살인을 저지르고 만다. 그들은 과연 따뜻한 남쪽 바닷가에 무사히 도착할 수 있을까?

하루아침에 잿더미로 변해버린 세상, 하늘도 해가 보이지 않고 잿빛 구름에 휩싸여 있다. 그렇다, 종말이다. 생존자 가족인 아버지와 아들은 굶주림과 추위를 피해 남쪽으로 길을 떠난다. 하지만 먹을 것은 떨어지고 살아남은 몇 안 되는 생존자 사이에서도 서로의 가진 것을 빼앗기 위해 첨예한 싸움이 벌어진다. 더 무서운 건 인간사냥꾼들이 나타나 위협을 가한다는 것. 아버지와 아들은 위험을 피해 남쪽에 다다를 수 있을까? 암울한 세상에서 생존을 향한 숨 막히는 그들의 여정이 시작된다.

인류의 종말과 큰 전쟁, 자연재해를 다룬 영화는 많지만 그 이후를 다룬 영화는 많지 않다. 이 영화는 종말 그 이후의 생존자의 이야기인데, 무척 암울하다. 전쟁인지 자연재해인지 모르지만, 인류는 종말을 맞이하고 살아남은 사람들은 극소수에 불과하다. 하늘은 하루 종일 구름이 끼어 있어 암울하고 땅은 황량하다. 곡식도 자라지 못한다. 얼마 안 남은 생존자들은 사람을 죽여 식인을 하기 시작한다. 힘이 없는 사람들은 도망치고 사냥당한다. 이런 지옥 같은 세상에서 아버지는 아들을 지키고 희망을 찾을 수 있을까? 정말 인류의 종말 후 이런 세상이 도래한다면 살아남는 것보다는 죽는 것이 나을지도 모르겠다는 생각도 들게 한다. 인상 깊었던 장면은 신발을 갖기 위해 서로 싸우는 것과 지하 비상식량 창고가 큰 역할을 하는 것이다.

프리퍼 등 재난대비자에게 유명한 영화이다. 화려한 액션이나 볼거리는 없지만 재난 이후의 무서움을 뼈저리게 느끼게 해준다. 비상식량이 얼마나 중요한지, 튼튼한 신발이 얼마나 귀한지 느끼게 해준다. 인류가 언젠가 겪을지 모를 대재앙 앞에 비상식량을 미리 준비한다고 살아난다는 보장은 없지만 일단 살아난다면 식량은 반드시 필요할 것이다. 준비는 항상 기회를 더 열어준다.

도시 생존법

제10장

각종 재난에서의 도시 생존법

도시에서 각종 재난이 발생할 때를 대비하여 어떻게 준비하고 대응해야 하는지를 알아보자.

재난 시 도시 생존법

1. 한국도 각종 재난에서 안전지대가 결코 아니라는 것을 인식한다.
2. 광범위한 대재난 발생 시 정부와 119 구조대가 모든 이들을 돕기 힘들다는 현실적 한계를 인정하고, 나와 가족의 안전을 위해 독자적 생존방안을 준비하자.
3. 비상시 일정기간 가족이 먹을 비상식량을 준비하고 물을 확보하며 오염된 물을 정수할 방법을 찾아놓는다(도구, 사용법 등).
4. 단전, 단수, 가스 차단, 통신 단절, 도시 마비를 대비한 각종 비상장비를 준비한다.
5. 미리 재난을 체험해보자. 태풍, 지진, 쓰나미, 전쟁 등 재난 피해지역의 뉴스 보도와 보스니아, 중동 등의 전쟁 생존담, 각종 재난 영화를 보면서 미리 재

우리에게 익숙한 도시가 어느날 갑자기 정글이 될 수 있다.

난을 간접체험하자. 먼저 겪고 살아남은 그들의 이야기는 내일 내가 사는 방법을 알려줄 것이다. 각 도시에 있는 재난체험 시설을 가족과 견학해보자.

6. 재난대비에 관한 실질적이고 전문적인 자료를 찾아보자. 책을 찾아보고 관련 인터넷카페에서 개인 생존대비를 먼저 시작한 사람들의 경험과 노하우를 찾아본다(인터넷엔 각종 재난 관련 동호회와 카페, 블로그가 많다. 하지만 생존에 관한 당신이 할 수 있는 실질적인 방법을 알려주는지, 사람들을 겁주고 선동하는 건 아닌지 반드시 확인하자. 종교적 색채가 진하거나 신비주의적인 분위기를 풍기는 곳이나 저자도 피해야 한다).

재난의 종류별 개인 대처 방법

재난은 사전에 인간이 예견하기 힘들다. 당신이 재난 속에 있다면 이 아수라장이 빨리 끝났으면 좋겠다고 혹은 꿈이었으면 좋겠다고 기대해도 별 소용없다. 전쟁을 포함해 각종 자연재해나 경제공황 혹은 사고는 언제 닥쳐올지 모르고 그 규모도 각기 다르다. 며칠 만에 그칠지 아니면 몇 달이나 몇 년이 계속될지 아무도 모른다. 심지어 재난 하나만 오는 것으로 끝나지 않고 다른 재난들이 손에 손을 잡고 연달아 찾아올지 모른다. 실제 2011년 동일본에는 역사상 전무후무했던 강력한 쓰나미가 밀려왔고, 이후 원전 연쇄폭발이라는 믿기 힘든 대참사가 연달아 찾아왔다.

종류별 재난 대처법

역사적으로 지진이나 홍수 같은 자연재해는 식량난과 굶주림, 전염병의 유행 그리고 폭동 같은 재난들이 꼬리를 물고 닥쳐왔다. 하지만 무시무시한 각기 다른 재난도 특징과 패턴이 있다. 공통된 몇 가지 중요 요소에만 집중하고 대응하면 일반인들도 피해를 최소화하고 보다 쉽게 극복하고 빨리 이겨낼 수 있다. 예측이 힘들다면 대응에 집중해보자. 아무리 사나운 맹수도 인간이 길들이는 것처럼 각 재난 시 일어날 상황들을 관리, 통제할 수 있을 것이다.

지구 종말적 대재난

- **재난의 종류:** 영화 「2012」(지각변동)나 「노잉」(태양폭풍), 「딥임펙트」(혜성충돌) 같은 개인이 어찌할 수 없는 대재난.
- **대처법:** 없다. 모든 준비가 불필요하다. 차라리 평소 가족, 친구, 애인과 즐겁게 웃고 지내며 마지막 순간까지 행복한 삶을 사는 것이 낫다.

짧고 강력한 일시적 재난(거의 대부분의 재난, 1년 이내 종료)

- **재난의 종류:** 지진, 화산폭발, 쓰나미, 수해, 태풍, 폭동, 내전, 블랙아웃(전국적 정전), 인터넷망 붕괴, 사회 혼란, 신종 전염병 및 질병 발생, 태양폭풍 피해.
- **대처법:** 1년 이하 혹은 수개월간 지속되는 단기간형 재난.
- 안전한 집에서(아파트 및 도시 거주도 마찬가지) 상황이 안정될 때까지 최대한 오래 버티기, 가족이 먹을 비상식량과 물, 장비가 필요(1·3·6개월분 순으로 비축. 1년 이상 분은 힘들다)
- 집을 떠나 위험(폭력, 약탈, 사고 위험, 강간)이 가득한 밖으로 가족을 동반한 어설픈 이동은 오히려 더 위험하다. 사태 초반 사람들이 동요하지 않고 길이 막히지 않을 때 미리 대피처로 떠나지 못했다면 이후 집에서 최대한 버티는 것이 상대적으로 더 안전할 수 있다.
- 마지막 탈출은 준비한 식량과 물이 떨어지고 가장이나 남자들이 더 이상 밖에서 구해오기 힘들어 더 이상 집에 머무르지 못할 상황에서 실행한다.

밖이 조금 잠잠해진 틈을 타서 서둘러 탈출하자. 그러나 확실한 대피처가 있지 않는 한 어찌어찌 시골이나 교외로 간다 해도 당신을 따듯한 마음으로 맞아줄 사람은 없을 것이다.

중·장기적 재난 상황(1년 이상 지속)

- **재난의 종류:** 전쟁, 경제공황, 하이퍼인플레이션, 기름값 폭등과 에너지 위기, 물과 식량의 부족 사태, 가뭄 및 수해, 소빙하기의 시작, 연속적인 각종 자연재해.
- **대처법:** 집에서 단기간만 버티면 될 상황인지 지방으로 피난을 가야 할지 초기에 빠른 판단이 중요하다. 직접적 위협이 없고 아직 치안이 유지되며 사회 기간망이 일시적으로 무너진 상황이라면 집에서 난방과 이동에 돈과 에너지를 덜 쓰는 방법을 찾는다. 자동차 대신 오토바이, 자전거를 이용하고 비상용 자동차 연료를 준비한다. 물과 식량 운반용 손수레 준비, 연료인 가스가 차단될 때를 대비해 집 외부에 단열 보강, 부탄가스, 석유난로와 나무난로 등 대체연료와 취사 장비 확보, 태양열 및 태양광 장비로 난방과 전기 대체재를 마련한다.

현금(현금성 있는 물건)과 생필품 준비

물류와 유통망이 붕괴되면 식량과 생필품이 부족해져 가격이 몇 배로 폭등할 수도 있다. 집에 일정량의 현금을 미리 준비하고 생필품도 확보해두자. 현금도 원화의 가치가 폭락할 수 있으니 외화(달러화, 유로화, 엔화, 위엔화)로 다양하게 준비하자. 심지어 현금조차 휴지가 될 때를 대비해 금 등을 조금 준비한다. 큰 덩어리는 나중에 물물교환 할 때에 교환 손실이 크고 휴대가 힘들며 의심을 받을 수 있으니 작은 크기가 좋다. 누구나 알고 거래하는 한두 돈짜리 금반지도 여러 개를 준비해두면 좋다. 은은 어떨까? 최근에 찾는 사람이 많이 늘어났지만, 은은 은일 뿐이다. 여유가 된다면 일정 부분 준비해도 나쁘지 않겠지만 나라면 그 돈까지도 금반지로 하겠다.

지식과 기술의 현금성

어떤 상황이든 사람들은 먹을 것과 생필품을 사고팔 것이다. 물건 거래가 아니더라도 어떤 식의 서비스를 제공하고 그 대가를 받는 방법이 생길 것이다. 당신이 가진 지식과 기술들을 생각해보자. 그중 남이 원하는 서비스를 제공하면 굶주리지 않을 것이다. 1990년대 보스니아내전에선 커다란 LPG통 하나로 가스가 떨어진 일회용 라이터를 충전해주며 돈을 버는 사람도 있었다. 등유와 송진을 배합해서 밝은 조명용 기름을 만들어 판 사람도 있었다. 우리나라라면 다 떨어진 부탄가스를 재충전하는 서비스도 가능하지 않을까. 당신의 차가 '카니발'이나 '스타렉스' 같은 승합차라면 붕괴된 대중교통을 대신해 돈을 받고 버스와 택시 역할을 할 수도 있을 것이다. 오토바이도 마찬가지이다. 2011년 초 대지진을 겪은 아프리카에선 버려진 깡통을 이용해 작은 나무난로, 버너(로켓스토브)를 만들어 팔기도 한다.

시골집을 임대하거나 세컨드 하우스를 장만하라

장기간 재난 상황과 사회 혼란이 예측된다면 제일 좋은 것은 도시에서 떨어진 시골에 집을 임대하거나 세컨드 하우스 구입, 귀농·귀촌으로 정착하는 것이다. 작은 텃밭에 각종 채소와 먹을거리 등을 재배하고 닭이나 오리, 토끼 등을 기르면 한 가족의 식량은 자급자족할 수 있다. 남는 것은 외부에 팔 수도 있을 것이다. 하지만 도시민이 귀농해서 농사를 짓는 것은 생각과 달리 무척 힘들고 어려우며, 생각지 못한 난관이 많다.

    참고로 위 상황별 대응법들은 절대적인 것도 아니고, 서로 모호하게 겹치기도 한다. 장기적 재난상황에서 가정된 모든 방법은 단기적 상황에서도 쓸모 있을 것이다. 물론 그 반대도 마찬가지다.

우리 집 재난 대비

지금까지 여러 장을 통해서 왜 평소에 재난대비를 해야 하는지, 비상상황을 고려하고 스스로 생존대비를 해야 하는지 살펴보았다. 오늘이 맑고 화창하다고 내일도 좋을 거란 보장은 없다. 국가도 큰 재난이 닥치면 도움이 필요한 모든 사람들을 보호하거나 도와주기 힘들 것이다. 심지어 허둥지둥 하거나 거짓말을 하면서 위험을 제대로 알려주지 않을지도 모른다. 연평도 포격 직후 섬을 빠져나온 피난민 수백 명조차 제대로 보살피지 못했다. 노인과 아이들을 포함한 피난민들은 좁고 답답한 찜질방에서 몇 달을 지내야 했다. 찜질방 주인조차 영업손실금이나 피난민 운영 실비조차 국가로부터 제대로 지원받지 못한 사실이 언론에 보도되었다. 세월호 참사사건에선 정부와 해경, 재난대책본부가 얼마나 무능하고 무책임한지 드러나기도 했다. 어떤 이유로 이재민 규모가 수천, 수만 명 혹은 수십만 명으로 늘어난다면 국가와 기관 심지어 국제기구조차도 할 수 있는 일은 별로 없을 것이다.

지금 지구촌 여기저기에 각종 자연재해나 전쟁 위험, 경제공황 등 심상치 않은 조짐들이 여기저기서 나타나고 있다. 이젠 일반인들도 뭔가 이상하다는 걸 느끼기 시작했을 것이다. 최근 몇 년간 100년 만의 폭설, 강추위, 폭우에 이어 100년 만의 가뭄을 겪고 있다. 이어서 100년 만의 무엇이 어느 날 갑자기 터져나올지 모른다. 한 가지 재난만으로도 지금까지 평화로웠던 삶에 큰 충격과 타격을 받을지 모른다. 두 개 이상의 재난이 동시에 닥칠 수 있다는 가정을 하고 대비하자. 2011년, 동일본 대지진에 이어 거대 쓰나미가 밀려오고 곧이어 원전이 폭발하여 막대한 방사능이 유출된 것이 좋은 예이다.

식량을 충분히 준비해놓는다

가정별로 1, 3, 6개월 정도 버틸 수 있는 비상식량을 준비하자. 1년분 저장은 그 양과 보관 관리 때문에 어렵다. 따로 지하실이나 창고가 있다면 경제적인 측면을 고려해서 비축하자. 비축 수량은 각자가 처한 현 상황과 판단에 따라 달라진다. 자연재난이나 전쟁, 폭동, 경제공황 등 어떤 상황이 오더라도 식량 비축만큼은 필수적이다. '내 가족만큼은 굶주리지 않는다'는 마음이 들면 심리적 안정을 취할 수 있다. 또한 돈 가치가 하락하더라도 식량은 물물교환이 가능하다. 재난 상황에선 100만 원짜리 명품백을 갖고 있더라도 참치통조림 한두 개와도 바꾸기 힘들 것이다. 주위에서 사재기냐고 말해도 개의치 말라. 평상시 물자와 식량이 남아돌 때 충분히 사두는 것은 사재기가 아니다. 정작 혼란스러운 비상상황에서 마트에 달려가 남들을 밀치고 쓸어 담거나 상인이 팔지 않고 숨겨두는 것이 사재기다.

저장할 데가 부족하다면 꼭 내 집이 아니라도 아파트 지하실 한쪽이나 공동공간을 찾아보자. 인근에 빈 컨테이너나 창고 등을 빌릴 수 있다면 이를 저장공간으로 활용할 수 있다. 인터넷에서 운영되고 있는 우리 카페의 어느 회원은 폐차 직전의 디젤승합차를 헐값에 사서 제2의 식량창고로 쓴다. 자신만 아는 외진

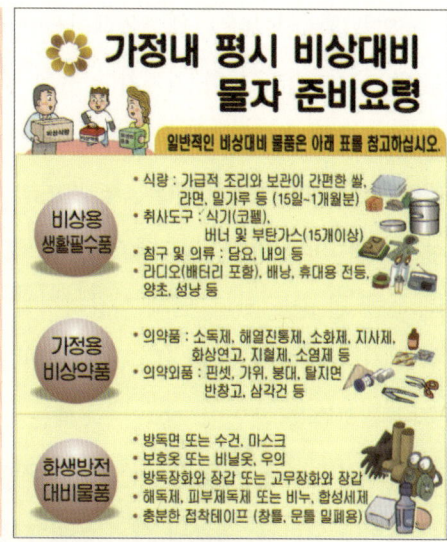

정부의 대국민 비상대처법 매뉴얼.

건물 뒤 응달진 구석에 세워놓고 차 안에 쌀과 취사도구, 각종 통조림과 먹을거리를 차곡차곡 쌓아두었다. 물도 가족 수를 고려해 다양한 방법으로 준비해놓자. 2L 생수를 포함 커다란 100, 200L 플라스틱 들통에 수돗물을 보관하고 정기적으로(4~6개월) 교체하면서 보관하자. 여름에는 교환 주기를 짧게 하고, 겨울에는 길게 해도 된다. 물론 기간이 지난 물은 버리지 말고 화분에 줄 수도 있고 화장실용, 욕실청소용, 세차용으로 쓸 수 있다. 이 방법은 생수처럼 물을 사는 비용이 거의 들지 않고 구입처에서 집까지 이동하는 불편함도 없다.

재산을 지킬 수 있는 대비책 강구

재난은 꼭 당신의 목숨을 직접적으로 위협하는 자연재해나 전쟁 등에만 있지 않다. 물건 값이 며칠 만에 수십 퍼센트씩 폭등하는 하이퍼인플레이션이나 스테그플레이션이 일어날 수도 있고, 외국 환투기 세력의 농간으로 우리의 원화 가치가 급등과 급락을 반복하며 1달러에 2,000~3,000원으로 폭락할 수도 있다. 원화뿐만 아니라 달러, 유로화, 엔화 같은 타국 돈을 일정량 보유하며 그 외 금(실물금, 펀드금)을 소수 편입시키자. 주가가 폭락한다고 예상되면 리버스펀드나 코덱스 인버스 같은 ETF 등을 분할 매수하면 상황에 따라 돈을 벌 수도 있다. 국제 식량가격이나 원유, 금속가격이 상승할 거라 예상하면 역시 관련 ETF 등을 사놓는 방법이 있다. 하지만 금을 비롯해 실물가격의 상승이나 하락을 개인이 계속 예측하는 건 사실상 불가능하고 손실의 위험이 크기에 추천하고 싶지 않다. 어느 한 가지에 자산의 전부나 절반 이상을 투자하는 건 극히 위험하고, 성공의 가능도 희박하다. 금과 은 투자도 주의하자. 전 재산의 상당 부분을 큰 금덩어리 한두 개로 구입한다면 과연 어디에 보관할 것인가? 나중에 팔아서 현금으로 바꾸거나 식량으로 교환할 때도 덩어리가 크면 물물교환 작업이 힘들 것이다. 큰 손해를 보게 될 수도 있다. 혹은 주위의 의심을 받을지도 모른다. 비상시 교환을 위해서라면 작은 바 형태나(10돈짜리, 건빵 같은 크기와 모양) 돌 반지, 목걸이 형태가 낫다.

　모든 돈을 은행에만 넣어두고 안심하지 말라. 대재난이 아니더라도 전산장애나 대정전이 벌어지면 돈은 그림의 떡이 될 수 있다. 현금을 찾기 위해 남들과 같이 현금지급기 앞을 몇 시간이고 줄을 서 있거나 아예 찾을 수 없을지도 모른다. 국가 부도위기에 처한 남유럽 국가에선 개인의 하루 현금 인출량을 극히 제한하기도 했다. 현금이 없다면 마트나 편의점에서 그나마 남은 물건과 식량을 사지도 못한다. 뒤이어 현찰을 들고 온 누군가가 겨우 남은 식량을 싹 쓸어갈 것이다. 요즘 은행은 이자도 거의 없는데 차라리 집에 일정량의 비상용 현금을 챙겨놓자. 금액은 최소 한 달간의 가족 생활비가 기본이다. 기본 비축분 외에 위기 1단계라고 생각되면 즉시 현금인출기로 가서 더 찾는 식으로 조절하자.

다양한 상황을 예측하라

어떠한 재난이라도 제일 무서운 것은 사람이다. 동일본 대지진 당시 큰 재해를 당하고도 시민들은 무서울 정도로 질서 정연한 모습을 보여주었다. 이는 도쿄 같은 대도시에는 아직 큰 영향을 받지 않고 외각의 작은 도시만 피해를 입었기에 국민들이 국가시스템을 신뢰했기에 가능했다. 만약 국가 시스템과 공권력이 붕괴할 정도의 큰 충격이 온다면 질서는 사라지고 공권력은 무용지물이 될 것이다. 국민들도 살기 위해 서로가 가진 것을 뺏고 뺏기는 아비귀환의 상황이 벌어질 것이다. 2013년 필리핀 초강력 태풍이 덮쳐 많은 지역이 초토화되었을 때 곧바로 약탈과 강도가 일어나고 치안은 사라졌다. 심지어 지역 경찰조차 약탈에 가담했다고 한다.

다양한 재난, 생존 관련 영화를 보자. 재난영화는 재난이나 사고가 벌어졌을 때 사람들이 어떻게 반응하고 행동할지 아주 쉽고 알 수 있게 해준다. 평상시 엘리베이터 버튼을 대신 눌러주던 친절한 이웃이 재난이 발생하면 어떤 식으로 변할지 잠깐이라도 생각해보라. 그들도 3일을 굶으면 자녀들을 위해서라도 어두운 밤 우리 집을 엿볼 것이다. 굶주림과 생존본능이 이성을 누를 때 광기가 모든 상황을 지배한다. 각 재난 시 인간이 어떻게 희망을 잃어가는지 어떻게 야만적으로 변하는지 영화는 제일 알기 쉽게 보여준다. 「미스트」 같은 영화를 보면 미지의 공포에 처한, 희망을 잃은 인간이 얼마나 나약하고 비이성적으로 행동하게 되는지 잘 나타나 있다.

비상시 대처 방법을 매뉴얼화하라

1. 위기 발생 시 즉각 전화로 가족들의 위치를 확인해야 한다. 그리고 이동계획, 만날 장소 A, B, 가족 각자가 해야 할 일들을 논의해 적어보고 지정해야

한다. 가령 아내는 집 안의 모든 그릇을 동원해 물을 받아놓고, 남편은 마트로 가서 필요한 물품을 사고 현금을 찾으며, 할아버지는 아이들을 학교나 유치원에서 데려오는 식이다. 이를 매뉴얼화해야 한다.

2. 비축식량으로 집에서 버티거나 상황에 따라 피난준비를 한다(초기부터 준비).
3. 피난을 간다면 어디로 갈지(처가집인지, 친척집인지) 지도를 펴놓고 코스를 두세 개로 그려보자. 차를 이용하지 못할 때 자전거 혹은 걸어서 갈 경우를 나눠서 생각해보자. 이러한 상황을 대비해 긴급탈출용 피난가방을 준비해두면 도움이 된다.
4. 가지고 있는 것으로 얼마나 오랫동안 버틸 수 있는지 계산해보자. 보유 비상식량이 몇 주분이라면 가족들에게 솔직히 알리고 하루 먹는 양을 줄이자. '1일1식'의 열풍이 불기도 했는데, 훈련만 된다면 하루 한 끼만 먹고도 버틸 수 있다고 한다.
5. 그 상황에서 내 식량과 재산을 지킬 방법을 생각한다. 자위수단, 간단히 무기를 만드는 법, 무리를 이루는 방법, 집 방어방법, 침입자가 있을 때 경보를 내고 쫓는 법 등.
6. 가족들이 어쩔 수 없이 헤어지게 됐을 때 나중에 만날 장소를 미리 이야기해 둔다. 어느 은행 계좌에서 돈을 찾을 수 있는지, 어떤 보험을 들었는지도 알려주자. 가족들의 전화번호와 중요 전화번호는 꼭 따로 적어놓거나 외워놓자.
7. 혼란이 지속된다면 어떻게 무리를 지을지 생각해본다. 혼란의 시기에서 개인은 아무런 힘도 없는 약자일 뿐이다. 어떤 영향력도 발휘하지 못한다. 총을 가지고 있다고 해도 안전하지 않다. 칼을 든 열 사람이 덤비면 어쩔 것인가? 당신은 영화 속의 명사수 액션배우가 아니다. 최소한 몇몇 가족이 뭉치거나 친척들까지 한데 뭉쳐야만 다른 세력의 침입과 약탈을 막을 수 있고, 밤에 돌아가면서 경비를 설 수 있으며, 안전할 수 있다.

재난상황에도 끝이 있다

어떤 재난과 전쟁도 수십 년 지속되는 것은 없다. 지진, 화산폭발 같은 재난 상황도 한동안 참고 버티면 외부지원이 시작되고 얼마 안 가 다시 회복되었다. 20세기 초 유럽과 미국의 경제 대공황부터 근래의 아프리카 짐바브웨나 터키에서처럼 수만 퍼센트의 살인적인 하이퍼인플레이션도 몇 년 지나지 않아 어느 정도 정상화되었다. 어떤 재난 상황도 언젠간 끝나고 정상 시스템이 돌아온다는 믿음이 있어야지만 힘든 시기를 포기하지 않고 버틸 수 있다. 희망을 잃은 인간은 바닷가의 모래알처럼 나약하다. 바닷물에 이리저리 끌려다니다가 결국 흔적도 없이 사라지게 될 것이다. 아우슈비츠 수용소에서 매일 동료들이 가스실로 끌려가는 모습을 고통스럽게 지켜보며 굶어 죽어가는 극한의 한계에 처했으면서도 살아남은 사람들이 있다. 바로 희망을 잃지 않은 사람들이다. '희망'은 요즘 너무 흔하고 가벼운 단어가 되었지만, 그래도 힘든 상황에선 당신과 우리 모두를 지탱해주고 살 수 있게 하는 큰 힘이 될 것이다.

희망을 잃지 않는 자가 바로 생존자이다.

재난 시 돈의 가치

현금

요즘은 편의점에서 천 원짜리 생수를 사도 카드로 계산하는 것이 일반화되었다. 지갑에 현금이 만 원도 없는 이들도 많고, 굳이 현금이 필요하다면 은행 자동화기기에 가서 수수료 몇 백 원을 내고 1, 2만 원씩만 뽑는다. 바로 내 가족의 이야기이기도 하다. 하지만 여러 재난 사태를 지켜보면 대재난 시에는 초기부터 카드를 들고 있어도 쓸모가 없다. 전기와 통신이 끊기기도 한다. 생존에 필수적인 식량과 물 등은 오직 현금으로만 살 수 있다. 재난 직후 바로 인근 편의점으로 달려가서 먹을 것과 분유, 물을 사려 해도 직원은 단전 때문에 신용카드로 결제할 수 없다며 오직 현금으로만 판다고 할 것이다. 당신이 카드를 들고 점원에게 사정하는 사이 뒤이어 달려온 다른 사람들이 5만 원권 현금을 계산대에 놓고 남은 물건을 쓸어갈 것이다.

지갑에 현금이 없다면 집에도 현금이 없을 가능성이 크다. 매달 아파트 대출금을 갚고 마이너스 통장 잔고를 신경 써야 할지라도 재난을 대비하기 위해 약간의 현금을 집에 보관하자. 비상시에 위기를 벗어나고, 끼니를 때우기 위해서 현금이 꼭 필요할 것이다. 최소 가족의 한 달 생활비만큼의 현금을 준비하자. 전쟁이나 대공황이 터지면 지금 우리가 가지고 있는 현금은 휴지가 될 거라고 예측하는 사람들도 많지만, 앞으로 어떻게 될지는 아무도 모른다. 설사 지금 화폐가 휴지가 되는 날이 온다 해도 그 사이 많은 변동이 있을 것이다. 화폐가치 하락은 그때 가서 대응하면 된다.

6·25전쟁이 계속되던 3년 동안에도 돈은 사용되었다. 적군이 강 건너까지 진격해오고 내일의 생존을 알 수 없는 전쟁통에서도 과감하게 사업을 벌이고 돈을 모아 성공한 기업인들이 많다. 영화 「피아니스트」를 보면 충격적인 장면이 나온다. 2차대전 당시 아우슈비츠 수용소로 끌려가는 열차 안에서도 유대인들은 몇 개 남은 사탕과 캐러멜을 두고 흥정한다. 사는 쪽은 캐러멜 값이 너무 비싸다고 불평을 하면서도 기꺼이 돈을 지불한다. 내일 기차에서 내리면 죽을지 살지 모르는 상황에서 누구는 가지고 있는 돈이 쓸모 없을 거라고 생각하며 사탕 두어 개를 몇 만 원 주고 사기도 했고, 반대로 판 쪽은 돈이 많이 있다면 다른 음식을 구하거나 목숨을 구할 뇌물로 기회를 살 수 있다고 생각했을 것이다. 상황에 따라 돈은 휴지조각이 될 수도 있지만 여전히 쌀과 식량, 사탕을 사고 목숨을 건사하는 데 쓰일 수도 있다.

그 나라의 돈은 믿음(신뢰)의 바탕이 된다. 믿음을 주는 정부와 국민, 서로 간의 약속이 있기에 인쇄된 종잇조각이 사람들 사이에 돈으로 사용되는 것이다. 그 믿음이 위협받거나 깨진다면 돈의 가치도 낮아지거나 사라지게 된다. 2,000년대 초 터키와 러시아의 모라토리엄 선언으로 하이퍼인플레이션이 찾아왔다. 1년 새 수백 퍼센트의 물가상승률을 기록했다. 국가시스템에 대한 신뢰가 흔들리자 자국 돈의 가치가 매일 떨어지며 헐값이 된 것이다. 재난 시의 돈은 더 극적으로 변한다. 일반적으로 단기간의 국지적인 재난이라면 돈, 즉 현금의 가치는 더 중요해지고 폭등할 것이다. 하지만 장기적이고 광범위한 재난이라면 국가시스템의 위기를 일깨우며 돈의 가치가 떨어진다. 그때는 자국 돈보다 외화, 금은, 식량, 현물, 생필품, 부동산 등이 더 인정받으며 사람들에게 선호될 것이다.

비상시를 생각한다면 자국 돈과 함께 달러, 엔화, 유로화 등 외화도 일정 부분 준비해둘 필요가 있다. 외화는 현찰로도 보관할 수 있지만, 은행에 외화예금 형태로도 쉽게 보관할 수 있다. 개인이 외화를 사고 팔 때 환율에서 손해를 보기 쉽지만, 주거래 은행을 이용하면 환율우대를 받는다. 원 달러 환율이 충분히 싸다고 느낄 때 통장을 가지고 주거래 은행에 가서 환전을 요청하면 당일 고시환율과 별 차이 없이 환전을 받을 수 있다. 단 큰돈을 환전해두면 평상시 쓸모없는 것은 물론 비상시에도 국가 위기급(전쟁, 내전) 재난이 아니면 큰 소용이 없을 수도 있다. 반면 외화예금 형태로 보관하면 이자도 받고 은행 인터넷 시스템을 통해 사고팔기가 쉽다는 장점이 있다. 심지어 달러 외에 엔, 유로, 위안, 호주달러, 캐나다달러, 스위스프랑 등 10개국 통화를 선택할 수 있다. 단 은행을 신뢰할 수 없는 상황이라면 예금안전을 보장 받기 힘들다. 2008년 글로벌 경제위기 때처럼

비상시를 대비해 현금, 외화, 약간의 금을 준비하자.

경제적 위기가 찾아와도 국가와 대형은행에 문제가 생기지 않을 것이란 확신이 있을 때 혹은 위기 이전 인출할 수 있을 거란 자신이 있을 때 할 수 있는 방법들이다. 다만 외화는 웬만한 재난상황에서도 국내에서 사용하기 힘든 만큼 그 비율이 너무 커서는 안 된다는 것을 명심해야 한다. 또한 현금 외에도 자신의 재산을 보존할 만한 수단이 많이 있다. 생필품, 실물자산이 그렇다. 자연 재해에 대비하기 위해 여러 비상식량과 물, 대피처를 준비하듯 경제적 재앙의 대비도 한 가지만 준비하기보단 여러 가지를 같이 생각하고 준비하는 것이 더 현명하다. 또한 어둠 속에서 어떤 괴물들이 다가오든 다양한 무기가 있다면 그에 맞는 무기를 꺼내들고 맞설 수 있을 것이다. 그것이 살길을 확보하는 길이다.

금, 은 및 귀금속

2008년 글로벌 금융위기로 전 세계가 혼돈에 휩싸일 때 모든 현물들이 폭락했다. 믿을 건 현금이라고 달러는 폭등했지만 다른 국가 화폐나 원유, 금은, 보석, 원자재, 국채, 집 값 및 부동산시세 등 거의 대부분이 떨어졌다. 심지어 원유는 배럴당 150달러를 바라보다가 몇 달 만에 30달러 선까지 대폭락을 했다. 국제 금값 역시 온스당 900달러 선에서 700달러 선까지 떨어졌는데 다이아몬드의 시세 하락은 더 컸다. 위기 시 귀금속이 빛을 발할 것이란 상식이 깨졌던 것이다. 물론 위기가 극복될 조짐이 보이자 귀금속 시세는 바로 회복했고, 어떤 것들은 사상 최고가를 기록하기도 했다.

언제든 큰 재난이 올지도 모른다고 생각한다면 현금 외에 귀금속도 준비하자. 현금이 무용지물일 때에 큰 소용이 있을 것이다. 귀금속 중 제일 안전하고 확실한 것은 금이다. 크기는 작아도 큰 가치를 지니고 반지나 목걸이 형태로 항시 몸에 지니고 있을 수도 있다. 우리나라뿐만 아니라 외국에서도 인정받기에 비상시 외국사람과 말이 안 통해도 손짓발짓으로 금반지 하나를 원하는 다른 것과 교환할 수도 있을 것이다. 6·25전쟁이 발발했을 때 어떤 이는 피난 가면서 전 재산을 금으로 바꾸고 인근 절 뒷마당 아래에 파묻었다가 60년이 지난 2012년 그 소유권을 주장하면서 절 뒷마당을 발굴하려는 소송을 내기도 했다.

온스당 1,800달러 선까지 올라갔던 국제 금값이 최근 폭락하면서 골드바 구입 열풍이 불고 있다. 큰 것들은 실물을 구입하기도 힘든 실정이라는데, 이 역시 외화처럼 은행 인터넷뱅킹을 통해 손쉽게 구입하고 안전하게 보관해둘 수 있다. 구입량도 1g부터 수 킬로그램까지 원하는 만큼 살 수 있으며, 구입에 눈치를 보거나 보관에 신경 쓸 필요도 없다. 물론 필요할 때는 클릭 몇 번으로 바로 팔고 현금으로 받거나 실물금으로 바꿀 수 있다. 시중은행에는 금 펀드 및 골드리쉬라는 다양한 상품명으로 판매되고 있다.

하지만 귀금속에 큰돈을 투자하는 것은 아주 위험하다. 기본적으로 거래에 부가세가 붙어서 사고 팔 때에 손해를 보게 된다. 또한 잊기 쉬운 것은 금값은 국제 금값 외에 환율변동에 좌우된다는 것이다. 즉 '금값=국제금값×환율변동' 이라는 것이다.

국제 금값이 그대로더라도 원달러 환율이 1달러에 1,000원에서 1,500원으로 급변동하면 금값 역시 큰 손해를 보게 되는 것이다. 은행에 사둔 금 펀드 및 골드리쉬 상품들은 실시간으로 그 가격들을 계산해 모니터에 표시하므로 큰 손해를 보는 상태라면 괴로울 것이다. 또 은행에 문제가 생기면 예금처럼 5천만 원 보장도 안 된다.

그렇다면 현물로 골드바를 갖고 있으면 안전할까? 일단 가격변동을 매일 확인할 수 없고, 실물을 갖고 있으니 든든할 것이다. 하지만 골드바처럼 큰 덩어리라면 투자의 관점이 아니라 재난상황에서 사용은 문제가 될 수 있다. 당장 먹을 쌀이나 통조림, 휘발유 한통이 필요한데 너무 큰 골드바는 거래하기가 힘들다. 니퍼로 뚝 떼서 팔 수도 없고, 무게도 정확히 측정하기 힘들다. 서로 난감할 뿐이다. 또한 많은 금을 가지고 있다고 소문이 나면 곤란한 일을 겪을 수도 있다. 비상시에는 금반지가 주로 사용되기 쉽다. 특히 한두 돈 돌반지는 성인 대부분이라면 몇 번의 구매와 선물 받은 경험이 있기에 대략적인 시세를 알고 매매도 친숙하다. 한 돈에 20만 원대라는 대략적인 머릿속 가격은 물건을 교환할 때 기준으로 작용하여 서로 쉽게 협의할 수 있을 것이다. 한두 돈짜리 금 돌반지는 국민 사이에 돈처럼 기본적인 신뢰와 믿음이 형성돼 있다는 것이 중요하다. 크기도 작아 보관하고 거래하기 쉽기에 현금이 무용지물일 때 돈처럼 중요하게 쓰일 것이다. 또한 금은 같은 부피에서도 은이나 납보다 두 배 무겁다. 위조가 어렵다는 말이다. 덩어리가 큰 골드바는 위조사건이 종종 있지만 작은 돌반지는 오히려 위조도 힘들다.

그렇다 해도 자산의 상당수를 금 구입에 쓰는 것은 너무 위험한 일이다 인간이 가격을 매긴 모든 자산은 그 가치가 항상 변해왔다 돈, 금, 은, 부동산, 식량, 물, 가축, 세금, 각종 실물은 물론 심지어 사람 가치까지 오르기도 하고 내리기도 했으며, 가격 자체가 소멸되기도 했다. 절대 불멸이라는 땅과 금도 가격은 항상 오르지 않고 내리기만 하던 시절도 많았다. 그러기에 지금 우리가 아이들 돌 선물로 금반지 하나를 큰 부담 없이 살 수 있는 것이며, 자신이 사는 집만큼 작은 땅을 소유하고 있는 것이다. 만약 항상 가격이 올라왔다면 한 달 월급으로 모래 한 톨만큼의 금도 살 수 없었을 것이다.

물물교환 및 서비스 팔기

물물교환

큰 재난 시에 당신에게 현금이 없다면 다른 사람에게도 현금이 없을 것이다. 혹은 현금이 있어도 가치가 급락하거나 휴지조각이 될 수도 있다(하이퍼인플레이션, 전쟁 등). 하지만 당신 집이나 당신 소유의 회사, 창고, 상점엔 뭔가 안 쓰고 남는 물건들이 있다. 다른 사람도 마찬가지일 것이다. 즉 서로에게 필요한 것이 있고 누군가에게 그것이 있다는 것을 알게 된다면 돈 대신 물물교환이 이루어지게 된다. 지금 당신의 주위를 둘러보자. 비상시 무엇인가 팔 만한 것이 있는지 얼마나 가치가 있는지를 생각해보자. 그것은 꼭 명품이거나 비싼 제품은 아닐 것이며 사람들의 생활에 꼭 필요한 것들이라면 가격이 싼 것들이라도 인기리에 물물교환 할 수 있다.

50인치 평면 TV나 수백만 원짜리 수입 명품백 혹은 골프채를 밖에 들고 나가 판다면 사람들의 관심이나 끌 수 있을까? 당장 춥고 배고픈 사람들에게 그런 사치품은 두루마리휴지 혹은 라면 한 개만큼의 가치도 안 될 것이다. 하지만 일회용 라이터와 담배, 양초와 건전지, 참치캔과 3분 안에 데워 먹을 수 있는 인스턴트식품, 비누와 여성용품, 소주나 싸구려 양주, 양말과 속옷, 초콜릿과 사탕, 청테이프와 큰 비닐 및 봉투, 종이컵과 나무젓가락, 물티슈와 아기기저귀 등은 무척 귀해질 것이다. 또한 사람마다 사려고 달려들어 높은 가격으로 거래될 수 있을 것이다. 심지어 유행이 지났다고 안 입고 옷장 안에 넣어둔 투박하고 두꺼운 오리털 파카나 스웨터, 내복이 큰 인기를 끌지도 모르겠다. 사람들이 먹고 추위를 견디며 위생을 지키는 데 필요한 생필품들은 지금은 너무 흔하고 값싼 소모품에 불과하다. 하지만 재난 시 운송시스템이 붕괴되고 생산이 멈출 때는 귀하고 비싸질 것이다. 심지어 서로 차지하기 위해서 다툴지도 모른다.

술과 담배도 교환 가치가 있다

그렇다면 술과 담배도 어떨까? 술과 담배도 재난 시에 사람들이 찾는 중요한 품목 중 하나가 될 것이다. 지금 술과 담배를 하는 사람들은 세상이 바뀌어도 여전히 끊지 못할 것이다. 오히려 고통과 절망을 잊기 위해 더 갈구할 것이다. 밥 한 끼와 바꾼다 해도, 굶는다고 해도 술 한 잔과 담배 한 개비를 찾을 것이다. 20세기 초 대공황 시절, 미국 정부는 강력한 금주법을 시행했지만, 사람들은 술을 찾고 어떻게 해서든 밀주를 사 먹었다. 보스니아 내전 때의 기록을 보자. 자국 돈은 휴지가 되었다. 달러나 파운드, 마르크 등 유럽통화를 가지고 있다 해도 큰 가치하락을 피할 수 없었다. 금이나 귀금속도 마찬가지였다. 대신 총탄과 연료, 라이터, 통조림, 휴지, 깨끗한 옷 등의 수요와 관심은 폭발적으로 늘었다.

담배는 아주 좋은 물물교환 상품이었다. 가볍고 보관하기도 쉬웠으며 개봉해서 한 개비씩 사고팔기도 했다. 내일의 생존을 장담할 수 없는 상황에서 담배 한 개비를 원하는 사람들은 많았다. 기꺼이 자신이 가진 식량이나 총알과 맞바꾸었다. 술 역시 큰 인기를 끈 품목이었다. 술의 종류보다는 그냥 마시고 취할 수 있는 값싼 술이 인기였다. 사람들은 암시장을 통해서 자신이 가진 것들을 내다놓고, 그것을 원하는 다른 사람이 가지고 온 물건을 보고 교환할지 말지를 결정했다. 물론 정해진 가격은 없었으며 흥정의 기술과 어느 상품이 더 많은 사람들에게 선호되는지가 판단의 중요한 기준이었다. 물물교환 비율은 하루에도 수시로 바뀌기도 했다. 미군이 투하한 구호식품 통조림이 제일 인기가 있었지만, 점심때 낙하산이 사방에 뿌려지면 통조림 가격은 곧 떨어졌다. 반대로 투하일이 지날수록 가격은 점점 더 올라갔다. 전시 중 잠깐 생긴 시장이 폐쇄되거나 가는 길이 위험해지면 사람들은 저격수를 피해 파괴된 거리를 지나 다른 마을로 조심스럽게 찾아갔다. 알음알음을 통해 어디에 누가 무엇을 가지고 있는지를 알아냈고 자신이 가진 것과 교환하였다.

흥정의 기술을 익혀라

지금은 흔하고 값싸지만 비상시 사람들에게 중요하게 쓰일 만한 것들을 찾아보라. 집에 여유 공간이 있으면 비상금을 보관하듯 일정량을 사둘 수도 있을 것이다. 지금은 개당 천 원에 샀지만 비상시엔 몇 만 원에 팔 수도 있을 것이다. 혹은 금반지 하나와 바꿀 수 있을지도 모른다. 흥정의 기술을 익혀라. 같은 상품이라도 얼마나 포장을 잘하고 필요성을 잘 홍보하느냐에 따라 사람들의 선호도가 바뀔 수 있다. 그러기 위해서 지금부터 연습이 필요하다. 사람 상대하는 일에 수줍음이 있다거나 말로 설명하는 게 서툴다면 글로 잘 설명해주어도 된다. 집 안에 잘 안 쓰는 물건들을 찾아 인터넷 중고시장('네이버'의 '중고나라'가 유명하다)에 올려놓고 팔아본다든지 구청에서 운영하는 토요일 벼룩시장에 나가서 팔아보자. 광고 문구 한 줄에 판매량이 달라지고 자신의 생각과 사람들의 생각이나 선호도가 틀리다는 것을 깨달을 것이다. 이렇게 쌓은 협상과 판매의 기술은 비상시에도 유용하게 쓰일 수 있을 것이다.

비축품목을 준비할 때 주의할 사항

1. 너무 크고 무겁거나 보관상에 큰 주의가 필요해서는 안 된다.
2. 오래되면 쉽게 상하게 되는 것, 유효기간이 있는 것은 안 된다.
3. 누구나 알아보고 선호하는 것이어야 한다.
4. 너무 비싸서 거래 단위가 커서는 안 된다.
5. 다양한 품목일수록 좋다.
6. 재구입이 가능한 일회용품도 좋다.

서비스 팔기

집이나 은신처에 많은 비상식량과 장비를 쌓아놓는다 하더라도 한계가 있다. 몇 달 만에 다 사라질 수도 있고, 다급히 은신처를 떠나야 하는 상황에 처하면 쓸모가 없을 것이다. 심지어 약탈이나 공출을 당할 수도 있다. 당신의 귀중한 식량과 재산, 돈은 물론 직업, 명예조차 언제든 뺏길 수 있다. 지금 당신이 대기업 직원이나 잘나가는 중소기업 사장이라도 마찬가지다. 거기서 빠져나오게 된다면 당신의 가치는 무엇으로 증명할 것인가? 힘든 시기가 된다면 주위 사람들은 당신이 자신들에게 얼마나 도움이 되는 일을 할 수 있는지 매의 눈으로 판단할 것이다. 좀 더 정확히는 당신에게 식량을 나눠줄 만한 가치가 얼마만큼 있는지 계산할 것이다.

세상이 뒤집어져도 기술자는 살아남는다

전쟁포로조차 자신들에게 쓸모가 있으면 대우를 해주고 일을 시키지만, 그렇지 않다면 최소한의 먹을 것만 주거나 사살한다. 생존자 그룹도 피로 맺어진 관계가 아니라면 비슷한 생각을 할 것이다. 하지만 나만이 할 수 있는 일들,

세상이 뒤집어져도 기술자는 살아남는다.

서비스를 제공해줄 수 있다면, 특히 생존에 관계된 일들이라면 오히려 환영할 것이다. 그리고 그 기술들은 정권이나 세상이 바뀌어도 사람 사는 세상이라면 어느 쪽에서도 환영받을 것이다. 누가 훔쳐가지도 빼앗아가지도 못하며 당신을 지켜주는 제일 큰 버팀목이 되는 것이다.

나에게 어떤 재주와 기술, 능력이 있는지 생각해보고 노트에 적어보자. 지금 하는 일에 연관되어 있을 수도 있고, 취미로 하는 분야일 수도 있을 것이다. 그것들은 특별할 수도 있지만, 그렇지 않아도 당신만이 할 수 있으면 된다. 영화 「피아니스트」에서 유대인인 주인공은 특별한 피아노 연주기술로 독일군 장교에게 감명을 주고 살아남았다. 몇 년 전 한국인 목사 일행이 아프가니스탄으로 갔다가 반군에게 잡혀 처형당할 위기에 빠졌다. 그중 한 명이 우리는 당신들을 도우러 온 의료 인력이라 말하고 품속에 있던 수지침을 꺼내 시범을 보여준 후 그들을 믿게 해서 풀려나올 수 있었다.

나에게는 어떤 재주와 기술, 능력이 있을까?

생존에 도움이 되는 기술이란 의료기술이나 기계, 전기 다루기처럼 특별한 것들 외에 사소한 것들도 해당한다. 어느 것이든 남들이 요구하고 필요할 때 내가 해줄 수 있으면 된다. 지금은 사소해 보일지 몰라도 그것들이 원숙하고 능숙해지면 비상시 아무것도 없을 때 돈과 식량을 벌거나 생존에 도움이 될 수 있다.

개인 보유 기술 체크리스트		
항목	YES	NO
의사나 간호사처럼 다친 사람을 치료하는 의료기술이 있는가?		
벼와 밭작물 혹은 과실수 등 각종 농사경험이 많은가?		
전기와 배관, 기계에 대해서 잘 아는가?		
목공과 토목, 전동공구 사용법에 능숙한가?		
화학적 지식, 기계 가공에 대해 잘 아는가?		
중장비를 다룰 수 있는가?		
자동차나 오토바이를 정비할 수 있는가?		
말이나 유머로 낯선 사람도 웃기고 분위기를 화기애애하게 바꿀 수 있는가?		
노래나 악기로 사람들에게 감동적인 연주를 할 수 있는가?		
야생 서바이벌 기술이 있는가?		
먹을 수 있거나 약효가 있는 약초를 구별할 수 있는가?		
출산하는 아이를 받을 수 있는가?		
침, 수지침, 테이핑요법, 마사지를 할 줄 아는가?		
수십, 수백 명 인원들의 식사를 너끈히 만들어 제공할 수 있는가?		
커튼이나 천을 이용해 옷이나 가방을 잘 만들 수 있는 재봉 실력		
울어대는 아이도 순식간에 그치고 웃게 하며 돌보는 능력		
남보다 힘이 세고 일을 더 많이 할 수 있는가?		
낚시와 사냥으로 먹을 것을 구할 수 있는가?		
소, 돼지, 닭 등 가축을 잡고 해체할 수 있는가?		
외국어 및 통신기기 사용에 능한가?		

오토바이가 있다면 사람들을 원하는 곳까지 데려다주는 영업을 할 수도 있다. 심지어 인력거도 가능할 것이다.

그러기 위해서 평상시 다양한 분야에 관심을 갖고 스스로 해보는 것이 중요하다. 자동차나 집을 수리할 때 맡겨놓지 말고 옆에서 도우며 어떻게 하는지 잘 살펴보자. 보일러를 수리하거나 도배를 할 때도 마찬가지이다.

집에서 형광등이나 안정기, 스위치가 고장 나도 스스로 직접 교체해볼 수 있다. 손수 목공으로 제작하는 DIY 목공 클럽이나 카페에 가입해서 전기드릴, 전기톱의 사용법을 배워놓자. 선반 등 작은 것부터 만들어나가자. 이렇게 평상시 취미처럼 익혀나가는 기술들이 비상시엔 큰 도움이 될 것이다.

우리에겐 휴지가 얼마나 필요할까?

인간이 혼란과 재난상황을 두려워하고 거부하는 이유는 뭘까? 목숨의 보존이나 가족의 안전, 배고픔의 공포, 불안과 미지의 공포, 막연한 두려움, 그동안 자기가 벌어놓은 것들에 대한 욕심 등이 있겠다. 그런데 여기 잠깐 잊고 있는 한 가지를 추가해보자. 재난이 벌어지면 우리가 그동안 문명사회에 살면서 누리던 갖가지 쾌적하고 사치스러운 것들을 더 이상 누리지 못하게 될지 모른다는 걱정도 있다. 매일 일어나자마자 따뜻한 물로 샤워를 하는 것, 며칠 전 산 멋진 신상 옷을 보며 오늘은 어떤 걸로 골라 입고 출근할까 고민하는 것, 하얀 타일이 깔린 향기 나고 반짝거리는 깨끗한 화장실에서 음악을 들으며 용변을 보는 것, 냉장고 안에 넣어둔 시원한 음료수를 꺼내 마시는 것 등.

외국 서바이벌 전문가나 재난대비족 프리퍼의 글을 보면 재미있는 걸 발견하게 된다. 이쪽에 전문적으로 활동하는 이들은 보통 도시를 떠나 오지나 산속에 자신만의 대피처를 만들고 사는데, 생계수단으로 서바이벌 캠프 등을 운영한다. 도시에 사는 일반인들을 모집해서 야외에서 며칠간 노숙하며 먹고 자고 불도 피워서 요리해 먹으며 사냥도 하는 서바이벌 캠프를 운영하는 것이다. 처음 생존

인류문명의 결정체는 휴지이다. 하지만 그것을 포기할 수 있으면 더 강해진다.

에 관심을 갖게 된 도시 사람들에게 문명의 안전하고 쾌적한 삶이 아닌 비상상황과 오지에서의 생존법을 체험하도록 하는 것이다.

서바이벌 캠프 엿보기

첫날 서바이벌 캠프에 사람들 수십 명이 입소한다. 직업이나 성별 나이대도 다양하고 이미 그 이전에 보이스카웃을 시작으로 직간접적으로 여러 번 캠핑이나 생존훈련 등 야외생활을 해봤기에 저마다 의욕이 넘친다고 한다. 자기들이 갖고 온 커다란 배낭엔 총과 멋진 나이프를 비롯해 다양한 생존 장비들이 들어 있다. 이들은 마치 '어디에 떨어트려도 난 살 수 있어', '어디 한번 당신식대로 시험해보슈' 하듯 도전적이고 기세등등하다고 한다. 하지만 주최 측에서 딱 한 마디를 하는 순간 이들 대부분은 순간 말을 잃고 멍해지며 잠시 후 일제히 말도 안 된다고 아우성을 친다고 한다.

"여러분, 환영합니다. 이제 배낭에서 여러분이 갖고 오신 휴지를 꺼내서 반납하세요. 일주일 동안 일체 휴지 사용을 금합니다."

이들이 입소해서 서바이벌 체험을 하는 동안 휴지를 쓰지 못하게 한다. 용변을 보고 휴지 없이 처리하는 법을 배우라고 하는 것이다. 이 순간만큼은 헐크처럼 생긴 큰 덩치나 람보처럼 생긴 근육맨이나 조직원처럼 생긴 남자나 흰머리의 중년신사나 열세 살 소년이나 어느 누구 할 것 없이 "말도 안 된다. 어떻게 휴지 없이 일을 치를 수 있냐"고 황당해하면서 절대 그렇게는 할 수 없다고 항의를 한다고 한다.

즉 일을 보고 난 다음 하얗고 부드러운 휴지를 두텁게 접어 몇 번이고 깨끗하게 뒤를 닦는 행동을 못하게 하면 대부분 수용하기 힘들어한다는 것이다. 서바이벌 캠프 진행자의 의도는 이렇다. 갖가지 재난과 비상상황에서 만약 몸만 겨우 빠져나왔거나 조난을 당해 무인도나 오지에 혼자 떨어졌을 때 어떻게든 살아남는 것이 최종 목표이다. 배낭을 짊어지고 살 길을 찾아 먼 길을 떠나야 하는데, 용량이 한정된 배낭에 휴지 한 롤을 챙길 것이냐 아니면 같은 부피의 라면 세 개를 더 넣을 것이냐 하는 선택의 기로에 설 수 있다는 것이다.

식량과 칼, 로프, 라이터, 나침반 같은 여러 생존 장비에 비하면 휴지는 한 마디로 사치품이라는 것이다. 물론 외부 이동이 아니라 만약 집 안에서 오랫동안 머물거나 버텨야 하는 상황일 때 집 안 공간의 여유가 있는 만큼 휴지를 넉넉히 저장해두는 것을 추천한다. 비상시 물물교환을 해서 다른 사람이 필요한 다른 것과 바꿀 수도 있을 것이다. 하지만 집을 떠나 이동하고 있다면 그런 사치품을 챙기기보다는 먹을 걸 한 개라도 더 챙기는 편이 낫다.

휴지와 라면, 어떤 것을 챙길까?

우리처럼 생존법을 연구하는 코난들도 이점을 미리 생각해보자. 비상시 휴지를 한 개 챙길 것인가 아니면 라면 세 봉지를 더 넣을 것인가를 미리 고민해보는 것도 재밌겠다. 사실 사람이 변을 보고 뒤처리를 하얀 휴지로 하게 된 것도 얼마 안 됐다. 우리나라는 1970년대에도 웬만한 가정에서 하얀 휴지를 보기 힘들었다. 그럼 무엇으로 뒤처리를 했을까? 예전엔 오래된 책의 종잇장을 떼어내 구겨서 쓰거나 짚을 엮어 만든 새끼줄을 썼다. 유럽의 부자들이나 왕족은 비단이나 천, 거위의 깃털을 썼다고도 한다. 하지만 대부분 물 한 바가지 떠서 손으로 해결했을 것이다. 인도나 동남아시아에서는 요즘도 이러한 방법으로 뒤처리를 한다고 한다. 처음엔 거부감이 생길 수 있지만 하다 보면 자연스럽게 할 수 있다고 한다.

이처럼 인간은 기본적인 의식주의 해결 외에도 기존에 누리던 안락한 삶의 편의를 놓치고 싶어하지 않는다. 지금 당장 허기지고 힘들고 지쳐도 빵을 먹기 전에 먼저 따듯한 물에 샤워하고, 깨끗하고 뽀송뽀송한 속옷으로 갈아입으며 하얀 휴지로 밑을 닦고 싶어하는 것이다. 인간다움 혹은 수준 높은 문화향유 욕구라고도 할 수 있다. 어쨌든 지금 대부분의 사람들은 이런 것에 익숙해 있고 젊을수록 그런 걸 누리지 못하는 상황에서 더 큰 충격과 좌절을 겪을 수 있다. 우리 주위를 둘러싼 편안함과 깨끗함, 안락함을 누리면서 스스로 인간답다고 느끼는 건 양면의 칼과 같다. 반대로 이를 미리 꺼내 보여서 실체를 확인하고 건드려 보면 인간은 더 강해질 수도 있다.

2차 세계대전, 6·25전쟁, 베트남전쟁에서 생존 민간인의 증언을 통해서도 알 수 있다. 적군에 쫓긴 사람들 중 민가의 재래식 화장실, 즉 똥통에 뛰어들어가 잠시 머리까지 담그고 숨은 이들은 살 수 있었지만, 차마 똥통에 뛰어들지 못한 사람들은 좀 더 쫓기다 죽임을 당했다고 한다.

당신이라면 어떻게 할 것인가? 눈 딱 감고 똥통에 뛰어들어 머리까지 담글 것인가? 아니면 차마 그러진 못하고 다른 숨을 곳을 찾아 계속 헤맬 것인가? 그동안 누리던 문명의 이기와 안락함, 편안함과 깨끗함 등 당신이 그동안 인간다움의 증거라고 생각했던 것들을 잠깐 내려놓을 수 있다면 당신의 생존능력은 월등히 향상될 것이고, 강해질 수 있을 것이다. 물론 그런 것들은 살고 나서 나중에 다시 누리면 된다. 손자들에게 들려줄 재미있는 이야깃거리가 될 것이다.

재난대비 자료 보관법

3·11 일본 대지진 1주기 취재보도를 보던 중 기억에 남는 장면이 있다. 쓰나미로 집과 가족이 흔적도 없이 쓸려나가고 노부인 혼자서만 겨우 살아남았다. 취재기자가 1년이 지난 지금 무엇이 제일 안타까우냐는 질문에 노부인은 아들 내외와 손주들이 죽은 것도 슬프지만 이들을 추억할 만한 사진 한 장 없는 게 가장 슬프다고 했다. 쓰나미에 집이 쓸려나가면서 수십 년 동안의 희로애락이 담긴 가족의 모든 사진들도 사라져버렸다는 것이다. 영화 「설국열차」에서도 한 흑인 엄마가 아이를 잃고 좌절하는데 그나마 화가가 그려준 아이의 흑백 연필 스케치를 보면서 눈물짓고 소중히 간직하는 장면이 나온다.

가족사진과 주요 문서를 정리 보관하라

각종 재난과 사고에서 자신과 가족의 소중한 사진들이 쉽게 사라질 수가 있다는 것을 생각해야 한다. 아이들이 커갈 때마다 울고 웃으며 찍어온 수많은 사진들을 나중에 한 장도 볼 수 없다면 큰 슬픔과 상실감이

들 것이다. 더구나 요즘은 디지털카메라로 찍게 되면서 따로 현상하지 않고 컴퓨터 안에 파일로만 보관하고 있다. 그런데 컴퓨터가 고장 나거나 파손되면 수천수만 장의 사진들이 일순간 허망하게 사라진다.

중요한 건 사진뿐만이 아니다. 6·25전쟁 때나 보스니아 내전 이후 집과 관련된 분쟁이 많았다. 집주인이 피난을 가고 없는 집에 외부인이 들어와 자리를 차지하고 살게 되는데, 전쟁이 끝난 이후 이를 두고 분쟁이 심심치 않게 벌어졌다. 집문서가 사라졌거나 불타서 자신의 집 혹은 부모님의 집이란 걸 입증하기가 힘든 상황에서 먼저 자리를 차지하고 들어앉은 사람에게 우선권이 인정됐다. 화재나 수해, 지진, 전쟁 등 각종 재난을 생각한다면 사진은 물론 문서와 여권, 카드 등 중요한 자료들을 미리 제2, 제3의 장소에 복사본을 만들어 보관해둘 필요가 있는 것이다. 당신의 생존뿐만 아니라 소중한 기억과 추억까지 생존시키자. 다음은 그 방법들이다.

사진 파일과 주요 문서 보관법

1. 디지털카메라로 찍은 파일 자료는 CD와 USB, 외장하드 등에 2중, 3중으로 보관한다.
2. 사진파일 중 소중한 것들은 꼭 현상하거나 출력해놓는다.
3. 오래된 사진과 중요문서(집·땅문서, 가족관계증명서, 자격증, 주민등록증, 운전면허증, 여권, 각종 금전 계약문서 등)는 디지털카메라로 찍거나 스캐너를 이용해 전자문서화하여 1번과 같이 2중, 3중으로 보관한다.
4. 전자문서화된 자료보관은 집뿐만 아니라 반드시 외부(웹하드, 클라우드 서비스 등)에 복사본을 저장한다.

인터넷 웹하드, 클라우드서비스 등을 이용한다

집에 파일자료를 2중, 3중으로 보관하는 것도 중요하지만 집이 파괴되거나 당장 못 돌아갈 경우를 대비하여 인터넷 웹하드, 클라우드서비스 등을 이용해서 보관한다. 이 역시 한 군데만 저장하지 말고, 같은 복사본을 다른 업체에 2중, 3중으로 분산 보관해야 한다.

유명한 웹하드라면 매달 소정의 이용료를 내야 한다. 이런 유료사이트는 요금이 체납되면 계정이 퇴출되거나 데이터의 안전성을 장담하지 못한다. 그 외 소규모 웹하드 업체는 경영난에 순식간에 문을 닫을 수도 있고, 대기업들도 돈이 안 된다 싶으면 서비스를 중지한다. 심지어 한국의 '야후'처럼 유명 대형포털 자체가 철수하거나 사라질 수도 있다. 따라서 웹 저장도 한 곳만 하는 게 아니라 반드시 2중, 3중으로 분산 저장을 해야 안심할 수 있다. 지금은 '다음'과 '네이버' 등 포털은 물론 'SK', 'KT', 'LG' 등 여러 통신사와 'MS'와 '구글', '애플'에서도 클라우드 서비스 공간을 제공하여 무료로 몇 기가, 수십 기가를 이용할 수 있다. 최소 두 군데 이상 복사본 자료를 분산 저장한다. 특히 한 곳을 국외 서버업체로 한다면 더 안전할 것이다.

주요 업체들의 클라우드 서비스 제공량(2014년 기준)

업체 제공량	네이버	다음	구글	애플	MS	바이두	차후360	텐센트
용량	30Gb	50Gb	15Gb	5Gb	15Gb	1Tb	1Tb	1~10Tb

사진 앨범과 종이 문서 저장법

디지털카메라 파일은 저장하기가 쉽지만 예전에 구형 카메라로 찍어 현상한 사진들은 따로 전자문서화해야 한다. 그 외 인쇄된 중요서류와 문서, 자격증서도 마찬가지다. 업체에 요금을 주고 의뢰할 수도 있지만

오래된 가족사진도 이미지화해서 파일로 저장해놓자.

무료로도 얼마든지 할 수 있다. 가정용 복합기나 소형 스캐너를 써도 되고, 어느 회사나 있는 대형복합기의 스캔기능을 이용하면 빠르고 품질 좋은 스캔을 할 수 있다. 인근 도서관 디지털이용실에서도 무료로 스캐너를 쓸 수 있다. 스캔장비를 쓸 수 없다면 디지털카메라나 스마트폰 카메라로 찍어놓자.

위의 사진은 나와 동생의 어렸을 적 사진을 스캔하는 모습이다. 이렇게 오래된 아날로그 사진이 스캐너를 통해서 전자파일로 변한다. 이제 이 파일들을 CD나 USB메모리에 저장하거나 인터넷 웹하드와 클라우드 서비스에 올리기만 하면 된다. 다행히 지금은 '다음'과 '네이버', '구글'과 'MS' 등에 무료로 수십 기가에 달하는 큰 용량을 올릴 수 있다. 하지만 추후 유료화로 진행되거나 업체의 서비스가 폐쇄될 수 있으니 꼭 두 군데 이상 복수로 올려놓자(결국 '다음'은 2015년 6월, 클라우드 서비스 포기를 선언했다).

인터넷 데이터 저장(포털 클라우드 서비스)

앞서 만들어진 사진파일과 중요 문서데이터를 포털 '다음'의 클라우드 서비스를 이용해 저장하는 방법이다. 컴퓨터에서 평소처럼 폴더를 만들고 관련 사진과 문서들을 올려주면 된다. 폴더는 여러 개로 나눠서 사진과 중요문서, 자료 등을 구분해 올려놓자. 포털사이트의 클라우드 서비스를 다른 사람과 공유한다면 폴더의 권한 설정을 유의하고 ID 유출과 해킹을 항상 조심해야 한다. 특히 보안이 필요한 중요문서나 여권, 주민등록증 같은 것은 포털이 해킹될 때를 대비해서 한 번 더 암호화하는 것이 필요하다. 엑셀파일에 관련 사진을 넣어 붙이고 엑셀 암호를 지정하면 된다.

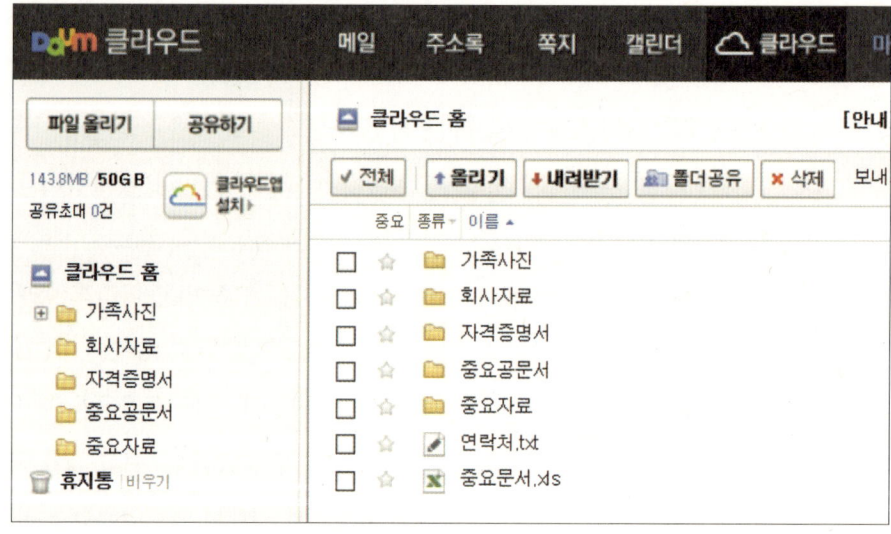

웹 클라우드 서비스를 이용해서 중요 데이타를 저장하자.

직접 동물을 잡아먹어야 할 경우

재난상황이 장기화된다면 가지고 있는 비상식량은 곧 바닥을 드러낼 것이다. 페트병에 든 쌀이든 참치통조림이든 당신이 대형 저장창고를 가지고 있거나 다른 저장창고를 털지 않는다면 순식간에 식량이 소진되고 만다. 더구나 당신이 가지고 있는 것도 다 먹지 못할 가능성이 크다. 일부는 상했거나 벌레나 쥐가 파먹었거나 포장이 터졌거나 누가 훔쳐갔거나 필요한 무엇과 바꾸느라 물물교환 했거나 심지어 위기를 모면하느라 뇌물로 줘야 할지도 모른다. 그런 상황이 생긴다면 비축식량 재고량은 무섭게 떨어질 것이고, 당신은 잠도 못 잘 것이다.

최후의 비상식량 가축(사냥)

식량이 다 떨어졌다면 돈이나 금붙이 등 집에 값나가는 것들을 내다 팔아야 할 것이다. 혹은 사냥을 하거나 가축을 잡아먹을 수도 있다. 가축도 없다면 주위에 돌아다니는 개나 고양이도 생각해볼 수 있다. 2013년 10월, 3년간 이어진 시리아 내전으로 인근 국가의 난민 캠프는 지옥이 됐다.

국제 지원도 거의 없고 사람들은 하루에 한 끼 겨우 밀죽만 먹을 수 있었다. 보다 못한 이슬람 종교지도자들이 개와 고양이를 먹어도 된다고 허용했다. 이슬람 율법상 개, 고양이, 당나귀를 먹는 것은 금지되어 있지만, 굶주린 사람들이 개고기와 고양이고기를 먹을 수 있게끔 종교교리와 신념까지 바꾸어놓은 것이다.

그런데 가축이나 짐승을 잡아 먹는 게 과연 말처럼 쉬울까? 매일 깨끗하고 위생적인 마트에서 잘 포장된 살코기만 샀던 당신이 두 발 혹은 네 발로 선 채 큰 눈으로 당신과 시선을 마주하는 가축을 과연 쉽게 잡을 수 있는지를 생각해보자. 이는 여러 생존 영화(만화)에서도 종종 언급된 대목이기도 하다. 겨우 살아남은 사람들이 자기의 애완동물이나 주위 짐승을 먹을 것이냐 말 것이냐로 고통을 겪는 장면이다. 특히나 요즘은 각종 고기나 생선들은 내장과 껍질, 피가 제거되고 깨끗하게 손질된 후 예쁜 포장에 담겨 나오기에 사 와서 요리만 하면 된다. 어제까지만 해도 살아 있던 가축들이 초코파이처럼 깔끔한 공산품이 된 것이다. 이런 문화적 생활에 길들여진 사람들은 가축, 심지어 물고기조차 죽이고 요리하는 데 거부감을 보이거나 고역을 치를 수 있다. 물론 제대로 된 손질법도 모른다.

가장은 힘이 세다

'이 불쌍한 짐승을 죽여서 먹기보다는 좀 더 굶어볼래' 하는 생각을 할 수도 있다. 특히 젊은 아가씨나 맘이 약한 사람들이 그럴 수 있다. 하지만 내가 어렸을 때만 해도 회사원이셨던 아버지는 마당 한쪽에서 닭, 오리, 개를 키웠고, 종종 잡아서 요리를 해드셨다. 닭은 잘 잡고 움직이지 못하게 한 다음 칼로 목을 베어 피를 빼내면 얼마 후 조용히 죽는다. 이후 털을 뜨거운 물에 데쳐 벗겨낸 다음 배를 갈라 내장을 빼고 고기만 잘 손질한 후 어머니께 요리하라고 넘기셨다. 논두렁에서 미꾸라지를 많이 잡아오신 날은 통에 넣고

비상식량이 떨어진 이후를 생각하라.

소금을 왕창 뿌린 다음 뚜껑을 닫으면 통 안은 난리가 났다. 얼마 뒤 열어보면 뿌연 거품과 함께 뱃속 내용물을 다 토해낸 미꾸라지들이 얌전히 준비되어 있었다. 또한 여름철 동네 뒤쪽에 가면 아저씨들이 모여 돼지와 소, 개를 잡던 일도 생각난다. 지금 사람들이 보면 끔찍한 모습일 테지만 어쨌든 고기가 부족했던 그 시절에는 종종 집에서 키우던 가축을 잡아서 아이들을 먹였다. 누군들 한 생명을 죽이고 손에 피를 묻히는 일이 좋았을까 싶지만 가장으로서 혹은 엄마로서 가족과 아이들을 위해서 그 험한 일을 기꺼이 했던 것이다. 하지만 그런 기술의 전수는 내 세대 때부터 끊어졌다. 가정에서의 도축이 금지되고 삶이 풍요로워지면서 도축기술은 짚신 만드는 것처럼 구시대의 기술이 된 것이다. 어렸을 적 몇 번 보고 자랐지만 중학교에 입학한 이후 마트에서 잘 포장된 삼겹살을 사 먹게 되면서 나는 가축을 도축하는 기술을 더 이상 배울 기회가 없었다.

군대에서도 비슷한 경험이 있다. 부대 밖으로 가끔 대민지원을 나가면 동네 분들이 수고했다고 살아 있는 커다란 돼지를 한 마리씩 주었다. 그날은 부대원이

고기 파티를 하는 날이었는데 막상 돼지를 받아온 팀원들은 참 난감했다. 평소엔 일당백 특수전투원이었지만 막상 살아 있는 돼지를 잡으려니 어떻게 죽여야 하는지, 어떻게 해체를 해야 하는지 잘 아는 사람도 없었다. 다들 손사래를 쳤다. 그러면 나이든 부사관 한두 명이 돼지를 트럭에 싣고 부대 밖으로 나가서 잡고 피와 내장을 제거한 후 고기만 잘 정리해 다시 가져왔다. 아무리 군인이라도 살아 있는 생물을 잡아서 죽이고 해체하는 건 참으로 어려운 일이었다.

재난 시 당신에게 필요할지도 모르는 도축

성인이 된 나도 다른 이들처럼 아무리 작은 것이라도 산 생명을 죽인다는 데 거부감이 있다. 비위도 강한 편이 아니다. 만약 비상상황을 맞이하여 혼자서 짐승이나 가축을 죽이고 요리할 수 있는가 하고 생각해보게 된다. 지금이라면 낚시로 잡은 물고기조차도 처리하는 데 곤혹을 겪을 테지만 비상시 내가 아니면 가족이 굶을 것이라고 생각한다면 큰맘 먹고 할 수 있을 것이다. 하지만 현대인 대부분이 가축을 잡는 장면을 본 적도 없고, 방법도 모른다. 마트에서 깨끗하게 손질되어 포장된 고기만 봐왔기에 비상시 스스로 가축을 도축하고 처리하는 데 큰 스트레스를 받을 것이다. 공포에 질릴 수도 있으며 심지어 영화처럼 가축을 죽이지 못해 굶는 경우도 있을 수 있다.

여러분은 어떤가? 이런저런 가축 등을 잡아본 경험이 있는지? 하다못해 펄떡이는 물고기라도 잡아서 손질하고 요리해본 경험이 있는가? 짐승이나 가축 등 살아 있는 생물을 잡아서 처리하는 일은 비상시에 중요하고 필요한 일이다. 하지만 문화인이 될수록 힘든 일이 됐다. 닭도 화나면 무섭다. 얼굴 높이까지 뛰어올라 쪼아댄다. 잡는 일이 생각만큼 쉽지도 않다. 예능프로그램에서 연예인들이 닭장에 들어가 닭을 잡는 미션을 하다가 쩔쩔매고 혼비백산하는 모습을 보였는데, 절대 일부러 웃기려고 그러는 것이 아니다. 그럴진대 소, 돼지는 어떻게 잡나? 그 상황과 방법들을 지금 생각해보고 조금 배워두는 것도 나중에 큰 도움이 될 수 있을 것이다.

비상시 직접 짐승이나 가축을 잡아야 할 때 예상되는 문제점들

1. 돼지, 소 혹은 작은 닭이라도 어떻게 해야 쉽게 죽일 수 있는지 전혀 알지 못한다는 점
2. 산 생명체를 죽여야 한다는 심리적 압박감
3. 총이라도 있으면 손쉽겠지만, 가진 게 작은 칼이나 몽둥이뿐이라면 덩치 큰 소, 돼지를 어떻게 끝낼까 하는 장비의 문제
4. 한 번에 끝내지 못하면 난감한 상황이 벌어질 것이다. 부상을 입은 소, 돼지가 괴성을 지르고 난동을 피우며 목 잘린 닭이 뛰어다닌다면 다들 기겁할 것이다. 피 흘리며 흥분한 짐승들이 사람을 향해 공격할 수도 있다. 이런 상황에서는 웬만한 사람들이라면 겁에 질려 도망치는 가축을 놓칠 수도 있다.
5. 겨우 가축을 죽여놓고도 작은 식칼 하나로 해체하는 건 힘든 일이다. 내장 사이에 손을 넣어 작업하다 피가 뿜어져 나오면 비위 약한 사람은 해체작업조차도 버거워할 것이다. 내장을 잘못 건드려 터트리면 쏟아져 나온 내용물로 고약한 냄새가 베어 먹기도 힘들고 귀중한 고기가 오염될 수도 있다.
6. 가축을 잡고서도 어떤 부위를 먹을 수 있는지 없는지 전문지식이 없다는 점. 내장도 먹을 수 있는 부위와 먹기 힘든 부위가 있는데 관련 지식이 없다면 먹을 수 있는 부위도 버릴 수 있다. 이는 귀한 식량의 낭비이다. 사람이 적다면 맛있는 살코기만 먹어도 되지만 배고픈 입이 많다면 내장이나 머리, 발, 뼈 안의 골수, 가죽 등 먹을 수 있는 부위는 최대한 많이 확보해야 한다.
7. 겨우 잘라놓은 고깃덩어리를 어떻게 장기 보관할 수 있는지 모른다는 점.

비상시 냉장고도 없거나 무용지물이 될 것이고 기껏 힘들게 잡은 고기를 상하게 할 수 있다. 방법을 안다면 훈제나 얇게 잘라 말려서 육포로 만들 수 있고 소금에 절이거나 캔을 구해 병조림, 통조림을 만들 수도 있을 것이다.

지금 할 수 있는 방법들

1. 듣는다. 주위에 낚시를 좋아하는 사람이 있다면 물고기 해체방법 등을 물어보자. 부모님이나 어른들 중 가축을 해체해본 경험이 있는지 물어보고 자세히 배워두자. 소, 돼지, 개, 닭 등 각 가축별 해체방법을 따로 물어보는 것도 좋다. 다 듣고 노트에 기록하라.

2. 본다. 시골에선 닭이나 오리, 작은 돼지 등은 가끔 도축할 때가 있다. 동네 분들이나 처갓집에서 한다면 봐두고 기회가 되면 같이 끼어서 해보자. 하지만 이는 많지도 않고, 쉽지 않을 수도 있다. 제일 쉬운 방법은 유튜브 등 동영상을 이용하는 것이다. 유튜브 동영상을 검색하면 짐승이나 가축을 도축하고 내장을 해체하며 가죽을 벗기는 영상들이 많다. 영상에 친절한 설명까지 있으니 교재로는 최고이다. 조금 비위에 안 맞을 수도 있지만, 중요한 생존의 기술이다.

아파트 방어 및 대피

재해 규모가 광범위하고 파괴력이 클수록, 또 인명 피해가 많을수록 재난 후 혼란은 가중되게 마련이다. 정부나 구호단체가 서둘러 생존자나 난민들을 구호하고 통제하지 않는다면 상황은 최악으로 흘러갈 것이다. 사람들은 며칠 동안 먹지도, 마시지도 못 하고 추위에 떨다가 먹을 걸 찾아나설 것이다. 인근 식료품 상점과 주유소를 털고, 시간이 경과하면 피해가 없어 보이는 건물과 가정집까지 들어갈 것이다. 화재나 폭동, 전염병이 돌기 시작하면 도시를 탈출하려는 사람들과 외부에서 밀려들어오는 피난민들로 도시는 더 난장판이 된다.

처음 식료품상점과 주유소에서 시작된 사람들의 약탈과 폭동은 주변에 보이는 상점과 건물로 번져갈 것이다. 먹고 살기 위한 심리뿐 아니라 군중심리가 발동하기도 하고, 분노와 흥미에서 폭동을 일으키는 사람의 수 또한 늘어날 것이다. 소중하고 꼭 지켜내야 할 당신의 일터와 집마저 목표가 된 것이다. LA 폭동을 잊지 말라.

사람들은 흔히 어려움에 처했더라도 서로를 돕고 먹을 걸 나눠주며 견뎌야 한다고 생각한다. 하지만 이 또한 평상시의 생각일 뿐이다. 갑작스러운 재난이나 비상상황이 닥쳤을 때에는 누구나 평상심을 잃게 마련이다. 그러므로 그렇지 못할 상황, 즉 아비규환이 되는 상황도 미리 생각해두어야 한다. 당신에게 남보다 가족이 우선이듯 다른 사람 또한 마찬가지일 것이다.

아파트 방어

공권력과 치안이 무너진 비상상황에선 무리를 이루는 것이 중요하다. 아무리 사전에 잘 준비해서 은밀하게 지내려 해도 혼자이거나 한 가족뿐이라면 한계가 있다. 가족, 일가친척, 정말 믿을 수 있는 친구라면 상황이 끝날 때까지 서로를 의지하며 생사고락을 함께할 수 있을 것이다. 다만 막연한 사이나 이익을 위해서 뭉친 관계라면 언제든 깨질 수 있다는 것을 잊지 말라.

잘 알고 지내던 한동네 주민들이나 같은 아파트 단지의 입주민들처럼 삶의 터전이 같은 사람들과 뭉치는 것이 좋다. 혹은 같은 회사 직원, 교회신도들, 같은 상가 입주자들일 수도 있다. 아파트라면 단지 정문을, 작은 빌라라면 건물 입구를 중심으로 지켜야 한다. 동 전체 사람들이 협심하여 순번을 나눠 경비를 서고 무리를 지어서 세를 과시하면 외부인의 침입과 강도를 사전에 막을 수 있다. 사태 초기에 입주자들이 빨리 모여 단합의 필요성을 나누고 누구나 인정할 만한 리더를 뽑아야 한다. 리더는 흩어진 식량과 물 등 필수품을 모아 공동으로 관리하고 약자나 홀로 사는 사람들까지 잊지 말고 잘 분배해야 한다. 중요한 건 단지 내 모든 사람들을 방어계획에 동참시켜 같은 배를 탄 일행임을 알게 해야 한다. 젊은 남자라면 군제대자를 중심으로 나눠 경비와 순찰, 휴식을 하고 여자나 노약자들은 식사 준비와 생존에 관련된 자원을 모아야 한다. 비상시엔 쓰레기조차 버릴 것 없이 귀중한 자원이 된다.

당신과 가족의 전 재산이며 생명줄인 상가나 일터를 방어하는 것 또한 중요하다. 상가연합회 등이 있다면 기존 조직대로 뭉치고 모든 인원을 호출해서

아파트는 정문을, 작은 빌라는 건물 입구를 중심으로 지킨다.

상가 건물이나 가게를 지켜야 한다. 가게 안 중요하거나 값진 물건은 미리 빼놓고 인화물질(커튼, 소파, 인테리어물, 전시품, 연료) 등도 치워놓아야 한다. 예전 건물에는 상가 전면에 강철 셔터가 설치되었다. 하지만 지금은 상점 대부분 전면이 통유리로 되어 있다. 외부의 침입이나 공격에 무방비인 것이다. 렉산판(폴리카보네이트), 나무합판, 함석판, 석고보드, 방탄 비닐시트 등을 미리 준비해놓는다면 통유리 전면에 부착해서 최소한의 방어 대책을 세울 수 있을 것이다.

하지만 잘 모르는 사람들과의 연합은 서로 의지하기도 힘들 것이다. 어떻게든 조직을 이룰 수 있겠지만, 소속감과 구심 없이 장기적으로 유지되기는 어렵다. 작은 오해나 이익, 분배, 분파 때문에 갈등이 벌어지고 다툼이 일어날 수 있다. 재난 시엔 홀로 사는 사람들, 특히 고향을 떠나 도시에서 혼자 살고 있는 젊은 여자들이 제일 위험하다고 할 수 있다.

대피 및 탈출

상황이 여의치 않고 점점 심각해져 가는데, 정치인과 높은 관리가 TV에 나와서 문제가 해결되고 있으니 안심하라고 말하더라도 다 믿어서는 안 된다. 문제가 빠른 시일 안에 해결되지 않을 것 같고, 뭔가 상황이 수상하다 싶으면 지금 있는 곳에서 대피하거나 탈출할 생각을 해야 한다. 최소한도의 안전이 있는 집을 떠나 낯설고 불확실한 외부로 나간다는 것은 극히 위험한 일이다. 신중해야 한다. 특히 당신이 혼자가 아니라 가족을 이끌어야 한다면 더욱 그렇다. 도시를 떠나 어렵고 낯선 시골로 간다고, 현지 사람들이 반갑게 맞아줄 거라고 생각하지 말라. 산속으로 들어가서 텐트 치고 산다는 건 순진한 생각이다. 당신이 생각한 곳은 이미 다른 사람들이 나타나 발 디딜 틈이 없을 수도 있다. 산속으로 들어가기도 전에 시골마을 입구에서부터 당신의 출입을 막는 자경단을 마주할지도 모른다.

시골로 내려가는 과정도 무척 험난할 것이다. 길은 피난 차와 사람들로 꽉 막혀 있고, 사거리에선 군경이 통제하고 있을지도 모른다. 방치된 차들이 길을 막고 있을 것이다. 그 차들은 아마 연료가 떨어졌거나 고장(펑크, 오버히트) 났거나 운전자가 열쇠를 들고 사라졌을 것이다. 사정이 어떠하든 도로를 돌파하기 어려울 것이다. 설상가상 피난민들을 노린 강도가 출몰할 수도 있고, 당신의 차를 보고 사람들이 먹을 걸 달라거나 차를 태워달라며 매달릴지도 모른다. 기동성을 잃고 한 곳에 묶여 있는 것은 굉장히 위태로운 상황이라 할 수 있다. 그렇지만 가족과 대피하는데, 차를 버리게 되면 생존율은 극히 떨어진다. 이 점을 명심하라. 때문에 주위에서 피난을 떠날 때 함께 출발하는 것은 피해야 한다.

대피는 사태 초기에, 사람들 대부분이 긴가민가하고 아직 큰 징후가 없을 때 실시해야 한다. 사태가 벌어진 초기에 어느 정도 혼란이 진정된 틈에 실행해도 괜찮다. 때문에 사태 초기 당신의 집에서 어느 정도 버틸 수 있는 대비물품(식량, 물, 장비, 연료)이 필요하다. 초기에 상황이 심상치 않아 보이지만, 표면적으로 큰 혼란이 없으면 일부 가족만 먼저 대피 시킬 수도 있다. 가령 아내와 아이들을 버스에 태워 처갓집이나 친척 집, 은신처 등에 보내는 것이다. 혹시 무슨 문제가 벌어지면 남자 혼자 뒤따라가는 것이 더 낫다. 당신이 서울 북쪽이나 일산 부근에 살고 있는데, 북한의 침공 위험이 심상치 않다면 최소한 한강 다리를 건너 서울 남쪽으로 가족을 대피시켜야 한다. 비상시 한강다리는 사람들이 몰려들어 병목 현상이 일어나 건너기 힘들고, 차단되기도 쉽다.

다음은 집을 떠나 대피 및 탈출을 해야 하는 상황이다. 극히 제한된 조건임을 알 수 있을 것이다.

대피나 탈출이 가능한 상황

▶ 대피할 곳이나 목적지가 확실히 있을 경우(부모님, 처갓집, 친척이나 친한 친구 집, 미리 준비해둔 은신처 등)

▶ 집에서 있는 것이 더 이상 불가능한 경우(물, 식량의 고갈, 질병이나 환자 발생, 집이 파손됨, 정부의 피난 명령, 전장의 접근 등 명백한 위험상황)

▶ 단기간 내 목적지에 도달할 수 있는 상황(대피노선과 기간이 길어질수록 식량과 연료, 체력이 떨어지며 질병과 사고 각종 위험에 처할 확률은 높아진다. 가는 도중 길을 잃고 헤메기라도 한다면 최악의 상황에 처하게 된다.)

▶ 대피장비(자동차 외 운송수단, 연료, 식량, 비상용품, 숙박용품, 현금 등)가 준비됐을 때. 걸어서 대피한다는 것은 극히 힘들고 위험하다. 가족과 함께라면 말할 것도 없다. 최소한 자전거라도 이용해야 한다.

은신처 준비

피할 수 없는 재난이라면 도시보다는 시골에서 겪는 것이 낫다. 시골은 우선 식량과 물이 여유 있고, 경작도 가능하다. 인구 밀도도 낮고 주위 어디든 이동도 자유롭다. 동네 사람들과의 친분도 도시보다는 두텁다. 생존에 유리한 점이 많다. 도시에 사는 사람이더라도 비상시 대피처로 삼은 곳을 떠올리면 지인이 사는 시골을 먼저 생각할 것이다. 지방 소도시나 시골에 친가나 친척, 잘 아는 사람이 있다면 평소에도 왕래를 하면서 인심을 얻자. 종종 방문해서 동네 사람들과 얼굴을 익히고 바쁠 때 찾아가서 일을 도와주면 비상시에 도움을 받을 것이다. 아예 빈 방을 하나 빌릴 수 있다면 저렴하게 빌려서 옷가지나 이불, 먹을 것 등을 미리 갖다놓는 것도 좋은 방법이다.

완벽한 은신처

프리퍼라고 하는 재난대비자, 생존주의자 중에는 영화에서 봄직한 완벽한 은신처를 생각하고 실제로 구축하는 사람들이 많다. 상상할 수 있는 모든 재난 형태에 대비해 지하벙커와 무기, 방어시설, 에너지 자립 시스템은 물론 텃밭과 가축을 사육할 공간까지 생각한다. 특히 미국이 그러하다. 하지만 자신의 집을 방어하고 은신처로 삼아 너무 의존하게 되면 2차대전 때 프랑스의 마지노선과 같은 사태가 벌어질 수 있다. 은신처는 배수의 진이 아니다. 상황에 따라서는 미련 없이 버리고 떠날 수 있어야 한다. 장비도 마찬가지다. 적당한 물품은 필수적으로 준비해야 하지만, 너무 과다하게 준비하고 의존하기보다는 언젠가 과감하게 포기할 수 있는 마음가짐이 필요하다. 완벽한 방어시설, 은신처는 현실에서 존재하기 어렵다. 자연재난을 대비해왔는데 대공황이 올 수도 있고, 전쟁을 예상했는데 원전에서 방사능이 누출될 수도 있다. 또한 아무리 방어시설을 갖추었다고 해도 다수가 접근하면 막는 것 또한 한계가 있다.

대여 은신처

각종 재난에 도시는 너무 취약하고 위험하다. 시골에 대피처를 마련하고 싶어서 혹은 아예 귀농귀촌을 해서 농사지으며 살고 싶다고 하는 사람도 많다. 실제 내 지인 중에도 연고가 없는 먼 시골에 빈 집을 알아보거나 실제 임대해서 이사를 간 사람도 있다. 하지만 이삿짐을 풀면서부터 후회할지도 모른다. 우리는 대부분 도시에서 태어나 삶의 터전과 직장을 마련하고 있다. 도시의 편안한 삶에 자신도 모르게 익숙해져 있다. 농사일은 거의 모르고, 호미질과 삽질을 할 근육은커녕 하루 종일 햇볕을 쏘일 마음가짐조차 준비되어 있지 않을 것이다. 언제 올지 모를 재난과 공황에 대비해서 무작정 시골로 가기엔 너무 위험부담이 크다. 위 사례의 그 지인 또한 이삿짐을 풀면서 계약을 늦게 알게 된 주인집 아들과 다툼을 벌이고, 일주일 만에 되돌아왔다.

은신처는 꼭 도시에서 멀리 떨어진 한적한 시골이나 외진 산속에 있어야 할까? 이론적으로 커다란 재난이 발생하면 그러한 지형이 최고의 입지라고 할 수 있지만, 현실에는 아닐 수도 있다. 새로 땅을 구하고 집을 짓거나 임대 계약을 하기에는 돈과 시간이 많이 소요될 것이다. 또한 그곳이 멀리 있고 교통편까지 좋지 않다면 중간에 관리도 힘들고 비상시 막상 찾아가기도 힘들 수 있다.

도시에서 재난을 맞닥트린다면 대도시보다는 소도시가, 도시 중심보다는 외곽이 그나마 더 생존에 유리하다. 완벽함을 추구하지 않는다면 의외로 도시 외곽에 저렴하고 쉽게 은신처를 마련할 수 있을 것이다. 바로 멀지 않은 지방이나 도시 외곽에 저렴한 원룸을 하나를 임대하는 것이다.

이미 전국적으로 대도시 외곽은 물론 시골에도 많은 상가건물과 원룸이 들어서 있다. 몇 년째 건물이 통째로 비어 있거나 입주자가 채워지지 않은 곳이 많다. 자연스럽게 임대료도 낮은데, 내가 사는 시 외곽엔 10~13평짜리 원룸 임대료가 월 20만 원대인 곳도 많다. 방이 크지 않지만 비상식량과 각종 비상장비 등을 비축해놓기에 충분하다. 평소 생존용품들을 비축하고 문을 잠가 놓고, 비상시엔 즉시 대피할 수 있는 은신처로 사용하는 것이다. 목적지뿐 아니라 대피과정의 보급기지, 전진기지가 될 수도 있다. 꼭 원룸이 아니더라도 지방의 상가건물 맨 위층이 될 수도 있고, 어느 가정집의 건넌방이 될 수도 있다.

먼 곳이 좋을 거란 생각이 들 수도 있겠지만, 도시 외곽은 도심보다 훨씬 안전할 것이다. 자전거로 이동할 수도 있고, 걸어서 갈 수도 있다. 또한 비상시는 물론 평상시에도 유용하게 쓸 수 있다. 원룸 은신처가 지방에 있다면 출장이나 여행하면서 잠시 들러 쉴 수도 있다. 여유가 된다면 원룸 은신처를 혼자 준비하는 것이 좋지만, 마음이 맞는 사람이 있다면 공동으로 투자하여 공유할 수도 있다. 부담을 반으로 줄일 수 있다. 언제 올지 모를 재난을 대비한다고 하면 이러한 공유 형태의 은신처도 괜찮을 것이다. 물론 믿을 만한 사람이어야 실천이 가능하다.

재난 속에서 당신이 살아남아 집이나 은신처에서 최대한 오래 버텨야 한다면 노출은 물론 남의 이목을 끄는 것 또한 최소화해야 한다. 깔끔하고 화려한 옷을 입거나 비싸 보이는 장비를 보이지 말라. 뭔가 많이 대비된 것 같거나 튼튼하게 경비되었던 집이 가장 첫 번째 목표물이 된다. 남들처럼 낡거나 지저분한 옷을 입고, 배고픈 척하며 얼굴을 찡그리고 세상과 정부에 대해 욕을 하는 것도 좋다. 은신처나 대피처도 평범하게 보이는 것이 중요하다. 재난상황에서는 모든 것이 뒤집힌다. 하지만 도시는 느리게 재건될 것이다. 최대한 오래 버티고, 체력을 아끼며 살아남는 것이 중요하다.

정부와 구호단체의 역할

2014년 세월호 참사를 통해 우리의 재난대응 체계가 얼마나 허술한지 밝혀졌다. 정부와 각 기관은 믿을 수 없을 만큼 무능하고 우왕좌왕했다. 사고 초기 제주와 진도의 해상교통 관제센터(VTS)는 사고를 정확하게 파악하지 못하고 시간을 끌다가 승객들에게 피난하라는 지시조차 못했다. 해경 또한 승객의 구조 요청을 받고도 심각성을 무시했다. 구호과정에서도 혼신의 힘을 다하지 않아 수백 명의 학생들이 탄 여객선이 침몰하는 모습을 지켜볼 수밖에 없었다. 사고 이후 무수한 혼란이 벌어졌다. 사고가 난 지 열흘이 지났지만 탑승자 수와 사망자 수 등 기본적인 정보조차 확인되지 않았고, 교신기록과 사고에 대한 조치 과정 중 해운사는 물론 해경의 은폐 시도와 거짓말이 드러났다.

 정부 또한 사고 직후 중앙대책본부를 만들었지만, 제대로 대처하지 못하고 허둥댔다. 전국에 이와 유사한 대책본부만 열 개가 급조되었다. 정부는 이미 위기관리 매뉴얼을 무려 3,200개나 만들어놓았다. 재난의 종류를 25종으로 나눠 표준매뉴얼을 하나씩 만들었다. 그 아래 주관기관을 지원하는 산하기관의 역할을 담은 실무매뉴얼이 200여 개이다. 마지막으로 현장 실무자를 위한 '현장조치 행동매뉴얼'은 무려 3,200여 건이나 된다. 그러나 이렇게 만든 3,200개가 넘는 위기 관리 매뉴얼이 정작 실제 상황에서 전혀 작동되지 않았다. 공무원과 담당인력조차 관련 매뉴얼을 알지 못했을 정도로 형식적이었던 것이다.

구조와 수색, 인양과정에서도 문제점은 끊임없이 드러났다. 국무총리가 최고 책임자로서 현장에 상주하며 지휘했지만 각종 잡음과 혼란은 계속됐다. 효과도 없었다. 결국 단 한 명도 구조하지 못했고 침몰 석 달이 될 때까지도 실종자를 전부 찾아내지 못했다.

세월호 참사를 통해서 우리 사회 곳곳의 안전의식이 얼마나 낮은지, 정부의 재난대응 체계가 얼마나 형편없는지 적나라하게 드러났다. 여객선의 침몰이라는, 한정적인 사고조차 제대로 대처를 못하는 마당에 국가적 재난이 터지면 정부가 제대로 대처할까 하는 걱정은 너무나 당연하다. 헌법 34조 6항에 정부는 국민의 생명과 재산을 보호해야 한다고 명시되어 있다. 하지만 세월호 사태에서 소임을 다하지 못했고, 지금 그 능력과 의지마저 의심받게 되었다.

정부는 물론 각 행정기관과 구조(구호)단체는 세월호 참사 사건을 교훈 삼아 위기 관리 시스템을 근본부터 바꾸어야 한다. 해경을 폐지하고 국가안전처를 신설했다고 하지만, 사람과 제도는 그대로인 채 이름이나 조직만 바꿔서는 아무 소용이 없다. 보여주기식 행정이나 매뉴얼 수가 중요한 것이 아니라 전문가 집단이 되어야 한다.

실무자 지휘

제일 중요한 것은 현장에서 실무담당자가 총 지휘 관리를 하고, 구조 및 방재작업에만 집중할 수 있는 체제와 시스템을 구축하는 것이다. 9·11 무역센터 테러사건 때도 뉴욕시 소속 일개 소방서 서장이 구조작업 전체를 지휘하고 통솔했듯이 우리의 구호체계도 실무자의 지휘가 우선되고, 정부가 지원하는 시스템이 정착되어야 한다. 재난안전에 대한 지식이 없고, 구조전문가도 아닌 고위관리가 내려와 지휘하고 행정 명령을 내리고 일일이 실무자에게서 보고받고 결재 받는 시스템은 배가 산으로 가는 꼴이나 다름없다. 재난현장에 대통령이나 총리가 내려와 상주해서 실무자들을 불편하게 하고, 손발을 묶으며 보고서와 의전 등 형식과 절차에 집착하게 만들기도 했다. 부서와 계급을 떠나 모든 권한을 관련 전문가에게 맡겨야 한다. 정부와 관련 기관은 자금, 물자, 인력, 기술, 외부협조 등을 지원하는 역할을 맡아야 한다.

실전 매뉴얼로 정비

정부가 기껏 만든 3,200개의 많은 위기관리 매뉴얼이 효과가 없다는 것이 드러났다. 개수가 중요한 것도 아니고, 상황별로 꼼꼼하고 자세하게 적는다고 좋은 것도 아니다. 매뉴얼이 많으면 많을수록 실무자는 빠른 시간 안에 관련 사항을 찾기 힘들고, 문구에 집착하고, 수동적으로 움직인다. 관리 및 업데이트도 힘들다. 각 상황별 재난은 대부분 교과서대로 진행되지 않는다. 순식간에 예기치 못한 상황에 직면할 수도 있다. 개인의 대처방법조차 조사나 연구 결과에 따라 다음해에는 내용이 바뀌기도 한다. 매뉴얼은 각기 다른 재난 상황에서도 공통적으로 통용되고 쓸 수 있는 간결한 핵심 대처법을 다루어야 하고, 현장전문가들이 상황에 따라 적용하거나 응용할 수 있게 해야 한다. 전문가들을 믿고 전권을 줘야 책임감 있고 빠른(창의적인) 대처가 가능하다.

반면 대국민 배포용 재난대처 매뉴얼은 좀 더 세심하고 수준 높게 바꿔야 한다. 동사무소에서 홍보용 책자를 나눠주듯 형식적인 1차적 정보로는 부족하다. 상황에 따라 개인이 할 수 있는 2단계, 3단계 이상의 필요한 정보가 연결돼 있어

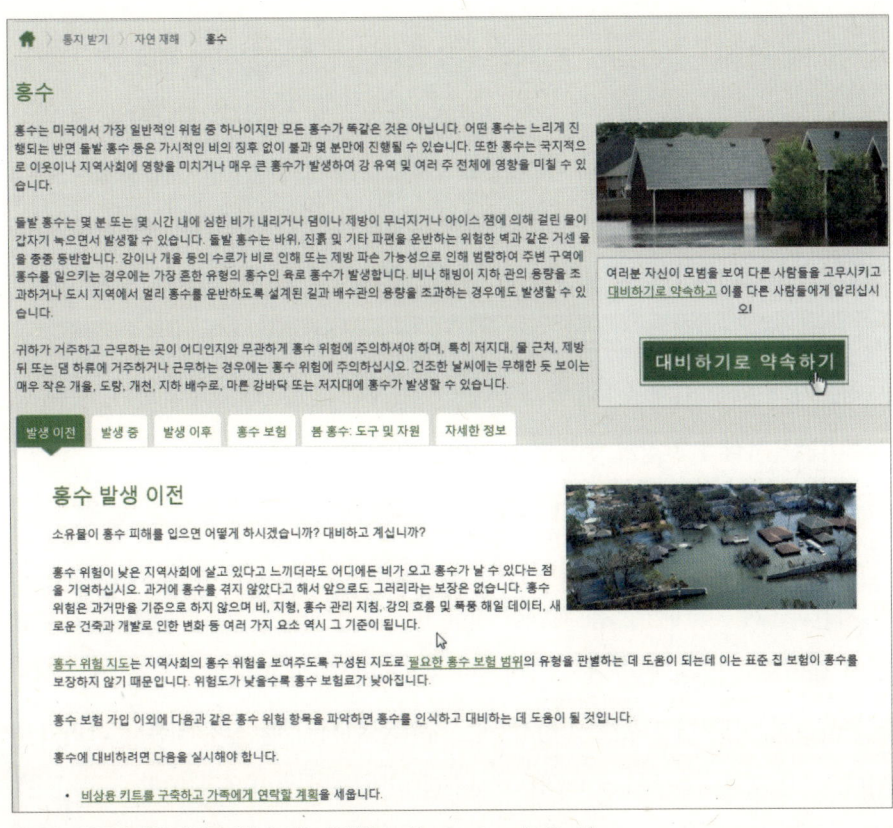

미국의 재난관련 대처 정보를 배울 수 있는 사이트(http://www.ready.gov/ko/floods).

야 한다. 전문가와 달리 일반인이 재난관련 대처 정보를 배울 곳은 극히 제한적이다. 이 때문에 국가가 충분한 지식을 줄 수 있어야 한다. 소방방재청, 질병관리본부, 국가재난정보센터 등 국민의 안전과 관련된 기관의 국민대응법 사이트는 각 지역 시·군·구청 사이트에 링크되어 시민들이 쉽게 접근할 수 있어야 한다.

중앙통합 재난시스템 구축 및 전문가 육성

세월호 참사로 보듯 대규모 사고나 재난은 5천만 국

민 전체에 엄청난 충격을 줄 뿐 아니라 국가와 정부를 휘청이게 한다. 이 사고로 직간접적인 피해 규모가 수조 원에 달한다는 보고도 있었다. 재난이 닥친 비상상황에서 신속하게 대처하지 못하면 해당 사건의 피해를 넘어 사회 전체로 불이 번지는 것이다. 사회적 안전을 더욱 확고히 하는 것은 불필요한 비용이 아니라 투자로 생각해야 한다. 해경, 안전행정부가 폐지·축소되면서 국가안전처가 신설됐다. 하지만 조직이나 인원만 이동해서는 효과가 없을 것이다. 정부와 행정기관 그리고 공무원들의 재난대비에 대한 인식이 근본적으로 바뀌어야 한다. 재난 상황에 대한 지식과 열정이 부족한 조직이나 인물은 컨트롤타워가 될 수 없다. 담당자나 공무원도 한때 거쳐 가는 한직이나 불이익으로 생각해서는 안 된다. 정부 또한 그렇게 대우해서는 안 된다.

 지진과 태풍, 토네이도 등 재난이 잦은 미국은 중앙통합 재난시스템을 갖추고 항상 대비하고 있다. 연방제 국가이지만 재난이란 비상상황에선 주정부와 기관, 전문가들이 서로 협력하고, 연방정부는 지원을 아끼지 않는다. 일본도 마찬가지이다. 이런 재난대응 선진국의 법과 시스템, 전문가의 노하우를 배워야 한다. 그것만이 현재 우리의 재난대응 능력을 최단시간에 끌어올리는 가장 빠른 방법이다. 해외 전문가를 초빙하고 우리 담당자를 파견하거나 유학을 보내 교류를 해야 한다. 재해와 내전을 겪는 제3세계 재난현장에도 인력과 전문가를 파견하고 재난 물자를 지원하여 경험을 쌓게 해야 한다. 학자와 언론도 힘을 보태야 한다.

 중앙통합 재난시스템은 사전 준비와 사후 대응 능력을 모두 갖춰야 한다. 관료적이거나 형식적이선 안 된다. 최대한 빠른 의사결정과 전문성, 실전성을 지녀야 한다. 조직원들은 책임감과 열정이 있어야 어떤 위험한 상황에서도 바로 뛰어들고 행동할 수 있다. 그래야 국민과 국가가 살아남는다.

재난 시 여자와 어린아이들

당신에게 사랑하는 가족이 있다. 배우자와 아이들도 있다. 지금은 비록 작은 집에 살지만 따뜻한 물로 샤워를 할 수 있고, 포근하게 잠을 잘 수 있고, 마음 편하게 가족과 식사를 할 수 있다. 하지만 만약 어느 날, 갑자기 안전한 집에서 내동댕이쳐져 낯선 거리를 방황해야 하는 상황이 벌어진다면 어떻게 될까? 혼자서 가족과 아이들을 지켜낼 수 있을지 생각해보았는가?

수천 년 된 인류의 역사를 살펴보면 전쟁과 기근, 굶주림, 각종 대형 자연재난에선 모두가 고통을 겪지만, 그중에서도 여자와 아이들이 제일 큰 피해를 입었다. 전쟁이나 자연재해로 치안이 무너지고 사람들이 공포에 질리면 강도와 강간, 약탈이 횡행한다. 그런 세상에선 산 너머 적뿐만 아니라 집 근처 이웃들마저 위협이 된다. 특히나 가족을 보호할 남자가 없거나 여자 혼자라면 제일 먼저 표적이 될 수 있다. 강도나 성폭행을 당하기도 한다. 이웃들마저 자신이 피해를 보지 않은 것을 오히려 다행으로 생각하며 방관하기도 한다. 뒤집힌 세상에선 생존자들 간에 약탈과 강간, 인신매매가 나타나고 그중 조금이라도 더 가진 사람들이 힘을 갖는다. 그건 식량이나 물, 총, 돈, 생활용품, 완장이 될 수도 있다. 반대로 식량이나 물, 생필품 등이 없거나 부족한 사람들은 헐값에 착취당하며 심지어 정부의 구호나 배급 우선순위에서조차 밀리게 된다.

현재 시리아 난민 캠프 내에서 이런 끔찍한 상황이 벌어지고 있다. 오랜 내전과 학살을 피해 국경을 넘어 겨우 피난해 왔지만 수용소에서조차도 힘의 논리가 지배하고 있다. 힘이 약한 아이와 여자들은 온갖 학대와 성폭행에 시달린다. 난민촌 캠프 특성상 간이화장실과 수도시설, 식당은 거주용 텐트에서 꽤 떨어진 외곽에 있다. 수백 미터 떨어진 경우도 많다. 여자들이 음식과 물을 준비하거나 화장실을 가기 위해서는 텐트 바깥으로 나가 상당한 거리를 걸어가야 하는데, 이동하는 중에 성희롱, 성폭행이 발생한다고 한다. 물론 성폭행을 당한 여성은 반항할 수도 없고 돌아와서도 가족에게 말할 수도 없다. 그래서 많은 가정에서 어린 여자아이를 조혼시키며 떠나보내는데, 이 또한 어린 여자아이에 대한 또 다른 성폭력일 뿐이다. 이런 참상은 지역이나 시대를 가리지 않는다. 우리도 일제시대 때 수많은 어린 누이들이 마을 거리에서 일본군에게 잡혀 성노예로 끌려갔다. 그걸 막고자 조혼을 시키기도 했다.

전쟁으로 남편을 잃고 난민 캠프 내에 홀로 남은 여성들은 배급에서도 밀리고 차례를 빼앗긴다. 조금 얻은 것도 쉽게 빼앗긴다. 때문에 많은 엄마들이 아이들을 먹여 살리기 위해 어쩔 수 없이 성을 팔기 시작하는데, 겨우 빵 몇 덩이나 밀죽 한 그릇과 바꿀 뿐이다. 재난은 사회와 사람들을 극단적인 광기로 몰아넣고 파렴치하게 만들며 여성을 더욱 억압하고 남자에 종속되게 한다. 결국 전쟁과 기근, 굶주림, 각종 자연재난에서 제일 큰 피해자들은 여자와 아이들인 것이다.

1852년 영국 해군의 수송선 버큰헤드(Birkenhead) 호가 사병들과 그 가족들을 태우고 남아프리카를 향해 항해하다 난파되어 침몰하게 되었다. 배에 타고 있던 사람은 모두 630명으로, 그중 130명이 부녀자였다. 설상가상 구명보트는 세 척만 남아 있었다. 선장은 수병과 선원을 모두 갑판에 집결시키고 부동자세로 있게 한 후 여자와 아이들 먼저 태우라고 명령했다. '여자와 어린이 먼저'라는 훌륭한 전통은 바로 이 버큰헤드 호에서 비롯됐다. 그 후 비슷한 사고에서 수많이 인명을 살아났다. 우리가 알고 있는 타이타닉 호가 침몰할 때도 그 전통은 그대로 이어져서 약자가 보호 받을 수 있었다.

반면 2014년 4월 16일 진도해상에서 일어났던 세월호 침몰 사건 때는 반대였다. 배가 뒤집히는 와중에 선장과 선원은 먼저 도망가고, 선내에 있던 승객과 학생들에게 가만있으라고 지시가 내려졌다. 이 때문에 탈출시간을 놓쳐서 엄청난 인명 피해가 발생했다. 그중 상당수가 수학여행을 가던 어린 남녀학생들이었다.

남자와 어른들 그리고 담당 책임자가 약자와 아이들을 지켜주지 못했던 것이다. 결국 먼저 도망가 살아남은 선장과 선원들은 법적 책임을 받게 되었고, 우리 국민 전체는 도저히 잊을 수 없는 큰 아픔과 상처를 입게 되었다. 정부와 사회구성원 간 신뢰는 깨지고 전문가와 담당자의 믿음과 권위는 땅에 떨어졌다. 우리 사회 전체까지 난파된 것이다.

재난과 위기 시에 '여자와 어린이 먼저'라는 전통을 잊지 말자. 약자를 보호해야만 그 조직과 사회가 유지될 수 있다. 또한 아무리 힘든 상황에서도 희망을 지녀야 버텨낼 수 있다.

올지 안 올지 모를 재난에 대비하고 최소한의 준비를 하는 이유도 단순히 좀 더 오래 살기 위한 것이 아니다. 무엇과도 바꿀 수 없는 소중한 우리 가족들, 특히 아이와 여자들을 안전하게 보호하기 위해서이다. 이 책을 통해 배운 비상식량과 장비, 각종 생존지식은 재난 시에 당신 가족의 생명뿐만 아니라 인간의 존엄성 그리고 행복을 지켜주는 가장 큰 재산이 될 것이다.

피리 부는 사나이를 조심하라

「피리부는 사나이」라는 동화를 기억하는가? 흑사병이 유행하던 중세시절 거리엔 쥐 떼가 창궐하고 알 수 없는 전염병이 돌았다. 사람들이 무수히 죽어나가자 시민들은 공포에 질린다. 그때 한 마을에 어느 괴상한 옷차림을 한 남자가 나타나 자신이 마을의 쥐들을 모두 없애주겠다고 장담한다. 시민들이 남자와 계약을 한다. 남자는 피리를 불며 음악을 연주했다. 그러자 마을의 쥐들이 자석에 끌려오듯 곳곳에서 몰려나왔다. 피리 부는 남자는 쥐 떼를 끌고 강으로 가서 모조리 물에 빠트려 죽였다.

하지만 시장은 남자에게 약속한 돈을 주지 않고 내쫓으려고 했다. 화가 난 남자는 다시 피리를 꺼내 음악을 연주한다. 이번엔 쥐 대신 어린아이들이 무엇엔가 홀린 것처럼 집에서 나와 부모의 손을 뿌리치고 남자를 따라 어디론가 사라진다.

'피리 부는 사나이'는 동화의 제목뿐 아니라 특정한 상황이나 인물을 가리키는 보통명사로도 쓰인다. 보통 주식판에서 은어 비슷하게 통용되기도 한다. 누군가가 주식을 처음 시작하는 아무것도 모르는 초보자, 개미들에게 접근해서 현란한 차트를 들이대고 도표와 장황한 이론을 언급하며 설명한다. 그는 자신이 수십 년 동안 연구하고 개발한 특별한 주식 이론과 차트분석법이라며 당신도 이것만 알면 앞으로 주식이 오르내리는 이치를 알 수 있고, 큰돈을 벌 수 있다고 사람들을 유혹한다. 혹은 자신만이 특별한 정보 경로를 알고 있는데, 당신도 알게 되면 큰돈을 벌수 있다며 꼬드긴다. 이렇게 아무것도 모르는 사람들에게 접근해서 현란한 말과 기술로 현혹하고 잘못된 방향으로 이끄는 자를 '피리 부는 사나이'라고 한다.

주식판뿐만 아니라 우리 주변 곳곳에서 '피리 부는 사나이'들이 출몰한다. 특별한 정보나 남들이 모르는 자신만의 심오한 비법이 있다며 다가와 누구나 솔깃하게 된다. 현란한 말솜씨에 알록달록한 옷을 입고 진실이 조금 섞인 거짓을 이야기한다면 아이스크림처럼 점점 더 끌릴 것이다. 이들은 작은 진실을 말하기도 하고, 때로는 진실에 가까운 말을 해서 당신을 현혹하지만, 이들의 말을 들으면 결과는 좋지 않다. 많은 초보자들, 개미들, 서민들을 눈물짓게 한다. 특정한 몇몇 사람만 알 수 있는 진리나 비법이 있을까? 있다 해도 평범한 삶을 사는 사람에겐 거의 소용이 없는 경우가 대다수다. 특히 자신이 그러한 선택된 자, 특별한 자라고 광고하고 다니면 사기꾼이나 선동꾼, 잘못된 신념을 지닌 형편없는 사람일 가능성이 높다.

생각지도 못한 대형사고와 재난이 연이어 터진다. 세상이 어지럽고 흉흉해지면서 인터넷엔 수많은 소문과 괴담, 유언비어, 음모론이 힘을 얻고 퍼진다. 정치꾼, 평론가, 논객, 예언가, 사이비종교인, 음모론자, 선동꾼들이 목소리를 높이고 있다. 자신만이 사건의 진실을 보았다고 한다. 자신의 말을 믿고 따르면 당신도 진실을 알고 무사할 것이라고 말한다. 공포로 위협하면서 자신이 구원자라며 사람들을 현혹하는 것이다.

길 가던 중 갑자기 뿌연 안개에 휩싸이면 사방을 구별하기 힘들고 상황을 판단하기 힘들어진다. 당황할 수밖에 없다. 하지만 어려운 상황일수록 단순하게 생각하는 것이 가장 좋다. 단순함, 평범함 속에 진리가 있고 진리와 비법은 한두 사람만 알고 있는 것이 아니다. 온 사람들에게 열려 있다. 똑같은 목적을 가지고 나아간다면 앞서거니 뒤서거니 할 뿐 언젠가 같은 것을 발견하게 될 것이다. 세상이 어지러울수록 메시아, 구원자를 자칭하는 이들이 늘어날 거라는 건 여러 예언서에서도 언급되었다. 사람의 불안한 마음을 이용해 자신의 이득을 취하려는 세력들이 있을 수 있다. 이상한 옷을 입고, 이상한 말을 한다고 그들이 옳은 것은 아니다. 걸음을 멈추고 그 자리에 주저앉거나 넋 놓고 따라가지 말라. 자신만의 기준을 가지고 상식적으로 생각해보라. 그들의 주장에 매몰되어서도 안 되고, 전적으로 의지해서도 안 된다. 하늘은 스스로 돕는 자를 돕는다고 했다. 나와 내 가족의 미래, 생존은 전적으로 내 손에 달렸다는 것을 기억하라. 국가든 소방방재청이든 경찰관이든 혹은 종교인이나 예언자든 내가 아니라 다른 사람이 나를 구해주고 내가 할 일을 대행해줄 거라고 절대 믿지 말라. 그러한 태도를 지녀야 코난이다.

　'생존21C' 카페를 만들어 생존에 관한 많은 실전 자료들을 모으고, 책으로 출간까지 한 것은 당신이 스스로 살아남을 수 있는 힘을 키우는 데 도와주기 위함이다. 아는 게 힘이고 그 지식이 자신을 지켜줄 수 있다. 다른 사람에게 뺏기지 않고 평생 동안 자신의 든든한 무기가 될 수 있다. 또한 많이 알수록 적게 필요하다. 혼자가 아니라 나를 따르는 가족이 있다면 더욱 유념하여야 한다. 피리 부는 사나이들을 조심하라.

생존 그룹: 누구를 따를 것인가?

김병만의 〈정글의 법칙〉 이후 생존과 관련된 예능프로그램이 몇 년째 인기를 끌고 있다. 해외에서는 생존에 관한 TV프로그램들이 많았는데 우리나라도 이제 유행하는 듯하다. 일반인들이 무인도나 정글에 갑자기 떨어져 조난됐을 때 어떻게 해야 생존할 수 있는지에 대한 방법과 지식을 미리 소개해주는 듯해서 반갑다. 늦었지만 이런 프로그램을 통해 재난, 사고대비에 관심 없던 사람들이 조금이나마 이쪽에 관심을 갖게 되었다. 재미있게 지켜보는 가운데 재난 시 생존과 관련된 지식 하나라도 얻을 수 있다.

리더의 역할

방송에서 인상적인 건 정글에 내팽개쳐진 일행 모두 배고파 지치고 힘들어 늘어질 때 김병만이 나서는 장면이다. 자신도 힘들겠지만 지친 몸을 일으켜 세워 바다에 나가 고기를 잡고 어떻게든 불을 지펴 물고기와 동물을 구워 일행을 먹인다. 좀 더 자려는 사람을 깨워 다독이며 비를 피할 움

막을 만들고, 위험한 나무 위로 먼저 올라가 열매를 따고 일하며 솔선수범한다. 정글 대신 추운 툰드라에 가서는 얼음물을 깨고 들어가는 고통을 감수하기도 한다. 나도 군 복무 시절 얼음을 깨고 차가운 물속에 들어가본 적이 있다. 온몸의 살갗을 바늘로 찌르는 듯한 통증에 충격을 받았다. 얼음물에 빠지면 15분 내에 죽는다는 게 실감났다. 하지만 그는 고통스러운데 팀원을 위해 몇 번이나 얼음물로 뛰어들었다. 리더로서 책임감과 강인함을 보여준다. TV로 이 장면을 본 독자라면 재난이나 조난을 당했을 때 상황이 얼마나 열악하고 위험한지, 리더의 역할이 얼마나 중요한지 깨달았을 것이다. 출연자들은 하루 전까지도 맛있는 것만 골라 배불리 먹고 쾌적하고 편안한 삶을 살고 있었는데, 24시간 만에 삶이 뒤집힌 것이다.

리더 선택이 중요하다

당신도 언제든 그런 상황을 겪을 수 있다. 재난이나 사고를 겪고 겨우 살아남았는데 정신을 차리고 보니 배는 고프지만 가진 식량도 없고, 장비도 없다. 아직도 위험은 진행 중이기에 서둘러 안전한 곳으로 대피해야 한다. 그런데 어느 곳으로 가야 할지 막막하고 생존자 중 누구를 리더로 선택할 것인지, 누구를 따라갈 것인지 고민스럽다.

주위엔 소수의 생존자들이 모여들고, 이중엔 어린아이나 젊은 여자, 부상자, 노인도 있고, 직업도 각기 다르다. "구조대가 올 때까지 여기서 기다리자", "아니다, 안전한 곳으로 찾아가야 한다" 등등 각기 말도 다 다르다. 그들은 주장에 따라 한 그룹이 될 수도 있고, 여러 그룹으로 쪼개져 떠나갈 것이다. 당신은 어느 쪽을 선택할 것인가? 도시 재난에서는 인원 수는 큰 상관이 없지만, 오지나 야생에서는 소그룹보다는 사람이 많을수록 더 안전하다. 야생 짐승을 대비한 방어는 물론이고 길이 아닌 곳이나 험로를 따라 걷다가 다리를 다치거나 병에 걸릴 수도 있는데, 여러 사람이 있다면 짐도 분산해서 지거나 업고 갈 수도 있다. 또한 밤에는 아무리 여름이라도 춥기 마련인데 서로 모여 꼭 붙어 있으면 찬바람을 막을 수 있고, 서로의 체온으로 좀 더 버티기 수월할 것이다. 야생동물을 사냥할 때도 수가 많다면 역할을 분담해서 한쪽은 몰이를 하고, 다른 쪽은 반대편에서 덮치는 방법 등으로 사냥과 먹이 습득이 좀 더 쉬울 것이다.

이런 논리적 이유 외에 사람은 본능적으로 위기에 봉착하면 자기보다 나은 사람을 찾아 따르고 의지하려는 경향이 있다. 혼자 혹은 리더가 되어 움직일 때 겪을 수 있는 외로움과 위험, 앞장서서 가족과 일행을 이끌어야 한다는 부담감, 먹을 것을 찾고 분배해야 하는 일, 올바른 길을 찾아야 하는 책임감에서 벗어날 수 있다. 열악한 상황일수록 각 구성원 간의 갈등과 대립은 피할 수 없다. 이러한 불만과 비난은 곧 리더에게 향할 수 있어 위험하기도 하다. 그런 여러 위험과 부담감 때문에 내가 아닌 다른 사람을 따르고 의지하고 싶어하는 것이다.

재난 상황에서 누구를 리더로 선임할까?

재난이 닥쳤을 때 누구를 리더로 선택할까 하는 것은 매우 중요한 사안이다. 평소에는 믿음직스러워 보였던 사람이 급작스러운 재난 시 겁쟁이가 될 수도 있고, 게으르고 나약해 보이기만 하던 아들이 비상시가 되자 도리어 의연하게 가족을 이끌 수도 있다. 당신이라면 눈앞에 닥친, 피할 수 없는 재난상황에서 누구를 따를 것인가? 한번쯤 미리 생각해두는 것도 나쁘지 않을 것이다.

- 〈정글의 법칙〉에 출연한 평소 좋아하던 배우나 아이돌스타

- 키 크고 듬직하며 힘 좀 쓰게 생긴 친구
- 목소리 크고 험악한 분위기를 만들며 나만 따라오라는 사람
- 제일 연장자인 나이든 노인
- 종교 성직자
- 중년의 인품 있고 사람 좋아 보이는 사람
- 말은 잘하고 뭐든지 잘 아는 것 같은데 뭔가 의심스러운 사람
- 경찰관, 소방관, 군인이라는 사람
- 시장님이나 혹은 유명 정치인
- 키 작고 땅딸하며 볼품없는 개그맨
- 칼이나 무기류를 갖고 있는 사람
- 람보 같은 일당백의 전사
- 이도저도 아니면 아는 사람이나 아버지 혹은 남편

어느 쪽을 선택하든 다 각자의 이유가 있겠지만 어떤 선택을 하느냐에 따라 그 그룹은 살아남을 수도, 아니면 자기들끼리 싸우고 분열하다 굶주린 채 한 명씩 죽어갈 수도 있다. 그리고 그 어느 쪽 그룹이든 당신은 선택해야 할 것이다.

영화 「포세이돈 어드벤처」처럼 헌신적인 신부를 따른 그룹이 결국 살아남을 수도 있고, 「디파이언스」처럼 강인한 군인을 따라야 할 수도 있으며, 「타이타닉」의 잭처럼 별다른 능력은 없지만 자기만을 사랑하고 끝까지 보호해줄 애인이 나을 수도 있다. 「웨이백」처럼 경험이 풍부한 노인을 따라야 할 수도 있고, 「매트릭스」처럼 눈에 보이지 않는 것을 보라고 하며 정체 모를 빨간 약을 권하는 사람일 수도 있다. 혹은 「터미네이터」에서처럼 강인한 어머니일 수도 있다.

반대로 「미스트」처럼 이번 재앙은 신의 계시, 심판, 회계를 운운하며 사람들을 선동하는 사이비 종교인, 광신도를 따랐다가는 같이 지옥으로 끌려갈 수 있

다.「투모로우」에서처럼 안전한 도서관에서 나와 하루빨리 걸어 대피하자고 명령하는 경찰관을 따랐다가는 눈보라 치는 길거리에서 꽁꽁 얼어 죽을 수도 있다. 또「더 그레이」의 주인공처럼 능력과 인성은 좋지만 잘못된 판단으로 일행을 사지로 몰고 가는 경우도 있을 것이다.

생각해보자. 내가 감당할 수 없을 만한 큰 재난 앞에서 누구를 따를 것인지……. 누구에게 내 목숨을 맡길 것인지……. 심지어 아내와 아이들까지 있다면? 극한의 상황에서 누구를 따를지는 목숨이 달린 중요한 문제이다. 처음에 그 사람들의 겉모습과 하는 말만 보고 판단하기는 어려울 것이며 위 영화의 사례들도 결국 결과론적이며, 픽션일 뿐이다.

미리 보는 리더의 조건

세상에는 항상 선한 사람도, 나쁜 사람도 없다. 상황에 따라 바뀔 수 있을 뿐이다. 오지 생존에 관한 뛰어난 능력을 가지고 있다 해도 암울하거나 스트레스 받는 상황에선 지레 포기하거나 더 나약해질 수 있다. 혹은 얕은 생존 지식을 전부라 믿고 잘못된 판단을 내려 일행을 서서히 사지로 몰고 갈 수도 있다.

누구를 믿을 것인가, 따를 것인가 하는 선택은 매우 중요하다. 누가 리더로서 적임자인지 알아볼 수 있도록 능력을 키워야 할 것이다. 그리고 다음 조건들에 그가 해당되는지 곰곰이 생각해보자. 남자다움은 꼭 남자에게만 있는 것이 아니다. 여자 중에서도 강인하고 배짱 있는 사람을 리더로 선정할 수도 있다.

- 옳은 걸 옳다고 말할 수 있는 강직함, 소신
- 옳다고 여기면 주변의 반대를 무릅쓰고서라도 실천할 수 있는 배짱

- 유행이나 사람들에 끌려가지 않고 본질을 볼 수 있는 넓은 시야와 통찰력
- 혼자보단 가족이나 무리, 약자를 먼저 생각하는 리더십
- 공포와 두려움을 극복하고 지금 시작할 수 있는 용기
- 지금 힘들고 고통스럽더라도 잠시 이 악물고 참아낼 수 있는 인내력과 오기
- 불안하고 절망적인 상황에서 유머와 희망을 말할 수 있는 여유

가장 확실한 건 스스로 생존에 대한 지식을 배우고 갖가지 상황에서 생존법을 알아내어 스스로 리더가 되는 것이다. 누가 적임자인지 빨리 알기 힘들다면 당신이 '그'가 되면 된다. 스스로를 구하고 책임지는 길만이 제일 확실하고 안전한 길이다.

누가 적임자인지 알기 힘들다면 스스로 리더가 되자.

대규모 이재민을 이끌어야 할 때

리더가 돼라

　이 책을 여기까지 다 보았다면 당신은 수만 명 중 단 한 명만이 아는 생존기술을 습득한 셈이다. 우리가 함께 살펴본 내용은 식량 보관, 물 정수법, 상황별 위험대처방법, 불 피우기, 비상시 에너지 만들기 등 남들이 전혀 모르는 갖가지 생존에 관한 고급 실전지식들이다. 이 지식을 활용하면 당신은 비상 상황이나 재난이 발생하더라도 당황하지 않고 스스로를 살릴 수 있고, 가족과 사랑하는 이를 겨울 폭풍우 속에서 안전하게 보호할 수 있을 것이다. 그동안 축적한 경험과 연구한 것들을 이 책에서 모두 소개한 이유는 독자들이 자신과 가족뿐 아니라 주위사람들도 보살펴주길 바라는 마음에서 비롯됐다.

　리더가 돼라. 생존전문가인 당신은 어렵고 험난한 고난의 상황에서 주위 사람들을 살릴 능력이 있다. 또 그래야만 한다. 그것이 배운 사람의 의무이다. 2차대전 때 유대인들을 탈출시키고 독일군에 맞서 장장 2년간이나 피난민들을 살려낸, 영화 「디파이언스」의 '투비아'처럼 당신은 리더가 돼야 한다. 당신이 책임질

진정한 리더는 타인의 생존까지 책임지는 자이다.

사람들은 옆집에 살고 있는 몇 명일 수도 있고, 한 동네 수십 명이 될 수도 있다. 또는 조난당해 어느 섬에 남겨진 생존자 일행일 수도, 대규모 피난민일 수도 있다. 사람은 공포와 충동, 옆 사람의 분위기에 좌우되고, 비이성적인 행동을 하게 된다. 2013년 가을 인도의 어느 축제에서 많은 인파가 다리를 건너는데, 누군가가 "다리가 무너진다"라고 외치는 바람에 인파가 한쪽으로 몰렸다. 결과는 참혹했다. 백 명이 넘는 사람이 깔려 죽었고 강으로 뛰어들어 실종되었다. 공포에 질린 인간은 양 떼와 다를 바 없다. 사람들은 익숙한 집에서 야외로 던져지면 아무것도 할 줄 모른다. 야외에서는 라이터가 없다. 요즘은 전기압력밥솥이 없으면 어떻게 밥을 지어야 하는지 모르는 사람이 대다수이다. 〈아빠! 어디 가?〉라는 예능프로그램의 출연자처럼 남자더라도 텐트를 못 칠 수도 있다.

재난에서 굶주리고 갈증에 허덕이며 추위에 떠는 사람들을 만나게 되면 당신은 이 책에서 본 것을 알려주고, 이끌어주어야 한다. 오염된 물을 정수해서 마실 수 있도록 도와줘야 하고 잘못된 길에 빠지지 않도록 보살펴줘야 한다. 그런 코난들이 많아지고, 그들의 도움을 받는 사람들이 많아질수록 그 사회는 빠르게 재난을 극복할 수 있다. 그것은 결과적으로 당신이 혜택을 받는 길이기도 하다. 여러 생존기술들을 당신만 몰래 알고 있지 말라. 당신만 살아남으려 하지 말라. 꼭 다른 사람들도 도와주길 바란다. ·

자원을 모으고 운영하라

살아남은 사람들에겐 모든 것이 부족하고, 없는 것투성이일 것이다. 생존의 기쁨은 잠시뿐이다. 이제 곧 저녁끼니를 어떻게 해결할지, 기온이 내려가는 밤을 어떻게 보낼지 두렵기만 하다. 아무것도 없다고 낙담하지 말라. 아직 몰라서 그렇지 당신 주위에 많은 것들을 구하고 이용할 수 있을 것이다. 3·11 일본 대지진처럼 주위가 폐허에 쓰레기 천지라면 자원의 보고이다. 오히려 기뻐해야 한다. 조금만 뒤지면 생존에 필요한 것들을 많이 발견해낼 수 있을 것이다. 이것을 어디다 쓸 수 있을까 고민하지 말고 일단 모아라. 다른 일행이 쓸 수도 있고, 나중에 쓸 데가 있을지도 모른다. 지금 놔두고 온다면 다음날엔 사라지고 없을 수도 있다.

당신이 야외에 있다면 채소, 버섯, 약초, 과일, 곤충, 개구리, 작은 동물, 버려진 가축 등을 찾아서 모아라. 약초, 버섯, 식용식물 백과사전 등이 있다면 구별하기 훨씬 더 쉬울 것이다. 배도 채울 수 있고 다친 곳에 약이나 진통제로도 사용할 수 있다. 개구리나 메뚜기들이 주위에 많다면 일단 잡아서 잘 말려둬라. 지금은 먹을 수 없어도 나중에는 없어서 못 먹을 수 있다. 폐허가 된 상점이나 자판기를 발견한다면 통조림과 음료수 등 먹을 것을 최대한 찾아서 확보하라. 물론 주인이 없을 때에 한정한다.

깊은 산속이나 태평양 한가운데에 있는 무인도에도 인간이 버린 쓰레기들이 굴러다닌다. 주로 페트병과 스티로폼, 비닐, 밧줄, 그물 등이다. 당신이 있는 곳 주위에도 마찬가지로 쉽게 볼 수 있을 것이다. 다 주워서 모아라. 페트병은 소중한 물을 보관할 수 있는 도구이자 반을 잘라내면 음식을 담을 식기로도 쓸 수 있다. 비닐을 걷어다 천막과 우비로 사용할 수 있다. 스티로폼 조각은 태워서 연료로도 쓸 수도 있고, 부숴서 가루로 만들면 집과 옷, 텐트의 보온재로도 사용할 수 있다.

버려진 차나 기계류가 있다면 복권에 당첨된 것과 다름없다. 부품을 분해해 망치나 곡괭이, 칼 혹은 무기도 만들 수 있다. 연료탱크에는 아직 휘발유가 남아 있을 것이다. 휘발유뿐 아니라 엔진오일도 버너나 난로의 연료로 쓸 수 있다. 배터리와 카스테레오를 떼어내 외부 소식을 들을 수 있는 전용 라디오로 개조할 수도 있다. 전조등과 경적을 떼어내 배터리와 연결하면 불빛을 낼 수도 있고, 큰 소리를 낼 수 있어서 SOS 신호를 보내거나 밤에 맹수를 쫓는 데도 사용할 수 있다. 엔진냉각수는 치명적인 독극물이다. 주위 동물을 사냥할 때 쓸 수 있다. 타이어는 잘라내서 신발이나 샌들로 만들 수 있다. 아프리카에선 타이어샌들을 신은 사람들도 많다.

에어필터와 에어컨필터를 떼어내 더러운 물을 거르는 필터나 마스크로도 쓸 수 있다. 헤드램프의 렌즈로는 햇빛을 모아 불을 일으킬 수도 있고, 차내 전기 배선을 쭉 빼내면 밧줄은 물론 낚싯줄도 만들 수 있다. 일일이 열거하기 힘들지만 자동차로 만들 수 있는 것들은 무궁무진하다.

마른 나무나 폐가구, 부서진 목조주택 잔해도 중요한 자원이다. 작은 나뭇조각들은 땔감으로 사용하고 큰 목재와 합판은 임시 거주시설을 만드는 데 사용하라. 집들이 부서진 현장이라면 부엌과 창고 화장실 쪽을 수색하라. 먹을 만한 것들과 식기, 칼, 깨끗한 물, 락스 등을 찾을 수 있다. 락스는 물을 정수하고 세척액을 만드는 데 아주 유용하다. 마른 옷도 중요한 품목이다. 밤의 추위를 견디고 언제 속옷을 갈아입고 씻을 수 있을지 장담할 수 없는 상황에서 마른 새 옷은 요긴하다. 자전거나 수레도 중요하다.

모아야 할 것들은 식량, 물, 옷, 장비, 연료, 목재들이다. 전부 생존에 중요한 것들이고 이것들을 모으고 조합해서 더 멋지고 그럴듯한 것들로 만들어낼 수 있다. 모았으면 비축해야 한다. 지금 당장 쓸 일이나 시간이 없어도 가져와서 한곳에 잘 모아두자. 그것이 언제까지 그 자리에 있을지는 아무도 모른다.

정부의 지원이 있는 수용소나 피난처에서라도 지원된 물품 중 어느 것은 필요 이상 많고 어느 것은 아예 없는 것이 있을 것이다. 남는 물품이라고 선심 쓰듯 피난민들에게 나눠줘서 안 된다. 모아두었다가 다른 수용소에서 필요한 것과 교환할 수도 있다. 외부 지원이 언제 끊길지는 아무도 모른다. 재해지역이 광범위하다면 오늘 온 보급차가 열흘 뒤에나 다시 올 수도 있을 것이다.

인프라를 서둘러 구축하라

당신이 뛰어난 생존능력을 베풀며 사람들을 도와준다면 그 소문을 듣고 곧 여기저기서 많은 사람들이 몰려들 것이다. 살기 위해 길거리로 나선 사람들, 즉 피난민들에겐 '어디가 더 좋다' 하는 소문은 바람처럼 빨리 전달된다. 「워킹데드」나 「레지던트 이블」 혹은 「1942」처럼 사람들은 여기보다는 더 나은 곳이 있다는 얘기를 들으면 희망을 갖고 온 힘을 다해 찾아갈 것이다. 사람들이 찾아온다면 내치면 안 된다. 형편이 빠듯하고 하루에 죽 한 그릇만 줄 수 있어도 최대한 많이 안아야 한다. 당장은 힘들어도 많은 사람들이 생기면 그 자체가 힘이고 안전이다. 또한 통제가 가능해진다. 언론이나 사진기자가 찾아오기도 더 쉽다. 결과적으로 정부나 외국 구호단체의 식량과 장비 지원도 받기 쉬워진다.

많은 이들이 몰려올 것 같다면 인프라 구축을 서둘러야 한다. 만약 도시가 아닌 곳에서 이재민들이 모여든다면 당신은 수용소 내 거주계획을 서둘러 세워야 한다. 사람들이 다닐 수 있는 길을 구획하고 양옆으로 잠을 잘 수 있는 텐트촌과 음식조리대, 배급소, 급수대, 치료소, 소각장, 물자보관 창고자리를 지정하라. 물론 화장실과 하수처리, 묘지는 외곽에 자리 잡아 질병이 전파되는 걸 최대한 막아야 한다. 지금은 건물 대신 천막만 칠 수 있어도 상관없다. 또한 지금보다 사람들이 열 배나 더 불어날 것을 예상하고 크게 터를 잡아라.

여자 혼자이거나 아이가 있는 여자, 그리고 부모를 잃어버린 아이들과 노인들을 배려해야 한다. 그들을 좀 더 큰 텐트에 같이 머무르게 하는 것도 좋은 방법이다. 서로를 도우며 의지하면 심리적으로 안정을 취할 수 있다. 만약 배려하지 못할 경우 피난민촌 내에서도 성폭행과 폭력, 강도, 매춘, 배급품 강탈이 빈번하게 벌어질 것이다. 지금 시리아 국경 주위 여러 나라의 피난민촌이 처한 상황이 그렇다. 문제를 일으키는 사람들을 격리할 감옥소도 필요할지 모른다. 약자를 보호해야 하는 이유는 그들이 희망이고 증거이기 때문이다. 또 이를 사람들에게 설명하라.

사회를 만들어라

피난민촌 계획이 완성되고 각 구획에 맞는 텐트들이 쳐졌다면 그곳에 맞는 사회를 만들어야 한다. 피난 전 직업과 잘하는 일을 물어보고 리스트를 만들어라. 장비와 도구가 없어도 오랜 경험이 있는 사람은 스스로 대체도구를 만들어서 일을 해나갈 수 있다.

의사, 간호원, 군인, 경찰, 전기기술자, 보일러공, 파이프공, 목공기술자, 건축기술자, 차량정비원, 선반공, 요리사 혹은 유치원교사 등 모든 사람들의 직업 리스트를 만들어두면 적재적소에 활용할 수 있다. 꼭 직업이 아니더라도 잘할 수 있는 일도 물어보라. 컴퓨터 엔지니어이지만 아마추어 무선통신 자격증이 있다거나 택시기사지만 뜸이나 수지침을 놓을 줄 알아도 유용할 수 있다. 그러면 정치인은 어디에 쓰일 수 있을까? 그건 나도 잘 모르겠다.

각 기능공들은 주위 폐자재를 모아 건물을 만들어 텐트를 대체하고 필요한 장비들을 만든다. 의료 인력은 다친 사람들을 보살펴주며 선생과 유치원교사는 성인들이 일할 동안 어린이들을 돌볼 수 있다. 경찰과 군인, 무술유단자는 난민촌 자체 치안과 방어 인력으로 활용할 수도 있다.

특별한 기술이 없는 사람들은 주위의 과일과 먹을 것들을 찾거나 청소, 창고 관리원, 연락요원, 농사에 투입될 수 있다. 체력이 한참 떨어진다면 다른 사람들을 보조하거나 떨어진 신발과 옷 등을 수선할 수 있다. 제빵사나 요리사는 많은 사람들이 먹을 수 있게 음식을 조리하고 물을 정수한다.

노인들을 무시하지 말라. 육체적 능력이 떨어져서 힘든 일을 할 수는 없지만 의외로 많은 도움을 받을 수 있다. 아이들을 돌보거나 갈등을 벌이는 사람들을 중재할 수 있다. 들판에서 먹을 수 있는 약초와 버섯들을 구별할 수 있고, 심지어 임산부의 아이를 받아낼 수도 있다. 어느 사회건 노인들은 그 존재만으로도 그 집단의 권위와 안정감을 준다. 불필요해 보인다고 몰아낸다면 조만간 그 집단은 붕괴되고 말 것이다. 사람은 아무리 최악의 상황에서도 항상 더 나은 삶을 만들려 노력하는 본능이 있다. 물자가 부족하고 장비가 없어도 극복할 것이다.

중요한 건 사람들을 가만있게 놔두면 다른 문제가 생길 수 있다는 것이다. 그것은 싸움이나 성폭행, 정치, 이간질, 편가름, 권력다툼일 수도 있다. 어느 것이든 작은 사회에서는 치명적인 것들이다. 지금 사람들이 직업을 갖고 일을 해야 살 수 있는 것처럼 그곳에서도 똑같이 해야 한다.

거래와 정치를 하라

어느 사회건 사람들이 모이고 집단이 커지면 정치가 필요해진다. 물론 여기서 언급한 정치는 나쁜 의미가 아니라 좋은 의미에서 정치를 말한다. 다른 생존자 집단과 연락하고 거래할 수도 있을 것이다. 우리가 갖고 있지만 그들은 없는 것 혹은 그 반대일 수도 있다. 그것들을 물물교환을 할 수도 있다. 그 대상이 정부일 수도 있다. 공권력이 많이 무너졌다 해도, 정부가 아직 살아 있다면 협상은 필수적이다.

부족한 식량과 물자를 좀 더 받아내거나 더 자주 배급받게 할 수도 있다. 또는 외국 언론사를 찾아내 이용할 수 있다. 그들을 초대해 수용소 내부를 취재하게 한다거나 사진을 찍게 하면 상황을 개선할 수 있을지도 모른다. 이를 통해 어려운 실상이 외국에 전달된다면 국제 원조나 구호물품들이 제일 먼저 당신 앞에 쌓일 수도 있다. 비록 인근 다른 단체에는 구호물품이 한두 번 덜 전달된다 하더라도 그것을 자책하지 말라. 당신의 노력을 통해 당신을 믿고 따르는 가족과 수많은 사람들이 일주일을 더 배불리 먹을 수 있을 것이다. 또 그런 구호가 언제까지 지속될지 언제 끊길지는 아무도 모른다. 리더가 감수해야 할 일이다.

비상 시기나 수용소에서 어설픈 민주주의 방식은 곤란하다. 생존단체나 수용소에서 사람들에게 최고의 목표는 혼란과 재난이 끝날 때까지 굶지 않고 살아남는 것이다. 기존에 직업이 좋았다거나 나이가 많다고 해서 혹은 정치가나 부자였다고 리더가 되어선 안 된다. 여러 생존에 대한 기술을 습득하고, 사람들이 위험에 빠지지 않게 이끌 줄 알며, 강력한 리더십과 통찰력을 지녀야 리더가 될 수 있다. 리더는 거수나 투표로 이루어지는 건 아니다. 그런 능력이 있음을 증명해야 사람들이 인정할 것이다. 종종 불만에 찬 구성원들의 비난과 도발을 감수해야 하고, 문제를 일으키는 사람을 벌주거나 쫓아낼 수도 있다. 구성원 간 다툼이 있다면 당신은 다른 이들이 납득할 만한 판단을 해야 할 것이다.

리더는 영화 「디파이언스」의 '투비아'처럼 굶주린 사람들을 위해 자신이 사랑하는 애마를 죽여서 국을 만들 줄도 알아야 한다. 심지어 다른 생존단체와 한정된 먹을 것이나 구호품을 두고 다투어야 할 수도 있다. 중요한 것은 리더가 강인해야 가족들과 구성원들을 살려낼 수 있다는 것이다.

항상 희망을 심어주고, 약한 모습을 보이지 말라.

세상의 끝까지 21일
(Seeking a Friend for the End of the World)

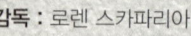

감독 : 로렌 스카파리아
출연 : 스티브 카렐(도지 역), 키이라 나이틀리(페니 역)
줄거리 : 직경 70마일의 소행성이 지구를 향해 돌진해온다. 인류의 방어를 위한 여러 시도는 수포로 돌아가고 21일 뒤 지구는 소행성과 충돌해 모든 생명체는 사라지게 될 운명이다. 세상의 종말이 확실해진 가운데 사람들은 얼마 남지 않은 시간을 어떻게 보낼 것인가 고민한다. 스무 살쯤 나이 차이 나는 아파트 위아래층 남녀는 각각 가족과 첫사랑을 찾기 위해 뜻하지 않게 함께 여행길에 오른다. 지구의 마지막 며칠을 함께하며 겪는 '지구 종말 로드 무비'이다.

「세상의 끝까지 21일」은 「딥임펙트」, 「아마겟돈」 같은 혜성 충돌로 인한 지구와 인류의 멸망을 다룬 또 하나의 '지구 종말' 영화이다. 그럼에도 「딥임펙트」, 「아마겟돈」, 「투모로우」, 「2012」, 「노잉」처럼 거대 혜성이 돌진해오고, 쓰나미가 몰아치며 수많은 사람들이 죽는 살벌한 장면은 없다. 이 영화는 '지구 종말'이라는 소재를 다룬 영화 중 CG 한 장면 없으면서 가장 잔잔하고 따뜻한 웃음을 주는 가슴 뭉클한 영화라고 할 수 있다.

물론 이 영화에도 얼마 남지 않은 지구의 종말을 맞아 나름대로 자신의 마지막을 준비하는 여러 인간 군상이 등장한다. 지하 방공호를 파고 들어가는 돈 많은 사람이 있기도 하고, 매일 술 먹고 놀면서 아무나 붙잡고 즐기다 죽자는 사람도 있다. 폭동과 약탈을 벌이는 사람도, 자살하는 사람도 있다. 하지만 그러는 와중에도 매일매일 일터로 출근하며 자신의 할 일을 묵묵히 하는 사람들(방송인, 식당직원, 가정부 등)도 있다.

내일 세상의 종말이 올지라도 나는 사과 한 그루를 심겠다고 어느 철학자가 그랬듯 평범한 이들도 죽음을 앞두고 평온할 수 있을까? 내일 아침 학교와 직장으로 가는 버스를 탈 수 있을까? 아니, 버스는 운행이 될까? 인간의 모든 노력이 아무런 소용도 없는 거대하고 강력한 대재난 앞에서 며칠 뒤 세상의 종말이 온다면 당신은 어디서 무엇을 할 것인지, 누구와 같이 있을 것인지 그리고 지금 어떻게 살 것인지 생각해볼 수 있는 영화이다.

에필로그_

삶은 계속된다

　TV와 인터넷을 통해 우리나라와 전 세계 각지에서 일어난 각종 사고, 재난 소식이 들려온다. 비단 통계에 의존하지 않아도 우리는 자연재해가 과거에 비해 날이 갈수록 빈번하게 발생하고, 강력해지고 있다는 것을 느낄 수 있다.

　확실히 예전보다 이상해졌다. 정도가 심한 재난들이 더 많이 벌어지는 것 같다. 한 치 앞을 내다볼 수 없는 안개 속에 있는 것 같은 답답함을 느끼는 것은 나뿐만은 아닐 것이다. 인터넷 기사와 각종 사이트를 기웃거리며 무슨 일이 있나, 앞으로 또 어떤 일들이 벌어질까, 누가 무슨 예언을 했다는데 그게 사실일가 하면서 귀를 기울인다.

　앞으로 어떤 일이 일어날지는 아무도 모른다. 나도 이 책을 읽고 있는 당신처럼 평범한 교육을 받았고, 오랫동안 직장생활을 해온 보통 사람이다. 정부의 고위관료와 친분이 있어서 극비 정보를 들은 적도 없고, 신의 계시를 받거나 외계인을 만난 적도 없다. 하지만 확실히 믿는 게 하나 있다. 미래를 알 수 없지만, 어떤 상황이 닥치든 나 자신과 가족을 지킬 수 있어야 한다는 사실이다. 경기 침체에 이은 대공황이든 전쟁이든 자연재난이든 환경이 심각하게 오염된 상황이든,

심지어 외계인이 지구를 침공한다고 해도. 어떠한 위험 상황이 닥치든 나와 가족이 먹을 최소한의 먹을거리를 준비하고, 비상장비를 갖추고, 재난대비 매뉴얼을 숙지하다면 생존할 수 있다. 평소에는 해오던 대로 차분히 일상생활을 지내면서 취미로 즐기듯 혹은 보험처럼 준비하듯 천천히 대비를 해놓으면 된다. 미래를 손 놓고 막연히 낙관적으로 생각하거나 필요 이상으로 걱정할 필요가 없다. 오늘 이 자리에서 자신이 할 수 있을 만큼 최선을 다해 준비하고, 대비하는 것으로 충분하다.

하지만 이러한 준비는 구명조끼(라이프재킷)일 뿐이다. 침몰하는 배에서 뛰어 바다에 떨어졌을 때 이것만 입고 오래 버틸 수 없다. 세찬 파도가 정신없이 내리치고 침몰하는 배의 소용돌이는 당신을 바다 속으로 끌어당길 것이다. 어서 구명정으로 올라타야 한다. 구명조끼는 최소한의 안전장치일 뿐이다. 하지만 가장 중요하다. 이것조차 없다면 구명정에 올라탈 기회조차 없을 것이기 때문이다.

세상이 혼란스럽고 시끄러울수록 분위기에 휩쓸리거나 섣불리 행동해서는 안 된다. 정부든 예언자든 구원자든 혹은 슈퍼맨이든 그들이 하는 말에 현혹되거나 정신을 팔아서는 안 된다. 판단과 선택은 물론 그 결과까지 당신의 몫이다.

잠시 호흡을 가다듬고 주위를 살펴보라. 다른 사람들이 화려한 무대에 정신이 팔려 미처 확인하지 못한 비상탈출구의 작은 불빛을 당신이 가장 먼저 발견할 수 있을 것이다.

어떻게든 삶은 이어진다. 준비된 사람에게 삶은 계속된다.